GÜTERSLOHER
VERLAGSHAUS

VORSPRUCH

Es gibt kaum eine Persönlichkeit, dessen Leben, Taten und vor allem Äußerungen so lückenlos dokumentiert sind wie die des berühmten Reformators und Vielschreibers Martin Luther. Nichts, was man über ihn nicht wüsste.

Der Mann hat in unzähligen Briefen freimütig Auskunft über seine körperlichen und geistigen Befindlichkeiten gegeben, er hat sein Credo zur Religion, zur Politik und zum Leben allgemein vielfach formuliert, und was er selbst nicht verschriftlicht hat, das haben seine Schüler und Jünger während gemeinsamer täglicher Tafelrunde ihm vom Mund abgelesen und notiert.

Zudem ist sein Umfeld bis ins Detail bekannt; die Mitstreiter und Gegner waren ebenfalls nicht kleinlich in Aussagen über sich, über die Sache und über ihn; die Möglichkeit, seine Gedanken drucken zu lassen und sie per schneller Reichspost allüberall hin zu verbreiten, hat zu einer rauschhaften Publikationswelle geführt.

Kurzum, es ist alles bekannt.

Eine Situation, wie sie schlimmer nicht sein kann für eine Roman-Autorin. Die Knebelung der Fantasie, das Fehlen von Freiräumen und Lücken, wo man ansetzen kann und sein eigenes Spiel machen – das ist lähmend.

Es gibt nur einen einzigen Ausweg aus diesem Dilemma: Man muss das große Mosaik dieses Lebens, dieser Zeit auseinander nehmen und so anordnen, dass wie in einem Kaleidoskop farbige Bilder entstehen; anders angeordnet, aber aus dem vorhandenen Material gebaut.

So können sich Zeiten überlappen und verschieben, können neue, der literarischen Landschaft dienliche Gestalten auftauchen.

Die Geschichte beginnt zu atmen.

Der Schatten Martin Luther, im Guten wie im Bösen groß und ohne Maß, schwebt über allem.

Falls Historikern und Religionswissenschaftlern das hier kreierte Bild ungewohnt erscheint, so liegt das in der Natur der Sache. Dieser Mann hatte soviel Ecken und Kanten, dass wir uns auch nach fünfhundert Jahren noch an ihnen »verletzen« können.

Auch in dieser Hinsicht ist er – ein moderner Mensch.

DIE BURG

Unbegreiflich.

Unbegreiflich, aus welchem Grund unser allergnädigster Kurfürst Friedrich, den man den Weisen nennt, uns diesen halbtoten Augustinermönch aufgehalst hat.

Die Gedanken der Großen dieser Welt sind unerforschlich wie Wolken und Winde.

Einen Mann, der wider den Ablasshandel wettert – dabei betreibt unser durchlauchtigster Herr den ja selbst in üppigem Maße. Er nennt eine Unzahl von heiligen Reliquien sein eigen, die gegen ein Entgelt zu betrachten oder gar zu berühren, wie man weiß, bereits viele Jahre Ablass vom Fegefeuer garantiert. Und vom wahren Glauben abzufallen, dazu zeigt der Fürst nicht die geringste Neigung. So wenig wie der ganze thüringische Landstrich. Aber gewiss steckt feinsinnigstes Kalkül dahinter, das kein schlichter Erdenbürger zu erraten vermag.

So ist die Meinung jener, die halb verborgen hinter den Fensterbögen des Palas stehen und mit ansehen, wie die Begleiter den seltsamen Gast vom Pferd heben. Dabei geht er in die Knie, und sie müssen ihn beinah tragen, um ihn ins Nebengebäude zu bringen.

Der Mann, dessen Name in aller Mund war! Ein schmächtiges Mönchlein, das kantige Gesicht unter der Kappe, die seine Tonsur verdeckt, vor Erschöpfung wie erloschen.

Sie zucken die Achseln, gehen zur Tagesordnung über – die ganze ritterliche Mannschaft, die diese Burg im Norden Thüringens bewacht und eigentlich nichts tut als saufen, fressen, spielen, zur Jagd reiten und dem Herrgott den Tag zu stehlen. Man hatte von diesem angekündigten »Besuch« heute etwas Abwechslung erwartet. In welcher Weise, wüsste man allerdings nicht zu sagen. Irgendetwas gegen die tägliche Langeweile.

Es war allerhöchster Befehl erteilt worden, diesen gebannten Erzketzer auf seiner Heimreise vom Reichstag abzufangen und hierher zu verbringen. Nicht etwa, so wurde ihnen eingeschärft, um die ansehnliche Belohnung zu kassieren, die Kaiser und Reich darauf ausgesetzt hatten, einen Vogelfreien zu greifen und Justitiam zu überliefern, sondern ihn zu verstecken und dabei zu behandeln, als sei er wie einer von Adel. All seine Wünsche seien zu erfüllen, außer, er verlange, sein Domizil oder gar die Burg zu verlassen.

Und Hans Ritter von Berlepsch, seines Zeichens Burghauptmann auf der Wartburg nah bei der Stadt Eisenach, hat diese Order erhalten und sie gehorsamst befolgt.

Er hat seine Reisigen ausgeschickt, und die haben kurz hinter Friedberg, im Glasbachgrund, den aus Worms Heimkehrenden aus dem Wägelchen gezerrt, in die Büsche geschleift und ihn dann auf ein Pferd gehievt.

Nun erzählen sie's in der Wachstube.

Eine üble Geschichte! Es erwies sich, dass der Mönch nicht reiten konnte. Bisher hatte er sich wohl nur zu Fuß oder zu Wagen vorwärts bewegt.

Sie, die Männer der Eskorte, mussten ihn festzurren auf dem Gaul und ihn dazu anhalten, sich am Sattelknauf festzuklammern, da er wohl annahm, die Zügel seien so etwas wie ein Haltegriff, und damit dem armen Vieh am Maul zerrte, dass Gott erbarm.

Wankend und schwankend ging's auf Schleichwegen durch die Auen und Wälder, und oft, so berichten es die Knechte mit verächtlichem Grinsen, mussten sie die Elendsgestalt von beiden Seiten stützen, damit sie nicht herabsank.

Gesprochen hat er, nach Aussage des Geleitschutzes, nicht. Nur Gebete vor sich hingemurmelt und vor Schmerzen gestöhnt.

Der Burghauptmann kann verstehen, dass seine Krieger

Waldtraut Lewin

FEUER

Der Luther-Roman

Gütersloher Verlagshaus

Bibliografische Information der Deutschen Nationalbibliothek

Die Deutsche Nationalbibliothek verzeichnet diese Publikation in der Deutschen Nationalbibliografie; detaillierte bibliografische Daten sind im Internet über https://portal.dnb.de abrufbar.

MIX
Papier aus verantwortungsvollen Quellen
FSC® C006701

Verlagsgruppe Random House FSC® N001967
Das für dieses Buch verwendete FSC®-zertifizierte Papier *Munken Premium Cream* liefert Arctic Paper Munkedals AB, Schweden.

1. Auflage

Covermotiv: Werner Tuebke, Detail aus Bauernkriegs-Panorama.
© VG Bild-Kunst, Bonn 2013. © der Verlage: akg-images, Berlin.
Lektorat: Burkhard Heiland
Druck und Einband: CPI – Ebner & Spiegel, Ulm
Printed in Germany
ISBN 978-3-579-06587-8

www.gtvh.de

INHALT

Diese Stube hier ist Euer Reich. Ein Schreibtisch, Stuhl und Bücherspind, im Alkoven das Bett und ganz vorzüglich dieser große Kachelofen, wenn es im Winter kalt wird.«

»Im Winter?«, wiederholt der Gast tonlos, als würde ihm jetzt erst klar, wie lange sein Asyl hier wohl währen könne.

»Nun, das ist noch lang hin. Jetzt haben wir Mai, den holdseligen Monat. Wie's im Lied heißt« (der Burghauptmann fällt in einen Singsang, seine tiefe Stimme ist mehr ein Brummen): »Der Mai tritt ein mit Freuden, hin fährt der Winter kalt ...«

Indes geht er zum Fenster mit den Butzenscheiben und öffnet es. »Und seht, die Welt liegt Euch zu Füßen, Herr Junker.«

Der Gast blinzelt, die ungefilterte Sonne scheint ihn zu blenden. Hinaus schaut er nicht, ihn scheint das im Licht liegende Gewirr von Wald und Feld nicht zu kümmern.

Hans von Berlepsch zuckt die Achseln, schließt die Fensterflügel wieder.

Sachlich fährt er fort: »Zwei junge Knappen sind zu Eurer Bedienung bestellt. Sie bringen Euch die Speisen. Davon, an unserer Tafel im Palas teilzunehmen, würde ich abraten. Ihr solltet so wenig wie möglich gesehen werden. Alles jedoch wird zu Eurer Bequemlichkeit hergerichtet. Papier und Tinte lasse ich bringen, falls Ihr Eure Gedanken aufschreiben wollt.«

»Bücher. Ich brauche Bücher.«

Berlepsch unterdrückt einen Seufzer.

»In Eisenach am Fuß der Burg gibt es einen Buchhändler, Matthias Huld. Schreibt nur auf, was Ihr benötigt, und jemand wird gehen und es besorgen, auch wenn sich der Büchermann wundern wird, welch Hunger nach Gelehrsamkeit auf einmal auf der Wartburg eingezogen ist. Wir werden ihn bitten, Stillschweigen zu wahren. Alles soll so sein, wie Ihr es wollt. So hat kurfürstliche Gnaden uns anbefohlen. Ruht Euch aus zunächst, und seid willkommen, Junker Jörg. Gott segne Euren Aufenthalt hier.«

Er schwenkt den Federhut, geht zur Tür.

Die Stimme des anderen erreicht ihn noch einmal.

von dieser Arbeit nicht gerade begeistert waren. Sie sind raue Kerle, und allein der Auftrag, einen Mönch zu entführen (und dabei auch noch sanft mit ihm umzugehen), erschien ihnen nahezu verächtlich. Für die Burgbesatzung allerdings sind dieserart Geschichten nun durchaus dazu angetan, die Langeweile zu durchbrechen!

Hans von Berlepsch hat seine Instruktionen.

Er gibt Anweisung, dem Mönch einen Badzuber aufs Zimmer zu bringen, damit er sich reinigen kann, nebst weltlicher Kleidung, ihm aber ein Schermesser zu verweigern, denn nichts macht einen Mönch kenntlicher als Tonsur und glattes Gesicht.

Alsdann geht er, den Gast zu begrüßen.

Der »teutsche Herkules«, wie ihn alle Welt nennt, erhebt sich in dem Zimmerchen, das man ihm freigeräumt hat, von dem einzigen Stuhl, deutet eine linkische Verbeugung an und starrt auf den Burghauptmann aus verstörten Augen. Schon sprosst ihm der Bart; seit dem Tag der Entführung konnte er sich nicht mehr rasieren. Ein passendes Wams war wohl so schnell nicht herzuschaffen, denn keiner hatte mit der schmächtigen Statur des berühmten Mannes gerechnet. Es ist ihm überall zu weit, und man hat kurzerhand die Ärmel aufgekrempelt, damit sie ihm nicht bis über die Finger fallen. Die Kleidung wirkt an ihm wie die Maskerade, die es ja auch ist.

Und sein erstes Wort nach der Begrüßung gilt auch gleich dieser Verkleidung. In klagendem Ton sagt er: »Man hat mir mein geistliches Gewand fortgenommen. Warum?«

»Bruder Martinus«, entgegnet Berlepsch und verzieht sein breites rotes Gesicht zu einem jovialen Grinsen, »verzeiht, aber wir folgen allerhöchst kurfürstlicher Order. Seine Gnaden haben befohlen, Euch aus einem Mönch in einen Laien zu verwandeln, solange Ihr hier seid. Dies geschieht zu Eurer eigenen als auch zu unserer Sicherheit, damit niemand Euer Versteck entdeckt. Von nun an heißt Ihr Jörg. Junker Jörg, ein junger Mann von Adel, der auf der Burg in Ruhe seinen gelehrten Studien nachgehen will.

habe ich ja hohe Herrschaften zu geleiten, und nicht immer ist die Menge denselben freundlich gesinnt, wie diese hier Euch. Auch stehen mir genug Gewaffnete zu Gebot, wenn es sein muss. Nein, ich bin durch die Gärten gekommen, unbemerkt, und werde Euch auch auf diese Weise dahin bringen, wo Euer Stündlein schlägt.«

Luther erschrickt bis ins Mark hinein. Sturm ist kein Mann des Wortes, er redet, wie ihm das Maul steht, aber die Formulierung, die er da unbesonnen gebraucht, deutet auf letzte Dinge hin.

Und hat er nicht Recht?

»Müssen wir gleich ...?« Seine Stimme ist fast ein Flüstern.

Sturm legt ihm begütigend die Hand auf die Schulter, geleitet ihn zu einem Stuhl und nimmt selbst ihm gegenüber Platz in dieser kahlen Stube.

Draußen murmelt und grollt das Volk von Worms wie ein nahendes Gewitter.

»Noch bleibt Zeit«, sagt der Herold. »Ich komme, Euren Mut aufzubauen, Martinus! Seid nicht verzagt! Nicht nur die wilde törichte Menge steht hinter Euch. Glaubt mir, ich kenne mächtige Männer! Man wird Euch Beistand leisten.«

»Wie das?«

»Wartet ab. Habt Vertrauen.«

Ja, er vertraut diesem Mann mit den starken Schultern und dem bärbeißigen Gesicht.

Er kennt ihn seit Beginn seiner Reise.

Sturm sieht auf den Gebannten. Er hat ihm bereits sicheres Geleit bis Worms gegeben, hundert Bewaffnete mit ihm. Der Mönch saß im Wägelchen, einem zweirädrigen Gefährt, da er reiten nie gelernt hatte und zudem unter wachsendem Leibschneiden und Herzbeklemmungen litt. Was ihn nicht davon abhielt, in jedem nennenswerten Kaff zu predigen, auf offenem Marktplatz, weil man ihm die Kirchentür nicht öffnete, das Evangelium verkündend inmitten von Volks aller Art. Und immer, wenn er predigte, war ihm kein Gebrechen anzu-

Sein Erscheinen – auch wenn er sich nur dem geschlossenen Fenster nähert – wird augenblicklich bemerkt und mit einem wilden Aufschrei begrüßt, der ihn Angst und Bange werden lässt. Würde es nicht genauso klingen, wenn sie einen zum Tode Verurteilten aus dem Kerker heraus auf den Henkerskarren wanken sähen? Sie schwenken wild die Fäuste, ihre Münder sind aufgerissen, als würden sie ihm fluchen. Aber sie jubeln ihm zu, rufen Halleluja und Hosianna.

Das ist sündhaft! Er ist ja nur ein demütiger Diener des Herrn!

Gestern, als er auf rumpelndem Rollwägelchen eintraf, gepeinigt von Schmerzen, die zugenommen hatten, je näher er der Stätte seiner Prüfung gekommen war, hatten sie ihn eigentlich gleich vor die Kaiserliche Majestät führen wollen, aber sein Geist, obgleich willig, überwand nicht das schwache Fleisch, und so ließ er über seinen Freund Amsdorf, Professor zu Wittenberg wie er, Augustiner wie er und sein Begleiter, um gnädigen Aufschub bitten, der ihm auch gewährt wurde.

Heute nun steht er unter dem frühlingshaften Himmel, den er durch die obere Fensterluke erblicken kann, um mit Ernst und ohne Hoffahrt hinzugehen und Zeugnis abzulegen. Gestern hätte er noch ohne diese Zusammenrottung da draußen leidlich unbemerkt seines Weges ziehen können, da hatte Fama seine Ankunft noch nicht in ganz Worms verbreitet. Nun: Wie soll er der Menge entkommen?

Schritte vor der Tür. Eintritt, ohne auf sein »Herein« zu warten, der Reichsherold Caspar Sturm, ein Hüne von Mann, das viereckige bartlose Gesicht gerötet unterm Barett mit der wallenden Feder.

Luther atmet auf. Kein Widersacher. Ein Helfer.

»Gott segne Euch, Herr Sturm! Wie habt Ihr die tobende Menge passieren können?«

Der Herold lacht. »Nun, den Umgang mit tobenden Mengen bin ich von Amts wegen gewohnt, Bruder Martinus. Meist

Nun Sicherheit.

Sicherheit, die Befreiung und Qual in einem bedeutet. Denn die starke Hand seines Kurfürsten hat ihn herausgenommen aus dem Geschehen, das er, Luther, selbst in Gang gesetzt hat. So wie man eine Figur von einem Schachbrett nimmt und beiseite legt, wenn sie nicht mehr gebraucht wird. Abgeschlagen. Herausgezogen aus einem Spiel. Aus *seinem* Spiel.

Er ist dankbar, gerettet zu sein. Er muss ja wohl dankbar sein. Kein Holzstoß. Acht und Bann, das mag wohl auch genügen. Außerhalb des Gesetzes. Da hätte ihn jeder auf der Straße erschlagen können wie einen räudigen Hund, wenn der kaiserliche Geleitschutz, wie es Gesetz ist, für den Geächteten nach einundzwanzig Tagen erlischt.

Und trotzdem ...

Angekommen im Niemandsland, hoch oben auf einer Burg. Angekommen – im Untätigen.

Der Mönch Martinus fühlt sich leer.

Ihm fallen vor Erschöpfung die Augen zu.

Aber hinter den geschlossenen Lidern erwachen sofort die Bilder.

Worms.

Es ist seine Stunde.

Die Stadt brodelt wie ein Kessel, in dem die Hexen ihre Tränke brauen. Wenn er in der Stube im Johanniterhof, wo sie ihm Quartier verschafft haben, ans Fenster tritt, sieht er, dass er förmlich belagert wird. Bürgersleute und Marktweiber, Ritter mit prächtigen Pelzschauben, Geistliche, Bauern in grobem Zwillich, selbst Gaukler und Huren, kenntlich an ihrer bunten Tracht, drängen sich da dicht an dicht und warten darauf, dass er sich zeigt. Stadtknechte mit ihren Piken bewachen die Tür des Hauses. Sonst hätte es die Menge wohl längst gestürmt.

»Und eine Laute. Ich brauche eine Laute.«

(Demnächst noch Psalter und Harfe, wie?)

Berlepsch antwortet nicht. Nickt nur kurz.

Ein Glück doch, dass der Ankömmling meist auf seiner Stube zu bleiben hat. Der teutsche Herkules. Die Laus in unserem Pelz.

Angekommen ist er nun. Er sitzt auf dem einzigen Stuhl da in diesem Zimmer, allein jetzt, an den Grenzen seiner Kraft in diesem Ringen, wie es ihm bisher täglich, stündlich und wohl immer und für alle Zeit abgefordert wird.

Sein Leib ist zerschunden, wund und gemartert von der entsetzlichen Reise auf dem Pferderücken. Er ist ja kein Reiter. Als Mönch legt er sonst alle Strecken zu Fuß zurück.

Er kann sich nicht erinnern, wie lange sie unterwegs gewesen waren. Manchmal, so scheint ihm, hat er ohnmächtig im Sattel gehangen, festgebunden und gestützt von den Kerlen, die ihn aus dem kleinen Wagen fortgezerrt haben, wie es denn vereinbart war – und es ist gewiss, es hat ihnen eine Freude bereitet, das Mönchlein ein wenig über Gebühr zu traktieren.

Gott hat ihm eine Prüfung mehr geschickt zu all den anderen, so hat er es gesehen.

Ja, er hat seinen Kopf aus der Schlinge von Acht und Bann gezogen, die beide man über ihn verhängt hat. Jener Auftritt in Worms, wo er, ein kleiner Augustinermönch, vor den Großen des Reichs mit dem Herrn Kaiser an der Spitze gestanden ist, da war er kurz vor dem Scheiterhaufen, kurz davor, zu brennen. Hat er doch die evangelische Sache mutig vertreten – was da bedeutet, dass nur die Evangelien die Quelle christlichen Glaubens sind, keine päpstlichen Dekrete, keine Ausdeutungen vom Wort des Herrn. Keine Konzile, wo die hohe Geistlichkeit festlegt, was man zu glauben hat. Sondern allein die Frohe Botschaft, wie sie von den vier Jüngern unseres Herrn Jesus, die zu seinen Füßen gesessen und gelernt haben, verkündet wurde.

Wort des Herrn würde sich vielleicht auch ohne Euch seinen Weg bahnen, denn es ist die reine Wahrheit. Freilich wird viel Unheil über deutsche Lande kommen, wenn Glauben gegen Aberglauben streitet. Aber Ihr würdet zumindest nicht brennen.«

»Und widerriefe ich nicht?«

»Der Sache wird es von Nutzen sein, vermute ich. Ob es Euch selbst von Nutzen ist, sei eben bezweifelt. Aber getrost, man kann auf Rettung sinnen.«

In seinen hellbraunen, schmalen Augen funkelt etwas. Überlegenheit? Spott gar?

Luther wendet den Blick ab. Er vertraut Sturm. Aber irgendetwas Ungutes ist da in der Luft, etwas, das ganz und gar nicht mit dem Geist des Glaubens gesegnet ist. »Was meint Ihr, Herr«, fragt er, »mit dem Unheil, das über deutsche Lande kommen wird?«

Sturm seufzt. »Ganz gleich, ob Ihr widerruft oder nicht: Schon jetzt liegt sich der Vater mit dem Sohn, der Bruder mit dem Bruder, ja, der Knecht gar mit dem Herren in den Haaren. Ich bin des Papstes! Ich bin des Luthers!, so schreien sie, und es wird nicht lange dauern, bis Blut fließen wird, des seid gewiss. Aber was geht Euch das an. Ihr seid der Mann Gottes und nur dem Herrn im Himmel und Eurem Gewissen verpflichtet.«

Er erhebt sich. »Kommt, ich geleite Euch. Sicher wird man Euch noch instruieren wollen.«

Gärten, Obstbäume, üppiger Rasen. Scheunen, Ställe. Bunte Wäschestücke auf der Leine. Er geht wie im Traum. Aber da oben über ihm wölbt sich der Himmel, einziger Schirm und Schild dessen, der dem Herren vertraut und den die Händel der Welt nichts angehn.

Schließlich öffnet sich ein Tor. Sie sind auf dem Platz vor der Bischofspfalz. Donnerndes Glockenläuten. Wogende Menge nun auch hier.

merken, sondern die Feuerzunge der Inspiration schien über seinem erleuchteten Haupt zu schweben, und Mann, Weib und Kind, Arm und Reich, Bürger und Bauersmann standen und hörten voll Ergriffenheit und riefen donnerndes Amen, dass es schier das Himmelsgewölbe sprengte. Danach fiel er zurück in seine Maladie.

Sturm hatte ihn gewähren lassen, ungeachtet es untersagt war, dem Mann das Reden zu erlauben. Schon vor dieser Reise hatte er den Augustiner mit Wohlwollen betrachtet und seine Schriften, wenn auch nicht gelesen, so doch zur Kenntnis genommen. Nun, hier angekommen, ist er Anhänger der neuen Lehre.

Was sein Schützling nicht weiß: Während dieses Tages hat er insgeheim für Stimmung gesorgt, hat Flugblätter gleichermaßen wie Gerüchte verbreiten lassen: Widerruft er … widerruft er nicht?

Wichtig war ihm, dass eben jener Tumult die Stadt erschütterte (den er freilich in dieser Größenordnung nicht vorgesehen hatte), um die Großen des Reichs zu verunsichern zum einen, zum anderen den Mönch in die Arme jener zu treiben, zu denen er, Sturm, sich von Herkunft und Geburt her zählt – den Rittersleuten. Die brauchen ihn dringend als ihren Mann. Den Sprecher ihrer Sache. Denn die neue Lehre, so hoffen sie, wird dazu beitragen, der angesagten Fürstenwillkür, insonderheit die der geistlichen Landesherren, gegenüber ihrem Stand Einhalt zu gebieten und Gerechtigkeit zu schaffen.

Jetzt fragt er vorsichtig an: »Ihr werdet doch nicht widerrufen?«

Widerrufen? Luther sieht den Reichsherold mit weit aufgerissenen Augen an. Erklären, dass das, was man gelehrt und geschrieben, falsch und gegen den Christenglauben sei? Zu Kreuze kriechen mit eingezogenem Schwanz?

Er schüttelt den Kopf. »Täte ich es – hülfe es evangelischer Sache?«

»Nun«, entgegnet Caspar Sturm und wägt die Worte, »das

Kutte, duftend nach Verbenen und Lavendel. Er geht neben ihm her jetzt, ohne ihn anzusehen.

»Herr Doktor, könnt Ihr mich hören?«

»Gewiss doch.« Er ist irritiert. Warum sollte er ihn nicht hören können?

»Ich bin Johann Eckens, der Offizial des Trierer Erzbischofs. Ich habe die Aufgabe, Euch zu befragen.«

Es geht Stufen hinauf. Luther rafft seine Kutte. Er blickt auf seine nackten Füße in den Sandalen aus grobem Rindsleder. Zeiten und Orte verwirren sich ihm. Ist er in Rom? Steigt er vielleicht gerade die Stufen der Laterantreppe hinauf, um Ablass zu erlangen? Aber da müsste er auf den Knien rutschen …

Die Stimme neben ihm. »Ihr dürft nichts reden, sofern Ihr nicht gefragt werdet, versteht Ihr das?«

Er erwidert nichts. Ihm ist schwindelig vom Blick auf die Stufen, er stolpert.

Die Stimme jetzt eine Schattierung höher. »Versteht Ihr das?«

Er hat das Gefühl, den aufgeregten Mann beruhigen zu müssen. »Ja, ehrwürdiger Herr Offizial, lieber Vater!«, sagt er sanftmütig.

Der andere faucht. »Und Ihr habt nur mit Ja oder Nein zu antworten!«

Wie soll das gehen?, will er fragen, aber bevor er fragen und protestieren kann, tut sich vor den dreien – Pappenheim, Eckens, Luther – eine Weite auf. Eherne Türflügel werden knarrend geöffnet.

Sturm ist da wieder, nun den vergoldeten Heroldsstab führend, um ihn das Gefolge seiner Trabanten; Luther sieht, er hat jetzt keinen Blick für ihn, den er durch das halbe Land geleitet hat, geht ihm nur voraus, ganz in der Würde seines hohen Amtes gefangen.

Weist den Weg.

Es ist stickig in diesem Saal. Es riecht nach an den Männern in ihren schweren durchgeschwitzten Roben aus Samt

Auf ein Wort Sturms sind die Stadtknechte bereit, schließen den Ankömmling ein in einen gepanzerten Ring, geleiten ihn unterm Geschrei des herandrängenden Volks durch eine Gasse, die fremdartig gewandete Bewaffnete ihnen mit blankem Säbel gebahnt haben – das mag wohl die Leibgarde Kaiserlicher Majestät sein, aus dem fernen Spanien kommend.

Dann die große eisenbeschlagene Pforte.

Ein Herr in Samt und Seide steht plötzlich vor ihnen, schnurrbärtig, nickende Straußenfedern am breitkrempigen Hut. Caspar Sturm nimmt Haltung an, grüßt. »Herr Reichserbmarschall von Pappenheim!«

»Das also ist der Ketzer?« Ein Blick von oben herab unter geschwollenen Lidern streift verächtlich den Mönch. »Kommt mit mir.«

Sie gehen durch hochgewölbte Kreuzgänge, und wohin sie immer ihr Fuß trägt, weichen die Menschen hier nun vor ihnen zurück, als trügen sie die Pest im Gepäck, drücken sich an den Wänden entlang, den Kopf zur Seite gedreht, schlagen ein Kreuz der Abwehr oder erheben die gekreuzte Finger gegen den Bösen Blick.

Kleriker in Schwarz, Weiß und Purpur, hohe Herren in prunkvoll bunter Seide, Gewappnete in schimmernder Silberrüstung. Sprachen aus aller Herren Länder dröhnen, zischeln, murmeln. Das Heilige Römische Reich hat so viele Distrikte, wie der Bienenstock Waben. Aber aus all dem hört er immer wieder wie ein Ostinato zwei lateinische Worte heraus: »Haereticus.« »Rogus.« Ketzer und Scheiterhaufen.

Schritt für Schritt geht er weiter. Schritt für Schritt.

Aus dem Stimmengewirr filtert er eine heraus, die ihn zu meinen scheint.

»Herr Doktor«, sagt die Stimme.

Außer ihm scheint da keiner zu sein, der diesen Titel führt.

Sein Blick hält jemanden fest. Ein Geistlicher ist da plötzlich an seiner Seite, von Diamanten flirrendes Kreuz auf der

Seine Furcht ist fort.

Eckens Stimme. »Martin Luther, Kaiserliche Majestät hat dich kommen lassen, um zu erfahren, ob du die hier liegenden Bücher als die deinen erkennst.«

Bücher? Wo liegen hier Bücher?

Er sieht sich um. Ja, da ein Tisch mit Büchern. Mit Schriften. Er macht einen Schritt darauf zu, mustert sie sorgfältig. Ja, das sind seine Schriften, und er sagt es.

Eine andere Stimme: »Man nenne die Titel der Bücher.«

Als ob das diesem Auditorium in irgendeiner Weise wichtig wäre! Murren im Saal. Niemand geht auf dies Ansinnen ein.

»Willst du diese Bücher«, fährt Eckens fort, »alle verteidigen oder willst du sie zurücknehmen?«

Der Saal ist so still wie am Tag nach der Sintflut.

Was für ein Spektakel, denkt er. Er versucht es ruhig und vernünftig. »Diese Schriften, ihr hohen Herren, sind nicht von einerlei Art. Es sind Schriften darunter, die selbst die Bulle, die mich gebannt hat, nicht verdammt.«

»Antworte mit ja oder nein!«, donnert Eckens.

Er hebt die Stimme. »Niemand kann verneinen, dass das Papsttum durch seine Lehren das Gewissen der Christen aufs Jämmerlichste entmündigt hat!«

»Ja oder nein!«

Luther sieht sich verwirrt um. Begreifen die nicht, dass es nicht geht? Er streicht sich mit dem Ärmel über die Stirn. Diese Hitze! »Wenn ich durch Zeugnisse aus der Heiligen Schrift, durch Gottes Wort also, widerlegt werden kann, so bin ich aufs Willigste bereit jeden Irrtum zu widerrufen. Ansonsten bleibe ich an diese Worte gebunden, wie mein Gewissen es verlangt.«

»Wir sind hier auf keiner theologischen Disputation, Ketzer! Antworte mit ja oder nein!«

Nichts ist zu hören als das Summen einer großen Hornisse, die wieder und wieder gegen die Butzenscheiben anfliegt und nach einem Ausgang sucht.

und Atlas, riecht wie ungewaschene Dorfkinder. Die riesigen roten Hüte machen aus den Kardinälen Fliegenpilze und die Baretts mit den wallenden Federn dazwischen sind wie ein Blumenmeer.

Und auch die gucken ihn alle nicht an, während der Herold ihn fast vorsichtig durch eine schmale Gasse zu einem erhöhten Sitz führt und ihm dann mit einer Handbewegung Einhalt gebietet.

Auf dem Podest da oben hockt, auf einem goldstrotzenden Stuhl, ein blasser Junge, die Knie aneinandergedrückt, als müsse er den Urin verhalten. Kaiser Karl. Um ihn bauscht sich ein riesiger, mit Hermelin gefütterter Mantel – schrecklich bei der Hitze im Saal gewiss. Diamanten an Schuhschnallen und Handschuhen funkeln so sehr, dass man blinzeln muss.

»Auf die Knie!«, raunt ihm Pappenheim zu. »Werft Euch zu Boden vor Kaiserlicher Majestät, Unverschämter.«

Als würde ihm eine Stange mit Eis durch das Rückgrat gestoßen und seinen Nacken steif machen. Ihm ist, als höre er eine andere Stimme, tief in seinem Innern.

Demut gibt es nur vor dem Allerhöchsten.

Er forscht nach den Augen des Kindes da oben auf dem Thron, hinter dem eine dunkel gewandete Gestalt steht wie ein Abgesandter finsterer Mächte. Verhangen sind sie, die kaiserlichen Augen, unter Brauen, die ein Fragezeichen bilden. Widerwillen im Blick. Möge es endlich zu Ende gehen, scheint dieser Blick zu sagen, das hier in Germanien, mit diesen wirren wütenden Männern, die alle etwas wollen, was er nicht versteht und was ihn nichts angeht. Seine Heimat ist Spanien.

Warum soll er, Luther, sich vor dem zu Boden werfen?

Er neigt den Kopf, dann, die Hand am Nacken, die Steifheit wegzumassieren, wendet er den Hals hin und her, wartend auf die Stimme der Befragung.

»Hier stehe ich«, sagt er sanft. (Rings um ihn blitzen die Kreuze auf Fürstenkronen und Bischofsmützen, auf den Talaren von Kardinälen, Nuntien und Gesandten.) »Ich bin bereit.«

»Wovon sprecht Ihr?«, fragt Luther, viel zu erschöpft, zu begreifen.

»Von der Zukunft«, entgegnet der Reichsherold. –

Aber die Zukunft hat schon begonnen. In Gestalt zweier Beamter des Kurfürsten von Sachsen, Friedrichs des Weisen, seines Landesherrn, ist sie in den Johanniterhof eingekehrt und erteilt dem Professor aus Wittenberg Weisung, wie ihm Rettung werden möge, und was blieb ihm übrig, als sie demütig – und dankbar! – anzunehmen.

Luther schreckt auf aus seinem Wachtraum, der ihn überfallen hat, auf seinem Stuhl sitzend hier in diesem Turmzimmer, und ihm scheint es zu sein wie in jenem Moment, der dem Tode vorausgeht, der einem den Ablauf eines jeglichen Ereignisses vorgaukelt, so genau, so heißt es jedenfalls, als erlebe man es noch einmal – sodass er den Schweiß der geschmückten hohen Herren zu riechen scheint und die goldenen Kreuze auf ihren Roben funkeln sieht. Noch ist ihm die Wirklichkeit, in der er nun angekommen ist, entrückt.

Eine neue Welle der Schwäche lässt ihn in einen Zustand zwischen Schlaf und Nicht-Schlaf gleiten, bringt ihm andere fiebrige Erinnerungen.

In einer Art Erstarrung hat er auf dieser Rückfahrt in seinem Rollwägelchen gesessen, Amsdorf zur Rechten, den jungen Augustiner, Petzensteiner zur Linken – mutige Männer, denn wer mit einem Geächteten reist, läuft Gefahr, selbst der Reichsacht zu verfallen. Der Herold hat mehrfach versucht, neben dem Wagen herreitend, auf ihn einzureden, ihm zuzusprechen, ist aber nicht durch seine Teilnahmslosigkeit vorgedrungen. Es ist, als hätte er seine Lebenskraft verausgabt da in Worms, vor seinen Büchern stehend, klein, verletzlich.

Nun hat Caspar Sturm ihn überredet, am 28. April in Friedberg Quartier zu machen.

Mit gutem Grund.

Denn der Ritterstand, wenngleich nur niederen Adels, der

Die leise Stimme des Augustinermönchs dringt bis in den letzten Winkel des Raums. Er sagt sanft und bestimmt: »Ich widerrufe nicht. Gott helfe mir, Amen.«

Und leise nachklappernd wiederholt der Mann hinter dem Kaiserthron die Antwort in fremder Zunge. Luther versteht jetzt, wer das ist: der Übersetzer. Karolus kann kein Deutsch.

Der Saal scheint zu bersten von Geschrei und Geheul. Ein Teil der hohen Würdenträger gebärdet sich wie die Straßenköter, die einen Kater gestellt haben. Sie sind aufgesprungen, schneiden Grimassen, schütteln die Fäuste, schlagen Abwehrkreuze wider den Häretiker. Ein Höllenreigen.

Der Reichsherold und seine gewaffneten Trabanten sind zur Stelle und greifen ein.

Mit ehernem Klang stößt der Heroldsstab auf den Marmorboden des Saals, zwingt die Tobenden zur Ruhe.

Die Bewaffneten auf seinen Befehl schließen einen Ring um den kleinen Mönch, der soeben sein Leben verwirkt hat – wie jedem klar sein muss –, und geleiten ihn nach draußen; durch die hoch gewölbten Gänge, dann, vom Platz der Bischofspfalz weg über den Umweg durch die Gärten; in den Straßen der Stadt wäre kein Durchkommen. Da wartet man, um zu erfahren, was geschehen ist. Widerruf oder nicht?

Luther stolpert zwischen den Männern dahin. Er ist tödlich müde.

Caspar Sturm ist jetzt dicht bei ihm. Redet vertraulich.

»Heute habt Ihr das Land in Brand gesetzt, Doktor. Hättet Ihr widerrufen – nun, da wäret Ihr nicht der einzige Abtrünnige der Mutter Kirche gewesen, den man alsdann vernichtet und dessen Anhänger man mit Feuer und Schwert ausgerottet hat. Nun aber kann eine neue Ära beginnen, wie mir scheint. Euer Mut hat sie ausgelöst. Fürchtet Euch nicht. Noch habt Ihr freies Geleit, und ich bin bei Euch. Wie steht es in der Schrift? Siehe, ich verkündige euch einen neuen Himmel und eine neue Erde!«

Ebernburg; Caspar Sturm wird nichts dawider haben, wenn ich Euch mit mir nehme. Und während Ihr in sicherer Ruhe weitere Schriften verfassen und verbreiten könnt, versammeln die Streitbaren sich zur letzten Schlacht für das Recht. Ihr, werter Martinus, werdet uns voranziehen wie ein Banner! Auf unsrer Seite streiten so erleuchtete und tapfere Männer wie Ulrich von Hutten und Hynrich Zwingli, beide, wie Ihr wisst, gleichermaßen mächtig der Feder und des Schwertes! Das Christentum bewaffnet sich!

Auf zum Gefecht! Ihr werdet doch nicht wirklich zurückkriechen in Euer Wittenberg und weiterhin das Leben eines zwar gelehrten, aber ansonsten der Ordensregel nach zur Armseligkeit verurteilten Mönches spielen – falls nicht doch noch Rom den Arm eines Meuchelmörders kauft und Euch ins Jenseits schickt!

Euer Weg ist klar vorgezeichnet! Zögert nicht, ihn zu beschreiten!«

Er pflanzt sich, eine Hand am Griff des breiten Schwertes, vor dem Mann im Lehnstuhl auf.

»Das Land wird in Flammen stehen, früher oder später, Martinus, und das ist Euer Werk! Ihr könnt nichts mehr aufhalten. Aber Ihr könntet es steuern. Über kurz oder lang ... Das Volk nennt Euch den teutschen Herkules. Jener Heros der Griechen zog aus, alle Plagen zu bekämpfen. Und Ihr?«

»Ich bin Gottes Knecht, kein Heros. Und ich fühle mich weder imstande noch berufen zu weltlichen Taten. Ich danke Euch für Euer gütiges Anerbieten. Aber lasst mich meinen Weg ziehen, so wie er mir vorbestimmt ist. Der Herr segne Euch, Ritter von Sickingen. Lasst mich nun allein. Ich will beten.« –

So erinnert er sich, gesprochen zu haben, während die Schmerzen seinen Leib durchzucken, damals wie jetzt.

Wäre er wohl der Einladung des gelehrten Ritters gefolgt, wenn er nicht schon das andere Angebot bekommen hätte? Ein Angebot, das eher einem Befehl glich und das er un-

Wehrstand, wird bedrängt und bedrückt von geistlichen Landesherren, welche die angestammten ritterlichen Rechte beschneiden und alles an sich reißen wollen, von der Gerichtsbarkeit bis zu den ständischen Privilegien. Wenn denen aber die Macht genommen wird, da dieselbe ja, wie Luther erklärt, nicht von Gott stammt, dann werden die kleinen Adligen wieder an Wert gewinnen – so meinen die Vertreter der Wehrstands jedenfalls. Und dafür zu kämpfen, sind sie bereit.

In Friedberg wartet der Ritter von Sickingen, einer ihrer Wortführer, auf den Geächteten.

Stämmig, rundgesichtig, den gigantischen Samthut schräg auf dem dunklen halblangen Haar, so tritt er dem erstaunten Mönch gegenüber, der von Sturm in die separate Stube geführt wird, die ihnen der Wirt zum Gespräch zur Verfügung gestellt hat. Er wirkt erhitzt und schaut grimmig drein. Und er macht Luther ein erstaunliches Angebot.

Der hingegen saß zusammengekrümmt auf einem Lehnstuhl, mit den gleichen Schmerzen im Leib, die auch jetzt wieder durch sein Inneres wüten und ihn nach und nach zurückholen in die Gegenwart. Und er schüttelte den Kopf.

So hatte der gelehrte Ritter gesprochen: »Ich verstehe Euch nicht, Herr Doktor Luther. Was kann Euch in Eurer Lage Besseres geschehen, als das, was ich Euch anbiete? Ihr seid auf dem Gipfelpunkt Eures Werks und dem der evangelischen Sache angelangt, habt vor dem Kaiser und den Großen des Reichs rühmlich bestanden, und gewiss, in deutschen Landen ist niemand, der Euren Namen nicht kennt. Nun flieht Ihr ins Ungewisse, und wenn der Schutz von einundzwanzig Tagen, den man Euch für die Rückkehr gewährt, abgelaufen ist, so werden Euch die Wölfe fressen. Warum wollt Ihr nicht in Eurer Bahn fortfahren? Glanzvoll werdet Ihr mit der Hilfe deutscher Ritterschaft weltliche Gerechtigkeit ausbreiten, der schmählichen Herrschaft der Papstknechte, zu denen auch die Landesherren gehören, ein Ende setzen und dem Wort Gottes zum Triumph verhelfen. Ich biete Euch Asyl auf meiner

gen ihn, den Ausgelieferten, angestachelt von seinem Widersacher. Apage, Satanas! Weiche, böser Feind!

Als die Kolik nachlässt, bringt er es fertig, seine Hände von den hölzernen Lehnen zu lösen. Nun kann er sich die Ohren zuhalten. Sieht sie kommen, vor der halb durchsichtigen Scheibe bremsen, abtauchen, verschwinden, die Heerscharen des altbösen Feinds, hört nun aber ihr Kriegsgeschrei nur noch wie von fernher.

Ja, er weiß, dass es der Teufel auf ihn abgesehen hat, schon seit frühster Zeit. Aber nun, nach dem Triumph evangelischer Sache da in Worms, nun fletscht er besonders grimmig die Zähne wider ihn. (Es saust und braust in seinen Ohren. Wie die Schmerzen, die ihn plagen, ist dies das zweite große Übel seines Leibes.)

Kein Zweifel, diese gefiederten Krieger da draußen sind die Abgesandten des Bösen. Sie werden nicht aufhören, ihn zu peinigen, und seine einzige Waffe wider solche Attacken ist: Die Schrift. Aber noch steht er mit leeren Händen da, Gottes Wort ist im Gefährt zurückgeblieben, nebst dem, was er noch an Schriften dabei hatte – bei Pater Nikolaus Amsdorf (Johann Petzensteiner, sein zweiter Reisegefährte, war vor Schreck, als die Reiter sich nahten, gleich aus dem Wagen gesprungen und Hals über Kopf davongelaufen). Und Amsdorf wird nun wohl allüberall die Nachricht verkünden, dass man Bruder Martinus verschleppt und vielleicht gar ermordet habe … So kann er, Martinus, den Feinden vor dem Fenster einzig das Kreuz entgegenhalten, das an seinem Rosenkranz befestigt ist. Das zumindest haben sie ihm nicht abgenommen.

Schritte im Stiegenhaus. Jede Stufe knarrt.

Die beiden Burschen mustern ihn, den Gast, voll scheuer Neugier, können sich des Grinsens nicht enthalten ob seines übergroßen Wamses, der Verkleidung. Sagen nichts. Der eine bringt Papier, Tinte und Federkiele. Der andere – einen ge-

möglich ausschlagen konnte, wenn er weiter in der Gnade seines Landesherrn bleiben wollte ... jene Weisung, die ihn nun hierher gebracht hatte, in dies Turmzimmer, entführt aus der Welt der Handelnden, verborgen und in der Verbannung lebend wie einst Johannes, der Apostel, auf der Insel Patmos, allwo ihm die Offenbarung des Jüngsten Gerichts zuteil wurde.

Der andere Weg. Der Weg in die Welt.

Es ist zu spät.

Nun ist er verschlossen.

Kaum bemerkte er damals, dass sich Sickingen finsteren Blicks verbeugt und den Raum verlässt.

Er war fast ohnmächtig vor Schmerzen, die ihn vermehrt plagen, seit er unterwegs ist.

Die gleichen Schmerzen, die ihn nun herausreißen aus den Wach-Träumen und Erinnerungsbildern.

Reale Schmerzen, die ihn auf grässlichste Weise erwecken.

Er beißt die Zähne zusammen, mit beiden Händen an die Lehnen des Stuhls geklammert wie zuvor noch am Sattelbogen. Krümmt sich. Blickt um sich.

Angekommen auf einer Burg, hoch oben, und da draußen schreien die Vögel. Deren Reich ist das wohl.

Turmfalken, Mauersegler und Dohlen um die Wette. Sie sausen auf ihren Jagden an den Butzenscheiben des Fensters vorbei, nur als Schatten sichtbar hinter dem gewölbten Glas, so, wie sie auftauchen, sind sie auch wieder verschwunden, Schemen, wie vom Bösen Feind ausgesendet, und ihre Schreie martern die Ohren, misstönend dem, der nicht bereit ist, ihnen zu lauschen. Denn sie haben keine Sprache, die Menschen verständlich ist, und sie bringen große Schrecken, wenn sie unvermutet aufgellen, als habe der Leibhaftige sie ausgesendet, gegen einen Gegner anzutreten und ihn herauszufordern aufs Schlachtfeld.

Vor den Butzenscheiben fliegen sie Angriff auf Angriff ge-

sonderten Tisch. Dann sind sie fort. Ehe Martinus so recht rätseln kann, was das bedeutet, tauchen sie wieder auf, eingehüllt in eine Wolke von Düften. Gesottenes, Gebratenes, Geschmälztes und Gepökeltes. Fleisch, Fleisch, Fleisch. Fettes Fleisch, das in der Brühe schwimmt, von Butter triefende Hühnerschenkel, ein Schinken. Messer und Löffel. Ein Mundtuch. Ein Humpen. Ein Becher. Das eine für Wein, das zweite für Bier.

Schlaraffenland. (Anderes, weit Zurückliegendes zieht da plötzlich vor ihm auf, aus seinen Kindheitstagen.) Da hatte ihm die Mutter einst erzählt – wenn sie, sparsam bis zum Geiz, ihr Mahl auftischte und den Kindern mit solchen Mären das Trugbild vorgegaukelt –, sie äßen wie die Herren und Fürsten.

»Wer außer mir soll hier speisen?«, fragt er die Knaben, und sie bedeuten ihm, das alles sei für ihn, bevor sie sich kichernd verneigen und die Türe hinter sich zuziehen.

Essen. Fressen. Kaum, dass er sich Zeit nimmt für das Tischgebet.

Speisen, die er noch nie in seinem Leben gekostet hat. Er stürzt sich darauf wie ein Wolf im Winter auf das Lamm, das er gerissen.

Fettverschmiert, atemlos, in Schweiß gebadet. Alles kosten. Den süßen Wein hinterherkippen. Dann erst das Bier, um die Fülle wegzuspülen, diesen unleidlichen Geschmack im Munde.

Ist Völlerei nicht eine Todsünde? So fressen sie also täglich, diese Mastschweine von Herren, während das arme Volk …

Er rülpst, hält sich den Bauch, der schon jetzt beginnt, wieder zu schmerzen.

Essen, was man will, und danach leiden, wie man kann.

Eine neue Erfahrung.

Der düstere Raum im Elternhaus in Eisleben kommt ihm vor Augen, der Raum, in dem der rauchende Herd die Augen tränen lässt. Der große gescheuerte Tisch in der Mitte, auf dem Tag für Tag Haferbrei oder Hirse aufgetragen wird – sonntags mit einer Handvoll Schmalz.

In angstvoller Stille versammeln sich die Kinder um den Tisch, stehend (nur die Eltern sitzen), schweigend. Wenn sie einen Fehler machen, lachen, husten, die Nase hochziehen, setzt es Prügel.

Das Tischgebet, dann erst darf der Löffel in die Hand. Der Vater hat gerösteten Speck zum Brei, er allein; der Geruch macht ihnen vor Gier den Mund wässrig.

Nicht, dass sie wirklich Not leiden müssten da im Mansfeldischen. Der Vater ist eine Haupt-Person im Bergbau. Mineneigner. Schmelzöfenbesitzer. Er beschäftigt Werkleute. Er verdient.

Doch das Geld gehört in den Kasten gesperrt.

Am heiligen Sonntag erhält jedes Kind einen Apfel. Nur einen. Im Winter sind sie schrumplig und so mürbe, dass ihr Fleisch fast zerfällt. Selbst die Nüsse werden abgezählt. Einmal nimmt sich Martin heimlich eine vom Teller. Aber die Mutter zählt nach …

Die Rute auf den Blanken, bis das Blut kommt.

»Das ist Stehlen, du böses Kind! Gott sieht alles! Er wird dich strafen!« Als würden die Schläge noch nicht genügen.

Ein böses Kind. Ein braves Kind. Ein frommes Kind.

Lehrer strafen, Eltern strafen, Gott straft.

Der ganze Tag steht unterm Diktat des Stocks. Gott sieht aus wie der grimmigste der Lehrer, der ihn schon schlägt, wenn er beim Lesen der lateinischen Worte ein kleines bisschen stockt. Der Rhythmus der sausenden Hiebe bestimmt die Stunden in der Schule; wenn's ihn nicht trifft, dann ist ein anderer dran, und bei jedem Auf und Ab des Stocks atmet er krampfhaft mit, als wenn es ihn selber träfe.

Und am Abend geht es weiter. Dann, wenn der Vater nach Haus kommt. Dann beginnt das eigentliche Straf-Gericht. So wie Gott der Herr die Seinen züchtigt, damit die Welt in rechter Ordnung bleibt.

Denn der Vater sieht es ja am Abend, wie er sich bewegt, dass er nicht sitzen kann. Dann stäupt er noch einmal drauf, denn der Sohn war offenbar in der Schule faul, und das gehört bestraft.

Die Zeit nach der Schule bis zu dem Moment, wo der Vater kommt, ist die Zeit der zitternden Angst für ihn, für die Geschwister, für die Mutter. Hans Luder ist zornig. Er ist immer zornig. Zornig wie Gott. Aber an manchen Tagen – wenn nicht alles so lief bei seinen Geschäften – ist er noch zorniger. Das merkt man schon daran, wie er die Tür zuschlägt, wie er seinen Pelzrock, das Kennzeichen des wohlhabenden Bürgers, das er sich voller Stolz zugelegt hat, auf die Truhe wirft, wie er der herbeieilenden Mutter, die ihm diensteifrig die Stiefel ausziehen will, einen Tritt gegen die Brust versetzt, weil sie zu langsam ist.

So ist es am Abend. Furcht und Zittern.

Der Stock hängt gut sichtbar am Türpfosten, gleich neben der Rute. Die ist für die jüngeren Geschwister. Da wird nach keinerlei Vergehen oder Verschulden gefragt – die hätte die Mutter gesondert anzeigen müssen, um die Strafe zu erhöhen. Es steht fest, dass ein Tag ohne Fehler undenkbar ist. Sie ziehen schon unaufgefordert ihre Kinderhemden hoch und bekommen ihre Hiebe auf den Nackten und kriechen in die Ecke, um sich aneinander festzuhalten und sich gegenseitig die Schmerzen wegzustreicheln. (Martin beneidet sie. Sie haben einander, wie die Welpen eines Tierrudels. Er ist der Große. Er ist für sich.)

Dann ist die Reihe an ihm. Manchmal schlägt der Vater zu, bis der Stock zerbricht. Heute nicht. Sein Arm wird müde. Man muss die Hand küssen hinterher.

Die Mutter kommt heute mit ein paar Ohrfeigen davon, ihr Ehgemahl hat sich abgearbeitet an dem Jungen, hat seine Wut abgefackelt, bevor ihm einfällt, dass die Suppe schlecht gesalzen ist und das Tischtuch schief aufliegt. Sonst wäre sie auch dran gewesen. Sie kriegt ihre Hiebe genauso wie die Kinder.

Dann geht es zu Bett.

Er, Martin, liegt ganz hinten im Alkoven, ganz an der Wand. Zwischen ihm und den Eltern die kleineren Geschwister, die noch nicht zur Schule gehen. Die konnten einschlafen. Er nicht. Er muss vor Schmerzen wach bleiben. Bäuchlings liegt er, presst Kopf und Schulter an die raue kalkverputzte Wand.

Er wagt kaum zu atmen. Denn der Vater schnarcht nicht. Der Vater atmet nur, schnauft schwer, grunzt, wälzt sich hin und her.

Und dann, in der stickigen Dunkelheit, dann geht's los. So wie der Bock die Geiß stößt, wie der Eber die Sau bespringt, so fickt Hans Luder seine Ehefrau Margarete, wie ihm das zusteht nach Recht und Gesetz, da mag die jammern, was sie will, da kriegt sie die Hand auf den Mund gepresst. »Bis stille, alte Fut!«, da wird's ihr besorgt.

Der Junge beißt sich auf die Fingerknöchel.

So fuhrwerkt der Teufel im Alkoven.

Es gibt keine Reinheit. Nirgendwo.

Der Alkoven, die Stätte des Schmerzes und der Schlaflosigkeit, des Lustgekeuches im Dunkel, des Wimmerns im Traum und Schreiens bei der Geburt, der Ort von Blut und Schleim, von Schweiß und Ausdünstungen.

Der Alkoven zu Hause in Mansfeld. Vater, Mutter und drei der Kinder. (Als das vierte zur Welt kommt, darf er ausziehen und bekommt an der Erde eine Strohschütte vorm Herd, da dankt er dem Himmel. Aber seine Ohren bleiben wach auch da, neben der kalten Asche.)

Er hängt auf seinem Stuhl vor dem fettverschmierten Geschirr. Matt fühlt er sich nach diesem Gelage, matt und wie ausgespien. Jetzt ist es still. Dämmert es schon?

Gelobt sei der Herr, die Vögel kommen zur Ruhe.

Mühevoll steht er auf, bewegt sich zum Fenster, fremd vor sich selbst in den fremden Kleidern, öffnet die Flügel und lässt die Mai-Luft herein. Für das weite Land hat er kein Auge.

Er hat es verlernt, um sich zu sehen. Als Mönch der Augustiner-Observanz geht man mit gesenkten Lidern durch die Welt. Pilgert, den Blick einzig und allein auf den Weg vor den Sandalen gerichtet.

Wieder kommt jemand die Stiege hoch. Wieder sind es die Knaben. Räumen sein Essgeschirr fort (fast leergegessen, Knochen und Schwarten und nur etwas an Brot sind übrig), bringen ein Licht, einen weiteren Krug Wein, wünschen gesegnete Nacht. Aber die Nacht ist noch weit.

Wann war er je so vollgefüllt mit Speisen?

Als Studiosus wohl. Saufen, Bier saufen wie alle, doch dazu nur grobes Brot und mal ein Eiergeschmeiß. Eier sind billig.

Der Vater hatte die Erträge zweier seiner Schmelzöfen drangeben müssen, um dem Filius das Studium zu ermöglichen. Ein Jurist soll er werden, der kluge Martinus, den Vater und seine Gewerke vertreten, wenn es zu Rechtsstreitigkeiten kommt, wie so häufig – Hans Luder ist nicht nur zu Haus von aufbrausender Gemütsart. Und bei jedem Humpen, den der Sohn, der Studiosus, leert, denkt der voller Rachsucht daran, dass er des Alten sauer verdientes Geld, seiner Fuchtel und seinem Dunstkreis entflohen, nun sinnlos verprasst …

Und weiß die ganze Zeit tief im Innern, dass Ungehorsam, jeder Ungehorsam, bestraft werden muss. Dass jene, die über einen gesetzt sind, irgendwann die Zuchtrute schwingen werden. Ob es nun der Vater ist oder der zürnende Gott.

Bis dann folgerichtig alles kippt. Bis ein Zweikampf allem ein Ende setzt.

Das bisschen Licht. Die eine Kerze, zu schwach, gegen die Finsternis den Sieg davonzutragen. Viel zu schwach. Aus den Ecken kriecht sie hervor, die ewige Dunkelheit. Hat sie wohl Stimme? Sie flüstert und knistert und raunt. Spricht durch das Flügelschwirren der großen Falter, die, angezogen von der Helligkeit, blindwütig in die Flamme hineinfliegen und zuckend verbrennen.

Er sitzt nun wieder auf dem Stuhl, als habe man ihn festgenagelt darauf, starrt mit zusammengekniffenen Augen auf das Massaker, das die Kerze in all ihrer Unschuld anrichtet. Was kann sie dafür, dass so viele sterben? Sie tut das, wofür sie angetreten ist: Brennen. Erhellen.

Dann kommt herein zu ihm auf ledrigen Schwingen, die Krallen ausgefahren, die Augen glühend neben den scharfen Zähnen im spitzen Maul, die Ausgeburt der Hölle. Pickt sich einen der noch zuckenden Falter, wendet mit lautlosem Flügelschlag – die bewegte Luft fährt in sein Haar –, rast davon.

Nein, kein Feuerschweif auszumachen. Trotzdem.

So holt der Satan die armen Seelen ab, verleibt sie sich ein, rast mit der Beute tief in den Höllenschlund.

De produndis clamavi ad te domine. Exaudi orationem meam.

Aus der Tiefe rufe ich HERR zu dir. HERR höre meine Stimme.

Aus tiefer Not schrei ich zu dir.

Er sitzt wie gelähmt, fühlt, wie ihm der kalte Schweiß ausbricht. Krampfhaft schließen sich seine Finger um die Lehnen des Stuhls.

Noch ein Schatten schwebt durchs Fenster, holt sich seine Beute. Ein weiterer folgt. Ist denn die ganze Unterwelt los in dieser Nacht? Er wartet auf den Moment, wo die Wesen sich zu ihrer ganzen teuflischen Größe aufblähen werden, um nach ihm zu schnappen und ihn zu plagen. Dann, einen langen zittrigen Atemzug lang, zwingt er sich zur Vernunft.

Es sind Fledermäuse! Sie fressen die Falter. Deshalb kommen sie herein.

Endlich bringt er es fertig, zum Fenster zu taumeln und es zu schließen.

Aber als er kniet, um zu beten und zu danken für die Rettung aus seiner Pein, ist da der grashalmfeine Ton im Ohr, mit dem beginnt, was sich das zweite Übel nennt, das ihn von Zeit zu Zeit überfällt. Der Ton, der ihn in Panik versetzt. Er spürt, wie er anwächst zu schrillem Pfeifen, als wäre er die Antwort auf die Rede der Fledermäuse, als habe sich der Böse, der sie ihm gesendet hat, nun in seinem Kopf eingenistet. Er weiß, nun gibt es kein Zurück. Denn jetzt beginnt das große Mühlrad in seinem Kopf zu brausen und zu sausen.

Er kennt die Krankheit ja. Der Schwindel raubt ihm die Sinne.

»Junker Jörg!«, sagt der Burgkaplan und zupft ihn am Ärmel.

Junker Jörg, wer soll das sein?

Er schlägt die Augen auf.

»Junker Jörg, was ist mit Euch? Wir haben keinen Medicus hier auf der Burg, müssten ihn aus Erfurt holen … Ihr lagt auf der Erde, als die Knappen kamen in der Frühe. Sie haben Euch aufgehoben und hierher gebettet –«

»Dominus vobiscum«, unterbricht er, den sie hier Junker Jörg nennen. Vor ihm das mausgraue Gesicht eines Klerikers, ängstlicher Blick. Verwirrt.

Verwirrt ist auch er. In diesen fremden Kleidern hat man ihn in den Alkoven gehoben, auf den Berg von Kissen, die schlottrig bestrumpften Beine hängen vom Knie ab vom Bett herunter. Das Mühlrad im Kopf ist nun ein fernes Dröhnen.

Er richtet sich auf. »Ich habe geschlafen«, sagt er und merkt am Blick des Kaplans, dass der ihm nicht glaubt. Wer schläft schon ein, hingestreckt auf den Dielen, zwei Schritte vom aufgeschlagenen Bett entfernt.

Der Geistliche hilft ihm an den Tisch. Da steht eine irdene Schüssel mit Hafersuppe, so üppig gebuttert, dass goldene Seen auf der Oberfläche schwimmen. Er murmelt ein Tischgebet, taucht mit zitternder Hand den Löffel in das fette Gemisch. Wie kann man schon wieder hungrig sein nach dem sündhaft gewaltigen Abendfressen? Je mehr man schluckt, je mehr man will.

Was steht der Pater immer noch da? Er stört.

Junker Jörg greift nach dem Krug. Dünnbier.

»Warum bekomme ich kein Wasser? Hat diese Burg keinen Brunnen?«

»Der Brunnen ist da, Herr Junker, ein tiefer Schacht. Aber daraus zu trinken, ist ungesund, die Menschen bekommen davon aufgeblähte Bäuche. Kröte und Unke wohnen drin, wie vom Teufel eingesät.« Der Kaplan bekreuzigt sich und er, Junker Jörg, tut es ihm nach. Aufgeblähten Bauch hat er ohnehin, da braucht er kein verhextes Brunnenwasser.

»Keine Quelle?«

»Doch, Herr, unterhalb der Burg. Man holt das Nass in Fässern zum Kochen.«

»Sagt denen, dass ich von diesem Wasser haben möchte, Bruder. Zum Trinken und zum Waschen.«

(Wird man als Herr bezeichnet, kann man sich auch als einer aufführen.)

»Ich werde es ausrichten, Herr … Junker.«

»Ich hatte gebeten, dass man mir Bücher beschafft. Die Heilige Schrift zuvörderst. Und eine Laute.«

»Ich selbst werde mich zu Maultier heute auf den Weg nach Eisenach machen, Eure Wünsche zu erfüllen.«

»Warum nicht schon gestern?«

»Es hat sich nicht ergeben, Junker Jörg.«

Er wirft den Löffel in die Suppe, dass es spritzt. Sein blasses stoppelbärtiges Gesicht rötet sich.

»Wenn ich schon als Gefangener hier sitze, mit nichts als den Schreien der Vögel und den Schwingen der Fledermäuse als Gesellen meiner Einsamkeit, so soll man nicht zögern, mich mit dem zu versorgen, was mir das Leben wert macht, sonst kündige ich den Vertrag auf und begebe mich trotz Bann und Reichsacht hinaus ins Land, auf dass man mich fangen und erschlagen möge – das ist mir gleich.«

»Wovon sprecht Ihr?«, stammelt der Mönch. Er ist bis zur Tür zurückgewichen. Der Zorn dieses kleinen gebrechlichen Mannes ist wie ein überkochendes Wasser. Angst verbreitend.

»Als wenn Ihr das nicht wüsstet«, entgegnet »Junker Jörg«. »Alle wissen es doch hier. Dieser Mummenschanz.« Seine Röte ist nun wieder krankhafter Blässe gewichen. Seine Augen – dunkel, tief liegend, klein – sind so starr wie die Augen einer Schlange, so scheint es dem Pater. Er ergreift die Flucht, schlägt die Tür hinter sich zu, poltert die Treppe herunter.

Der Mann im Turmzimmer schaufelt weiter seine Suppe in sich hinein.

Er sollte aufhören, er ist ja satt, aber er kann nicht anders, muss immer wieder den nächsten Löffel zum Mund führen, den Wohlgeschmack der zerlassenen Butter genießen, die Süße des Honigs, mit dem das Gericht verfeinert wurde, den Hauch von unbekannten Gewürzen, die seinen Gaumen kitzeln und seine Nase berauschen, das Zusammenspiel von Sanft und Feurig, von *lenis et ardens* immer aufs Neue aufwecken, Genuss ohne Ende.

Sünde der Völlerei? Es ist ja nur eine Hafersuppe …

Die unadlige Mannschaft der Burg, die Reisigen also (man nennt sie auch Kriegsknechte), spart nicht mit verächtlichen Anmerkungen über die Fracht, die der Burgkaplan den Tragkörben des Maultiers entnimmt: Schweinsledergebundene Folianten in fremder Sprache noch und noch; es wird wohl Latein sein, so wie die Pfaffen reden. Schwerer als Holzscheite. Ein Ledersack, in dem es scheppert und klirrt. Musikinstrumente wohl. Will der da oben unter die Gaukler gehen? Sie hätten wohl noch weiter gelästert, wäre nicht der Burghauptmann in Person erschienen und hätte durch seine Anwesenheit die frechen Mäuler zum Verstummen gebracht.

Die Männer grüßen martialisch, und der Herr von Berlepsch gebietet ihnen, die Dinge mit größter Vorsicht zu handhaben, sie die Stiege hochzutragen und vor der Türe des

Turmzimmers abzulegen, aber beileibe nicht anzuklopfen oder gar einzutreten. Er, in seiner Eigenschaft als Herr dieser Burg, werde all das selbst dem Gast übergeben.

Dann zieht er sich mit dem Kaplan, der zudem noch eine schwere Tasche herbeischleppt, in seine Kemenate zurück.

Zunächst wird abgerechnet auf Heller und Groschen, und geflucht, gemurrt, gemäkelt, wie teuer denn all das doch sei. Und dann werden die Bücher besehen, die Heilige Schrift vor allem, einmal auf Latein und dann noch auf Griechisch. Das, was nicht für den da oben bestimmt ist, sondern für ihn, Berlepsch selbst, kommt später dran.

Und die Laute? Ja, gewiss. Scheint sogar mehr als eine zu sein.

Endlich, und nicht zu knapp, wird erörtert, was dem Mathias Huld, dem Bücherschacherer, in den Hals gestopft wurde, damit er Stillschweigen bewahre über die plötzliche Leseleidenschaft da oben auf der Burg.

Es ist wohl ein halber Goldgulden zusammengekommen.

Ritter von Berlepsch, die Stirn gesenkt wie ein Stier vorm Angriff, die Augen hervorschielend unter dem Gestrüpp der Brauen, fragt halblaut: »Nicht, dass Ihr Euch selbst schadlos gehalten habt, Pfäfflein? Das würde ich herausbekommen.«

Der mausgraue Burgkaplan verschluckt sich fast vor Schrecken. »Beim Blute Christi, Herr, das würde ich nie und nimmer wagen! Wär das nicht, als würde ich kurfürstliche Gnaden selbst betrügen?«, und Berlepsch findet insgeheim, das ist gut pariert, denn natürlich fließt das Geld nicht aus seinem eigenen Beutel. Und immerhin hat ihm der Kurfürst durch den Mund seines Mittelsmannes, des Rates Spalatin, eingeschärft, sich kundig zu machen über seinen »Gast«, den er, seine Gnaden, nicht aus den Augen verlieren will, damit da nichts aus dem Ruder läuft.

»So, und nun packt aus, was Ihr an aufrührerischen Schriften erhalten habt beim Huld.«

Der Mönch zuckt die Achseln.

Und dann wird auf den Tisch gelegt, was Berlepsch für sich bestellt hat:

Verschnörkelten Titels das eine, ein Mönch abgebildet auf dem Deckblatt: »Von der Freyheit eines Christenmenschen«.

Das andere zeigt einen Ritter in üppiger Tracht, das Schwert in der Hand, und heißt: »An den christlichen Adel teutscher Nation«.

Das dritte sodann ist auf Latein verfasst. Im Gerank von Ornamenten, mit denen der große Lukas Cranach den Druckstock versehen hat, ist schlicht der Titel formuliert, unverständlich für den Hauptmann und, wie bei den beiden anderen auch, der Name des Verfassers. Martinus Luther Augustinus.

Der Hauptmann nickt. »Ihr werdet mir dieses Machwerk dolmetschen und, da ich zwar im Lesen firm, aber nicht sicher bin, dass ich das gelahrte Zeug auch alles verstehe, werdet Ihr mir die Inhalte der drei Schriften auf eine Weise darlegen, dass ich's mitbekomme.«

Der Kaplan bekreuzigt sich, die Augen weit aufgerissen. »Ich soll Euch die Schriften des Erzketzers …?«

Berlepsch verzieht verächtlich die Mundwinkel. »Wenn Ihr im Glauben fest seid, was kann Euch die abweichlerische Meinung schaden? Mich wundert ohnehin, dass Ihr sie nicht längst zur Kenntnis genommen habt – fehlt Euch denn jegliche Neugier an den Glaubensstreiten?«

Der Mönch senkt den Kopf. »Ich meide die Versuchung!«, erwidert er leise.

»Nun, jetzt werdet Ihr der ins Auge sehen müssen!« Der Burghauptmann unterdrückt ein Schmunzeln. »Aber sicher habt Ihr doch noch anderes da in Eurem Schnappsack. Wenn ich die Summa ziehe von dem, was Ihr an Geld ausgegeben habt, so müsste noch einiges folgen.«

»Da habt Ihr Recht, Herr. Fliegende Blätter, wie sie in Mengen im Umlauf sind, das Für und Wider der neuen Lehren beleuchtend, habe ich gekauft. Sie könnten helfen, uns eine Meinung zu bilden.«

»Damit wir nicht selbst denken müssen, oder? Heraus damit!«

Der Kaplan greift in die Tasche und angelt eine ganze Handvoll Gedrucktes heraus. Teils sind es nur einzelne Blätter, teils Quartbögen, zu einem Heftchen gefaltet. Alle jedoch, ob dick oder dünn, sind mit grotesken Holzschnitten versehen, auf denen sich die allermerkwürdigsten Wesen tummeln.

Berlepsch pfeift durch die Zähne. »Was sind das für grausige Kreaturen? Dies hier, als Beispiel?«

Sein Gegenüber erklärt widerwillig: »Der Papst – Ihr erkennt ihn an seiner Tiara; hier reicht er gerade seine Hand dem bocksfüßigen Höllenfürsten, der ihm gegenübersteht mit seinen Fledermausflügeln, den Bauch voller Zitzen der Bosheit, ein Ziegenkopf, versehen mit Hörnern und züngelndem Maul …«

Der Burghauptmann lacht los. »Ihr beschreibt das sehr treffend, Bruder! Und hier, auf diesem Holzschnitt?« (Er weist auf ein anderes Blatt.) »Da fährt der Heilige Vater gar zur Hölle, das Feuer lodert schon!«

»Es ist mir schwer erträglich, halten zu Gnaden, wenn Ihr einstimmt in den ruchlosen Spott dieser Volksverführer!«, sagt der Mönch und vergisst für den Moment die Unterwürfigkeit gegenüber seinem Brotherrn. »Und es wär mir lieb, wenn Ihr, Euch diese Blätter deuten und die Schriften vorlesen zu lassen, jemand anderen herbeirufen würdet, bei allem Respekt. Jeder arme Scholar ist bereit, für eine warme Suppe und ein Stück Brot den ganzen Tag zu dolmetschen und vorzulesen, so wie es draußen beim gemeinen Volk, das des Lesens nicht kundig ist, wohl täglich geschieht.«

Über sich selbst erschrocken, versteckt er seine Hände in den Ärmeln der Kutte und neigt den Kopf tief. Berlepsch ist erheitert. Weit entfernt davon, dem Geistlichen seine Worte zu verübeln, im Gegenteil, er verspricht sich Kurzweil von den Gewissensnöten des kleinen Mannes, dem die Anwesenheit des Ketzers da oben im Turmzimmer zusätzlich zu schaffen macht. Er fächert mit der Hand die auf dem Tisch ausgebreiteten Flugschriften. Donnerwetter, mit welchen Kübeln voll Dreck begießt man sich da gegenseitig! Antichrist und Blutsäufer wird der Papst zu Rom tituliert, und die Gegenseite ist auch nicht müßig. Ein Narr sei der Herr Doktor Luther, ein geifernder Eber und Grobian.

Ein Grobian? Ein teutscher Herkules? Der erschöpfte schmächtige Mensch in seinem, Berlepschens, Gewahrsam – vielleicht ist es an der Zeit, ihn sich ein bisschen genauer anzusehen. Die Bücher, die für ihn herangeschafft wurden, sind willkommener Anlass für ihn, den Burghauptmann, die Stufen ein zweites Mal hinaufzusteigen.

Der Kaplan mag sich inzwischen vorbereiten, ihm die Schriften auf dem Tisch da auszulegen, heute Abend, nachdem er Alt und Jung, Hoch und Niedrig, wie auf dieser Burg versammelt, die Abendmesse gelesen ...

Ritter Berlepsch glaubt, der Kerl ist verrückt.

Er nimmt zunächst kaum Notiz von ihm, der er doch immerhin hier die Obrigkeit vertritt, sondern stürzt sich auf die Bücher, wie ein Verliebter die versprochene Braut empfangen würde, drückt diesen oder jenen Folianten ans Herz, legt seine Stirn darauf, küsst den Einband – ein Besessener, wie es dem Hauptmann scheint.

Dann, immer noch, ohne auf ihn einzugehen, öffnet er den Sack, in dem sich zwei Lauten, eine große und eine kleine, befinden, holt sie heraus, begutachtet sie wie ein Spielmann, dreht an den Wirbeln, hält das Ohr an das Schallloch, und sein blasses knochiges Gesicht scheint irgendwie verklärt zu sein. Fehlt nur noch der Heiligenschein, denkt der Burghauptmann und erinnert sich: Waren da bei diesen fliegenden Blättern auf seinem Tisch nicht sogar Bilder von diesem Mönch, wo er einen Heiligenschein *hatte*? Unheimlich.

Ein erster Akkord. Volltönend. Will der gar nicht mit ihm sprechen?

Berlepsch räuspert sich.

»Ist alles nach Euren Wünschen und recht und gut, Herr Doktor … äh, Herr Junker?«

Der verkleidete Mönch sieht ihn an, als würde er aufwachen und habe noch Schlafsand an den Wimpern.

»Recht und gut und schön«, erwidert er schließlich, »und geschaffen, meine Nöte zu lindern. Wenn hier oben schon keine Nachtigall singt, sondern nur misstönende Vögel schreien, so kann ich doch nun das Wort des Herrn lesen und gegen den Teufel ankämpfen mit holder Musica.« (Was meint der Verrückte? Berlepsch guckt misstrauisch.) »Und bald will ich Briefe schreiben, die sollt Ihr dann bestellen lassen.«

Und er greift erneut ein paar Akkorde.

Nun, wie ein Junker kommandieren kann er schon, denkt Berlepsch.

Briefe. Die werden wohl nicht ungelesen von der Burg ausgehen. Das hat ihm der Hofrat Spalatin eingeschärft.

Er verbeugt sich, geht.

Ich werde ihm die Friderun schicken, die hat geschickte Hände zum Nähen. Die soll ihm ein passendes Gewand anmessen, man kann ihn ja so nicht lassen als einen Popanz in den allzu weiten Kleidern, selbst nicht in seinem Turmzimmer. Und ansonsten … die Friderun hat nicht nur dazu geschickte Hände …

Er schmunzelt, während er die Stiege hinunterprasselt mit Sporen an den Stiefeln.

Wollen es dem teutschen Herkules an Nichts mangeln lassen.

Als er am Fuß des Turms angelangt ist und hinaustritt auf den Burghof, stockt sein Schritt. Da stehen drei, vier vom Gesinde und halten Maulaffen feil; den Kopf in den Nacken gelegt, schauen sie zum Fenster des Turmstübchens hoch. Denn von da tönt und schallt es jetzt wohllautend, Gesang und Lautenklang vereint.

»Grüß Gott, du schöner Maien / nun bist du wieder hier. / Tust Jung und alt erfreuen / mit deiner Blumen Zier.«

»Habt ihr nichts zu tun, ihr faules Volk?«, schnauzt er. Da verkrümeln sie sich.

Gegen den Teufel ankämpfen mit holder Musica?

Das kann ja heiter werden, wenn die Dienerschaft tagaus, tagein vorm Turmzimmer herumlungert und auf irgendwelchen Klingklang von da oben wartet. Heißt es nicht, der sei ein Aufwiegler? Dass er's mit Tönen macht, das ist neu.

Da sitzt der Hauptmann nun aufs Neue seinem Kaplan gegenüber, der plötzlich mehr Beachtung findet als sonst in einem ganzen Jahr. Noch einmal: Es geht auf Anweisung kürfürstlicher Kanzlei darum, dass er, Berlepsch, Bescheid weiß über den da oben im Turmzimmer.

Zum dritten Mal hockt er vor dem Tisch mit den Schriften.

»Und das alles hat er innerhalb eines Jahres kundgetan?«, fragt der Hauptmann ungläubig.

Schon beim vorigen Mal hat er es aufgegeben, sich vom Pater vorlesen zu lassen, es ist ihm alles viel zu schwierig. Das sind Gedanken, die ein Burghauptmann in seinem Schädel schwer unterbringen kann, da sind die Plätze besetzt mit etwas grobschlächtigerem Zeug. »Innerhalb eines Jahres hat er die Christenheit verrückt gemacht!«, bestätigt der grimmig, »und die Drucker in Wittenberg müssen nicht einmal seinen Namen auf die Scharteken setzen, sondern es reicht, dass da M. L. steht, und alle Welt weiß es und reißt die lästerlichen Pamphlete den Buchhändlern aus den Fingern.«

»Und du kennst sie!«, stellt der Burghauptmann fest, »diese lästerlichen Pamphlete, diese drei, und wirst mich nun kundig machen mit deinen Worten, beginne!«

Durch die offenen Butzenscheiben dringt milde Maienluft herein, am Brunnen singen die Mägde zweistimmig (ist es eins der Lieder, die sie von dem da gehört haben?) und Berlepsch hat einen Bierhumpen vor sich stehen. Auf den Gedanken, dass der Kaplan auch durstig sein könne, verfällt er nicht.

»Zunächst«, beginnt der, greift nach der ersten Schrift

und räuspert sich die trockene Kehle frei, »wendet sich dieser Mann in aller Dreistigkeit an Kaiser, Fürsten, weltliche Herren und den Adel insgesamt, die deutsche Nation, wie er sich ausdrückt, vor der Ausplünderung durch Rom zu beschützen. Denn, so ist seine Meinung, da durch die Taufe jeder Christenmensch berechtigt ist, das Priesteramt auszuüben, so bestünde keine Notwendigkeit, der römischen Kurie das Recht einzuräumen, Gnadenmittel wie den Ablass zu gewähren.

»Was?«, unterbricht der Hauptmann und knallt seinen Bierkrug auf den Tisch, »aber das bedeutet ja, dass ihr Kuttenträger im Grunde überflüssig seid! Wenn ihr gar nicht vermitteln müsst zwischen dem sündigen Menschen und dem Himmel, wozu seid ihr dann noch da und fresst euch auf Kosten der Laien durch?«

Der Kaplan gerät ins Schielen. »Das ist ja das Gift, das diese Machwerke enthalten! Sie gaukeln dem einfachen Menschen vor, er könne des geistlichen Beistands entbehren und auf seine eigene Weisheit pochen. Aber dem ist nicht so, glaubt mir, Herr Hauptmann!«

»Hm«, knurrt Berlepsch. »Aber die haben doch auch Pfaffen, diese ... diese Neuchristen? Wozu sind die denn gut?«

»Zu gar nichts«, entgegnet der Pater gallig. »Sie haben keine Weihen vom Himmel. Sie reden nur klug daher und sind für die armen verirrten Schäfchen so etwas wie ein Notnagel des Glaubens. Denn sie können nicht binden und lösen. Sind keine Mittler zu Gott. So etwas wie ihre Schullehrer. Nennen sich Seelsorger. Aber das bringt nichts ein.«

»Aha. Und weiter? Was enthält die nächste Schrift?«

»Sie ist auf Latein abgefasst, wie ich Euch erklärt habe, und heißt *De captivitate Babylonica ecclesiae«*, sagt der Kaplan sehr zurückhaltend.

»Und? Wollt Ihr wohl so gütig sein, das zu übersetzen?«

»Es ist nicht von ungefähr kein Deutsch«, druckst der Mönch herum. »Es sollte wohl eher der Verständigung unter den Klerikern selbst dienen.«

»Nachdem Ihr mir eben gerade dargelegt, dass dieser Luther die Kleriker für wertlosen Plunder hält, dessen ein Christ gar nicht bedarf, wollt Ihr mir jetzt weismachen, er habe das nur für den Gebrauch in der Kirche verfasst? Kommt, spuckt es aus, Pater!«

»›Von der babylonischen Gefangenschaft der Kirche‹ heißt dieser Titel übersetzt«, sagt der andere mit einem tiefen Seufzer. »Darin geht es um die Sakramente, die Zeichen der Gnade, durch die Gott mit den Menschen in Verbindung tritt. Sieben an der Zahl. Luther nun legt dar, nur zwei Sakramente seien von Christus selbst eingesetzt worden: die Taufe und das Abendmahl. Alle anderen seien nicht von Gott. Und dass nur der Priester im Abendmahl beides, Brot *und* Wein zu sich nehmen würde, also den Leib *und* das Blut unseres Herrn Jesus Christus, das sei auch grundverkehrt, denn damit würde die Kluft zwischen Priester und Laien vertieft, was seiner Meinung nach nicht sein darf. Alle anderen Sakramente, so meint er, hätte sich die Kirche also nur ersonnen, um noch mehr Macht über die einfachen Menschen zu erhalten und sie zu knebeln.«

Hans von Berlepsch starrt seinen Geistlichen an. »Also«, sagt er langsam, »die Ehe ist kein Sakrament?«

»Kein Sakrament.«

»Die letzte Ölung kein Sakrament?«

»Kein Sakrament.«

»Die Ohrenbeichte kein Sakrament?«

»Kein Sakrament.«

»Und die Priesterweihe? Was ist damit?«

»Auch nicht.«

»Das haben sich die Pfaffen sozusagen nur ausgedacht? Das ist nichts Heiliges in Wirklichkeit?«

»So sieht es dieser Ketzer«, bestätigt der Kaplan säuerlich.

»Donnerwetter!« Der Burghauptmann lehnt sich in seinem Sessel zurück und wendet den Blick zum Fenster. »Der Kerl da oben in der Turmstube fängt an, mir zu gefallen.«

»Nun«, bemerkt der Pater spitz, »die Frage ist, ob sich das halten wird, dass er Euch so gefällt. Nun wird es nämlich etwas – hm, verdreht.«

»Schießt los!«, befiehlt Berlepsch.

»Da gibt es in der dritten Schrift folgende These: *Ein Christenmensch ist ein freier Herr über alle Dinge und niemand untertan. Ein Christenmensch ist ein dienstbarer Knecht aller Dinge und jedermann untertan.*«

Sein Gegenüber runzelt die Stirn und nimmt einen Schluck aus seinem Bierhumpen. Dann sagt er: »Das verstehe ich nicht.«

»Das war zu erwarten«, entgegnet der Kaplan dreist, schränkt aber seinen Vorwitz schnell wieder ein, indem er fortfährt, »und damit seid Ihr nicht allein. Was soll man nun glauben, wenn das Gegenteil auch wahr ist? Im Verlauf seiner hochgelahrten Abhandlung teilt dieser Martinus den Menschen gleichsam in zwei Hälften. Die eine ist die geistliche, die durch Christus erlöst wurde, und die andere eben die äußerliche, die irdische, eingebunden in die Welt, in der er seiner Obrigkeit Gehorsam schuldet und seinem Herren dient.«

Der Burghauptmann steht auf. »Na, wenigstens das Letztere hört sich vernünftig an«, sagt er. »Und nun reicht es mir, Pater. Mehr fasst mein Schädel nicht. Und mehr muss ich ja wohl auch nicht wissen. Der kriegt sein Futter, der da oben, und mag seine Briefe verschicken und empfangen, wohlgemerkt, nachdem Ihr sie gelesen habt, und soll er auf seiner Laute klimpern soviel er will, und ich schick ihm ja auch die Friderun. Aber warum kurfürstliche Gnaden sich mit einem solchen Wirrkopf belasten, das weiß ich nicht. Gelobt sei Jesus Christus.«

Er verlässt den Raum, während ihm der Mönch sein »In Ewigkeit, Amen!« hinterhermurmelt.

Er, im Gegensatz zu seinem Herrn, ist zwar nur ein kleines Licht, aber er kann sich sehr wohl zusammenreimen, was Kurfürst Friedrich an diesem Mann im Turmzimmer hat. Das

Land gerät durch ihn in Aufruhr. Und Friedrich sitzt in aller Ruhe da und spielt seine Kraft als mächtigster Fürst des Reiches gegen die anderen großen Herren aus. Während die sich mit dem Papst über die Ketzereien des Wittenbergers überwarfen, konnte er in aller Ruhe seinen Kandidaten auf den Kaiserthron bringen – den schwächsten. Den Spanier. Den er selbst gängeln und dem er nun nach Lust und Laune das Leben schwer machen kann. Er, der ungekrönte König. Und da dieser Carolus ohnehin wieder nach Spanien abzieht, ist Friedrich, als der Vorsitzende des Gremiums, das in absento der Majestät regiert, der mächtigste Mann in deutschen Landen.

Und das soll auch so bleiben. Als dieser Kerl da oben in Worms dastand, so bockig wie ein Esel, und sich weigerte, seine Schriften zu widerrufen, da wurde ein loderndes Feuer entfacht. So kann der »Weise« sein Schäfchen auch weiterhin ins Trockene bringen – und, natürlich nebenbei, wird er der alten Lehre die Treue bewahren und wie bisher seinen eigenen Ablass verkaufen ...

Und so hat er ihn denn, den Bruder Martinus, über Spalatin und seine Helfer beschworen und beredet, ja nicht zu widerrufen!

So die Meinung eines kleinen Mönchs. Aber die behält er für sich.

Es gibt Anfechtungen. Zunächst aber findet Junker Jörg Trost. Er kann die kargen Wände schmücken mit Tönen und behängen mit den Worten des Liedes, allein zwar, aber beschützt.

Er singt Psalmen und das, was das Volk im Munde führt. Singt zunächst laut, hört mit einer Freude, wie sie ihn seit langem nicht mehr erfüllt hat, dass da unten am Brunnen die Mägde seine Lieder aufnehmen und sogar eine Secunda, eine Zweitstimme, dazu erfinden.

So kann er leben, geliebt von Melodien, von Poesien.

Irgendwann greifen seine Finger auf den Saiten wie von ungefähr eine kleine traurige Weise, erst vermag er nicht zu sagen, woher sie eigentlich stammt. Dann ist sie da, eine Stimme, brüchig, klein, flüsternd im Rhythmus. Die Stimme der Mutter.

Ihr Lied.

»Dir und mir ist niemand hold / das ist unser beider Schuld.«

Er erinnert sich: Der Vater hat wieder ganze Arbeit geleistet, der Stock ist ihm schließlich zerbrochen.

Nicht an ihm, da hat er noch gehalten. An der Mutter, die war als Nächste dran. Was der Anlass war – egal, es gab immer einen. Brüllend vor Zorn, hat Hans Luder erst auf Martin eingedroschen, dann auf sein Eheweib, um sie ob ihrer Vergehen zu strafen. (Was für Vergehen? Keiner wagt zu fragen. Es hilft nichts, dass man versucht, es ihm recht zu machen. Es ist der Zorn, so wie es eben auch der göttliche Zorn ist, den nie einer hinterfragt.)

Dann ging er fort zum Bier. Der Herr und Gebieter ist außer Haus.

Martin und die Mutter hocken da, beide in der gleichen Haltung, gekrümmt, vornüber gebeugt, schaukeln den Schmerz weg.

Diese Momente der gemeinsamen Züchtigung sind die, in denen sie sich nahe sind, Mutter und Sohn, unterworfen der gleichen Gewalt des Obersten Richters. Nicht, dass die Mutter sonst Geborgenheit schenken würde. Sie ist eine harte Frau und spart auch selbst die Rute nicht. Im Hause des Minenbesitzers Hans Luder wird nicht geküsst oder gestreichelt. Aber so, wenn sie beieinander sitzen, kann es vorkommen, dass sich Margarete Luder irgendwann an ihren Ältesten lehnt und raunend, flüsternd das Lied anstimmt. Gemeinsamkeit in der Demütigung.

»Das ist unser beider Schuld.«

Schuld, ja. Die kann einem eingeprügelt werden, sodass

man an sie glaubt. Irgendein Gebot hat man sicher ausgelassen, und sei's nur eine Sünde in Gedanken. An die eigene Schuld also ... Aber die der Mutter? Die ist nicht fassbar, zumal, wenn man weiß, dass sie in der Nacht im Alkoven wieder stöhnen wird unter der Gewalt, die ihr geschieht.

Wenn sie daherkommt mit diesem Lied, dann erwacht in dem Jungen nicht etwa Mitleid, sondern so etwas wie eine heiße Welle, die über ihn hinweggeht, und er faltet die Hände, um sie nicht zu Fäusten zu ballen und auch auf irgendetwas einzuschlagen – am liebsten auf die Frau, die neben ihm hockt und ihn jetzt mit dem verfluchten Liedchen einbezieht in ein Miteinander der Erniedrigten, jener, die die Hand küssen, die sie malträtiert.

Und mit dem Lied steigt dieses Gefühl jetzt in ihm hoch, hier in dieser Stube, eine rote Wut. Sodass er die Laute unsanft wegstellt, um ein Haar hätte er sie geworfen.

So ein elendes Lied voller Trostlosigkeit – und es konnte doch heilen und helfen. Weil man zusammen sang. Weil es Worte gab. Worte und Töne.

Warum hat nie jemand mit ihm gesprochen, als er noch ein Kind war? Warum hat man ihn so ... vernichtet?

Es klopft. Es klopft auf eine andere Weise, als die der Knaben, die ihm das Futter bringen; zudem ist nicht die Zeit dazu.

Bevor er überhaupt einen Mucks sagen kann, drückt jemand die Klinke herunter und öffnet.

Auf der Schwelle steht eine Weibsperson.

Luther weicht zurück bis an die äußerste Ecke des Raums, steht eingequetscht zwischen Wand und Schreibtisch. Eine neue Versuchung des Satans?

Das Wesen knickst und sagt in der unverkennbaren Mundart dieses Landstrichs, diesem Singsang: »Verzeiht, Herr Junker, unser gnädiger Herr schickt mich. Ich soll Euern Leib Maß nehmen für angemessene Kleidung, die Euch wirklich passt. Ein Reitergewand.«

Sie soll dem Leib Maß nehmen ... Das ist alles, was er im Augenblick versteht. Sie nähert sich ihm ganz ungeniert. In der Hand hält sie mehrere bunte Schnüre und eine blitzende Schere, Gerätschaften, deren Bestimmung ihm verborgen ist. Er streckt abwehrend die Hände vor. Sie will ihm ans Fell, das steht fest!

Nun steht sie direkt vor ihm, den Kopf schief gelegt, mit einem Lächeln der List auf den Lippen. Die Verführerin aus dem Paradies. Er weiß nicht, ist sie jung, ist sie alt, hübsch oder hässlich. Er riecht nur diesen fischigen Geruch, diesen Weibsgeruch, der ihm brünstig entgegenschlägt aus den Falten ihres Kittels.

Sein Fleisch regt sich gewaltig. Er hält den Atem an, während die Versucherin an ihm Ungeahntes, Unbegreifliches verübt. Sie fingert an seinem Körper herum, legt die Fäden an Arme, Hals und Rücken, versieht sie mit Knoten.

Nestelknüpfen, das hat die Mutter ihm zugeraunt in den wenigen Stunden engen Beisammenseins, die sie ihm schenkte, Nestelknüpfen ist Zauberei. Damit bringt eine Hexe einen Mann in ihre Gewalt. So wie man ein Stück Vieh fesselt, indem man ihm die Beine zusammenbindet, so wirkt das Knüpfen von Knoten – man stellt eine Zauberei her, und der Mann kann sich winden und wenden, wie er will, er ist gefangen. Er kommt nicht los. Die Knoten verhindern es.

Er schlägt das Kreuz vor dem Antlitz der Frau, die übrigens, wie er nun zu alledem sieht, hübsch ist, mit grauen Augensternen. Ihre Zunge schlängelt sich zwischen den Lippen hervor, so wie die Schlangen züngeln.

»Weiche von mir, Teufelin!«, stöhnt er.

Aber diese Person scheint ihn gar nicht zu hören. Sie tut etwas ganz anderes. Rutscht an ihm herunter auf die Knie, um sich mit ihren Schnüren seines Schenkels zu bemächtigen. Dann greift sie zu. Mit der einen Hand; an den Fingern der anderen blitzt die Schere. Die Schere! Was hat sie vor? Will sie in sein ... Fleisch schneiden?

Er schreit auf vor Angst und Lust und ergießt sich unverzüglich.

Und während er da in seiner Ecke an der Wand lehnt, geschwächt und versinkend in Scham und in Wut über die buhlerische Magd, rafft die ungerührt ihre Bänder zusammen, packt die Furcht erregende Schere, kürzt an diesen Fäden unterschiedlicher Länge herum, wozu auch immer, und spricht: »Ihr habt's wohl nötig gehabt, Herr Junker. Ich komm wieder, wenn ich Euch das neue Gewand anprobier, aber falls Ihr vorher noch einmal Begehren verspürt, so fragt nur nach der Friderun, die ist zu Diensten.«

Und verschwindet und lässt ihn allein stehen mit seinem sündigen Leib. Die Versuchung ist allgegenwärtig, nur der gnädige Gott kann sich deiner erbarmen. –

Die Anfechtungen suchen ihn heim seit Kindertagen.

Sie sind des Teufels! Und er muss es mit sich selbst ausmachen ... Fleusst es nicht in das Fleisch, so fleusst es eben ins Hemd.

Aber dann! Damals ist es geschehen, Auge in Auge, Hand an Hand ...

Eisenach. Er besucht die Georgenschule. Latein. Griechisch. Die Schönen Künste. Geld ist knapp. Kurrendesingen mit den anderen Schülern vor den Bürgerhäusern der Stadt, um ein tägliches Mittagessen, einen Freitisch. Vikar Johannes Braun empfiehlt, dem begabten Jungen besonderes Wohlwollen entgegenzubringen.

Da ist das Haus der Familie Schalbe, reiches Volk. Ratsherren seit jeher.

Die Mahlzeit wird solchen Knaben im Allgemeinen in der Küche beim Gesinde verabfolgt, aber der magere junge Mann mit dem kantigen Gesicht hat eine Stimme wie ein Engel des Herrn, außerdem, so erfährt man, ist er Primus seiner Klasse, firm in allen Fächern, und so lässt man ihn an den Herrentisch – mit einem Hintergedanken von Anfang an.

Aber das weiß er noch nicht.

Er nimmt Platz mit Bescheidenheit, stolz über so hohe Ehren, und ihm gegenüber sitzt sie. Ursula Cotta, Tochter des Heinrich Schalbe, als junge Witwe ins Haus des Vaters zurückgekehrt. Sie trägt das Haar sittsam verhüllt von einer großen Haube, die auch das Kinn umschließt und so das Gesicht einrahmt. Ein vollkommenes Eirund, eingezeichnet darin einen kleiner, leuchtend roter Mund, und unter schmalen Brauenbögen schwimmen dunkle Augen wie zwei Mandeln.

Er verschüttet Suppe, das schieben sie auf seine Schüchternheit.

Dann, nach dem Essen – er kann sich nicht erinnern, was auf dem Tisch stand an diesem ersten Tag –, nimmt ihn Heinrich Schalbe beiseite und macht ihm ein Angebot.

Sein Sohn Kaspar, nur um weniges jünger als der Tischgast, ist, nach Aussage seines Vaters, ein Beutel voller Wind, kein Dummer, das nicht, aber im Kopf lauter Flausen. Wenn er, Martinus, dem Knaben als Präzeptor auf die Sprünge helfen könnte, ihm Lust zur Schule und zum Lernen einflößen und ihn dergestalt vorbereiten auf eine Immatrikulation an der Erfurter Alma Mater, so würde ihm ein Quartier im Hause Schalbe zur Verfügung stehen sowie Kost umsonst.

Der Angesprochene, zwischen Röte und Blässe wechselnd, stottert, solcher Fortuna unwürdig zu sein, indessen fühle er sich wohl in der Lage, den Knaben bis zum Studium vorzubereiten.

Und dabei sind die Mandelaugen der jungen Witwe auf ihn gerichtet, und um ihr rotes Mündchen spielt ein Lächeln.

Es sind Jahre lustvoller Qual, die er in diesem Haus zu bestehen hat, das junge Weib täglich vor Augen, nächtens allein mit dem Aufbegehren seines Fleisches.

Dann, kurz bevor er vom Scholaren zum Studiosus wird, die Schulbank mit dem Hörsaal vertauscht und Eisenach verlässt, um in der Porta Coeli zu Erfurt, einer Studentenburse,

Quartier zu nehmen, ist da ein stiller Sonntag. Herrschaft und Gesinde sind beim Kirchgang. Das Haus ist leer, bis auf Martin, der ein lateinisches Traktat für Kaspar als Übungstext erarbeitet, und Ursula. Die junge Frau ist unpässlich, der Kopfschmerz plagt sie.

Im Haus ist es still. Eine Stille, die dröhnt.

Er ertappt sich dabei, dass seine Feder unbeweglich über dem Papier schwebt, die Tinte sammelt sich an der Spitze, ein dicker, schwerer, dunkler Tropfen, kurz davor, sich zu lösen und herunterzufallen auf das Blatt. Hastig steckt er sie zurück ins Tintenfass. Schließt die Augen, versucht, seine Gedanken zu sammeln.

Die leise Stimme kommt aus der Frauenkemenate. »Martinus, bist du da?«

Ihm stockt der Atem. Nicht antworten. Unsichtbar werden. Unters Tischtuch kriechen vielleicht.

Noch einmal: »Martinus? Komm zu mir.«

Er steht auf, seine Beine sind schwer wie Blei.

»Was kann ich für Euch tun, Frau Ursula?«, fragt er, steht im Türrahmen.

Sie ruht, halb sitzend, halb liegend, zwischen Kissen auf einem Sessel mit geschnitzter Lehne, ihre Füße auf einem Taburett. Sie trägt keine Schuhe, ihre Strümpfe sind weiß und aus so feinem Garn gestrickt, dass man jeden einzelnen ihrer zehn Zehen hindurchschimmern sieht.

Ursula Cotta seufzt. »Mein Kopf schmerzt. Kannst du deine Laute holen und mir etwas vorsingen? Die Musica kann lindern.«

Aber er weiß nicht, wie er sich lösen soll von seiner Stelle da im Türrahmen, er hat das Gefühl, dass er der Tintentropfen ist, der an der Spitze seiner Feder geschwebt hat, und so sagt er und kennt seine Stimme nicht: »Nein, Verzeihung. Ich kann meine Laute jetzt nicht holen.«

Sie sieht ihn an mit diesen Augen, deren dunkle Iris im milchigen Weiß schwimmt. Langsam steigt wolkige Röte von ihrem Hals hoch in Stirn und Wangen, und genauso langsam streckt sie die Hand nach ihm aus.

Und er stürzt vorwärts, die einzige Richtung, die zu gehen ihm möglich ist, auf diese Hand zu, wie ein Raubvogel auf die Beute.

Was bleibt, sind Fluchten. Fort aus diesem Haus. Fort nach Erfurt, der Stadt von Welt.

Ein Student sein, wie es sich ziemt.

Aber was ziemt sich? Den Kanon der sieben Freien Künste durchlaufen, bald zum Magister der *Artes liberales* werden.

Und – er wird es später aufschreiben – mit den Menschen herumwirbeln.

Denn zwei *Lectiones*, so benennt er es, beherrschen die Studiosi von Erfurt: das Saufen und das Huren. Da kommt keiner drumherum. Bier gibt's in riesigen Humpen, und nicht nur sogenannte Hübschlerinnen bieten ihre Schenkel feil, sondern auch, meist billiger, verheiratete Weiber, denen der Mann nicht mehr die Pflicht besorgt.

Wenn er hier jetzt, im Turmzimmer, aufs Äußerste elend, nachdem ihm Friderun Maß genommen, in seinem Winkel steht, erscheint ihm diese Zeit seines Lebens, als sei sie von einem anderen, einem Fremden durchlebt worden, einem, der keinerlei Respekt vor niemandem hatte, dessen volltönende Sangesstimme aus allen Schenken hallte.

Er war nun das, wozu ihn der Vater bestimmt hatte, ein Studiosus beider Rechte, Juristerei, das Tor, durch das er zu Amt und Würden in Eisleben einziehen soll, was Hans Luder eine beträchtliche Summe gekostet, und manchmal denkt er mit jenem Ingrimm, der ihn stets befällt, wenn er sich an das prügelnde Ungetüm zu Haus erinnert, dem geschähe es wohl recht, dass sein Sohn ein rechter Lüderjahn geworden hier zu Erfurt.

Dass er ungeachtet dessen glänzend vorankommt auf der Ehrenbahn, dass er bald außerdem selbst Vorlesungen zu halten hat an der Fakultät der Philosophen, die ja, wie die Medizin, zu den *Artes liberales* zählt, das war das andere. Magister der Rechte, ganz schnell. Siegreich wie ein Held.

Dann der Absturz vom wüsten, selbstgerechten Freudenthron in die Tiefe weltlicher Verstrickung.

Der Ewige Landfriede wurde von Kaiserlicher Majestät Anno Domini 1495 auf dem Reichstag verkündet. Der Inhalt: Eigenmächtiger Waffengebrauch wird unter Reichsacht und peinliche Strafe gestellt. Und Zweikämpfe sind verboten.

Was verboten ist, das reizt zu jener Lebenszeit. Wider den Stachel löcken, trotzig sein. Dem Vater trotzen, auch wenn der nicht weiß, wie er's treibt, und sündigen wider göttliches Gebot und menschliches Recht – wenn auch im tiefsten Inneren das Gewissen wütet. Nun erst recht.

Einen langen Stoßdegen schleppt er mit sich herum, eine ritterliche Waffe, so lang nachschleifend wie ein Hundeschwanz; wenn man damit über die gepflasterten Straßen zieht, klopft es dumpf bei jedem Schritt, und die Bürgersleute weichen aus auf die andere Seite.

Dabei hat er das Fechten nie gelernt, so wenig wie die meisten anderen Studiosi. In den Hinterzimmern der Wirtshäuser dreschen sie wild aufeinander ein, nur zum Spaß. Dabei geschieht, wie sollte es anders sein, mehr Unheil als auf jedem legalen Fechtboden.

Da ist ein guter Freund, der junge Hieronymus Buntz, Student der Rechte auch er, der ist besonders versessen aufs Klingenkreuzen, und Luther legt Wert darauf, es ihm gleichzutun. So prügeln sie sich, zum Gaudium der anderen Kumpane, die auf den Wandbänken im Kreis sitzen, sie johlend aufmuntern und die Bierhumpen stemmen. Einmal verletzt ihn Hieronymus am Schenkel. Die Wunde ist nicht tief, aber viel Blut strömt, er fällt in Ohnmacht und die anderen grölen. Ist der empfindlich!

Wochenlang hinkt er durch die Hörsäle, humpelt aufs Katheder, wenn er Vortrag zu halten hat, einen Lappen um die eitrige Wunde unterm Studententalar.

Dass er, wieder genesen, den Freund zur *Satisfactio* herausfordert – ist das wirklich nur purer Übermut oder der geheime Grimm, der Unterlegene und Verspottete gewesen zu sein?

Ganz brüderlich geht es zur nächsten Mensur mit Hieronymus. Aber dann überkommt ihn, er weiß nicht, was. Der Teufel fährt ihn in Arm und Hand, und noch bevor der junge Buntz zum Fechtergruß ansetzt, ist Luthers Klinge schon parat gegen allen Brauch und alle Sitte und zerschneidet dem Freund das Gewand an Hals und Schulter, und er, Luther, sieht ohne Reue, dass auch bei dem das Blut hervorschießt und dass er in Ohnmacht fällt wie er selbst vordem bei seiner Verletzung.

Noch ist da eine Art dumpfer Genugtuung über gehabte Rache.

Erst, als er in seinem Zimmer das Abendgebet spricht, überfällt es ihn. Er hat wahrhaftig zugestochen, bevor der Kampf eigentlich begonnen hatte! Ein Berserker, ein rachsüchtiges Monstrum wohnt in ihm! Der Böse Feind selbst hat ihm die Hand geführt.

Am Tag darauf, nach einer Nacht, die er in angstvollem Gebet verbringt, eilt er zum Haus der Familie Buntz, nach dem Freund zu sehen, ihn um Verzeihung zu bitten.

Was er da wahrnimmt, versetzt ihn in tödliche Bangigkeit.

Das Haus ist in Erregung, Mägde sieht er hin und her rennen, ein Medicus mit steifer Halskrause und großer Tasche kommt die Stufen herunter auf die Straße.

Luther spricht ihn an. »Wer ist krank von der Familie, Doctissime?«

Der Arzt wirft ihm einen unwirschen Seitenblick zu. »Was geht es Euch an?«

»Der junge Sohn, der Studiosus ist mein Freund, und ich wollte …«

»Hieronymus? Nun, wenn Ihr den noch unter den Lebenden antreffen wollt, dann beeilt Euch. Gestern hat ihn irgendein blindwütiger Kerl angestochen. Wäre vielleicht nicht so schlimm, aber der Hieronymus ist ein Mensch, dessen Blut nicht stehen will. Ich weiß nicht, wie das wird. Jedenfalls: Hieronymus Buntz' Leben steht in Gottes Hand. Ich denke schon, ein gestrenger Magistrat wird ermitteln gegen den, der ihn so verletzt hat.«

Und da dreht Luther sich um, kein Gedanke mehr, das Opfer aufzusuchen, dass ihm der Gottseibeiuns vor die allzu flinke Klinge gejagt hat, und rennt davon, als sei ihm eine Herde wilder Stiere auf den Fersen. Fliehen. Nichts als Flucht.

Martinus geht auf und ab in seinem Zimmer. Was für ein Leben hat er geführt? Eines, das nicht zu ihm passte wie jetzt das ritterliche Gewand, in das man ihn gesteckt hat.

Fliehen vor äußerer Gefahr, gewiss. Aber auch fliehen vor dem inneren Feind, vor der Schuld, die ihn in schwärzeste Melancholie stürzt.

Und wie er zuvor fortgelaufen ist aus Eisenach, so zieht es ihn jetzt zurück. Nein, nicht zur schönen Witwe Ursula, die nun ihre schimmernden Mandelaugen wohin auch immer richtet. Es zieht ihn zu jemandem, der wie ein Vater sein könnte. So, wie Väter wohl auch sein können: Zu Johannes Braun, seinem Beichtvater, dem freundlichen Vikar, der ihn dort geführt und geleitet hat.

Er will beichten. Und im Beichtstuhl empfängt der erstaunte und verwirrte Vikar sein wildes Geständnis, aus verdüsterter Welt, aus verdüsterter Seele. Der Fechtbruder hat die Attacke nicht überlebt, und ja, Martinus fühlt sich als Mörder. Gott ist der Rächer, und die weltliche Obrigkeit sein strafender Arm. Braun verlässt den Beichtstuhl, nachdem er begriffen hat, um was es da geht: Um einen vermeintlichen Mord – jedenfalls in den Augen des jungen Mannes, der wohl zumindest eine gerichtliche Untersuchung zu vergegenwärtigen hat. Er hält den Verzweifelten, den Zitternden im Arm. Wohin mit ihm?

»Suche Asyl in einem Kloster, bis sich die Sache aufgeklärt hat. Du bist kein Mörder. Nach dem, was du mir gesagt hast, litt dieser dein Freund an einer Krankheit des Blutes, und du konntest nicht wissen, dass, wenn er sich selbst leichtsinnig einem Duell stellt, sein Leben bei jedem Kratzer in Gefahr ist! In Erfurt gibt es vier Konvente. Wähl eins aus, klopf an die Tür. Dort wird dir Sicherheit gewährt. Ob du auch Frieden finden wirst, das steht im Ratschluss des Himmels. Solltest du dich für die Augustiner entscheiden, so werde ich eine Zeile an einen Freund dort schreiben, den Generalvikar Johannes von Staupitz. Dass er vielleicht ein Auge hat auf dich.«

Martin schüttelt wild den Kopf. »Ich will keine Protektion. Wenn ich mich wirklich so entscheiden muss, so will ich alles in Demut für mich allein ertragen.«

(Aber Braun schreibt den Brief dennoch.)

Aber noch geht er nicht zurück nach Erfurt. Das Bild des Medicus, der aus dem Haus des Hieronymus Buntz tritt (»… ein gestrenger Magistrat wird ermitteln …«), und er, Martinus, war zu feige, hineinzugehen und sich dem Freund zu Füßen zu werfen, gleichgültig, wie Braun seine Tat jetzt zu deuten versucht.

Er flieht weiter. Besucht die Eltern. Hat er sich von diesem Besuch wohl Trost versprochen? Ein grässlicher Irrtum. Schon, als er das Haus sieht, sinkt ihm das Herz in die Kniekehlen. Die Stätte des Schreckens. Die Hölle seiner Kindheit. Was, so fragt er sich, will er hier?

Und das Gleiche scheinen sich die überraschten Eltern zu fragen.

Nachdem er sie begrüßt und ihnen demütig die Hände geküsst hat, geschehen merkwürdige Dinge.

Der Alte, der im groben Kittel umherlief, hat sich plötzlich seine Fuchspelzschaube angezogen, mit der er im Rat der Stadt einherzukommen pflegt. Nun sitzt er ihm steif gegenüber, das verknitterte, selbstgerechte Gesicht umgeben vom weißen Haarkranz, der in eigensinnigen Zacken wirkt wie ein unheiliger Heiligenschein, und die Mutter wird mit harschen Worten angewiesen: »Bewirte unseren Herrn Sohn!«

Aufgefahren wird da, wie es wohl nie geschah in der Zeit, als er hier am Tisch stehen musste, und für ihn allein: Selchfleisch zum Brot, Butter, ein Apfel, Nüsse (er wurde für eine blutig geschlagen damals). Der Vater sieht ihm zu beim Essen, und er, Martinus, zwingt sich, obwohl ihm der Bissen im Munde quillt, alles zu verschlingen unter dem Blick dieses gnadenlosen Augenpaars. Verstohlen mustert er die Mutter, die abseits steht, die Hände über der Schürze gefaltet, das weiße, bis auf die Augen reichenden Kopftuch, der Mund noch immer gleich hart, die Wangenmuskeln angezogen. Ob Hans Luder sie weiterhin so unbarmherzig verprügelt und danach im Alkoven ...

Und dann der nächste Schrecken. Der Vater spricht ihn an und sagt zu ihm »Ihr«, statt »Du«.

»Wir haben bereits eine wohlbegüterte Bürgerstocher für Euch ausgesucht, Martin. Wenn Ihr als Magister der Rechte zurückkommt und Euch in Mansfeld niederlasst, braucht Ihr eine rechtschaffene Eheliebste. Bestimmt seid Ihr ja auch bald ein Ratsherr. Wenn Ihr wollt, könnte Ihr die Zukünftige noch heute in Augenschein nehmen.«

Ihm wird schlecht. Das hier wird vielleicht noch schlimmer, als von den Eisenacher Bütteln gefänglich festgenommen zu werden.

Er stammelt etwas von Durchreise und keine Zeit und bricht auf.

Der Vater segnet ihn gravitätisch. Aus den Augenwinkeln sieht er, wie sich die Mutter, unbeobachtet, wie sie sich glaubt, über die Reste seiner Mahlzeit hermacht. Wenn das nicht wieder Ohrfeigen setzt!

Zurück nach Erfurt. Der Himmel ist schwefelgelb, blauschwarze Wolken türmen sich am Horizont.

Bei Stotternheim auf dem Weg zurück gibt es ein Gewitter.

Hier oben auf der Burg, im Reich der Vögel und mit sich allein, wagt er sich das erste Mal zu fragen: Ist es wirklich so geschehen, wie er es im Brief an seine schrecklichen Eltern geschildert hat, damit sie ihm verzeihen und ihn zumindest nicht verstoßen aus Zorn und Enttäuschung?

Ja, es hat das Gewitter gegeben. Und ja, er war allein auf freiem Felde. Der Regen stürzte herab, als solle eine zweite Sintflut des erzürnten Gottes die sündige Erde vernichten, und der aufgeweichte Boden schien unter seinen Füßen zu schwanken und davonzurutschen ins Nichts. Die Grenzen von Himmel und Erde verschwammen. Und da war ein Blitzschlag, die Luft knistert um ihn und es riecht wie frische Wäsche. Die Pranke des Bösen fährt vom Himmel herab, mit Billigung des großen Rächers da oben, der alte schuppige Drache regt seine Hautflügelschwingen und Gott lehnt sich zurück und sieht ihm zu. Ja, sicher.

Er fürchtete sich, ja. Und hat er wirklich ausgerechnet die große Nothelferin seines Vaters und aller Bergleute angerufen, die Schutzheilige, die Patronin, die langes Leben und Reichtum verleiht – die heilige Anna?

»Hilf du, Sankt Anna. Ich will ein Mönch werden.« Anna hätte ihn wohl lieber als Anwalt fleißiger Werkleute gesehen denn als Asket. So wie der Vater.

Nicht ohne Grund nennt Hans Luder die Geschichte vom Gewitter und dem Blitzschlag wütend ein »Gespenst«, eine Erfindung. Himmlisches Gebot, vorgeschoben, die Unbotmäßigkeit gegen irdische Befehle zuzudecken.

Und der gebannte und geächtete Mönch hier oben in seinem »Patmos«, im Reich der Vögel, geplagt wie Lazarus, weiß zur Stunde selbst nicht, was er erfunden und was er erlebt hat.

Quälend die Erinnerung an das Leben im Kloster. Das erste Jahr, zum Schweigen verurteilt. Nicht einmal in den paar Ellen der eigenen Zelle darf man zu sich selbst sprechen. Nicht einmal laut beten.

Das Summen einer Fliege im Raum kann wie eine Offenbarung des Himmels sein – endlich ein Ton!

Gespräche sind verboten. Beim Essen bekommt man vorgelesen, eine lateinische *lectio* nach der anderen.

Mit rasender Ungeduld erwartet er die Stunden des Psalmengesangs, in denen er sich äußern kann – nur wenn er sich äußert, findet sein Herz Ruhe.

Was hat er sich selbst nicht alles abverlangt, nachdem er an die Tür des Augustinerklosters geklopft hat? Zunächst nur als Asylsuchender, als Flüchtling vor weltlicher Obrigkeit, aber bereit und willig, sich strengster Observanz zu unterwerfen. Denn Ordnung muss sein, wenn die Welt bestehen soll. Ordnung und Gehorsam. Nun hat er, der Magister der Rechte, mit dem Bettelsack durch die Straßen zu gehen oder die Latrinen des Monasteriums zu reinigen. Er hat ja gewusst, was die Parole der Brüder vom Augustinerorden ist – nicht viel studieren, sondern in Werken leben –, aber dass sie ihm alle Würde abkaufen würden für den Schutz vor weltlicher Macht, den sie ihm geben? Dass es so weit geht?

In Kutte und Tonsur, sommers wie winters barfuß in den harten Sandalen, siebenmal am Tag, von Morgen bis Mitternacht zur Messe eilen und mit schlaftrunken heiserer Stimme die frommen Gesänge hervorbringen – selbst der geliebte Gesang birgt dann irgendwann keinen Trost mehr.

Zur Beichte mindestens einmal die Woche, oder aber – stets nach den nächtlichen Heimsuchungen des Körpers, wenn er vergeblich angekämpft hat gegen das aufbegehrende Fleisch – noch in der Morgendämmerung, hohlwangig, blass, den Blick verstört. *Tristitia* mit scharfen Zähnen nagt an ihm, und mag er manchmal auch drei Tage lang fasten, auf dem Boden liegen und keinen Tropfen Wasser über die Lippen bringen … der gnädige Gott lässt sich nicht blicken. Der Gott, der verzeiht, der tröstet, der ihm ein Zeichen gibt.

Mönch ist er geworden aus Angst, aus Trotz. Hat dem irdischen Leben für alle Zeit abgeschworen, Demut, Gehorsam – und Keuschheit (aber wie denn?) – gelobt. Doch wo ist die Krone des ewigen Lebens?

Ja, sie haben ihn zum Priester geweiht. Er muss nicht mehr die Böden schrubben und den Mist tragen. Aber ändert das was? In ihm wohnt die Leere. Und in der Leere nistet sich das Böse ein. Der Böse.

Wer weiß, wie es ausgegangen wäre mit ihm, wäre da nicht des Ordens Generalvikar, Johannes Staupitz, an den Braun damals geschrieben und ihn dessen Obhut empfohlen hat – ein Oberer, der sich seiner freundlich annimmt, dem er, über die Beichte hinaus, seine Ängste anvertrauen kann. Staupitz, der ein Auge auf ihn hat. Ein rundes Angesicht, freundlich wie der Mond, nachdenklich und fragend blickend, der Mund lächelnd. Wo dieses Angesicht immer auftaucht, heiter und irdisch, da bleibt kein Platz für Dämonen.

Staupitz und er, in dessen freundlich eingerichteter Zelle, die sich so ganz und gar unterscheidet von den kargen Kammern der Mönche – mit weichen Kissen auf der Bank, mit einer schönen Decke auf dem Tisch. Mit einem Kreuz an der Wand, an dem der gemarterte Heiland, der Schmerzensmann, in all seiner Pein doch sanft und mitleidvoll auf die Menschheit blickt.

Und er, Martinus, sieht zu Boden und sagt: »Ich bin schlimm, hochwürdiger Vater. Meine Sünde hält mich wie mit eisernen Klammern.«

»So, so«, erwidert der Generalvikar und schmunzelt. »Die einzige Sünde, die ich an dir sehe, ist der Hochmut. Nämlich, dass du vielleicht mit deinen Sünden größer sein willst als alle anderen. Überlebensgroß. Aber was hast du denn getan?«

»Das, was mich ins Kloster brachte«, erwidert er. Und zögernd: »Und das, was mir allnächtlich widerfährt.«

Staupitz schüttelt den großen Kopf, fast verächtlich.

»Was dich hierher zu uns gebracht hat, das war kluge Vorsicht. Denn das Dahinscheiden deines Freundes konnte man so und so ausdeuten und also müsste es nicht unbedingt deine Schuld sein. Und das andere, das geschieht den anderen jungen Mönchen hier genauso gut wie dir. Nicht, dass du da die böse Ausnahme bist. Der größte Sünder, nicht wahr? Das möchtest du wohl sein.«

Er legt dem jungen Mann die Hand auf die Schulter, und jetzt lacht er.

»Weißt du, was rechtschaffene Sünden sind? Die Eltern morden, öffentlich lästern, Gott verachten, die Ehe brechen, das sind die rechten Sünden. Du musst ein Register haben, darin rechtschaffene Sünden stehen, soll Christus dir helfen; musst nicht mit solchem Humpelwerk und Puppensünden umgehen und aus einem jeglichen Wind eine Sünde machen! Welche Sünde fällt dir noch ein?«

»Ich kann nicht recht beten«, bekennt der Mönch Martinus leise. »Christus der Erlöser erscheint mir immer nur als der strafende Weltenrichter. Ich habe Angst.«

Aber vor der warmen lebendigen Gegenwart des Johannes Staupitz kann so Verqueres nicht bestehen. Er fasst den jungen Bruder unters Kinn, hebt dessen Kopf, befiehlt: »Hebe den Blick! Schau da hin! Schau auf zum Kreuz an der Wand! Was siehst du? Wirkt der da oben, als wolle er dich erschrecken? Was du da redest, das ist ganz und gar unsinnig. Christus kann dich nicht erschrecken. Christus ist die Vergebung. Christus tröstet.«

»Manchmal bin ich wie eine Leiche aus Furcht vor den Höllenstrafen«, bekennt er, und ein Zittern überläuft seinen Körper.

Nach solchen Gesprächen fühlt er sich zwar leichter. Aber dann geschieht *es* doch. Dann überwältigt es ihn schlimmer denn je.

Den ganzen Tag schon in seinem Ohr dies Brausen, manchmal schüttelt er den Kopf wie ein Pferd, das die Bremsen verjagen will.

Da zelebrieren sie eine Messe, und er kniet im Chor der Augustinerkirche, schräges Licht fällt durch das Oberfenster ein, lässt den Staub tanzen wie tausende winzige böse Geister, Unruhe verbreitend. Der Gesang ist vorbei, das Glöckchen des Ministranten zerschneidet die Zeit, gibt den Befehl zum nächsten Teil der Messe, einer Lesung aus dem Buch der Bücher, der Bibel.

Einer der jungen Mönche liest vor, mit hoher monotoner Stimme:

»Einer aber aus dem Volke sprach: Meister, ich habe meinen Sohn hergebracht zu dir, der hat einen sprachlosen Geist. Und wo er ihn erwischt, da reißt er ihn, und er schäumt und knirscht mit den Zähnen und verdorrt.«

Ein sprachloser Geist? Das Rauschen in seinem Kopf nimmt zu. Ist es das? Wird er bewohnt von so einer Ausgeburt der Hölle? Wohnt der in ihm, rauscht und summt in seinem Kopf, peinigt ihn bis aufs Blut, ist auch er ein Besessener? Das Dröhnen wird zum Sturm.

Die Hölle bricht los.

Ist er das wirklich selbst, wie er da plötzlich mit kreuzweis ausgestreckten Armen auf dem Boden liegt, den Leib zuckend in Krämpfen, und wie ein Stier brüllt: »Ich nicht! Ich bin's nicht! Non sum!«?

Der Lektor verstummt – es wäre seine Stimme auch gar nicht mehr vernehmbar in dem Tumult, der ausbricht, und endlich packen drei beherzte ältere Brüder den besessen Tobenden und tragen ihn in seine Zelle, und noch in ihren Armen bäumt er sich auf, dass sie ihn kaum halten können, bis sie ihn schließlich auf sein Bett legen, und er presst die Hände auf seine Ohren, aber was soll das helfen? Es wohnt doch da drinnen.

Ihm wird schwarz vor Augen.

Als er wieder zu sich kommt, ist es still um ihn, und er ist so matt wie nach schwerer überstandener Krankheit.

So findet ihn Staupitz.

Kopfschüttelnd steht er vor dem Lager des jungen Mönchs, der nicht einmal den Versuch macht, sich zu erheben, wie es sich ziemt.

Schließlich sagt er sanft: »Bruder Martinus, hättest zu Ende hören können, was die Heilige Schrift uns sagt! Denn unser Herr und Erlöser gebot dem unsauberen Geist, auszufahren. Und sodann nahm er den Sohn bei der Hand und half ihn aus dem Staub aufstehen, und siehe, er war von Stund an geheilt. Du hättest also in Ruhe abwarten können, welcher Trost zu dir kommt, und dich nicht sinnlos bezichtigen, denn das ist nun wohl so, dass derjenige, der am lautesten schreit, er sei nicht besessen, am Ende als der Besessene gilt.«

Martin bewegt die Lippen, die fühlen sich ausgedörrt an, wie vertrocknete Blätter. Schließlich sagt er: »Warum zürnt mir Gott?«

»Du meinst, Gott zürnt dir? Ich denke eher, du zürnst Gott!«

Staupitz beugt sich vor, spricht eindringlich direkt in die halb erloschenen Augen des anderen hinein. »Ich habe einen Medicus konsultiert, einen sehr erfahrenen und gescheiten Medicus. Was dich da befällt, ist eine *Krankheit*, hervorgerufen durch ein Sausen im Ohr, und wenn du dich versteifst und darauf voller Ängste achtest, nimmt dies Sausen immer mehr zu und treibt deinen Leib in Krämpfe, Schwindel und Ohnmacht. Geh dagegen an im Gebet. Glaub an Jesu Gnade. Er wird dich heilen.«

Er packt den anderen energisch an der Schulter. »Komm, Bruder, steh auf. Rede dich nicht auf deine Schwäche heraus. Komm, ich werde mit dir in die Bibliothek gehen. Als Generalvikar des Ordens entbinde ich dich von der Pflicht der siebenmaligen Mess-Observanz, geh ad libitum, nach Gutdünken, wenn dein Herz dich drängt oder wenn dein Mund voll des Gesangs ist – deine Stimme höre ich gern heraus beim Psalmodieren. Schon immer hab ich den Kopf geschüttelt darüber, dass in den Klöstern die wirklichen Quellen gar nicht gelesen werden. Ihr studiert den Psalter, das Buch der Psalmen, studiert die Regeln des Ordens, die Kommentare der Kirchenväter, aber kennt ihr die Heilige Schrift, das Wort? Lies das Evangelium, und du wirst erkennen, dass unser Gott nicht rächend und strafend daherkommt, sondern mit Liebe und Verzeihung umgeht.«

»Steh auf!«, befiehlt Staupitz noch einmal. »Komm, lies die Schrift!«

Die Schrift, das Buch der Bücher. Christus, hilf mir! Er greift nach dem Neuen Testament. Damals wie heute.

Die Schrift und die Musica haben den Bösen Feind vertrieben. Er braucht die Töne. Und er braucht die Worte. Worte, Worte. DAS Wort.

Dann Rom.

Auf Geheiß von Staupitz reist er gemeinsam mit einem anderen Bruder zu Fuß in die Heilige Stadt, stets den Blick gesenkt, wie die Regel verlangt; durch welche Landschaften seine Schritte ihn tragen, ob schön oder übel, das darf ihn nicht kümmern.

Der Vatikan soll einen Streitfall des Augustinerordens mit einer anderen Mönchsgemeinschaft klären. Doch dann, endlich angekommen (mit der Schrift seines Oberen in der Hand, in den Vorzimmern des Vatikans … Bürokraten und Sekretäre, keiner ist zuständig …), dringt er nicht vor, nicht einmal bis zu einem Kardinal. Ein Misserfolg.

Aber er ist an der geweihten Stätte der Christenheit!

Und statt seiner Aufgabe, die ihn hierher gebracht hat, nachzugehen, beginnt er nun voller Gottergebenheit mit dem Programm, das ein frommer Pilger hier zu absolvieren hat.

Die Scala Sancta, die Heilige Treppe also, gehört zur Basilica San Giovanni in Laterano im heiligen Rom. Aber sie stammt aus dem doppelt heiligen Jerusalem, wo unser Herr Christus gelebt und gelitten hat.

Sie hat 28 Stufen, diese Treppe. Und diese 28 Stufen ist der gegeißelte und blutüberströmte Jesus zu Pontius Pilatus hinaufgeführt worden, dem grausamen römischen Statthalter. Auf einigen dieser Stufen ist er zusammengebrochen. Die sind nun noch besonders mit einem Kreuz gezeichnet.

Großes Verdienst um sein Seelenheil oder das seiner Anverwandten erringt, wer diese Treppe kniend und betend emporsteigt. Die Mutter Kirche hat es genau bemessen: Für jede Stufe, auf der man kniend ein Vaterunser betet, erhält man neun Jahre Ablass seiner eigenen Sünden und derer, für die man betet. Und auf den Stufen, die mit dem Kreuz gezeichnet sind, verdoppelt sich dieser Gewinn. Da hat man, wenn man denn oben angelangt ist, bis an sein Lebensende ausgesorgt und kann jedwede Sünde begehen und es bleibt sogar noch etwas für die Familie, jedenfalls für die, denen man von Herzen Gutes will. Und Martinus betet auch nicht für sich. Nein, er will seinen verstorbenen Großvater aus dem Fegefeuer erlösen. Er hat ihn kaum gekannt, das ist wahr. Erinnert sich nur an einen Alten, der zu ihm, dem Kind, freundlich war. Einmal hat er ihm eine Handvoll Hutzelbirnen geschenkt. (»Da nimm, Martin, nur für dich. Zeig's nicht den anderen.«)

Für seinen Vater betet er nicht. Nur für den Verstorbenen erlegt er sich die Übung auf.

Doch solche frevelhaften Gedanken – dass er etwa auswählen kann, wem er die »Gnade« zukommen lässt – weist er von sich, er, der sich gerade diesem Exerzitium hingibt. Mehr noch. Er verschärft die Bußübung, indem er die Stufen auf dem Bauch rutschend absolviert.

Der Buße muss viel gesammelt werden, denn niemand weiß, was der Allmächtige über den alten Mann verhängt hat.

Dem Pilger zittern die Glieder. Er fastet zu Ehren des Heiligen Martin, der sein Namenspatron ist und dessen Gedenktag heute begangen wird. Er fürchtet hin und wieder, ohnmächtig zu werden.

Aber es ist nicht nur die physische Schwäche. Dies Rom irritiert ihn, macht ihn krank.

Denn was er sehen und hören musste, das war verstörend …

Er schiebt seinen ermatteten Körper eine weitere Stufe empor, hebt den Kopf: Ist er schon auf der Hälfte? Wie viele Stufen noch? Nein, er will nicht zählen. Das wäre Lästerung. Er versenkt sich in das nächste Paternoster, zwingt sich, die Worte nicht nur mechanisch herzusagen, sondern mit tiefstem Herzen zu empfinden. Trotzdem schweifen seine Gedanken immer wieder ab.

Dieser heutige Tag ist eine harte Prüfung. Die strenge Observanz verlangt von einem geistlichen Rompilger, dass er von Sonnenaufgang bis Sonnenuntergang sieben Kirchen andächtig besucht und zumindest in einer selbst Messe liest: San Paolo fuori le mura, San Sebastiano, San Giovanni in Laterano (bei welcher Station er gerade ist), Santa Croce, San Lorenzo, Santa Maria Maggiore und San Pietro – letztere noch im Bau befindlich.

Sieben Wallfahrtskirchen an einem Tag und natürlich zu Fuß. Und bei ihm, Bruder Martinus, noch verschärft durch das selbst auferlegte Fasten.

Und dann das auf der vorigen Station, San Sebastiano, wo er seine Messe gelesen hat.

Die Wut will in ihm hochsteigen. Er presst die Stirn auf den Marmor der Treppe, hofft, dass der harte heilige Stein seinen inneren Aufruhr bändigt. Aber es geht nicht. Ihm steht die Szene immer noch vor Augen.

Der breite Altar in San Sebastiano … er ist, nun, er ist halbiert. Man hat ein Gemälde auf einer Staffelei davorgestellt, im rechten Winkel, sodass gleichzeitig zwei Priester nebeneinander eine Messe lesen können. Und man steht Schlange. Schließlich ist er, Martinus, nicht der einzige Geistliche, der eine Messe absolvieren muss!

In einem Tempo, als würden sie um die Wette laufen, haspeln die Priester die ehrwürdigen Worte herunter. Kaum haben sie begonnen – so kommt es ihm vor –, da ertönt schon das *»Ite, missa est!«* Und der Nächste macht sich zu schaffen, mit großen Gesten, mit ausgebreiteten Armen und übertriebenem Bekreuzigen, als würde er ein Possenspiel aufführen. Und er? Er ist kaum beim Evangelium angekommen, da ist sein Nebenmann schon fertig, tritt herum um die Staffelei, an seinen Teil des Altars, und schreit ihn an: *»Passa, passa! Presto, affrettati!«* Mach hin, schnell, beeil dich!

Und der nächste Anwärter zupft ihn gar an der Kutte ...

Er presst die gefalteten Hände noch fester zusammen. Bewegt die Lippen, flüstert: *»Et dimitte nobis debita nostra, sicut et nos dimittimus debitoribus nostris.«* Vergib uns unsere Schuld, wie auch wir vergeben unseren Schuldigern. –

Nun kann er es sich doch nicht versagen, die noch fälligen Stufen, die er hinaufzurutschen hat, ins Auge zu fassen.

Der Allmächtige sei gepriesen. Nur noch zehn. Das letzte Drittel. Er will es redlich ausfechten, mit seinem Leib und seiner Seele. Will sich nicht schonen.

Sie haben ihm im Augustinerkloster in der Nähe der Piazza del Popolo, wo er Quartier genommen hat, Dinge erzählt, die konnte er eigentlich nicht für wahr halten.

Man muss, so haben sie versichert, keinerlei Pilgerfahrt nach Rom mehr unternehmen, um den dafür fälligen Ablass zu erhalten. Man kann es auch bequemer haben, indem man eine bestimmte Summe, die den Kosten für die Reise sowie für den Aufenthalt in der Ewigen Stadt entspricht, nebst den gut bemessenen Spenden für die heiligen Stätten, einfach beim Bankhaus Fugger einzahlt. Die überweisen es dann an die Bank des Vatikans und binnen kürzester Zeit ist man im Besitz des betreffenden Gnadenpapiers.

Sie haben gelacht über sein verdutztes Gesicht, die Mitbrüder aus Deutschland, die hier ebenfalls zu Gast sind.

»Wusstest du das nicht, Confrater Martinus? In Erfurt ist

man wohl der Welt abhanden gekommen? Ja, so ist das nun einmal. Wer reich ist, kommt leichter in den Himmel!«

Die Zeit dehnt sich. Er weiß gar nicht zu sagen, was ihm alles wehtut.

Rechts und links überholen ihn Gläubige, rutschen an ihm vorbei nach oben, im Schneckengang zwar auch sie, aber das Vaterunser geht ihnen wohl schneller von den Lippen als ihm. Weniger gefühlt, weniger innig, denkt er voller Grimm.

Panem nostrum cotidianum da nobis hodie. Unser täglich Brot gib uns heute. Ihm wird schwindlig. Nach diesem hier noch Santa Croce, San Lorenzo, Santa Maria Maggiore. Schließlich zu der Baustelle, wo die neue Basilika entsteht, San Pietro geweiht.

Und da gibt es noch andere Dinge, die ihn zutiefst entsetzen.

Über der Pforte des Augustinerklosters ist ein Bildwerk angebracht. Eine Darstellung fetter nackter Kinder (sie nennen sie Puttos), die sich auf den Mund küssen und am Hintern berühren.

Als er seinen Brüdern gegenüber äußert, solche heidnische Schamlosigkeit würde doch die Klosterstätte entweihen, verdrehen die nur die Augen. Der teutsche Unschuldsengel! Und sie geben ihm den Ratschlag, einmal in eine bestimmte Gasse zu gehen, am Tiberufer, wo die Quartiere jener Pilger sind, die nicht dem geistlichen Stand angehören, und die Inschriften über den Türen der Trattorien zu lesen.

Nun, er tat es.

Und glaubte seinen Augen nicht zu trauen, als er da über einem der Eingänge las: »Kommt zu mir! Ich bin die Lieblingshure des Papstes!«

Und wieder lachen sie über ihn, als er seiner Empörung Luft macht.

»Weißt du, was unser Heiliger Vater, Papst Pius, macht, wenn er gerade nicht das Hochamt zelebriert? Er fickt von früh bis spät die teuersten Nutten! Der geilste Bock, der jemals auf dem Papstthron gesessen hat!« –

Nein, das weiß er nun: Gott kann nicht in diesem Rom wohnen. Das ist ein Sündenbabel, kein Sitz der Heiligkeit.

Wo Unzucht und Unordnung herrschen, da kann der Herr der Welten nicht hausen, denn sein Wesen ist Ordnung. Ordnung ist das Prinzip der Welt.

Darum ist Christus allein der Herr der Kirche, kein im Sumpf der Unzucht versinkender Papst.

Gott wohnt allein im Wort, wie es offenbart wurde. *Sola scriptura.* Nur die Schrift. Nur die Bibel.

Aber dies Wort – sollten es nicht alle verstehen können, die sich Christen nennen, nicht nur seine Geweihten?

Zehn Jahre vergehen, die ihm endlos erscheinen. Zehn Jahre, in denen die treusorgende Hand des Johannes Staupitz ihm den Sündenschweiß von der Stirn gewischt hat und ihn behutsam auf der Stufenleiter eines gelehrten Theologen nach oben führt: Zur Promotion, zur Tätigkeit eines Dozenten und Professors an der Universität, die der Kurfürst in dem verschlafenen Wittenberg eingerichtet hat, zum Distriktsvikar, der die Aufsicht führt über eine Reihe von Konventen seines Ordens – wohlweislich darauf bedacht, sich selbst, Staupitz also, aus Ämtern herauszuwinden, die er dem anderen überhilft.

Martinus ist nun wer, man kennt ihn in der gelehrten Welt, und er tut Anno Domini 1517 einen bedeutenden Schritt. Er ändert seinen Namen. Von nun an ist der nicht mehr der Sohn von Hans Luder. Er ist der Professor Luther. Das Wort leitet sich aus dem Griechischen her. Von Eleutheros. Der Freie.

Neben ihm tut sich ein blutjunger Lehrer des Griechischen und Lateinischen namens Philipp Melanchthon hervor, ein Männlein mit gewölbter Stirn, messerscharfer Nase und hohlen Wangen, so zart, dass man annehmen könnte, der Wind blase ihn demnächst um, aber ein wahrer Riese im Meinungsstreit, wortgewaltig und gelehrt.

Und dann gibt es da noch den Magister Thomas Müntzer aus Stolberg, der nicht nur eifrig seine, Luthers, Vorlesungen besucht, sondern auch scharfzüngig und radikal zu disputieren versteht …

Eines Tages erscheint, angenehm von Gesicht und fein von Art, der Rat seiner kurfürstlichen Gnaden Georg Spalatin, im Schwarzen Kloster zu Wittenberg. Schon des Öfteren von seinem Herrn ausgeschickt, um sich kundig zu machen über die Fortschritte an der Alma Mater, steht er, Luther, dadurch in enger Beziehung zu ihm. Spalatin trifft ein, als der Herr Doktor gerade in einen Disput über eine Bibelstelle mit besagtem Melanchthon verwickelt ist, und unterbreitet einen Vorschlag seines Landesherrn.

Und Vorschläge eines Kurfürsten sind ja nun eigentlich so etwas wie Befehle …

»Es wird Euch nicht entgangen sein, Herr Doktor, dass im benachbarten Halberstadt, außerhalb der Grenzen unseres Kurfürstentums, ein Dominikanermönch namens Johannes Tetzel einen schwunghaften Handel mit dem Erlass der Sünden betreibt. Er verkauft den Ablass in einem Stil, der aller Ernsthaftigkeit unseres Glaubens Hohn spricht«, doziert er, während Luther und sein Kollege wetteifern, dem Hofbeamten alle Bequemlichkeiten angedeihen zu lassen, die so ein dürftiges Gelehrtenquartier nur hergibt: Ein Kissen auf der harten Bank, einen Becher Bier – viel mehr ist da nicht.

Luther nickt. »Mir ist aufgefallen, dass meine Beichtkinder weniger werden.«

»Ja«, erwidert Spalatin und schlägt die Beine in den feinen bunten Strumpfhosen übereinander, »und das hat seinen Grund. Auch ohne Beichte, so ist die neue Regel des Heiligen Stuhls, kann ein Ablass erteilt werden, wenn nur das Geld im Kasten klingt. Dem Tetzel hat der Erzbischof Albrecht von

Brandenburg, der ja, wie Ihr wisst, auch der von Mainz ist, Auftrag gegeben, die Kassen zu füllen. Und so können die Gläubigen nun nicht nur ihre begangenen Sünden und die ihrer Väter und Vorväter mit harter Münze abgelten, sondern sogar für Sünden Ablass erlangen, die sie erst begehen wollen.«

Er sieht in die entsetzten Gesichter der beiden jungen Professoren und fährt gelassen fort: »Eminenz Albrecht hat große Schulden beim Bankhaus Fugger, das ihm geholfen hat, seine Pfründe von Mainz zu erkaufen. Dahin geht ein Teil des Geldes. Der Rest nach Rom. Seine Heiligkeit baut, wie bekannt, immer noch an der großen neuen Basilika, nach Sankt Peter benannt.«

Er schweigt einen Moment, lässt seine Worte wirken. Aber bevor er zulässt, dass die Herren in Empörung ausbrechen, fährt er geschmeidig fort: »Tetzel treibt sein Unwesen jenseits der Grenzen des Kurfürstentums unseres Herrn Friedrich. Aber wie leicht ist es doch für jeden, von hier und den umliegenden Orten hinüberzuschliefen ins Territorium des Brandenburgers und da Ablass im Unmaß einzuhandeln, ohne auch nur ein einziges Stoßgebet zum Himmel zu schicken! Unser allergnädigster Kurfürst besitzt selbst, wir Ihr wohl wisst, einen ablasswirksamen Reliquienschatz, den er als Garant für die Gnadesuchenden einzusetzen bereit ist, als Bürgschaft beim Ewigen sozusagen. Sicher könnt Ihr verstehen, dass es ihn wurmt, wenn ihm dieser skrupellose Abgesandte seine eigene heilige Mission streitig macht.«

Er blickt die vor ihm Sitzenden spöttisch an, und die Professoren nicken eifrig.

Er erhebt sich.

»Kurfürstliche Gnaden setzen ein großes Vertrauen in die Herren Professoren seiner Universität Wittenberg. Man weiß, dass hier die Leuchten der theologischen Wissenschaften am Werk sind. Eine Streitschrift, ein starkes Wörtlein, welcher Art auch immer, könnte helfen, die Dinge ins rechte Lot zu rücken. Und zögert nicht zu lange. Ansonsten hat dieser Tetzel an der Landesgrenze die Taschen der Untertanen Kurfürst Friedrichs leergefegt.«

Die beiden wechseln einen Blick.

»Eine Streitschrift? Ein wirksames Papier, um eine Diskussion zu entfachen unter hohen Geistlichen und den Gottesgelehrten? Mir wäre daran gelegen, dergleichen abzufassen, mit vielen Beispielen aus der Heiligen Schrift und den Worten der Kirchenväter!«, sagt Melanchthon beflissen.

Spalatin lächelt. »Fast muss ich befürchten, Doctissime, dass dergleichen aus Eurer Feder zu feinsinnig, zu zurückhaltend ausfallen möge. Ich kenne ja einige Eurer Publikationes. Unser Bruder Martinus hier beißt anders zu als Ihr. Ich denke, es wäre im Sinne unseres kurfürstlichen Herrn, er würde ein paar schlagende Thesen aufstellen ...«

Damit hatte alles angefangen. Er wollte doch nur für seinen Kurfürsten den Missbrauch anprangern, als er seine lateinische Schrift an Kardinal Albrecht von Brandenburg und an andere gelehrte Männer von Kirche und Universität versandte ... Melanchthon hatte dann den Einfall, er solle sie an der Kirchentür aushängen, wie es allgemein akademische Praxis ist, wenn man eine neue Lehrmeinung zur Diskussion stellt.

Aber bereits vierzehn Tage später flogen diese Thesen, ins Deutsche übertragen nun, übers ganze Land, als seien die Engel selbst Botenläufer.

Ihn packte Furcht.

»Das Lied wollte meiner Stimme zu hoch zu werden!«, schreibt er an Spalatin. Er weiß, er regiert nun in die Politik der Kirche hinein!

Dabei hatte er doch genauestens unterschieden: *»Wer wider die Wahrheit des päpstlichen Ablasses redet, der sei verflucht und vermaledeit! Wer aber wider des Ablasspredigers mutwillige und freche Worte Sorge trägt oder sich bekümmert, der sei gesegnet.«*

Und angstvoll in der Seele hat er nach Rom an den Papst geschrieben, dessen Amt er ungeachtet der Person dieses Mannes noch zu achten versucht:

»Darum, Beatissime Pater, falle ich Deiner Heiligkeit zu Füßen und ergebe Dich mir mit allem, was ich habe und bin. Deine Stimme will ich als die Stimme Christi anerkennen, der in Dir regiert und redet ...«

Die Antwort aus Rom kam schnell und wie ein Kind des Satans! Man erklärt ihn zum Ketzer. Nun gibt es kein Zurück mehr.

Streitschriften gehen hin und wider, Pamphlete werden gedruckt. Und unter den Händen, kaum dass er selbst es merkt, mutiert der Heilige Vater für ihn zum Antichrist und Rom zum Sündenpfuhl, so wie er's erlebt hat, so schnell, wie man eine Hand umdreht. Er wird mit einem Schlage zum berühmten Mann.

Es ist, als habe die Welt nur drauf gewartet, dass einer in diese Ablass-Eiterbeule sticht. Und nicht nur die Geistlichkeit und die Gelehrten deutscher Nation nehmen Anteil. Wie? Da haben die kleinen Leute ihre mühevoll ersparten Groschen hergegeben, um des Seelenheils willen, und alles dient nur, den Mönchen die Bäuche und dem Heiligen Vater die Kassen zu füllen? Das geht auch sie an. Es knistert im Lande.

Und nun kommt erneut Post aus Rom. Schön gesiegelt mit des Heiligen Stuhls Petschaft, Petrus, der Fels der Kirche, das Banner des Christentums mit dem Kreuz in ausgestreckter Hand da im roten Siegellack.

»Exurge Domine«, so beginnt diese Schrift. *»Erhebe dich o Herr, und verschaffe deiner Sache Recht. Denn deinen Weinberg, die Kirche, will ein Wildschwein aus dem Walde verderben, und ein außerordentlich wildes Tier frisst ihn kahl!«*

Es ist die Androhung des Kirchenbanns.

Und während er, Luther, noch auf die pathetischen Worte der Verfluchung starrt, weiß er: Christus allein ist der Herr seiner Kirche. Niemand sonst. Nicht der anmaßende und geldgierige Mann, der sich für seinen Statthalter ausgibt.

Es muss ein Zeichen gesetzt werden.

Es war ein kühler und klarer Dezembermorgen, als er vor die Tore Wittenbergs zog, hinaus auf den Schindanger; mit ihm ein mächtiger Tross, Bürgersleute, Scholaren und Professoren. Sogar der Rektor der Universität, Karlstadt, ist mit von der Partie.

Er, Luther, hatte es nicht so groß aufmachen wollen, ihm hätten ein paar seiner Herren Kollegen gereicht, die dann in ihren Schriften dokumentieren konnten, was er getan, aber Melanchthon hatte es gleich überall an die große Glocke gehängt, und so wirbeln sie hinter ihm her wie eine Schleppe aus Gerede und Geschrei und Beifall und Zurufen. Der Doktor Luther will die Schrift verbrennen, in der ihm Seine Heiligkeit aus Rom den Bann androht!

Der Doktor Luther geht voran, ohne nach rechts und links zu schauen. Wegen der Kälte des Tages trägt er eine Pelzschaube über seinem Gelehrtentalar, in einem leinenen Beutel schleppt er dies und das mit sich, man fragt sich, was das wohl sein mag.

Am Tage zuvor haben beflissene Studiosi bereits ein paar Klafter Holz aufgeschichtet. Nun überholen sie den Zug der Schaulustigen mit dem Professor an der Spitze und bemühen sich, den Haufen zu entfachen, damit es bereits hell brennt, wenn er eintrifft. Sie haben mit Pech getränkte Lappen herbeigetragen, die zünden sie nun an und schieben sie zwischen die Scheite.

Das Wetter ist so winterlich klar, dass die Flammen nur als matter Schein zu erkennen sind, und als der Doktor Luther heran ist, schlägt ihm die Hitze ins Gesicht. Es ist still, die Leute bilden einen Kreis.

Luther öffnet seine Tasche; man sieht seinen Fingern an, dass sie klamm sind von der Witterung. Ungeschickt nestelt er einige schmale Bände aus dem Tascheninnern – die Werke seiner Widersacher. Dann dicke Wälzer: Die »Summa Angelica«, die dicken fetten Bücher kirchlichen Rechts, in denen der Unfehlbarkeitsanspruch des Papstes in allen Religionsfragen festgeschrieben ist.

Das Zeug brennt nicht so besonders gut, schließlich hat es starke Einbände. Rußflocken und verkohlte Fetzen erheben sich von Papier und Leder, steigen auf über dem Feuer und schweben herunter auf die Köpfe der Leute, die sie mit den Händen abwehren und den Kreis weiter machen.

Aber sie gehen nicht weg. Schließlich kommt das Beste ja noch.

Luther steht ungerührt in Hitze und Rauch, die Augen zugekniffen.

Er zieht die Pergamentrolle mit dem üppigen päpstlichen Siegel heraus, die Androhung des Banns. Entrollt sie und liest mit weit reichender Predigerstimme den Anfang: *»Exurge Domine«,* und übersetzt gleich. Die Sache mit dem Wildschwein …

Gemurmel erhebt sich, Lachen kommt auf.

Melanchton tritt hinzu und erhebt ebenfalls seine Stimme, die mit erstaunlicher Wucht aus dem schmächtigen Leib ertönt: »So, ihr lieben Brüder in Christo, so bezeichnet der Papst unseren Doktor Luther, ihn, der Deutschland davor bewahrt, dass er, dieser unheilige Vater, uns, dem mordgierigen Löwen gleich, zur Strecke bringt und dahinschlachtet, auf dass wir ausbluten bis zum letzten Tropfen!«

Beifall kommt auf, zustimmende Rufe.

Luther rollt die Bulle wieder ein und nun schleudert er sie mit weit ausholender Bewegung in die Flammen. Erneut wirbelt Ruß empor, und ein plötzlich aufkommender Windstoß weht Feuerzungen hin zu ihm und über die hinter ihm Versammelten. Man weicht zurück, nur er, Martinus, steht da, bewegungslos, obwohl die Hitze ihm nun fast die Augenbrauen versengt.

Und er ruft: »Da du das Heiligtum des Herrn Christum verstört hast, so verstöre dich das ewige Feuer!«

Ja, er hat den Stellvertreter Christi – verflucht.

So, erinnert er sich, so hat er selbst es empfunden. Damals, unterm Beifall der Gemeinde, fühlte er sich groß.

Wie immer, wenn man ihm zustimmt. Wie immer, wenn Gott ihm die rechten Worte eingibt.

Todesängste hat er ausgestanden, als man ihn damals nach Augsburg vor den päpstlichen Legaten zitiert, sich für seine »Freveltat« zu verantworten. Den Scheiterhaufen schon vor Augen – es fehlte nur noch der päpstliche Befehl. Und sind die Ängste inzwischen weniger geworden, weil er jetzt hier sitzt?

Für ihn war ja nun gesorgt. Gründlich gesorgt. Eingesperrt in einem Turmzimmer, auf nicht absehbare Zeit. Ohne menschliche Kontakte außer zu seinen »Wärtern« – Berlepsch und den Knaben –, dem lüsternen Frauenzimmer und der eigenen Stimme im Lied und in der Zwiesprache mit dem Buch.

Wo ihm die Welt hätte offen stehen können. Zwingli, Hutten, Sickingen – sie wären wie eine Mauer um ihn herum gewesen, und er hätte sein Werk weiterführen können.

Was mag geschehen in der Welt?

Er muss es wissen.

Das ist es. Briefe werden ihm das Tor zur Welt öffnen.

Ab morgen wird er Briefe schreiben. An Spalatin, den Berater des Kurfürsten, der Mittler war zwischen den Wünschen seines Herren und ihm. Der Berater, die Krücke, an der er sich festhalten konnte in jener Welt, die ihm so fremd war wie die Antipoden: Die Welt der Höfe, die Welt der klügelnden Rechtsverdreher und glattzüngigen Heuchler, die Jaja sagten, wenn sie Neinnein meinten und Vielleicht, wenn schon alles entschieden war. Die mit dem Wind davonsegelten, wo andere mühsam zu rudern hatten.

Spalatin, Hofkaplan und Geheimschreiber kurfürstlicher

Gnaden, der den unwissenden und tölpelhaften Augustinermönch behutsam leitete, in Worms vermittelte, ihn schließlich im Auftrag seines Herrn zu diesem Exil überredete.

An Feilitzsch und Thun schreiben, die Ratgeber des weisen Friedrich, die ihn in seiner Wormser Herberge im Johanniterhof aufsuchten im Dunkel der Nacht, um mit ihm haarklein zu besprechen, wie die »Entführung« vonstatten gehen sollte. (Keiner wollte sich öffentlich mit dem Abtrünnigen zeigen. Mit der Reichsacht ist nicht zu spaßen.)

An Melanchthon, den Freund und Mitstreiter in Wittenberg sodann, ihn zu beruhigen ob seines Verbleibs, aber auch ihm einzuschärfen, ihn hier oben aufs Genaueste zu versorgen mit allem, was zu Wittenberg geschah und wie seine Sache gefördert oder untergraben würde.

An Stadtpfarrer Bugenhagen zu Wittenberg, an Bucer im Elsass und andere Freunde der Kirchenreform hier und dort im Lande … Er wird ihnen allen »im Vertrauen« mitteilen, wo er sich befindet, und nach dem Fortgang der evangelischen Sache da draußen fragen.

Und ihnen beschreiben, wie es einem ergeht in der Einsamkeit.

Patmos. So benennt er immer wieder seinen Aufenthaltsort in den Briefen, die nun aus seiner Feder fließen wie das Nass aus einem angeschlagenen Fass; er kann sich nicht bremsen, auch der Krampf, der seine Schreibhand packt als sei es die Klaue des Satans, hält ihn nicht davon ab, weiter und weiter und weiter zu schreiben; es ist sein Sprechen, die Worte, auf die er nicht verzichten kann, und wenn sie zunächst ins Leere gehen, irgendwann kommt die Antwort, des ist er gewiss. Immer mehr Menschen fallen ihm ein, die einen Brief von ihm erhalten sollen. Hauptsache, er kann schreiben. Reden auf dem Papier. An Hutten, an Sickingen, an Karlstatt von der Universität zu Wittenberg und und und … An Müntzer? Auch an Müntzer …

Hans von Berlepsch blickt mit verdrießlicher Miene auf diese Berge von Korrespondenz, die es nun zu expedieren gilt, ob mit Reichspost des Hauses Thurn und Taxis oder per Boten, denn soll nicht der Aufenthalt dieses Augustiners eigentlich geheim bleiben?

»Dem läuft die Feder davon wie einem Weib die Zunge«, sagt er zum Burgkaplan, dem Einzigen, mit dem er als einem gelehrten Mann die Angelegenheiten des Turmzimmers beredet, »er schwätzt und plappert, wie ihm gerade das Maul steht. Bald kräht es aus jedem Busch: Der Luther sitzt auf der Wartburg! Ob das kurfürstlichen Gnaden so recht ist ... ich weiß nicht.«

Der Kaplan ruckt und zuckt mit dem Kopf wie ein Wiedehopf, der Ausschau nach dem Turmfalken hält.

»Gnädiger Herr, was kann er schon schreiben? Er weiß ja von nichts. Er will nur etwas erfahren! Und das, mit Verlaub, können wir uns zu Nutzen machen. Wäre es nicht angeraten, dem nächsten Bericht an den Herrn Rat Spalatin noch ein paar Zeilen mitzugeben, des Inhalts, was der Ketzer hier gerade treibt, und die Antworten auf seine Schreiben solange zurückzuhalten, bis wir sie geprüft und die Gewissheit haben, dass nichts Unerlaubtes geschieht? Wir würden auch manche Interna erfahren ...«

Er lächelt verschlagen.

»Ich bin erbötig, nach eurem Diktat eine solche Epistel an den Herrn Rat zu verfassen.«

Berlepsch sieht ihn starr an, dann schlägt er dem kleinen Mann auf die Schulter. »Manchmal habt Ihr wirklich gute Einfälle, Pater! Ja, natürlich. So werden wir's machen. Da sind wir auf der sicheren Seite.«

Und Luther sitzt da und wartet. Wartet auf die Antworten, aber wo bleiben die?

Spalatin schreibt – Unverbindliches. Karlstadt gar nichts. Melanchthon kündigt ein Druckwerk an. Zäh tröpfeln hier und da ein paar Briefe ein, mit unwichtigen Dingen. Er und seine Briefpartner, sie reden aneinander vorbei. Da fragt er, *par exemple,* bei Bugenhagen, an, ob er denn auch die beträchtliche Flugschrift aus Strassburg erhalten habe, »Karsthans« geheißen, über das Los der Bauern? Darin tritt ein ungebildeter, aber redlicher Bauer als Gesprächspartner von ihm, Luther, und einem feindlich gesinnten Franziskanermönch auf, und stellt sich in den Mittelpunkt des Streites, denn um ihn, den einfachen Mann, und sein Leben geht es! Über seine Rechtlosigkeit und Not, und wie das Wort der Bibel ihm zu Hilfe kommen kann. Er würde gern mit Bugenhagen darüber brieflich disputieren, denn es scheint ihm bedenklich, wie sehr seine Worte um die Reinheit des Evangeliums ins Weltliche gezogen werden. Und zu viel späterem Zeitpunkt kommt da eine Epistel vom Bugenhagen, der ihn fragt, ob er, Luther, denn die beachtliche Flugschrift über die Bauern im Elsass schon in Händen habe – man könne doch darüber disputieren. Halten sie ihn zum Narren? Es sind gar keine Erwiderungen auf das, was er fragt, sondern meist palavern die Absender über ganz andere Dinge. Was ist los mit der Post? Was geschieht draußen?

Er vergeht vor Ungeduld, indes der Sommer ins Land zieht und es unerträglich heiß wird in der Turmstube, heiß wie die Hölle. Nachts wagt er nicht, das Fenster zu öffnen, aus Furcht, die Fledermaus-Dämonen würden ihn wieder heimsuchen.

Inzwischen hat Friderun ihm das neue Gewand gebracht, das sie ihm gewissenhaft an den Leib legt, und sie stillt das Feuer seiner Brunst und macht dadurch alles noch schlimmer.

Nun haust er hier oben in Einsamkeit und verflucht die Stunde, da er sein Ja gegeben zu diesem unwürdigen Versteckspiel. Was werden die gelehrten Freunde in Wittenberg ohne ihn beginnen? Wird Rektor Karlstadt sie steuern? Warum antworten sie nicht?

Eines Tages poltert es die Treppe hoch.

Er, Luther, kennt den Schritt. Die Knaben gehen anders, viel langsamer, sie haben ja auch immer zu tragen an den fetten Speisen, dem Schweinsbraten mit dicker Speckschicht, nur erträglich mit viel Mostrich, dem geschmälzten Hirsebrei, den Hühnern, so fett, dass einem der Saft übers Kinn läuft, dem Pfefferpotthast vom Hasen, dazu die Humpen mit Dünnbier und Wein.

Nein, die sind es nicht. Auch nicht das Weib, das schleicht auf leisen Teufelssohlen einher.

Es ist Berlepsch, und er nimmt sich nicht einmal die Zeit, anzuklopfen, sondern reißt die Tür auf und schwenkt etwas Gedrucktes in der Hand.

»Das, Junker Jörg«, ruft er aus, »das ist wirklich einmal Kost für den gemeinen Mann! Eure Freunde in Wittenberg sind sehr rührig!«

In der Hand schwenkt er geradezu triumphierend ein schmales Bändchen.

Sein Gast sieht mit gerunzelter Stirn auf das Druckwerk. Die Titelseite ist eindeutig von Lucas Cranach, dem Wittenberger Apotheker, Verleger und Hofmaler des Kurfürsten, der auch seine eigenen Schriften bisher gestaltet hat.

»Habt Ihr Euch aus meiner Post bedient?«, fragt er grämlich. »Und ist das alles, was angekommen ist?«

Der Burghauptmann läuft rot an. Fast gerät er ins Stammeln. »Also hört einmal! Wozu hat der Herr Gensfleisch das Drucken erfunden, wenn nicht, dass alle, so lesen und Bilder betrachten können, dies nun vermehrt tun, selbst ich? Wozu schickt auch Ihr Eure Schriften in die Welt, wenn sie nicht von jedermann studiert werden sollen?«

Der Mann im dunklen Reitergewand erwidert nichts. Gut sieht der nicht aus, findet der Burghauptmann, Haar und Bart wuchern ihm wild und lockig, und aus dem bleichen Gesicht schauen die Augen trotzig und trostlos zugleich.

Junker Jörg. Ein Zerrbild eines Niemand.

»Gebt mir, was Ihr da habt«, sagt Martinus hölzern. »Und wenn ich es mir betrachtet habe, will ich es Euch gern überlassen.«

Berlepsch knallt das Ding unsanft auf den Tisch. Dieser hochmütige Schreiberling maßt sich ihm gegenüber einen Ton an – man könnte ihn herablassend nennen …

»Seid Ihr mit dem anderen zufrieden, Junker?«, fragt er übertrieben zuvorkommend. »Das Essen ist recht? Friderun umsorgt Euch?« (Er verkneift sich ein Grinsen, als er sieht, dass diesem Mönch die Röte den Hals hochsteigt.) »Übrigens, da ist noch Eure Kutte. Wollt Ihr die wiederhaben, irgendwann, oder können wir den Herd damit anheizen?«

Luther zuckt mit den Achseln. Nichts, was ihn weniger interessiert jetzt, nachdem er das Gedruckte zur Hand genommen und aufgeschlagen. Der Herr Burghauptmann ist für ihn gar nicht mehr vorhanden.

Grußlos verlässt Berlepsch den Raum. Nicht einmal bedankt hat sich der Junker. Solch hochmütige Ketzer, gehören sie nicht doch eher auf die Folterbank oder den Scheiterhaufen? Bringen das Land in Aufruhr mit ihren Gedanken. Freilich, was er da eben in Händen hielt, das hat ihm auch gefallen. –

Der Mann im Turmzimmer hat den Titel gelesen: »Passional Christi und Antichristi«. Ein Passional, also eine Darstellung der Lebens- und Leidensgeschichte unseres Herrn Jesus in Bildern, ist gängig im kirchlichen Gebrauch, die Andacht derer zu bestärken, die des Lesens nicht kundig sind. Aber der Antichrist, der Böse? Verfasst von Johannes Schwertfeger, einem der Professorenkollegen zu Wittenberg, und dem Freund Melanchthon. Er blättert.

Dreizehn Doppelseiten. Sechsundzwanzig Holzschnitte des Lucas Cranach, die Bildpaare so angeordnet, das jeweils links eine Station aus dem Leben unseres Heilands dargestellt wird – und auf der Seite gegenüber der Antichrist, der Papst, bei seinem gotteslästerlichen Tun.

Christus wäscht und küsst seinen Jüngern die Füße. Der Papst lässt sich den Pantoffel küssen von Fürsten und Herren.

Christus wandert zu Fuß über Land. Der Papst lässt sich in einer Sänfte tragen.

Christus vertreibt die Wucherer aus dem Tempel. Der Papst kassiert die Ablassgelder.

Und so weiter.

Schließlich fährt Christus in der Gloria auf gen Himmel, der Papst, von Dämonen umgeben, saust hinab zur Hölle.

Luther kann sich nicht sattsehen an den Bildwerken. Eine wilde Freude durchfährt ihn.

Ja, das ist es! Das ist seine Lehre, das neue Denken, wie es Wurzeln schlagen soll in den Köpfen und Herzen der Christenmenschen.

Auf solch simple Weise, einzig dargestellt durch Bildwerk und Gegenüberstellung, kann das einfache Volk begreifen: Das Papsttum hat mit Christi Botschaft nichts zu tun. Das reine Evangelium des Herrn ist weit entfernt von Pfaffengier und Pfaffenwesen.

Es braucht keine tausendfachen Mittler zwischen der Lehre Jesu und den Gläubigen. Einzig die Schrift braucht es dafür – klar für alle und nicht in fremder Zunge. So, wie sie selbst reden und es verstehen. Sodass sie diese Schrift ausdeuten können – nicht in lateinischer, nein, ihnen verständlich, in deutscher Rede.

In dieser Nacht tritt er ans Fenster und wagt es zu öffnen. Keine Fledermaus, aber ein Sternschnuppenregen fährt dahin über den Sommernachtshimmel. Ihm ist, als solle ihm etwas gesagt werden. Etwas, was sein Werk sein müsse über die reine Lehre hinaus. Aber noch kann er's nicht mit Händen greifen.

Für kurzes Glück ist bitter büßen. Denn der alt-böse Feind gibt nicht Ruhe. Er wütet wider ihn und fletscht die Zähne.

Die Nacht darauf erwacht er von Gepolter und Gekreisch.

Sitzt aufrecht im Bett, seine Haare auf den Armen richten sich auf, und hinter seinen geöffneten Lippen schlagen die Zähne aufeinander.

Jemand wirft mit Nüssen, jenen Nüssen, die ihm die Knaben einmal gebracht haben und die er im fest verschlossenen

Kasten glaubte, knallt sie gegen die Zimmerwände, so scheint es ihm. Draußen auf der Stiege wird ein Fass heruntergerollt, ein Pfeifen, ein Quietschen, ein Knurren.

Tausend kleine Dämonenfüße laufen treppauf, treppab.

Er schlägt die Bettdecke zurück, setzt die Füße auf den kalten Estrich. Dem Widersacher entgegentreten, ihm den nackten Hintern zeigen, ihm in die Fratze furzen, das vertreibt ihn. Das hat ihn die Mutter gelehrt, wenn es in der Kammer rumpelte und er vor Furcht nicht schlafen konnte. »Heb dein Hemd auf, zeig ihm deinen Arsch. Danach sprich ein Vaterunser. Das hilft.«

Da reißt er die Tür auf, da, da – ist nichts.

In kalten Schweiß gebadet, schleppt er sich zurück in den Alkoven, spricht die Worte des achten Psalms: Was ist der Mensch, dass du seiner gedenkst und des Menschen Kind, dass du dich seiner annimmst? *Omnia subiectisti sub pedibus eius.* –

Anderntags erhebt er sich nicht von seinem Lager. Fiebrige Stirn, in Schweiß gebadet, so finden ihn die Knaben.

»Brutstätte des Bösen, Wohnung der Dämonen! Diese Burg ist verhext! Die ganze Nacht hat der Satan gepoltert auf dem Dachboden. Ja, ich weiß, von jeher hat er es auf mich abgesehen! Aber kaum jemals hat er mich mehr geplagt als hier im Reich misstönender Vögel und teuflischer Fledermäuse, die auch allesamt und sonders Gesandte des Antichrist sind.«

Die beiden Pagen wechseln Blicke. »Auf dem Dachboden? Gepoltert?«

»Gepoltert, ja, und auf der Treppe. Und gekreischt und gequietscht, wie es Art des üblen Volks ist!«

»Aber vielleicht sind es Tiere«, wagt sich der eine vor.

»… Es sind die Dämonen! Es ist der böse Feind!«, schreit der Mann auf dem Bett und krallt seine Finger in das Leinen. »Und ihr – bringt mir Wasser, reines Quellwasser, meine Augen darin zu baden, damit sie nach dieser schrecklichen Nacht geheiligt werden, Die Schrift zu lesen!«

Die beiden Jungen verlassen den Raum.

Auf der Stiege brechen sie in stürmisches Gelächter aus.

»Es sind die Siebenschläfer! Die Siebenschläfer! Die oben im Turm hausen. Um diese Zeit im Jahr werden die rollig und toben treppauf, treppab und kreischen vor Tollheit. Die Siebenschläfer sind der Teufel! Der Herr Hauptmann wird sich ausschütten vor Vergnügen über die Spinnereien dieses Junker Jörg!«

Der Heimgesuchte in seinem Alkoven weiß ja, dass es Tiere sind, welcher Gestalt auch immer, so wie die misstönenden Vögel des Himmels, die durch die Lüfte streifen, und die Fledermäuse mit ihren lautlosen Geisterschwingen. Und gleichzeitig ist es Er, der niemals schläft, der große Widersacher.

Was, wenn er diesen närrischen Tölpeln auch noch erzählen würde, dass er schon einmal einen schwarzen Hund auf seinem Bett gesehen hat, der ihn nicht hineinlassen wollte in den Alkoven, und andere Wesen mehr, die nur durch das Gebet zu vertreiben waren. Sie würden ihn für einen Irrsinnigen halten.

Er will fort.

Hält es nicht mehr aus in dieser Turmstubenhölle. Will hinaus, will ... zu einem guten Arzt, der ihn von seinen Qualen kuriert, der ständigen Verstopfung durch die ungewohnte Nahrung, dem Kopfschmerz, dem Sausen und Brausen. Ihm fällt eine Mär ein, wie sie eine Muhme, die manchmal die Kleinen hüten kam zu Haus, den Geschwistern erzählte, eine Gruselmär, um sie stillzuhalten. Vom Wolf, der die Geißlein frisst. Dann wird ihm der Bauch aufgeschnitten und die Beute ausgetauscht gegen Wackersteine, während er schläft.

Er, Martin lauschte voll Entsetzen, mehr noch als die Kleinen ... Da spricht der Wolf: »Was rumpelt und pumpelt im Bauche herum? Vermeintlich waren's Geißlein. So sind's lauter Wackerstein.«

Jetzt wär ihm lieb, einer mit scharfer Schere schnitte ihm den Leib auf und befreite ihn von seinen Wackersteinen. Und vom Mühlrad im Kopf gleich noch dazu.

Will, dass jemand den Teufel aus seinem Körper austreibt. Aber an Exorzisten glaubt er ja nicht.

Er fleht Spalatin an, er möge sich bei kurfürstlicher Gnaden dafür verwenden, dass er nach Erfurt gehen dürfe, zu einem guten Medicus.

Die Antwort ist Nein.

Denn helles Entsetzen überfällt ob dieser seiner Forderungen den Hof des weisen Kurfürsten. Der da hat stillzuhalten und abzuwarten! Will er seinem kurfürstlichen Herrn, der ihm so gnädiglich den Arsch gerettet, die Partie versauen? Luther darf nicht da sein! Denn dann müsste man ihn ausliefern, und Friedrich verlöre sein Gesicht als einer, der zuvor aus Eigensucht und aus Kalkül im Machtspiel einen Ketzer geschützt habe.

Aber was soll mit ihm werden? Abwarten! Das war schon immer die Parole des Kurfürsten Friedrich. Darum nennt man ihn ja den Weisen.

So schickt man Luther Mittel gegen die Malaisen des Leibes. Da geht es eine Zeit lang besser.

Dann zieht der Herbst ins Land, die Wälder vor den Fenstern seiner Stube färben sich golden und rot, morgens liegt Reif auf den Büschen unterm Turm und die Schreie der Vögel werden weniger.

Da hat man ihn, Luther, wie einen edlen Renner in vollem Lauf gebremst und aus dem Spiel gezogen, ihn in Fußfesseln gelegt und in eine enge Stallbox gesperrt, wo er nun, der doch vorgesehen war, die Bahn siegreich zu vollenden, dahinsiechen muss als ein Gefangener. Ein gemästeter Gefangener, allerdings.

Der Eingesperrte singt alle Lieder, die er weiß, dichtet wohl die eine oder andere Strophe hinzu. Wenn er einen seiner unzähligen Briefe schreibt, die Berlepsch manchmal befördern lässt, so agiert er sie wie ein Komödiant lauthals in seinem Gelass, als habe er eine Predigt zu memorieren.

Die Dohlen versammeln sich mit Gekrächze direkt vor seinem Fenster, ja, sie picken gegen die Scheiben, und er hält ihnen das Kreuz entgegen oder kreuzt zwei Finger wider sie, wie die Mutter es getan hat, wenn eine schwarze Katze von links über den Weg lief. Mit rudernden Armen wehrt er die abendlichen Schatten der Fledermäuse ab, ja, er sinkt soweit in die Finsternis des Aberglaubens hinunter, dass er alte Abwehrsegen spricht, wie sie im Mansfeldischen zu hören waren, in seiner Kindheit: »Hockt der Teufel hinterm Hain / wirf auf Satan einen Stein / eines alten Weibes Fut / ist für Teufels Hörner gut«, und wenn er so etwas ausgesprochen hat, schämt er sich vor Gott.

Und wartet.

Doch da kann er lange warten. Denn zu Eisenach im Haus des Buchhändlers Matthias Huld ist auf Betreiben des Herrn Rats Spalatin ein Kämmerchen angemietet worden, und jedes Mal, wenn Extrapost angesagt ist oder die Kuriere der Reichspost von Thurn und Taxis kommen, laden sie weisungsgemäß alles, was für »Junker Jörg« bestimmt ist, dortselbst ab. Dann wird der Herr Rat Feilitzsch, der ihn seinerzeit zu Worms auf seiner Stube im Johanniterhof besuchte und ihm des Kurfürsten Angebot im Einzelnen darlegte, herbeizitiert; er wohnt nur eine halbe Wegstunde von Eisenach entfernt auf seinem Gut. Der hat zu sichten, was da eingegangen ist.

Ein wendiger Mann, der Herr Rat. Kann gesiegelte Briefe so geschickt öffnen und wieder schließen, dass man nichts davon bemerkt. Ist der Inhalt unverfänglich, geht's nur um theologische Spitzfindigkeiten zum Beispiel, wird aber vom Geschehen im Lande berichtet, von Unruhen und Aufruhr, schickt man's zur Zensur an Spalatin. Der kann entscheiden, ob Ja oder Nein.

Wir wollen doch den Doktor Luther nicht unnötig beunruhigen. Alles zum Besten.

Aber dann – inzwischen ist der Winter ins Land gezogen und Friderun heizt den großen grünen Kachelofen an – unterlaufen der »Aufsicht« zwei Fehler.

Dass der Eingesperrte schreiben kann, was er will und an wen er will, das war ja klar. Man konnte ihm ja schlecht zu allem anderen auch noch das Maul verbieten. Dass er allerdings etwas würde in Druck geben, damit hatte keiner gerechnet. Das gut verschnürte Konvolut Papier, das an Hölzel nach Nürnberg ging, kommt nämlich verwandelt zurück und ist bald in jedermanns Hand – als gedrucktes Traktat. »*De votis monasticis iudicium*«.

Also eine gelehrte Abhandlung über das Mönchstum, nun gut. Und noch dazu auf Latein. Die Mönche werden, wie sollte es anders sein, als Schmarotzer und Nichtstuer dargestellt. Man hätte sich nicht weiter aufregen müssen, wäre da nicht die Tatsache gewesen, dass der Inhalt, wenn man es denn genauer betrachtete, im hinteren Abschnitt kleiner gedruckt auf Deutsch vorgetragen wurde: Eine Absage an das Mönchsgelübde, das des Verfassers – und dass dessen Name dabeistand.

Also er lebte, dieser Luther! Er mischte sich wieder ein!

Genau das, was Kurfürst Friedrich verhindern wollte!

Ärgerlich.

Und dann, zum zweiten: Zur Jahreswende hat der Rat Feilitzsch tatsächlich eine Postsache übersehen. Einen Brief von Karlstadt, dem Rektor aus Wittenberg. Der ist versehentlich auf die Wartburg gelangt.

Luther steht dem Burghauptmann gegenüber, in dessen Stube, in Händen hält er ein paar beschriebene Seiten, und diese seine Hände zittern.

Seine Gesichtsfarbe, dank der langen Stubenhockerei ohnehin schon fahl und matt, leuchtet nun fast grünbleich aus dem dunklen Bartgestrüpp.

»Ich muss zurück! Ich muss! Die da draußen verderben mir das Spiel!«

»Welches Spiel meint Ihr denn, Junker Jörg?«, fragt Berlepsch, eher belustigt als erschrocken.

Luther atmet tief. »Ich habe mich auf das Wort Gottes

berufen, sonst habe ich nichts getan. Wollte aus der Schrift beweisen, dass jeder Christenmensch vor dem Herren gleich ist, dass es keinerlei Vermittlung durch Papst oder Geistlichen bedarf, dass die Kirche wieder eine Stätte für alle sein müsse, gleich ob gelehrt oder ungelehrt, wenn nur der Glaube da ist, und nichts weiter! Der Prediger ist allerhöchstens der Lehrer der Unwissenden! Aber sie beginnen nun damit, es in weltliche Dinge zu verkehren! Das geht nicht an!«

»Wenn Ihr es mir denn erklären wollt?«, sagt Berlepsch höflich und bietet seinem aufgeregten Gegenüber einen Platz auf der Ofenbank an, neben sich. Draußen schneit's in dichten Flocken.

»Hab kein Sitzfleisch!«, weist Luther das Angebot mit gewohnter Schroffheit zurück. Er geht zum Tisch, breitet die Papiere aus. »Hier, hier schickt mir Karlstadt die Abschrift zu! Der Magistrat hat sich erdreistet, eine reformatorische Ordnung der Stadt Wittenberg zu beschließen, mit allen Siegeln! Hat sie zum Recht und Gesetz erhoben! Was hat sich denn das weltliche Regiment einzumischen in die Dinge der Kirche? Statt lateinischer Messe wird nun zwar deutscher Gottesdienst abgehalten – aber per Dekret einer Obrigkeit, die sich herausnimmt, ohne den Landesherren zu agieren! Das Abendmahl wird nun zwar in beiderlei Gestalt, also mit Brot und Wein für alle, ausgeteilt, aber vor allem: Sie entfernen die steinernen und hölzernen Bildwerke und die Tafeln mit den Heiligen aus den Kirchen! Sie zerschlagen, verbrennen, zerstören sie! Sie nennen sich Bilderstürmer und sind stolz darauf!«

»Hm«, macht der Burgherr und wiegt zweifelnd den Kopf. »Vieles davon müsste Euch doch eher erfreuen denn erzürnen! Sind es nicht folgerichtige Taten nach den Traktaten, die Ihr – ich meine, die dieser Doktor Luther abgefasst hat?«

Der andere antwortet ihm nicht, starrt vor sich hin. (Er kann ja schlecht zugeben, worum es ihm vor allem geht – nämlich, dass er nicht dabei ist!) »Damit ja nicht genug!«, fährt er fort. »Karlstadt schafft das Mönchsgelübde und das Zölibat ab! Wie kann und darf er das, er hat selbst gar keine Weihen!«

»Hattet Ihr – ich meine, der Doktor Luther – das nicht gerade erst gefordert?«, wundert sich Berlepsch geruhsam.

»Der Luther hat nur davon gesprochen, dass *er selbst* sein Mönchsgelübde aufkündigt, nichts weiter! So etwas kann man nicht per Dekret abschaffen – das ist eine Sache des Gewissens jedes Einzelnen! Oh, ich wollte, ich hätte die Geißel unseres Herrn Jesus Christus, mit der er die Wechsler aus dem Tempel jagte, und könnte damit dreinschlagen«, sagt er durch zusammengebissene Zähne. »Was sie da machen – was sie ohne mich machen! –, das hat weder das rechte Augenmaß, noch fährt es auf das Ziel zu, das ursprünglich angestrebt. Ich, nur ich allein, weiß wie die Kirche zu reformieren ist! Das, was die Narren in Wittenberg betreiben, und mein Freund Melanchthon, wie Karlstadt schreibt, mittendrin, das führt unfehlbar zu Chaos und Blutvergießen! Die Kirche ist in Gefahr!«

»Ich wundere mich über Euch«, sagt Berlepsch ruhig. »Wenn ich recht verstanden hatte, so habt Ihr, ich meine, hat der Doktor Luther wider die Kirche gewettert.«

»Niemals! Nur gegen ihre hässlichen Pestbeulen! Die Kirche gilt es zu reinigen, nicht, sie zu zerschlagen! Von innen heraus, aus dem Glauben der Christen, muss sie sich erneuern. Die Läuterung kann nicht anbefohlen werden! Das ist das Gleiche jetzt wie vordem, nur dass nun vielleicht statt Schwarz Weiß regieren soll – oder vielmehr Feuerrot. Sie sollen eine Kapelle angezündet haben, steht hier! Das ist Chaos! Unordnung! Das kann kurfürstliche Gnaden nicht wollen! Der Herr muss mich gehen lassen! Er muss!«

Er faltet flehend die Hände.

Berlepsch schüttelt bedächtig den Kopf. »Seine Gnaden der Kurfürst sind im Augenblick unerreichbar auf Reisen, in Gesprächen mit anderen großen Herren. Ich werde versuchen, ihm Botschaft zu schicken und ihm Euer Anliegen unterbreiten, Junker Jörg.

Inzwischen geduldet Euch. Es wird ja nicht gleich ganz Wittenberg zur Mördergrube werden, nur, weil Ihr dort nicht seid!«

Er sieht dem Mann nach, der die Papiere zusammengerafft hat und nun hinauswankt und sich die Stiege zu seinem Turmzimmer hochquält.

Möglich, dass der weise Friedrich gar nicht so weit ab ist von der Meinung, man sollte den teutschen Herkules wieder aus seinem Versteck vorholen, damit er seine Keule niedergehen lässt auf alle, die sich zu weit vorwagen. Der Rote Hahn auf einem Kirchendach? Das ist bedenklich. Denn wenn das Volk beginnt, mitzutanzen in diesem Reigen, dann werden die Herren hellhörig. Das Tor, dass dieser Augustinermönch aufgestoßen hat – vielleicht sähe der Kurfürst es auch gern wieder geschlossen?

Doch selbst wenn er kurfürstlichen Permiss hätte – er kann nun nicht weg. Denn die Burg ist eingeschneit, und es ist kein Fortkommen. Als wolle der Himmel verhindern, dass er sich einmische da draußen. Als erwarte der Himmel von ihm – etwas anderes.

Wieder sitzt er an seinem Schreibtisch, starrt in die blendende Weiße, die sich vor den Butzenscheiben da draußen ausbreitet. Er ist in großer Sorge.

Und ihm fällt die wundersame Nacht ein, in der er, nach Betrachtung der Flugschrift mit den Bildwerken des Lucas Cranach, die Sternschnuppen vom Himmel herabrauschen sah, als wären sie ausgesandt, ihm etwas zu sagen. Als hätte er einen Teil der ihm aufgetragenen Mission noch nicht erfüllt.

Drei Dinge sind die Säulen des geläuterten Christentums. *Sola Fide. Sola gratia. Sola Scriptura.*

Der Glaube allein. Die Gnade allein. Und: Die Schrift allein.

Mögen sie da zu Wittenberg vermeinen, sie seien fest im Glauben – sie vertrauen nicht auf die Gnade, sondern versuchen durch Menschenwerk das Himmelreich zu zwingen. Und berufen sich auf die Schrift …

Sie predigen auf Deutsch in Wittenberg. Was mögen sie den Menschen erzählen? Die Schrift zitieren, verhunzen und missdeuten – denn niemand außer den Lateingelehrten weiß ja, was wirklich da steht.

Oh Wort, du Wort, das mir fehlt.

Er greift nach dem dicken Folianten. Streicht mit scheuer Hand über das Leder des Einbands. Biblia. Die ganze Heilige Schrift.

Das ist die lateinische Version. Und hier, gleich daneben, den Band hat er sich auch bringen lassen vom Buchhändler. Die griechische Fassung des Neuen Testaments.

Sola Scriptura. Nur die Schrift hat ihn geleitet bei jedem Wort, das er je geschrieben hat! Diese Wahrheit steht fest wie in Stein gemeißelt. Darum hatte er die Kraft, nicht zu widerrufen. Die Schrift allein. Das Wort. Aber es muss das rechte Wort sein. Das Wort, das *alle* verstehn. Und das muss gefunden werden.

Er schlägt die griechische Bibel auf. An irgendeiner Stelle.

Phônê boôntos en têi erêmôi etoimasate tên hodon Kuriou eutheias poieite tas tribous autou.

Und dann Latein. *Vox clamantis in deserto. Parate viam Domini rectas facite semitas eius.*

Herr, du mein Hirte, hilf mir. Das Evangelium des Marcus.

Es ist die eine Stimme eines Predigers in der Wüste: Bereitet den Weg des Herrn, machet seine Steige richtig!

Dem Herrn den Weg bereiten …

Und während er in die weiße Helle da draußen starrt, scheint es ihm, als flammten die Sternschnuppen der Sommernacht wie Fanale der Erkenntnis durch Kopf und Herz. Jetzt weiß er, wozu ihm Stimme, Mund und Zunge verliehen sind. Weiß es mit solcher Gewissheit, wie all seine Erleuchtungen ihn erfassten bisher (wo auch immer sie ihm zuteil wurden), wie das Wissen über ihn kam, dass nur Gottes Gnade den Christenmenschen erretten kann.

Denn der Mensch ist gebrechlich und sündig, und nur die Gnade des Herrn kann ihm helfen. Nicht die guten Taten. Und erst recht kein Ablass. Nur die Gnade.

Und das müssen alle wissen.

Cantabo dominum in vita mea. Ich werde den Herrn besingen in diesem meinem Leben.

Er greift nach einem Blatt Papier, rückt die beiden heiligen Texte rechts und links so, dass es wie eingerahmt davon ist. Im Schatten des Evangeliums ist gut arbeiten. Da kann ich des Satans lachen, des alten Drachen und seiner garstigen Schuppen.

Das Tintenfass herangerückt. Die Federn sind bereits gespitzt.

Er kann sie alle bekämpfen allein mit dem Wort, die Dämonen auf der Treppe, den schwarzen Hund in seinem Bett, sie werden bleich und zittern, wenn er ihnen das Wort entgegenhält.

Und die Schwingen der Engel des Herrn haben die Boten des Bösen da draußen vor den Butzenscheiben vertrieben. Ihre misstönenden Schreie sind verstummt und auch die Fledermaus-Teufel zogen sich besiegt in ihre Höhlen zurück.

Vor den Fenstern gleitet himmlischer Segen herab. Schnee.

Er beginnt an beliebiger Stelle, lauscht den Worten nach, überlegt, wie man redet mit einfältiger Zunge, so wie die Mutter zuhause redete, wenn sie denn einmal zu ihm sprach, während es dämmerte im stillen Zimmer. Dir und mir ist niemand hold … Ja, und klingen muss es wie in einem Lied.

Herr, der du mir die Gabe der Sprache verliehen hast, ich danke dir.

»Da Jesus geboren ward zu Bethlehem im jüdischen Lande, zur Zeit des Königs Herodes«, schreibt er, *»sieh, da kamen die Weisen vom Morgenland gen Jerusalem und sprachen: Wo ist der neugeborene König der Juden? Wir haben einen Stern gesehen im Morgenland und sind gekommen, ihn anzubeten …«*

Nichts tut ihm weh. Kein körperliches oder seelisches Leid kann ihn berühren, während er so schreibt.

Wie er die Worte setzt, Sprache formt nach seinem Willen. Schöpfer wie Der Herr.

Im März setzt endlich die Schneeschmelze ein. Der Winter hatte sich wie eine große Pranke auf das thüringische Land gelegt, Handel und Wandel gelähmt, die Wartburg weiß verschleiert.

Der Mann im Turmzimmer legt aufatmend die Feder beiseite und faltet die tintenbefleckten Hände, hebt sie zur Stirn und betet lautlos.

Als er danach den Blick hebt und aus dem Fenster schaut, sieht er einen einsamen Reiter auf dem inzwischen vom Eise befreiten Weg zur Wartburg hinaufkommen. Er verschwindet an einer Wegbiegung, taucht wieder auf, nähert sich langsam, aber stetig.

Luther kneift die Augen schmal. Ja, der Reiter trägt das kurfürstliche Wappen auf dem Überwurf seines Wamses.

Er weiß, das kann nur ihm gelten. Er hat sein Werk vollbracht.

Die Stunde seiner Befreiung hat geschlagen.

Und es wundert ihn nicht, als bald darauf Berlepsch bei ihm erscheint, einen geöffneten Brief in der Hand.

»Der Kaplan hat mir vorgelesen, Herr ... Junker. Da ist Botschaft vom Hof gekommen, vom Rat Spalatin.

Ob es den Junker Jörg nicht dringend danach verlange, sein zehnmonatiges Asyl vorübergehend zu verlassen und in Wittenberg Ordnung zu schaffen? Danach wird man weitersehen. Denn dortselbst hat inzwischen der gewählte Rat beschlossen, mit dem Fürsten gemeinsam zu regieren. Alle Beschlüsse, die von dem hohen Herren gefasst werden, muss er, so heißt es, dem Rat vorlegen. Dass dergleichen dem Herrn behagt, ist zweifelhaft.«

Luther nickt. Er beginnt zu packen.

Nun stehen sie wieder halb verborgen hinter den Fensterbögen des Palas und begaffen – dieses Mal – die Abreise des seltsamen Gastes. Ein zweirädriger Rollwagen, bespannt mit Maultieren, steht für ihn bereit.

Sie murmeln und tuscheln. Friedrich lässt seinen Luther also von der Leine. Hat wohl neue Aufgaben für ihn.

Bis auf ein paar wenige hatten ihn die Leute ja nicht zu Gesicht bekommen die langen Monate über.

Als er erscheint, ist die Überraschung groß.

Anstelle des mageren jungen Hahns in der Mönchskutte erscheint ein rund gefütterter Kerl im Ritterhabit, das bleiche Gesicht umwuchert vom Bart. Keiner hätte ihn in dieser Gestalt wiedererkannt.

Eine seiner Lauten trägt er in der Rechten, die andere Hand ist fest um die Griffe der ledernen Taschen geschlossen. Die beiden Knaben, die herzlich froh waren, den verschrobenen Besucher nicht mehr bedienen zu müssen, schleppen ihm die restlichen Bücher hinterher und beladen das Rollwägelchen.

Der Kutscher ist zur Stelle. Berlepsch erscheint.

»Nun, Junker Jörg, Gott mit Euch! Ich denke, viel Arbeit kommt auf Euch zu.«

Der Abreisende nickt. »Ja, viel Arbeit. Ich weiß, dass Gott mit mir ist«, sagt er, und seine Augen blicken abwesend. »Danke für Eure Gastfreundschaft, die Ihr mir in der Einöde auf kurfürstlichen Befehl hin gewährt habt!«

Der Mann, der Fremde, der teutsche Herkules – er besteigt nun sein Gefährt. Es biegt sich unter seinem Gewicht.

Der Wagen rollt über das Kopfsteinpflaster des Durchgangs. –

Nach zehn Monaten Einsamkeit verlässt Luther die Wartburg.

In seinen ledernen Taschen die vollständige deutsche Übersetzung des Neuen Testaments.

DIE STADT

Der zwergenhaft kleine Mann, spitze Nase, hohle Wangen, aber die Stirn eines Jupiter, die sich majestätisch über den tiefliegenden Augen wölbt, Philipp Melanchthon also – da steht er und bebt wie Espenlaub.

Denn vor ihm tobt ein Berserker.

Zweifelnd hat er sich zunächst geweigert, ihn überhaupt wiederzuerkennen, diesen Mann mit dem struppigen Haupthaar und dem Bart wie ein Ginsterbesen, in ein schwarzes Reiterhabit gekleidet; überm Gürtel wölbt sich der Ansatz eines Bauches.

Die Stimme freilich ließ keine Frage offen – das tönende Organ des Predigers, fähig zu allen Farben, vom sanften Säuseln bis zum Donner des Zorns.

Und jetzt ist Donner angesagt. Gewaltiger Donner.

Weiland Bruder Martinus, der Herr Doktor Luther sodann, danach also der Junker Jörg, liest seinem Freund und Bruder die Leviten.

Sie stehen sich gegenüber im Innenhof der Universität, das ist einer der wenigen Plätze, die man trockenen Fußes begehen kann nach einem Regen, denn er ist mit Kopfsteinpflaster versehen. In diesem elenden Nest Wittenberg versinkt man bis zu den Knöcheln im Schlamm, sobald Wasser vom Himmel kommt.

Stehen also da, der seit Neuestem stiernackige Kerl und das Männlein, und beide wissen, der eine triumphierend, der andere bleich vor Scham, dass hinter den geöffneten Fenstern und den Säulen der Arkaden das akademische Volk steht, vom Baccalaureus bis zum Alumnus, und atemlos zuhört.

Der Ankömmling macht Melanchthon fertig nach allen Regeln der Predigtkunst.

Zunächst geht er, wie die antiken Rhetoren, aufs Persönliche.

Er, also Luther, habe den jungen Mann einstmals mit offenen Armen aufgenommen wie einen eigenen Sohn, seinen Graeculus, sein Griechlein, habe er ihn genannt, habe ihm, ungeachtet seiner Jugend, gestattet, die Studiosi zu lehren und in Disputationes seinen luziden Geist leuchten zu lassen.

Sodass er ihm alles Vertrauen der Welt geschenkt habe, tönt er, ihn gleichsam als Vizekönig und Statthalter seiner Person und seiner Sache zurückgelassen habe, von ihm erwartend, dass er verstanden hätte, einfach *verstanden*, was es auf sich habe mit der Abkehr von teuflischem Papsttum und der Verderbnis der Christenseelen. Und nun, was müsse er sehen, was erleben? Sodom und Gomorrha!

Er wendet sich ab von dem »Graeculus« und geht mit weit ausgreifenden Schritten eine Runde um den Hof, in dessen Mitte nun der Gescholtene allein steht wie einer am Pranger und sich mit Mühe Zorn und Beschämung verbeißt. Man gibt Luther keine Widerworte.

Der hingegen stellt mit Genugtuung fest, dass die jungen Gelehrten Wittenbergs seiner Philippika gelauscht haben und also nun wissen, woher der Wind weht.

Dann, die Arme auf dem Rücken verschränkt, den Kopf gesenkt wie zum Angriff, fährt er wieder auf Melanchthon los.

Stellt ihm nur eine Frage: »Wo ist der Rektor? Wo ist Karlstadt?«

Melanchthon, in all seiner flattrigen Demütigung, verspürt eine gewisse Schadenfreude. Nein, nicht er, Philippus, ist Verursacher des ganzen Durcheinanders hier in Wittenberg. Der andere ist's. Er hatte nur den Auftrag, Luthers Sache zu vertreten und zu wahren. Aber konnte er wissen, wie weit der Meister diese seine Sache ausgedeutet sehen würde? Ob es nicht vielleicht in seinem Sinne sei, was hier geschehen ist?

Er zuckt die Achseln. »Vielleicht predigt er in den Gassen?

Oder gar auf den Dörfern?«, mutmaßt er und sieht, wie Luthers Angesicht sich rötet.

»Was untersteht er sich, dieser windige Wirrkopf? Karlstadt ist kein Priester. Und er tut es gewiss in deutscher Zunge?«

»Gewiss doch.«

Melanchthon beißt sich auf die Lippe und versteckt seine zittrigen Hände nach Gelehrtenart in den Ärmeln seines Talars.

Flüchtig erinnert er sich, dass besagter Martinus, so, wie er jetzt vor ihm steht, in weltlicher Tracht nun, verwildert und aufgeschwemmt, vor Jahresfrist noch auf der Reise nach Worms, dürr und fiebrig und in der Augustinerkutte, in jedem Flecken, wo er Station machte, voller Glut das Evangelium gepredigt hatte – in deutscher Zunge.

Doch das tut jetzt nichts zur Sache. Er ist zutiefst getroffen. Er ist vernichtet. Er weiß, auch Karlstadt wird nicht standhalten können, wenn dieser Rammbock Gottes ihm entgegenkommt, er wird einknicken wie ein Schilfrohr im Sturm. So wie er selbst, der er bis noch vor wenigen Augenblicken überzeugt war davon, dass ihre Sach' die rechte sei hier zu Wittenberg – nun wohl, ein bisschen wild schon hin und wieder, aber das würde sich einpendeln mit der Zeit, wie der Zeiger auf einer Waage.

Luther indes ist zum Tor gegangen, wo er irgendwelche Anweisungen erteilt, kommt zurück.

Die Strafpredigt ist zu Ende.

»Ich habe«, sagt er, nun beinah beiläufig, »Order gegeben, den Wagen zur Wartburg zurückzuschicken. Meines Bleibens ist hier, und auf Dauer, ich kann nicht zurück. Das muss kurfürstliche Gnaden verstehen, wenn nicht alles zugrunde gehen wird, was ich begonnen habe. Morgen wird die Epistel an Seine Gnaden verfasst.

Heutzutage über Land zu fahren, ist ohnehin wie ein Spaziergang durch die Hölle. Da sieht man Bauern, so klapperdürr wie verhungerte Gäule, die haben ihr Weib vor den Pflug gespannt, weil ihnen der Grundherr den letzten Ochsen weggetrieben hat, und zerlumpte Kinder laufen neben deinem Karren her und strecken die Hände aus und betteln um ein Stück Brot.

Lass uns gehen und die Schrecknisse ansehen, die hier zu Wittenberg geschehen sind.«

Nun also ist er wieder völlig gelassen, völlig alltäglich.

»Danach«, so fährt er fort, »will ich zunächst in deinem Haus Quartier nehmen, denn meine alte Behausung im Schwarzen Kloster ist ja wohl dahin, da ich kein Mönch mehr bin. Will diese Verkleidung abnehmen und wieder zum ehrbaren Doktor werden. Meinen Mantelsack mit den Büchern und meine Lauten lass ich zu dir bringen. Die Verbannung nach Patmos ist vorbei. Schaffst du mir dann einen Gelehrtentalar, Bruder?«

Plötzlich Bruder wieder, und eine Hand auf der Schulter.

Die Fenster und Arkaden leeren sich von Zuschauern. Das Spektakel ist vorbei.

Nieselregen setzt erneut ein, als hätte er auf ihr Erscheinen in den Straßen gewartet. Wann regnet es hier nicht? Das Klima ist mörderisch. An diesem grauen Maitag offenbart die elende Stadt ihre ganze Hässlichkeit. Die beiden Männer waten durch den Schlamm der Straßen, vorbei an den Katen der Bierbrauer und Trödler. Melanchthon hat seinen Gelehrtenrock geziert mit zwei Fingern gerafft, trotzdem spritzt der Dreck aus den Pfützen ihm bis hoch an den Saum. Luther in seiner weltlichen Tracht, grobe Lederstiefel an den Füßen, stapft mit zornigen Schritten voran, ohne sich um kotige Pfützen zu kümmern.

Er hasst diese Stadt. Nach den lieblichen Hügeln Thüringens, auch wenn er sie nur vom Fenster des Turmzimmers hat sehen können, nun diese Ödnis. Keine Wälder, mal im grünen Schmuck, oder bereift und unter der Schneelast gebeugt, keine Weingärten oder Obsthänge wie dort im Süden, nur triste

Felder und sumpfige Wiesen ringsum, auf denen dürres Vieh weidet.

Schloss, Universität, Kloster und Kirche sind die einzigen Bauten, die den Namen verdienen, dazu noch ein paar Bürgerhäuser am Markt. Alles andere macht keinen Staat – elende Hütten.

Und doch – er lächelt in sich hinein, besänftigt nun wieder – hat dies Nest Studenten aus aller Welt angezogen in den letzten Jahren, dank der Leuchten der Wissenschaft, die hier lehren: Karlstadt, Cellarius, Melanchthon. Martin Luther.

Eine Windbö schlägt ihnen ins Gesicht, zwingt sie beide, das Kinn im Kragen zu verbergen.

Philipp Melanchthon knirscht mit den Zähnen.

Er vermutet, dass der nächste Wutausbruch des teutschen Herkules bevorsteht, wenn sie an der Kirche angelangt sind – und gut, dass er zunächst nicht ins Schwarze Kloster will …

In einem schmerzhaften Gemisch von einander widerstreitenden Gefühlen fragt Melanchthon sich, wie denn der, der andere, dazu kommt, sich ungefragt in seiner Behausung einquartieren zu wollen, ihn außerdem beauftragt, für standesgemäße Kleidung zu sorgen, und ihn nun hinter sich herschleppt wie ein Hündchen am Strick … und ja, es ist in seiner Brust außer Angst und Wut und Ärger auch so etwas vorhanden wie Stolz. Stolz darauf, wie selbstverständlich dieser Mann ihn denn doch als seinen Bruder zu betrachten scheint – einen minderen Bruder, gewiss, einen Bruder, der versagt hat als sein Stellvertreter vor Ort, aber dennoch.

Vielleicht ist er ja in Ungnade, aber nicht davongejagt. Denn man will bei ihm hausen.

Luther, der ihm immer einen halben Schritt voraus ist, rutscht aus an einer besonders morastigen Stelle, fällt, stützt sich mit den Händen ab; Melanchthon versucht gar nicht erst, ihm aufzuhelfen, klein und schwächlich wie er ist, würde er ohnehin nur mit in den Dreck gezogen. Luther erhebt sich, die schmutzigen Hände anklagend vorgestreckt – soll er, Philippus, ihn etwa säubern? Doch dann wischt sich der Gestürzte die Finger an seiner eigenen Montur ab, und flucht: »Dieses Nest ist eine Schindleiche!« So verschmiert an Hand und Fuß, betreten sie die Schlosskirche.

Kein Heiligenbild ist mehr an seinem Platz. Der Opferstock fehlt. Fenster sind klaffende Höhlen, in den Rahmen hängen hier und da noch einige Scherben. Der Beichtstuhl liegt umgekippt und wirkt wie ein Sarg. Der Statue der heiligen Jungfrau Maria hat man das Gesicht zerschlagen.

Aber wo bleibt es, das Wüten?

Luther geht stumm durch das Kirchenschiff, unheimlich stumm, seine Schritte hallen in dem großen Raum wider wie die Pendelschläge vor dem Jüngsten Gericht.

Vor der Madonna bleibt er stehen, so plötzlich, dass Melanchthon fast in ihn hineinrennt.

»Bitte für mich in der Stunde meines Todes«, murmelt er mechanisch, und dann, sich umwendend, nur ein Wort: »Warum?«

Seine Augen stehen voll Tränen.

»Karlstadt meint …« Weiter kommt Melanchthon nicht.

Jetzt bricht die Löwenstimme hervor. »Wo ist Karlstadt? Er soll sich verantworten für das Verbrechen, was hier geschehen ist, ohne dass er eingegriffen hat!«

»Karlstadt ist um diese Zeit wohl beim hochwohllöblichen Magistrat, um mit ihm weitere Ordnungen zu beraten.«

»Also steckt Karlstadt hinter dem ganzen Wahnsinn? Er hat den Magistrat hineingezogen in sein … Tun?«

»Der Rat hat sich gewandelt. Es gibt«, sagt Melanchthon vorsichtig, »eine von der Obrigkeit verabschiedete ›Reformatorische Ordnung der Stadt Wittenberg‹. Schon deshalb konnte ich nicht …«

Luther bringt ihn mit einer schroffen Bewegung seiner immer noch schmutzigen Rechten zum Schweigen.

»Dergleichen hörte ich. Lass uns fortgehen von hier.«

Er hat ihn ja kaum zu Wort kommen lassen, und Philippus ist eigentlich froh darüber. Denn wenn er unsicher ist und aufgeregt – und das ist er beides im Augenblick –, bleibt seine Sprache hängen, und er verhaspelt sich zwischen den Worten. Nein, nein, er stottert nicht. Schließlich ist er ein Rhetor von Format, wenn er hinter einem Katheder steht. Es ist nur, dass sich ihm in bestimmten Situationen die Zunge zu verknoten scheint, und es bedarf einer Art Anstoß von innen, damit sie sich wieder löst.

Und jetzt, auf dem Weg von der Schlosskirche zu seinem, Melanchthons, Haus (wobei er nicht weiß, ob der teutsche Herkules nicht noch den Stadtvätern einen Besuch abstatten will und seinen heiligen Zorn über deren Häupter auszugießen bereit ist), da könnte ihm das befürchtete Missgeschick wohl zustoßen, wenn er erklären soll.

Aber zunächst wird er des Redens überhoben.

Denn was kommt ihnen da entgegen, barfüßig im üblen Wetter, fast tanzend, nur mit einem kurzen Hemd bekleidet, die bleichen Beine bis an den Saum hinauf bespritzt, das Haar aufgelöst und strähnig herunterhängend im Nieselregen, als seien es ein gutes Schock Rattenschwänze, und eine misstönende Handpauke schlagend, als ginge es zu einem Fest?

Luther ist stehen geblieben. Voller Verwunderung betrachtet er die Erscheinung.

»Was ist das für ein Mägdlein?«, fragt er, und Melanchthon schluckt an dem Knoten seiner Zunge und antwortet nicht.

Das junge Geschöpf kommt näher.

»Freude und nichts als Freude über euch, Brüder!«, verkündet es. »Das Himmelreich ist nahe! Es steht schon vor der Tür! Kommt in die Marktkirche vor den Toren der Stadt, wenn der Abend sich neigt. Denn mein Ehemann wird nachher dortselbst das heilige Wort verkünden, so wie es wirklich und wahrhaftig geschrieben steht und wie alle, gleich ob hoch oder niedrig, es hören sollen. Kommt, dem Herrn zu dienen!«

Die Handpauke wirbelt, und das Wesen zieht weiter, vorbei an den beiden Männern.

Luther bemerkt, dass es nicht gekleidet ist, wie es für ein Kind anständig wäre; es hat keine Haube auf seinem Rattenschwanzhaar und statt Rock und Mieder trägt es nur dies Hemd aus gegürtetem Sackleinen. Seine nackten Arme, graupelig wegen der Maikälte, sind stöckerdünn.

Er sieht der Erscheinung nach. »Um der Liebe Christi willen, was ist das? Eine Besessene? Wo ist die entsprungen? Warum lassen ihre Eltern sie dergestalt aus dem Haus? Und was faselt sie von einem Ehemann?«

Melanchthon sieht zu ihm auf. Er hat rote Flecke auf den eingefallenen Wangen. Mit Schlucken und Rucken löst er seine verknotete Zunge. Bringt es heraus: »Das, lieber Doktor, ist des Rektors Andreas Karlstadt Weib. Und da sie die Glocken der Kirchen heruntergeholt haben als Beiwerk zum Gottesdienst, ruft sie und mit ihr andere Weiber so die Christen zur Andacht …«

Er bricht ab und wartet auf den Ausbruch des lieben Doktors. Aber der bleibt aus, wie vorhin in der verwüsteten Kirche.

Luther hat den Kopf gesenkt. »Ich war doch nur ein Jahr fort«, murmelt er. »Wie alt mag dies Kind sein?«

»Es heißt, es ist zu Johanni vierzehn geworden.«

»Sodom und Gomorrha!«, wiederholt er. »Haben sie alle Scham verloren?«

Er packt den kleinen Melanchthon so heftig am Ärmel, dass dieser fast das Gleichgewicht verliert, zerrt ihn mit sich fort. »Komm! Schnell zu dir nach Haus! Und schaff mir ein Gewand, wie es sich ziemt – vorher mag ich keinem entgegentreten in dieser Mummerei als Junker Jörg. Und dann berichte mir von dem ganzen Unrat zu Wittenberg, damit ich dem Rat und dem Rektor in die Parade fahren kann, dass es nur so funkelt und blitzt!«

Sie patschen weiter durch den mörderischen Schlamm

der Hauptstraße. Von hier bis zu Melanchthons Haus sind es nicht mehr als drei Vaterunser.

Ein Eselskarren fährt auf sie zu. Sie weichen ihm aus und sehen: Der Fuhrmann hat Rüben geladen.

Rüben. Rüben und Bier. Das ist das einzige, wofür dieser elende Ort gut ist.

Natürlich sind Melanchthons Gelehrtenmäntel untauglich für die Gestalt des Doktor Luther: Sie spannen überm Bauch und reichen ihm nur bis zum Knie.

Der Hausknecht wird zum Althändler geschickt, etwas Passendes zu holen. Unterdessen kommt der Bartscherer ins Haus und befreit den Junker Jörg vom wilden Bartgestrüpp. Bleich taucht Bruder Martinus' Gesicht auf, der Mund verkniffen, die Wangenknochen scharf und die Kinnbacken kantig, aber darunter der Ansatz eines Doppelkinns. Der üppige Fraß auf der Burg bei Eisenach, die fetten Speisen …

Als der Kerl das Schermesser auch am Haupthaar ansetzen will, wird ihm das verwehrt.

»Keine Tonsur! Ich bin nicht länger ein Mönch!«

Melanchthon nickt gemessen. Kein Mönch mehr. Und nicht nur er, Doktor Luther, ist kein Mönch mehr … Dank Karlstadts Eingriffen.

Er entlohnt den Barbier. Unterdessen deckt der Hausknecht den Tisch zu einer Mahlzeit: altbackene Brezeln, Griebenschmalz und ein Krug mit Dünnbier. Melanchthon nötigt seinen Gast zu Tisch. »Du musst hungrig sein von der Reise, Martinus. Stärke dich, bis wir den Gelehrtenmantel für dich besorgt haben, damit du respektabel und für alle erkenntlich durch deine Stadt Wittenberg gehen kannst.«

Er versucht ein Lächeln, das aber nicht erwidert wird.

Mit finsterer Miene starrt Luther auf den spärlich besetzten Tisch. Ihm knurrt der Magen. Aber die Fleischtöpfe der ritterlichen Küche sind Vergangenheit. Schmalhans wird Küchenmeister sein von nun an, das weiß er.

Der Appetit vergeht ihm jedoch völlig, als Melanchthon nun beginnt, ihm so dies und jenes vorzustellen ...

Nein, es muss keine Epistel verfasst werden an Friedrich, wie er vorhatte. Denn noch bevor Martinus überhaupt hat ansetzen können zu dem Brief an den Landesherrn, noch ehe er zu Tinte und Papier gegriffen hat, ist er schon da – der Georg Spalatin.

Fein und förmlich und wie aus dem Ei gepellt kommt er daher und lüftet seinen Federhut, und da er hoch zu Ross eingeritten ist in Wittenberg, sind sogar seine Schuhe sauber geblieben.

Luther, rot im Gesicht bei Erscheinen des Abgesandten, holt tief Luft, um mit längerer Rede zu beginnen, ist aber bass erstaunt, als ihm der Höfling mit überströmender Herzlichkeit eine Umarmung angedeihen lässt, sein »blühendes Aussehen« lobt und ihn im Namen seines Herrn willkommen heißt an seiner alten Wirkungsstätte.

»So haben kurfürstliche Gnaden mein Exil gänzlich aufgehoben?«, fragt er perplex, während Melanchthon um den Ankömmling herumwieselt, ihm Hut und Mantel abnimmt und ihm den Stuhl rückt.

Spalatin lächelt fein.

»Ein Exil hat es nie gegeben, Doctissime. Von einem Asyl zu sprechen, das unser allergnädigster Herr Euch gewährt hatte, halte ich für angemessener, denn alle Welt war Euch auf den Fersen, wie Ihr wohl wisst. Nun aber, beim so beschaffenem Stand der Dinge, und da Ihr die Welt durcheinandergebracht habt, ist es nur recht und billig, dass Ihr zurückgekommen seid, einiges wieder in Ordnung zu bringen.«

Luther, sprachlos erst einmal, starrt den Mann an, der da Platz genommen hat und auf seine Art ein Bein übers andere schlägt.

Da ist dieser Mann vor einem halben Dezennium hier zu Wittenberg im Schwarzen Kloster gewesen, hat genauso selbstgefällig seine Beine in den feinen Strumpfhosen präsentiert und ihn, Doktor Luther, aufgefordert, ein paar starke Worte zu finden wider den Ablassverkauf des Predigers Tetzel, und er hat sie gefunden – aber nicht, wie er inzwischen sehr wohl verstanden hat, weil er in der heiligen Kirche Missständen begegnen sollte, sondern weil dieser Tetzel des Kurfürsten eigenen Ablasshandel gestört hat. Hat ihn auf dem Reichstag zu Worms vorgeführt wie einen dressierten Pudel, damit er seine Macht-Spiele unterdessen in Ruhe betreiben konnte, hat ihn dann ins Abseits gestellt. Und nun, als nächste Aufgabe, soll er das Chaos zu Wittenberg in Ordnung bringen?

Bevor er zu einer Erwiderung ansetzen kann, ergreift Melanchthon das Wort. Geschmeidig, eloquent wie immer. Aber doch bestimmt.

»Euer Gnaden springen einen Salto wie die Gaukler, die von einem Pilaster auf den anderen gelangen wollen. Aber zwischen dem Denken und Sagen, was unseren Doktor Martinus auf die ferne Burg brachte und dem, was hier zu Wittenberg und, wie man hört, auch anderwärts geschehen ist, war kein Sprung, sondern viele kleine Schritte, viele Konsequenzen, und da er, Martinus, sie nicht hat lenken können, so ist dies und jenes hier oder dort aus dem Ruder geraten.

Das Schiff der Reformen maßvoll zu lenken, bedarf es eines starken Steuermanns. Wo er fehlt, schlagen die Segel nutzlos im Wind.«

Spalatin, wie immer höflich, neigt zustimmend den Kopf. »Eben darum ist unser Herr in seiner Güte einverstanden, Martinus Luther wieder agieren zu lassen, und er weiß, dass, was er hier tut, auch für die anderen vom rechten Pfad Abgekommenen Beispiel und Zeichen zur Umkehr sein wird. Lasst uns also Punkt für Punkt durchgehen, was geschehen ist und zu geschehen hat.«

Er erhebt sich, geht zum Butzenscheiben-Fenster, öffnet den Knebel und winkt nach draußen. Offenbar ist er nicht ohne Eskorte gekommen. Einen Reitknecht hat er hereinbefohlen mit einem Korb. Edler Wein (er hat sogar die Gläser mitgebracht, vermeinend, dass im Haus eines armen Professors so etwas nicht auffindbar sein möge), Rehfleischpasteten, wie sie Junker Jörg auf der Wartburg wohl gewohnt war. Und ein Schlüsselbund.

Er lässt einschenken, hebt sein Glas allerdings allein; die beiden Gelehrten tun ihm zunächst nicht Bescheid. Er registriert's.

»Wohlan, ihr Herren«, beginnt er und stellt sein Glas wieder vor sich hin. »Eins nach dem anderen. Zunächst hier diese Schlüssel für Euch, Doktor Luther. Es sind die für das Schwarze Kloster. Wie Ihr wohl erfahren habt, hat man hier zu Wittenberg die Mönchsgelübde abgeschafft. Die einstigen Ordensbrüder, denen man auch die Bürde des Zölibats von den Schultern genommen hat, sind zum Teil davongelaufen, heim zu ihren Familien, zum Teil hausen sie noch in dem alten Gemäuer und wissen nichts anzufangen mit sich. Hilflos wie die Welpen, die man von der Mutter weggerissen hat. Werft sie hinaus oder lasst sie weiter dort wohnen, Doctissime, das ist unserem fürstlichen Herren gleich – oder wollt Ihr das Mönchstum wieder einführen?«

Luther schüttelt grimmig den Kopf und schielt nach den Pasteten.

»Nun, so haben in diesem Punkt also der neue Rat und der Rektor Karlstadt recht gehandelt«, bemerkt Spalatin freundlich. »Das Haus ist Euer, zur Wohnung oder zum Domizil für Studenten bestimmt, wie Ihr wollt.« Er schiebt die Schlüssel über den Tisch.

»Wie denn, das ganze Haus?«, fragt Luther entgeistert. Der Riesenbau, bevölkert mit Entwurzelten, mit Mönchen ohne Heimat, das ist ein Alptraum.

Der kurfürstliche Rat zuckt die Achseln.

»Was soll mit dem Bauwerk denn werden?«, fragt er. »Sollen wir einen Pferdestall einrichten darin? Verwaltet Ihr es nach Eurem Gutdünken.«

»Ich bin keiner, der so etwas kann. Dazu fehlen mir Geschick und Erfahrung!«, begehrt Luther auf, aber der kurfürstliche Rat lächelt nur und nimmt diese Worte als Überleitung.

»Geschick und Erfahrung jedoch habt Ihr, die Wittenbergische Ketzerei zu beenden, gegen die unser Melanchthon anzugehen nicht in der Lage war.«

Der also Attackierte bekommt vor Aufregung rote Flecken am Hals.

»Nun, das, was hier geschah, Ketzerei zu nennen – ist das nicht ein wenig zu stark?«, getraut er sich zu sagen und wendet sich mehr an Luther denn an den kurfürstlichen Rat. »Gehen wir's doch durch, nach den Richtschnüren, wie Ihr sie, Martinus, in Euren Schriften und Sendbriefen aufgestellt habt. Die Liquidierung der Klöster – nicht rückgängig zu machen und von kurfürstlicher Gnaden gebilligt, zumal: Wie wollte man die Verstreuten wieder einfangen und erneut ins Joch des Althergebrachten zwingen?

Da werden Heiligenbilder zerstört – habt Ihr, Martinus nicht gefordert, Gott allein ist der Herr, zwischen dem Christenmenschen und ihm stehe kein Mittler? Da wurden Beichtstühle entfernt – nun, Ihr habt verkündet, die Ohrenbeichte sei kein Sakrament. Ebenso steht bei Euch geschrieben, dass das Abendmahl in beider Gestalt, in Fleisch *und* Blut, jedem Gläubigen zuteil werde und dass Gottes Wort allen zugänglich sein sollte und von jedermann auslegbar, und der Prediger solle in verständlicher Sprache zu den Andächtigen reden, keine Messe in welschem Gekauder lesen?«

Luther stöhnt. »Aber es ist zuviel! Zuviel! Begreift Ihr nicht? Man kann den Menschenkindern nicht auf einen Schlag fortnehmen, woran sie gewohnt sind! Keine Kirchenglocken, keine Beichte, keine Liturgie! Wie konntet Ihr Euch auf so etwas einlassen! Und das alles von diesem Eselskopf von Karlstadt, der dies Kind geehelicht hat!«

»Die Ehe«, erwidert Melanchthon mit mühsam bewahrter Ruhe, »ist nach Euren Lehren, Martinus, kein göttliches

Sakrament. Also braucht es keinen Priester, und jeder kann jede …«

Sein Gegenüber schlägt mit der flachen Hand auf den Tisch, dass der Wein in den Bechern fast überschwappt.

»Das alles sind theologische Ansätze, nichts, was sogleich in Praxi und vom gemeinen Volk exekutiert werden sollte! Dass die blöde Menge es verdreht, war zu erwarten! Aber ihr, Bucer, Bugenhagen, Karlstadt und insbesondere du, Bruder Philippus, ihr hättet dem wehren müssen! Natürlich können Mann und Weib nicht wie die Tiere zusammenleben, ein Mann der Gemeinde muss sie zusammengeben! Ich gestehe …«

Er unterbricht sich, denn Spalatin hat sich erhoben. Er sieht gelangweilt aus.

»Das alles werdet Ihr, nun wieder in Wittenberg, sicher mit Zuverlässigkeit klären«, bemerkt er beiläufig. »Jetzt, Herr Doktor, bitte ich Euch, mir aufs Rathaus zu folgen. Dort tagt der neue Rat, gewählt von den Bürgern der Stadt, und der ist kurfürstlichen Gnaden ein Dorn im Auge, denn dieser Rat – er will ins Regieren hineinpfuschen. Ich reite voraus, folgt mir auf dem Fuß.«

Seine Verbindlichkeit ist dahin; er geht mit einem kurzen genickten Gruß in Richtung Melanchthon. Immerhin, Speise und Trank lässt er zurück.

Nachdem der Höfling den Raum verlassen hat – man hört das Aufplatschen der Pferdehufe draußen im Morast –, herrscht einen Moment Stille.

Dann sagt Luther: »Nun, worauf warten wir?«

Aber seine Frage gilt nicht dem Fortgehen, sondern den Speisen auf dem Tisch. Er stürzt sich auf die Fleischpastetchen, stopft sie sich beidhändig in den Mund, schlingt und kaut, spült mit Wein nach … Melanchthon sieht befremdet zu. Was für ein Gierschlund ist da zurückgekommen von der Burg! Einer, der nicht einmal dem anderen etwas gönnt, rücksichtslos! Nun, man sieht's an der Wampe unterm ausgeborgten Gelehrtentalar. Ein sanft lebendes Fleisch ist er gewesen da droben im Thüringischen, während wir uns hier gemüht haben und ganz und gar die falsche Richtung einschlugen, wie man nun vernimmt.

Auf dem Tisch liegen noch zwei Pasteten. Melanchthon sieht, wie Luther die Hand nach der vorletzten ausstreckt, zögert, ihm einen Blick zuwirft und sich abwendet. Rülpst. Immerhin, er lässt ihm denn doch noch etwas übrig.

»Hast du wohl eine Kopfbedeckung? Irgendeine Gelehrtenkappe, Bruder, die du mir ausleihen kannst? Ich mag nicht unbedeckten Hauptes auf die Straße gehen.«

Melanchthon runzelt die Brauen. »Eine Kappe von mir? Ich fürchte, die wird sich auf deinem Schädel ausnehmen wie ein Schiff im weiten Ozean.«

Um die Mundwinkel seines Gegenübers zuckt es. Dann bricht er in schallendes Gelächter aus. »Da magst du Recht haben, Philippus! Ein Glück, dass der Umfang unserer Köpfe nichts aussagt über ihren Inhalt! Denn was das angeht, so steht der deine dem meinigen um nichts nach, nein, er übertrifft ihn wie ein Dom eine Kate.«

Melanchthon fühlt, dass ihm das Blut ins Gesicht schießt. Luther ist kein Mann, der einem schmeichelt! Er meint es ehrlich. In Gnaden wieder aufgenommen als Mitstreiter, als Helfer, als Freund … Und nun klopft man ihm auch noch auf die Schulter. Und geht ohne Kopfbedeckung.

Melanchthon macht sich über die wohlwollend zurückgelassenen Pastetchen her.

Der Hausknecht rumort indessen an der Tür. Luthers Gepäck. Wohin damit?

Gütiger Himmel, all diese Bücher! Und eine riesige Ledertasche mit Manuskripten …

Wie lange will er sich wohl hier einnisten?

Irgendjemand müsste ihm sein Domizil im Schwarzen Kloster wieder herrichten.

Georg Spalatin ist bereits in einen heftigen Disput mit den Ratsherren verwickelt, so heftig, dass man Luthers Kommen zunächst einmal gar nicht zur Kenntnis nimmt. Der bleibt unter dem Türsturz stehen wie angenagelt, halb verborgen hinterm Vorhang.

Ratsherren? Hier stimmt aber auch gar nichts!

In diesem Sammelsurium von Gestalten sind die allerwenigsten von der alten Obrigkeit. Da sitzt der Müller von der Wassermühle unten an der Elbe, erkennbar an seiner mehligen Mütze und dem fuchsschlauen Blick – es heißt, dass er rechnen kann, als säße der Teufel dahinter, und seine Kunden beim »Köpfen«, also dem ihm zustehenden Abzug des Mahlguts zu seinen Gunsten, ständig übers Ohr haut.

Da sitzt, zur Linken des Bürgermeisters, der stur auf seine Hände starrt, als läge in ihnen das Wohl und Wehe Wittenbergs beschlossen, der dürre Flickschuster aus der Gasse hinter dem Rathaus, der bei seinen, Luthers, Predigten – Luther erinnert sich – immer so ekstatisch die Augen verdrehte, lauthals »Amen« brüllte und einmal sogar mit Schaum vorm Mund umfiel; er, der Prediger, fühlte sich unangenehm an eigene einstige Zustände gemahnt …

Und dann entdeckt er bei seinem flüchtigen Überblick (der Zorn steigt in ihm wie eine Feuerflamme auf) ein Weib!

Ein Weib in einer Ratsversammlung! Schwärzeste Verdrehung der Natur! Ein Weib taugt nicht zum Regiment, ja, nicht einmal zum Diskurse! Kaum kann er an sich halten.

Aber gerade spricht Spalatin, und das ist fürstlicher Sermon, denn der Rat ist offizieller Mund seines Herrn. Er ist mitten in seinen Ausführungen.

Das spitznasige Gesicht des Herrn wirkt im Profil wie der Schnabel eines Raubvogels, seine Stimme ist durchdringend.

»Unser Gebieter und Fürst lehnt voller Empörung ab, die Verwaltung dieser Stadt den Händen von Narren, Ketzern und Aufrührern zu überlassen, deren Taten Verbrechen sind und deren wahnwitzige Forderungen göttliches und menschliches

Recht verletzen. Er fordert, dass binnen dreien Tagen das alte Regiment der Obrigkeit wieder hergestellt wird, andernfalls sei mit allerhöchster Ungnade zu rechnen.«

Gemurmel. Luther sieht, wie Bürgermeister Holzschuher, einer der wenigen Überbleibsel des alten Rats, verlegen den Kopf einzieht und auf dem Tisch herumfingert, als wolle er einen Brotteig glatt streichen (schließlich ist er Bäcker), und wie einige andere »Alte« vor sich hinsehen. Aber sie haben offenbar ihr Ansehen eingebüßt und wagen sich nicht mit der Sprache heraus.

Und dann – dem Mann hinter dem Vorhang an der Tür verschlägt es fast den Atem und er muss sich krampfhaft daran festhalten –, dann ergreift ausgerechnet das Weibsbild das Wort.

Da sie sich nun erhoben hat, und mit beiden Fäusten auf den Tisch aufgestützt, mit rauer Stimme loslegt, erkennt Luther sie auch. Das ist die Fides Horchlinger, so etwas wie ein Bettelweib. Ein grobknochiges Frauenzimmer, schwarzes Haar hängt ihr tief in die niedere Stirn, sie trägt, Gipfel des Unschicklichen, keine Frauenhaube.

Und ihre Ungeheuerlichkeiten spuckt sie dem Spalatin gleichsam ins Gesicht: »Euer Gebieter täte gut daran, bei seiner Regentschaft auf die Stimme des einfachen Volkes zu hören, Herr Rat, und mit ihm gemeinsam den bösen Buben steuern, die er über uns gesetzt hat, um uns zu bedrücken.

Alle hier an diesem Tisch kennen mich, aber der Herr Spalatin nicht, der trägt die Nase so hoch wie die gesamte Hofhaltung auf einer seiner Burgen.

Ich bin die Horchlingerin, eine Wittib dank der Grausamkeit und Bosheit übler Menschen, und bis vor Kurzem hatte ich Haus und Hof einen halben Tag von der Stadt, an der Elbe. Da lebten wir in Frieden, ich und mein seliger Eheherr, und hielten unser Vieh und bestellten den kleinen Acker, der unser eigen war. Bis denn eines Tages die Büttel seiner kurfürstlichen Gnaden mit einer neuen Schatzung an uns herantraten. Wir zahlten all die Zeit brav unsere Kopf- und Viehsteuer, wenngleich es uns oft sauer ankam und wir den letzten Groschen zusammenklauben mussten. Nun aber sollten wir auch noch eine Abgabe leisten, weil wir auf unserer Kate zwei Schornsteine hatten statt eines einzigen! Dessen haben wir uns geweigert, denn es gibt kein Gesetz, das derlei verlangt.

Und ich sagte zu meinem Mann: ›Lass uns alle Steuern ganz einbehalten, bis geklärt ist, wo Recht und Unrecht wohnt, und geh mit einer Klage vors Kammergericht unseres Herrn, des Kurfürsten.‹ Und leider folgte er meinem Rat. Denn dort hörte man ihn gar nicht an, sondern warf ihn kurzerhand hinaus und lachte ob seiner Forderung.

Und damit nicht genug. In der Nacht darauf kamen wüste Gesellen, erschlugen unseren Hofhund, und als mein Mann gegen sie antrat, verletzten sie ihn gröblich und schrieen, das würde ihn lehren, aufzumucken wider die Obrigkeit.

Und ihre Schläge waren so hart, dass Konz, mein Mann, sich zu Bett begeben musste und nicht wieder aufstand und also verschied.

Da war ich nun ein alleiniges Weib, und dachte in meiner Trauer: Nun erst recht. Keine Schatzung wird mehr bezahlt!

Das ging ein Jahr lang gut, und die Büttel und Eintreiber verhielten sich still, sodass ich glaubte, sie würden barmherzig sein und einer Wittfrau gegenüber ein Aug' zudrücken.

Aber sie erwiesen sich als wahre Teufel, indem sie mich im Folgenden von der Nutzung der kurfürstlichen Allmende, über die kein Magistrat zu bestimmen hat, ausschlossen, und sie vertrieben mein Vieh von der Weide und erlaubten mir nicht, Holz zu schlagen im Wald und die Wäsche an der Schwemme zu waschen, sondern belauerten mich allüberall und machten mir das Leben zur Hölle.

Da musste ich mein Vieh und mein Land und meine Kate verkaufen um einen Spottpreis – an die Wucherer vom Magistrat; verflucht sollen sie sein! – und gehe seitdem am Betelstab.

Und da vernahm ich, dass hier zu Wittenberg ein anderer Wind weht und der gemeine Mann zu Ehren kommen soll, wie es in der Heiligen Schrift steht, dass man den Fürsten und Herren nahe legen soll, glimpflich zu verfahren mit den Geschundenen. Denn so steht es in der Bibel! Und also haben wir die Obrigkeit hier genötigt, eine andere Ordnung herbeizuführen, in der wir armen Leute mitreden können und unserem Fürsten ein Licht aufstecken über das Unrecht, das uns, sicher ohne sein Wissen, von seinen Schergen und Bütteln angetan wird. So, Herr Spalatin, ich habe gesprochen als Mitglied des neuen Rates. Erklärt mir, dass nicht recht und billig ist, was wir verlangen!«

Sie setzt sich, hochrot und schwer atmend, streicht sich das Haar aus der Stirn und schaut triumphierend um sich, und die neuen Häupter dieses Magistrats, die Gevatter Flickschuster und Meister Müller, nicken Zustimmung, während der Rest nicht recht weiß, wie er sich verhalten soll.

Spalatin hat während der Rede des Weibs keine Miene verzogen, jedoch seine Augen verstohlen zur Tür wandern lassen und befriedigt wahrgenommen, dass er geistlicher Unterstützung nun sicher sein kann.

Jetzt sagt er höhnisch: »Die Suada aus Weibermund habe ich vernommen und verwundere mich sehr, dass die alte Regel ›Langes Haar – kurzer Verstand‹! zu Wittenberg die Geltung verloren hat. Was aber den verworrenen Inhalt angeht, so habe ich hier jemanden, der deutlicher als ich Paroli bieten kann. Tretet hervor, Doktor, ich habe Euer Kommen bemerkt.«

Und das tut er.

Sie alle, der Magistrat der Stadt, wie er da versammelt ist, springen in freudigem Schrecken auf, ihn zu begrüßen, ihren Helden, der sie die neuen Dinge gelehrt hat, sie umringen ihn, und Bürgermeister Holzschuher küsst ihm gar die Hände. Nun wird sich alles klären, und das, worüber sie im Zweifel waren, das legen sie nun in seine Verantwortung.

Er jedoch, ohne sie weiter zu begrüßen, fällt mit der Verve eines brüllenden Löwen, mit allem Gewicht des gewaltigen Kanzelredners her über die Fides Horchlinger.

»Weib!«, brüllt er, »Ist denn hier niemand, der dir das Schandmaul mit Dreck zustopft? Du gehörst an den Pranger, vermeine ich! Erst stellst du deinen Frevel, nämlich die Schatzung zu verweigern, als eine Ruhmestat dar und erwartest vielleicht gar, dass dergleichen nachgeahmt wird, und zum nächsten erdreistest du dich, wider die von Gott gegebene Obrigkeit aufzumucken! Unserem Fürsten ein Licht aufstecken willst du? Da sieh dich nur vor, dass du nicht allzu schnell in die Fänge des Leibhaftigen gerätst! Denn das ist die schwärzeste Sünde von allen, dass man sich wider die Herrschaft im Lande auflehne. Diese ist von Gott gegeben, und ob sie böse oder gut ist, das gilt alles nichts. Ein Christ möge Gewalt und Unrecht leiden, wenn diese denn von seiner Herrschaft herkommen. Und sintemalen unser Landesherr edel und gerecht ist, ist euer Frevel noch größer.

Gehorsam macht den Christenmenschen aus!

Und ihr, Herren Ratsleute, euch ermahne ich ernstlich als euer Seelsorger: Kehrt zurück zu dem frommen und redlichen Zustand, wie er vordem war, verwerft die neuen Ordnungen, seid untertan dem Kurfürsten und befolgt als seine Knechte dessen Gebote! Wartet keine drei Tage ab, die der edle und gestrenge Herr Spalatin euch in übergroßer Gnade gewähren wollte, zum rechten Weg zurückzufinden, sondern handelt jetzt! Und vor allen Dingen werft das freche Weib aus eurer Mitte, denn nichts ist verkehrter als Weiberrat!«

Sie sind auf ihre Plätze zurückgeschlichen und hocken nun da wie begossene Pudel, blicken in ihren Schoß hinab oder zwirbeln ihre Bärte.

Das hatten sie beileibe nicht erwartet. Veränderungen wohl hie und da, Korrekturen – aber völlige Verwerfung? Waren sie nicht davon ausgegangen, dass sie seine, Luthers, Lehren gelebt hätten?

Von der Horchlingerin haben sie ihre Stühle weggerückt, auch Müller und Schuster, und sie sieht sich verwirrt in der Runde um und begreift noch nicht, was geschieht. Vor ein paar Atemzügen war sie noch die Bannerherrin des neuen Magistrats, mit ihrem gewaltigen Mundwerk, womit sie alle schreckte, jetzt scheint sie auf der Strafbank zu sitzen ...

Spalatin ist während Luthers Predigtsermon nach draußen gegangen.

Jetzt betritt er den Sitzungssaal wieder. Aber nicht allein. Zwei Reitknechte in des Kurfürsten Farben begleiten ihn. Seine Stimme ist gelassen nun, leise, ohne die Schärfe von vorhin. Die Stimme der Macht – nach all dem Geschrei.

»Entfernt das tolldreiste Weibsstück aus der Ratsrunde«, sagt er sanft.

Die Reitknechte packen Fides Horchlinger von hinten, reißen sie von ihrem Sitz hoch und schleifen die Widerstrebende zum Ausgang.

Sie wehrt sich, sie schreit. Macht sich los aus dem Griff, stark und knochig, wie sie ist. Stemmt die Hände in die Hüften.

»Pfui über das feige Pack, das den Schwanz einzieht, wo's zu kämpfen gilt! Pfui über den Doktor Luther, der sich selbst das Wort im Maul umdreht und statt dem gemeinen Volk beizustehen, zu Kreuze kriecht vor dem Fürstenknecht! Die draußen vertrauen Euch, und Ihr – Ihr seid ein Verräter! Nun, es gibt noch andere Städte in deutschen Landen, mit mehr Mumm als hier zu Wittenberg, und andere Prediger, die ein Herz in der Brust haben für die Nöte der Armen! Zu ihnen will ich gehen!«

»Bist du nun fertig, Horchlingerin?«, fragt Spalatin kalt. »Dann hinaus mit dir. Und wer vermeint, auf seinen falschen und verderblichen Gedanken zu beharren, der möge ihr folgen. Herr Bürgermeister Holzschuher, gebt die Versicherung, dass Ihr das alte Regiment wieder herstellt, die Neugewählten aus dem Rat entfernt und kürfürstlicher Gnaden die gebührende Ehrerbietung gewährt!«

Er muss die Antwort nicht abwarten. Wendet sich an Luther und legt ihm die Hand auf die Schulter.

»Das Wesentliche ist getan. Die Ordnung wieder hergestellt, Oben und Unten in die rechte Relation gebracht. Den Rest werdet Ihr richten, Doctissime.«

Niemand ist froher als Philipp Melanchthon, dass ihm erspart geblieben ist, mit aufs Rathaus zu gehen und sich zu demütigen als einer, der nicht verhindert hat, was geschehen ist. Nun wartet er auf Luthers Rückkehr.

Angesichts des Bergs von Gepäck, das abgeladen wurde, ist er heilsfroh, dass der Doktor, wie Spalatin angeordnet, sich möglichst bald im Augustinerkloster einquartieren werde. Sein Haus ist klein, und Bücher über Bücher füllen die Regale an den Wänden. Seitdem Gedrucktes das Geschriebene abgelöst hat, ist es für Gebildete ja ein Leichtes, zu sammeln; ein Buch ist keine unerschwingliche Kostbarkeit mehr. Und nun kommt vormals »Junker Jörg« daher und hat, wie's scheint, in dem einen Jahr auf der Wartburg, wohl auf Kosten des Kurfürsten, eine halbe Bibliothek eingeheimst, die nimmermehr noch Platz findet neben der von Melanchthon.

Trotz allem kann er's nicht lassen, Lesenarr, der er ist, zu stöbern und mit Neugier und Genugtuung festzustellen, dass es da kaum ein Werk gibt, das nicht auch in seinen Bücherwänden steht.

Am meisten erregt seine Aufmerksamkeit eine große lederne Tasche. Er hat hineingesehen: Es sind Manuskripte. Das, was Luther offenbar dort auf der Burg geschrieben hat. Aber er wagt sich nicht, sie genauer in Augenschein zu nehmen. Da muss er warten, bis der Autor selbst die Seiten hervorholt …

Doch bis dahin wird es wohl noch Weile haben, geht es Melanchthon durch den Kopf.

Und das ist richtig. Martinus Luther hat in den nächsten Tagen keine Zeit, mit ihm, seinem lieben Freund und nun wiedergewonnenen Mitstreiter, über den Büchern zu liegen.

Mit eisernem Besen wird ausgekehrt, was reformatorischer Eifer in seinem Namen »angerichtet« hat.

Acht Predigten hält er.

Und macht darin zunichte, was er zuvor gelehrt hatte.

Er predigt wieder im Talar – wie ein Mönch. Er hält die Messe auf Latein. Er ermahnt die Gläubigen, die Bilder und den Beichtstuhl wieder aufzurichten. Das Abendmahl wird vorerst nur in einerlei Gestalt erteilt; die Gläubigen nur das Brot, er beides, Brot und Wein.

Nur das Zölibat bleibt aufgehoben.

Während nun er, Melanchthon, ihm mit Eifer hilft, die Schäflein wieder auf den alten Weg zurückzutreiben, wie ein bissiger Schäferhund, der die Herde aus dem Kornfeld jagt, mit Vorlesungen und Disputen in den Hörsälen der Universität, fragt er sich, warum das so sein muss. Ist es denn wirklich so, wie Martin Luther behauptet, dass die Schwachen im Glauben ohne die vertrauten Formen von Priestergewand und lateinischem Sermon – nicht reif für all die Neuerungen auf einen Schlag – sich dem Teufel schutzlos ausgeliefert fühlen? Noch nicht reif, das Abendmahl in beiderlei Gestalt zu empfangen und dem Herrn so nahe zu kommen?

Während der Zeit, als der Doktor fern war, waren die Menschen froh und beschwingt gewesen und hatten sich dem Herrn, ihrem Gott, näher gefühlt als sonst! Nun schlichen sie gesenkten Hauptes daher und fühlten sich als Sünder dank der machtvollen Verdammungsworte des Helden, dem sie vertrauten.

Und das alles nur, um es sich nicht mit Friedrich zu verderben? Aus Dankbarkeit? Aus Devotion? Aus Furcht? Er, Melanchthon, versteht nichts von den Dingen der Welt. Bisher nicht. Vielleicht sollte er sich irgendwann damit vertraut machen …

Luther forscht nach Karlstadt, Andreas Karlstadt, Doktor der Theologie, Rektor der Universität zu Wittenberg, aber der soll im Umland predigen. Er, der eigentliche Schuldige an dem, was hier geschehen ist, wagt sich zunächst nicht hervor, scheint die Stadt zu umkreisen wie ein scheuer Fuchs den Hühnerstall.

Schließlich, es ist nach der sechsten Predigt des Doktor Luther, und die in die alte Art und Weise zurückgeschickten Christenmenschen sind gerade dabei, neue Bildwerke in der Marktkirche aufzuhängen, die Meister Cranach, der Apotheker, der zugleich auch Maler ist, großzügig aus seinem Bestand gestiftet hat, tritt er hervor, kommt den Kreuzgang hinauf, nicht im Talar des Gelehrten, sondern in einem Bauernkittel, und in seinem Schlepptau das blonde Frauenzimmer, das Mädchen, das Luther am ersten Tag seiner Rückkunft auf der Straße gesehen hat. Freilich hat es diesmal sein Haar unterm Tuch verborgen und kommt auch nicht im Hemd daher.

Dem Luther, als er die beiden denn sieht, fällt eine Beklemmung aufs Herz.

Ja, das ist der Mann, unter dem er sein Doktorexamen abgelegt hat als kleiner, aber hochgelehrter Mönch, der ihn gefördert und ermutigt hat in seiner Tätigkeit. Einer der Stammväter der Kirchenreformation. Das ist kein Melanchthon, den man zusammenbrüllen kann, weil er unter einem steht.

Wie kann er auf ihn zornig sein, wie ihn verdammen – noch dazu hier im öffentlichen Raum, wo die Wittenberger Augen und Ohren aufsperren, um zu erfahren, wie es zwischen ihnen ausschaut?

Er überwindet sich, geht auf ihn zu und umarmt ihn.

»Bruder, Gott sei mit Euch. Lasst uns miteinander reden. Kommt mit in die Sakristei – und lasst die Jungfer draußen vor der Tür.«

»Jesebel ist keine Jungfer, sondern mein Eheweib.«

»Davon habe ich gehört. Lasst sie trotzdem draußen.«

»Ich …«, hebt Karlstadt an, aber die junge Frauensperson unterbricht und sagt freundlich: »Oh, ich will gern hier draußen bleiben, beten und singen.«

Ihre Augen sind riesig und hell, wie die Augen einer jungen Ziege. Ob sie wieder eine Handpauke dabei hat in dem Schnappsack über ihrer Schulter?, fragt sich Luther.

Die Männer verschwinden beide durch die Tür.

Luther betrachtet den anderen schweigend. Dann beginnt er: »Wenn ich Euch so sehe, Professor, so scheint mir, Ihr seid es gar nicht. Mich deucht, man hat Euer Haupt genommen und auf einen anderen Körper gesetzt.«

Karlstadt schüttelt langsam den Kopf. Sein langes Gesicht mit den schweren Lidern und der großen Nase sieht immer irgendwie verschlafen aus.

Er sagt leise: »Sagt mir, wo liegt mein Fehler? Wo habe ich Euch falsch verstanden? Ich habe in die Tat umgesetzt, was Ihr gesagt und geschrieben habt.«

Luther atmet schwer. Er setzt sich auf den einzigen Stuhl in dieser Sakristei, lässt den Rektor vor sich stehen,

Schließlich erwidert er: »Ihr habt nichts falsch verstanden. Ihr habt es richtig gemacht. Und trotzdem war es falsch. Denn es war … zu jäh. Zu schnell. Zu heftig. Wie sollen die armen Seelen ins Neue hinausgeschleudert werden, ohne Maß und Ziel für das Rechte zu verlieren? Ich selbst, ja, ich habe mich unmäßig erschrocken, als ich sah, was man hier auf Eure Weisung hin angerichtet hat. Was soll das arme Volk von einem halten, der im Kittel eines Bauern predigen kommt? Und was ist mit dem jungen Weib?«

»Meine Ehefrau.«

»So sagt Ihr. Wer hat euch zusammengegeben?«

Karlstadt senkt die Lider. »Ihr selbst habt ausgeführt, die Ehe sei kein Sakrament.«

»Und somit ist Buhlschaft keine Sünde?« Luthers Stimme wird schärfer. »Das unselige Kind, das Ihr verführt habt – das ist nun weiter nichts als eine Metze. Und Ihr ein Hurenbock.«

Karlstadt schluckt. Sein Adamsapfel an dem dürren Hals bewegt sich auf und ab.

Unbeirrt redet sein Gegenüber weiter. »Euer gröblichstes Vergehen aber habt Ihr wider göttliche und menschliche

Ordnung vollbracht, als Ihr zuließet, dass ein Magistrat in der Obrigkeit Belange hineinregieren darf. Denn jede Obrigkeit, sei sie nun fromm oder übel, ist von Gott, und wer wider sie aufmuckt, der ist des Teufels.«

Seine Augen werden schmal.

»Wie wollt Ihr künftig das Predigtamt ausüben nach solchen Fehlern? Wie Rektor einer christlichen Universität sein? Sagt es mir.«

Karlstadt lehnt an der Wand, seine Knie geben nach.

»Was ich Euch sagen will und kann, Bruder«, erwidert er, »ist Folgendes: Wenn Ihr selbst auch abweicht von dem, was Ihr erst unlängst verkündet habt, so will ich doch Eurer reinen Lehre treu bleiben, Euch zum Trotz. Ihr sagt, mein Haupt und mein Leib in diesem Bauerngewand passen nicht zueinander. Ihr indessen, Doktor Luther, seid zwar äußerlich noch der Gleiche, wenn man absieht vom Leibesumfang und der fehlenden Mönchstonsur, aber innerlich habt Ihr Euch um und um gekehrt, und seid das Gegenteil geworden von dem, den wir liebten, mit dem wir bangten und jubelten und den wir verehrten.

Mit diesem Tag gebe ich mein Lehramt und meine Predigtstelle auf und werde über eine kurze Frist Wittenberg verlassen, mit meinem Weibe. Es gibt genug Plätze in deutschen Landen, die freudigen Herzens bereit sind, die Reformation christlicher Kirche und die Erlösung aller Gotteskinder von weltlichem Druck und ungerechter Herrschaft voranzutreiben.«

Luther beißt sich auf die Lippe. »Eure Worte sind Aufruhr!«, sagt er voller Zorn. »Ähnliches habe ich aus dem Mund eines bösen unflätigen Weibes gehört, der Fides Horchlinger, die in dem heillosen neuen Rat Sitz und Stimme hatte wider jedes Herkommen. Aber Aufruhr kommt vom Teufel, denn die Ordnung der Welt ist göttliches Werk, und wer daran rüttelt und unten und oben vertauschen will, der dient dem Satan. Ja, so rate ich Euch, Euren Entschluss bald durchzuführen, bevor man Euch noch den Prozess macht und weltliches wie geistliches Gericht euch schuldig sprechen!«

Karlstadt nickt. Er löst sich von der Wand, öffnet die Tür. Von draußen klingen die Hammerschläge und das Reden und Rufen jener herein, die das Werk der Bilderstürmer rückgängig machen. Die Klinke in der Hand, wendet sich der Scheidende noch einmal um. Sein Blick ist voller Traurigkeit, aber er lächelt. »Der Herr erleuchte Euren Weg, lieber Bruder. Möget Ihr nicht schuldig werden an denen, die auf Eurem Pfad weiterwandeln.«

Es klingt fast mitleidig.

Leise fällt die Tür ins Schloss.

Luther verbirgt das Gesicht in den Händen.

Sie haben seine alte Mönchszelle mit Kalk geweißt, einen frischen Strohsack auf das Bettgestell gelegt und in einem zweiten Raum Schränke und Truhen für seine Bücher und einen Arbeitstisch aufgestellt. Papier, Feder, Tinte und Streusand stehen bereit.

Heizbar sind die Räume nicht.

Er hat nicht mehr verlangt. Dass sein Turmgelass auf der Wartburg mit dem großen Kachelofen und dem Bett im Alkoven nahezu fürstlich ausgestattet war, gesteht er sich, wenn auch widerwillig, hin und wieder ein, wenn er unter dem dünnen Woilach, der Pferdedecke, von der feuchten Kälte der Mauern bebend vor Frost, nicht einschlafen kann.

Aber wenigstens zügelt solche Kargheit die Versuchung des Fleisches, und auch der Teufel weigert sich, in derart schäbiger Umgebung seine Aufwartung zu machen.

Hin und wieder kehrt ein gedungener Knecht die Stube und spült Teller und Tassen. Sonst bleibt alles liegen, wie er's gerade hinlegt. Er achtet nicht drauf.

Seit dem Gespräch mit Karlstadt ist Luther mürrisch und in sich gekehrt.

Nachrichten, die per marktschreierisch aufgemachten Flugblättern »Neue Zeitung« verkünden, sind auch nicht angetan, seine Laune zu verbessern.

So liest er: In Zwickau hat sich das gemeine Volk wider den Rat der Stadt erhoben. Sie haben dort einen Franziskanerprediger verprügelt und sich anheischig gemacht, das Wort Gottes selbst aus der Quelle kennenlernen zu wollen. Eifrige junge Stadtschreiber und Baccalaurei übersetzen ihnen aus der Schrift das Wort Gottes. Ob recht oder schlecht, das sei dahingestellt.

Im Thüringischen geht dieser Müntzer – Luther wohlbekannt – umher und predigt, und seine Worte entflammen jedermanns Sinn, denn er bestätigt die Armen darin, dass sie gleich seien vor Gott und auf der Welt mit allen anderen Christenmenschen. Der Widerhall seines feurigen Geistes wird bis nach Böhmen hinein vernommen. Die Stadt Prag hat ihn gerufen, damit er auftritt gegen die Zunge im Sold der Fürsten.

Dass *er* damit gemeint ist, ist nicht allzu schwer zu entschlüsseln.

Luther spricht mit niemandem über diese Nachrichten, die ihm beharrlich zugestellt werden von überall her.

Die Berichte, die ihm eingehen, machen ihm Angst. So aus der Ebernburg des Franz von Sickingen, dort, wo ihm besagter Ritter Asyl angeboten hat, bestätigen ihn darin, dass es nur recht und richtig war, diesen Weg auszuschlagen, denn, so verkündet die Fama, diese Burg ist zur »Herberge der Gerechtigkeit« geworden, in der sich eine Reihe aufrührerisch gesinnter Ritter und von aus dem Amt gejagter Evangelischer eingefunden haben (auch Bucer, streitbarer ehemaliger Dominikaner aus dem Elsass, ist dabei), sodass er dort wohl einem Häuflein von Eigensinnigen vorgestanden hätte; und noch später erfährt er von irgendwoher, dass Sickingen mit anderen Gleichgesinnten gar eine Fehde vom Zaun gebrochen hat gegen die Stadt Trier, einen »Pfaffenkrieg« entfacht, um dort die Päpstlichen aufs Haupt zu schlagen. Inzwischen sind sie alle in der Reichsacht, soweit sie nicht ohnehin im Felde geblieben sind.

In der Schweiz und auch im Süddeutschen, in der Stadt Emden, treten Prediger auf, die verkünden, das Ende der Welt sei nah – und nur wer sich, wissend im Glauben und im Vollbesitz seiner Geistesgaben taufen ließe (nicht als unmündiges Kind!), würde ins Himmelreich gelangen.

Luther schaudert. Es geht alles drunter rund drüber. Sie verstehen alles falsch.

Unvermutet kreuzt er eines Tages wieder bei seinem »Graeculus« Melanchthon auf, der nun froh ist, wieder allein mit seinen Büchern zu hausen. Bei sich führt er die Ledertasche mit den Handschriften, die ja bereits dessen höchste Neugier erregt hatten.

»Es muss etwas geschehen zur Rettung der reinen Lehre!«, erklärt er, ohne sich groß mit umschweifigen Einleitungen aufzuhalten. »Darum: Dies hier muss ans Tageslicht!«

Er greift in die Begierde erregende Tasche und holt ein Konvolut eng beschriebener Blätter hervor. »Es muss in Druck!«

Melanchthon zieht die Bögen zu sich heran, fächert sie. Seine lesegewohnten Augen überfliegen die erste Seite.

Er erbleicht.

Die Heilige Schrift!

»Da Jesus geboren ward zu Bethlehem im jüdischen Lande, zur Zeit des Königs Herodes«, liest er, *»sieh, da kamen die Weisen vom Morgenland gen Jerusalem und sprachen: Wo ist der neugeborene König der Juden? Wir haben einen Stern gesehen im Morgenland und sind gekommen, ihn anzubeten …«*

Alles Blut strömt ihm zum Herzen.

Da haben wohl auch schon andere versucht, die Bibel zu übertragen, in klobiger, stammelnder Sprache, nur dazu angetan, aufzuzeigen, dass das ungelenke Deutsch nimmermehr in der Lage sein könnte, die Würde und Hoheit des Urtextes wiederzugeben.

Und nun dies. Anmutig wie ein Lied, aber mit der Kraft einer weithin schallenden Glocke, ein Tönen, ein Schwingen …

Er lässt die Blätter sinken.

»Martinus! War es das, was du getrieben hast da oben auf der Burg?«

»Nur die letzten Wochen«, entgegnet Luther fast mürrisch. »Als der Schnee zu schmelzen anfing. Da konnte ich Gott lobpreisen.«

»Du hast …«

»Ja, in zweiundzwanzig Tagen. Es ist das Neue Testament, das Wort des Herrn. Aber es muss heraus! Den falschen Propheten müssen wir wie Exorzisten das Kreuz des wahren Textes entgegenhalten. Der gemeine Mann muss begreifen, dass nicht mit Geschrei und Gewalt, sondern mit der Sanftmut unsres Herrn Jesus Veränderung in die Welt kommt!«

Melanchthon schießt es durch den Kopf, wie es mit des anderen Sanftmut ausgesehen hat, als er Karlstadt vertrieb. Aber das hier! Das macht alles wett. Und er ahnt zudem, dass hinter der Offenbarung dieser Seiten sich noch andere Horizonte auftun könnten, Horizonte für ihn, an der Seite Luthers …

Glühender Ehrgeiz schießt ihm durch Herz und Sinn.

»Ich geb das noch heute dem Melchior Lotter zum Druck, wenn es dir recht ist. Der wird sich die Finger danach abschlecken!« Er sieht auf. »Martinus, warum hast du nicht gleich, nachdem du hinunter warst von der Burg, diese Schriften aus deiner Tasche hervorgezogen?«

»Anderes war wichtiger. Ordnung schaffen zu Wittenberg. Geile Triebe stutzen, auf dass kein Wildwuchs entstehe. Erst dann den Samen des Evangeliums pflanzen.«

Melanchthon nickt. Bringt dann – man schmiede das Eisen, solange es heiß ist! – mit Bedacht das Thema, *sein* Thema ein.

»Auch ohne deinen Graeculus hast du das Feld beackert, und wie mir nach den ersten Blicken scheint, wahrhaft mit Glorie. Welche Quellen hattest du zur Benutzung? Die griechischen wohl? Die Vulgata auch, die lateinischen also?«

»Ja, natürlich«, erwidert Luther. »Anders sieht es aus, wenn wir weitergehen.«

»Wenn wir weitergehen?« Melanchthon tastet sich vor.

Luther lächelt. Er lächelt selten genug. »Wie ein Marder, der um den Hühnerstall streicht, kommst du auf das zu, was du wissen willst, lieber Bruder. Machen wir's kurz. Ja und ja, natürlich soll die ganze Biblia in unser Deutsch übertragen werden, und dazu brauch ich noch den oder jenen, vor allem dich, der du ja nicht nur ein Graeculus bist, sondern auch ein Hebräicus. Du weißt ja, dass ich nicht firm bin in der ältesten aller Sprachen. Du hingegen sehr.«

Melanchthon beißt sich auf die Lippen. Seine Stunde ist gekommen.

Wenn er jetzt, gemeinsam vielleicht mit anderen, unter der Ägide des teutschen Herkules, aber doch eigentlich federführend, den Tanach, das Alte Testament also, verdeutschen wird – dann ist er in neuer evangelischer Religio wirklich und wahrhaftig der zweite Mann. Der Bannerträger neben dem Heerführer.

Was für ein Aufstieg! Und letztlich verdankt er diesen, neben seiner ungemeinen Gelehrsamkeit und der Wendigkeit seines Geistes, seinem Onkel. Dem großen Gelehrten Reuchlin, der ihm auch seinen Namen verliehen hat …

Schwartzerd hatte er geheißen. Philipp Schwarzterd, bevor sein berühmter Onkel Johannes Reuchlin dem zarten, wissensdurstigen Knaben eine lateinische Grammatik verehrte und zugleich seinen deutschen Namen ins Griechische ›Melanchthon‹ verwandelte.

Wenn's das Griechische und das Lateinische nur allein gewesen wäre! Reuchlin, Doktor der Rechte und Diplomat, weit gereist und einst beim Kaiser Friedrich dem Dritten als Berater tätig, freundete sich mit dessen Leibarzt an, und der war ein Jude. So erlernte der große Mann mit dem ihm eigenen Eifer hebräische Schrift und Sprache, studierte auch über die Bibel hinaus die Schriften der Juden, machte sich belesen über die »Kabbala« genannte Lehre – und dann, den begabten Neffen an der Seite, weihte er diesen ebenfalls in solche Künste ein.

Und so ist Philipp Melanchthon einer jener wenigen Gelehrten im Heiligen Römischen Reich Deutscher Nation, die sich Humanisten nennen und die uralte Sprache, die Mutter allen Denkens, Dichtens und Sagens, beherrschen wie ihre eigene Zunge.

Später war Reuchlin ausgesetzt den Angriffen eines zum Christentum konvertierten Juden namens Pfefferkorn, der predigend durch die Lande zog und forderte, alle Bücher der Hebräer zu vernichten, denn sie würden dem Christentum feindlichen Inhalts sein. Melanchthons Onkel jedoch zog vom Leder und verteidigte die jüdischen Bücher und tat dies vor den Großen des Reichs und vor kaiserlicher Majestät mit gewaltiger Stimme, und sein Neffe half ihm, die Argumente zu finden und zu formulieren, was der Welt zu verkünden war.

Nun zahlt sich das Streben aus, denkt er voll Genugtuung.

Fast hätte er über seinen Gedanken Luthers weitere Worte verpasst, springt dann doch noch schnell auf das Gefährt auf.

»... eine schändliche und verderbliche Regung allüberall im Lande«, hört er, »der es zu steuern gilt. Immer mehr fallen ab vom evangelischen Glauben, wie ich ihn predige. Auch zu dir gelangen ja diese Blätter und Pamphlete! Sie nennen sich Wiedertäufer, aber Verfälscher sind es, verdrehen sich das Sakrament der Taufe, das doch direkt von unserem Herrn Jesus Christus eingesetzt ist, und fordern, erst durch eingehende Selbsterforschung und offenem Bekenntnis zum Glauben sei man würdig, die Taufe zu empfangen – wo es doch um die Seele eines jeden Neugeborenen geht, die aufgenommen wird in unsere Gemeinschaft. Ein Kind taufen, so verkünden diese Schandbuben, sei nicht anders, als würde man einen Hund baden, da das Kind noch kein Bewusstsein vom Christentum hat!«

Melanchthon verkneift sich mit Mühe das Lachen ob dieses Vergleichs, das würde seinen großen Freund gewiss erzürnen. Indessen fragt er sich verwirrt, worauf Luther denn hinaus will. Ging es nicht eben noch darum, mit seiner Hilfe das Alte Testament aus dem Hebräischen zu verdeutschen? Auf einmal sind sie wieder bei den Umtrieben im Lande.

Aber wenn dies ein Umweg ist – zum Ziel wird der so oder so kommen. Er wartet ab.

»Wenn wir also der Sache des Evangeliums, nennen wir es: auch Sache der Reformation, denn wir waschen das Papsttum ab vom Glauben – wenn wir dieser Sache Vorschub leisten wollen und die reine Lehre abgrenzen von derlei Verirrungen«, tönt Martinus weiterhin, ohne auf mögliche Reaktionen seines Gegenübers zu achten, »so müssen wir uns Mitstreiter suchen. Wir müssen nach einer Menschengruppe Ausschau halten, die, im Übrigen verachtet und oft nur mit Misstrauen geduldet, dennoch uns näher steht, als wir zumeist wahrhaben wollen. Und ich denke, ich weiß, wer sie sind. Es ist das Volk Israel.«

Er lehnt sich zurück in den Stuhl, auf dem er es sich bequem gemacht hat, streckt die Beine von sich und sieht Melanchthon triumphierend an.

Und der ist sprachlos. So sehr, dass seine Zunge ihm einmal mehr den Dienst verweigert.

In seinen kühnsten Träumen hätte er an so etwas nicht gedacht. Doktor Martinus Luther will die Juden für sich einnehmen!

Aber er wird einer Antwort ohnehin enthoben, denn der Andere redet unbeirrt weiter. »Und dazu benötigen wir so rasch wie nur möglich, das Alte Testament zu dolmetschen, damit wir die Argumente für ein solches Vorgehen bei den Hebräern selbst finden. Denn wenn man das Alte Testament recht liest, vor allem die Propheten, so wird man finden, dass deren Weissagungen gänzlich darauf hindeuten, dass Jesus der ersehnte Messias ist, von dem die Juden träumen. Und nachdem also das verdrehte Papstwesen und die katholischen Lügen über das Volk der Bibel dahin sind – nämlich vom Herrn verflucht zu sein –, was sollte die Israeliten davon abhalten, Christum zu bekennen? Mit ihnen an der Seite und der deutschen Bibel in der Hand sollte es uns gelingen. Wir werden die Abweichler mit vereinter Kraft Mores lehren!«

Er holt tief Luft; so hat Melanchthon immer noch genügend Zeit, den Knoten seiner Zunge zu lösen und sich auf vernünftige Sprache vorzubereiten, denn der Reformator fährt fort: »Dich, lieber Philippus, bestelle ich als einen Lenker und Regierer über jene, die uns dabei behilflich sein werden. Wir müssen an hiesige Universität gelehrte Hebräisten berufen, und das eher heute als morgen. Am besten zum wahren Glauben übergetretene Juden, die dann also gleich als ein leuchtendes Vorbild für ihre einstigen Brüder dienen werden. Ich denke an den Matthäus Aurogallus. Auch Bucer ist wohl ein fertiger Kenner dieser Sprache.

Ad fontes! Zurück zu den Quellen! Und lasst uns mit den Psalmen beginnen, die liegen mir am Herzen. Ich vertraue dir, als meinem Statthalter, der du bist und bleibst, lieber Bruder!«

Er erhebt sich, verstaut in seiner Tasche wieder die Kostbarkeiten heiliger Übersetzungen, ungeachtet des Angebots Melanchthons, sie in Druck zu geben, und ist zur Tür hinaus, ohne eine Antwort abzuwarten, geschweige denn, seine Idee dem Disput oder gar einem Zweifel auszusetzen.

Melanchthon sieht ihm hinterher, einmal wieder in jenem Wirbel einander widerstreitender Emotionen, die dieser rücksichtslose Mensch in ihm auslöst.

Die Juden zu Christen machen? Einfach durch die Kraft des Heiligen Wortes?

Nun, das könnte freilich ein Spektakulum sondergleichen sein, wenn es denn gelänge, und würde papistischen gewaltsamen Bekehrungsversuchen, Vertreibungen und Verleumdungen dieser geplagten Rasse eine schallende Ohrfeige versetzen. Und somit in der Tat evangelischer Sache höchst förderlich – indem gezeigt wird: *Wir* haben den wahren Glauben.

Gut für Bekehrte und Bekehrer.

Wenn.

Er, Melanchthon, freilich, hat da so seine Zweifel, und die rühren her aus der genaueren Kenntnis jüdischen Glaubens, als sie Bruder Martinus wohl hat.

Denn nimmermehr wird ein Angehöriger dieser Nation mit dem neuen Grundsatz *»sola fide«*, allein der Glaube, sich einverstanden erklären. Der Glaube allein kann fürs Judentum nicht der Urquell ihrer Religion sein oder werden. Die Werke, das Vorwärtsschreiten auf einem Weg, die Befolgung von Geboten macht für sie die Gottgefälligkeit aus. Wer von ihnen davon auch nur einen Fußbreit abweicht, der war von Beginn an kein wahrer Jude.

Nun, man kann gespannt sein.

Jetzt aber wartet ersehnte Arbeit auf ihn: Übersetzen an Luthers Seite. Reines Glück des Geistes. Alles andere mag ihn später kümmern.

Der liebe Frühling zeigt sein Angesicht mit Vogelgezwitscher, Sonnenschein und prallen Knospen – sowie dürrem Staub auf den Wegen von Wittenberg, da, wo sonst nur Schlamm war. Die Schweine wälzen sich lustvoll auf den Gassen und die brünstigen Katzen schreien die halbe Nacht lang unter den Fenstern genervter Professoren, denen in ihrer Schlaflosigkeit nicht aus dem Kopf geht, was das Viehzeug mit solchem Lärm bezweckt. Die Herren sind nervös.

Und während draußen laue Lüfte wehen – stinkt es aus den Kellern, die Feuchtigkeit tropft im Schwarzen Kloster von den Wänden, und der beste Ort, das zu ertragen, sind die Räume der Alma Mater, die wohl temperiert und luftig sind, wo man sich ans Werk des Dolmetschens macht und mit zunehmender Unruhe die Kunde zur Kenntnis nimmt, die der Schwall von Flugblättern Tag für Tag hereinbringt.

Da ist nun das Neue Testament zu Deutsch heraus, endlich noch in Druck und ans Tageslicht gekommen, und was geschieht?

Melanchthon hatte gehofft, dass man nun, mit solchem Rüstzeug an der Hand, vorsichtiger umgeht mit Veränderungen. Nun kann ja jedermann nachlesen, was wirklich da steht!

Aber nach Luthers Meinung treibt man weiter fast überall Schindluder mit dem Wort Gottes und der neuen Lehre. Der Frühling ist allen zu Kopf gestiegen, und statt sich belehren zu lassen vom deutschen Wort, beginnen sie noch mehr aufzumucken gegen das, was die Obrigkeit ihnen bestimmt hat, und deuten alles fälschlich.

An einem solchen wollüstigen Frühlingsabend – Philipp Melanchthon hat die Butzenscheibenfenster seines Hauses weit aufreißen lassen, damit die milde Luft von draußen die abgestandene Kälte hier drinnen verjagt –, an einem solchen Abend (schon dämmert's), klopft es zaghaft an seine Haustür. Nein, so klopft Martinus nicht.

Der Knecht meldet den Herrn Rektor Karlstadt.

Und der drängt sich auch gleich hinter dem Kerl ins Zimmer. In seinem Schlepptau das junge Weibsbild, seine Frau.

Man hat diesen Mann nicht mehr gesehen, seit er auf Luthers Drängen hin aus Amt und Würden geschieden ist.

Das Erste, was der Hausherr tut, ist, schnell alle Fenster mit den blinden Butzenscheiben zur Straßenseite hin zu schließen – ihm ist nicht wohl bei dem Gedanken, in dieser Gesellschaft erblickt zu werden, von wem auch immer.

»Was kann ich für Euch tun, Professor?«, fragt er zurückhaltend.

»Nichts, gar nichts«, entgegnet der einstige Rektor der Alma Mater sanft. »Ich bin gekommen, um gemeinsam mit Jesebel Abschied von Euch zu nehmen. Wir gehen heute Abend noch fort aus Wittenberg. Ihr, Philippus, seid derjenige gewesen, der mir zur Seite gestanden ist, bevor Euch der Mann der großen Worte zurückgepfiffen hat wie ein Hündchen, das sich ins tiefe Wasser wagen will, obwohl es nicht schwimmen kann. Nein, Ihr müsst nicht erröten wegen dieses Vergleichs, ich meine es nicht böse. Wer kann der gewaltigen

Stimme schon widerstehen. Seht mich an! Wie ein Bettler gewandet, mit wenig mehr als dem, was ich bei mir trage. Ein Maulesel ist da für die Bücher, und damit mein Weib während des Auszugs sich nicht die Schuhe schmutzig machen muss.«

Er hat unaufgefordert Platz genommen auf jenem Stuhl, auf dem sich zuletzt Luther geflätzt hat, als er seine Judenpläne verkündete, und das junge Frauenzimmer, spillerdünn, wie es nun einmal ist, hat sich zu ihm auf denselben Platz gedrängt, sitzt ihm aber halb auf dem Schoß, und der Mann streichelt selbstvergessen ihren Schenkel. Melanchthon wendet zunächst schamvoll die Augen ab, kann aber doch nicht umhin, Blicke zu werfen, wie die beiden da miteinander ... umgehen.

Er beißt sich auf die Lippe. Macht der Frühling Narren aus uns allen? Dann reißt er sich zusammen.

»Kann ich Euch und Eurer ... Eheliebsten einen Abschiedstrunk anbieten?«, fragt er beklommen und atmet auf, als Karlstadt abwehrend den Kopf schüttelt. »Wir wollen nicht so lange bleiben, wie man braucht, um einen Krug Bier zu leeren. Eigentlich geht es mir nur um eine Frage, zu der ich gern Eure Meinung wissen möchte: Der gemeine Mann da draußen ist aufgewacht. Nun, nachdem ihm Martinus gepredigt hat, dass alle Menschen, gleich, ob hoch oder niedrig, vor Gott dem Herren *einen* Odem haben, will er auch seinen Anteil an der irdischen Gerechtigkeit erlangen, wie es recht und billig ist. Wie wird sich unser teutscher Herkules dazu verhalten, wenn der Bauer und der kleine Handwerker, angeführt von neuen Predigern des Evangeliums, aufstehen und fordern? Wird er ihnen hilfreich zur Seite stehen?«

Zwei Augenpaare sind fragend auf Melanchthon gerichtet, der trübe, traurige Blick des einstigen Rektors im Bauerngewand und die hellen grellen Augensterne des Frauenzimmers. Er senkt den Kopf. »Des Müntzers Töne sind ihm zu schrill«, erwidert er.

»Das habe ich befürchtet«, sagt Karlstadt mit einem Seufzer. »Bittere Zeiten werden kommen. Ach, Philippus, Tränen könnte man vergießen schon jetzt. Die da draußen lieben ihn doch! Sie singen Lieder auf ihn, ihr wisst das! ›Martinus, unser werter Mann …‹ Er ist ihr Held, den werten Mann nennen sie ihn. Was, wenn er sie verrät? Ich flehe Euch an, Euch, der Ihr Einfluss habt auf ihn und ein Mensch von Einsicht seid: Versucht, auf ihn einzuwirken, auf dass er sich zumindest – zurückhält!«

Melanchthon zieht den Kopf zwischen die Schultern. Ihm ist unbehaglich zumute. Da ist das Wissen um sein Unvermögen, auf Luther Einfluss zu nehmen – und dann gibt es einen zweiten Grund, das schamlose Getue dieses Weibsbilds, welches während der Rede Karlstadts begonnen hat, ihren Eheherrn zu liebkosen. Sie küsst ihn auf den Hals, steckt ihm die Zunge ins Ohr … Melanchthon wird heiß und kalt. Er wünscht sich nichts weiter, als dass diese beiden sich so schnell wie möglich aus seinem Haus entfernen. Seine Gedanken will er bündeln wie einen Strahl auf die Texte in der Heiligen Sprache, alles andere soll zunächst einmal draußen bleiben.

»Ich werde tun, was in meinen Möglichkeiten steht«, sagt er lahm.

Und Karlstadt begreift.

Er entfernt das halbe Kind von seinem Schoß und erhebt sich. »Verzeiht, dass wir Euch die Zeit gestohlen haben«, murmelt er. Sein langes Gesicht mit den geschwollenen Augenlidern wirkt noch betrübter als zuvor.

Da tut Jesebel ihren Mund auf und sagt mit heller, zuversichtlicher Stimme: »Sorge dich nicht, mein lieber Mann. Ob Herr Melanchthon die Pfeife einzieht oder Herr Luther Feuer speit, so soll doch die gerechte Sache siegen. Die ganze Welt muss neu geboren werden. Das ist der Sinn der Reformation. Lass uns mit Freuden hinziehen und das Evangelium verkünden, so, wie du es mich gelehrt hat. Gott ist Liebe, Gott ist Gnade. Komm.«

Und tatsächlich zerrt sie ihn hinaus, ohne einen förmlichen Abschied, und Melanchthon vermeint, jeden Augenblick ihre Handpauke wirbeln zu hören da draußen, sodass sie und ihr eher verzagter Gatte mit Sang und Klang aus der Stadt fortziehen, die sie ausgestoßen hat, statt sich beschämt wegzuschleichen.

Aber es bleibt still.

Der kleine Mann in seinem kleinen Haus, eingeengt zwischen all seinen Büchern, atmet schwer.

Dieses Mädchen ist nicht bei Trost, denkt er. Sie spielt die Prophetin, und der blind verliebte alte Kerl lässt sich von ihr führen wie der Ochs am Nasenring. Wie dreist und ungeniert sie ihre Stimme erhoben hat, ohne gefragt zu sein! Heißt es nicht: Mulier taceat in ecclesia? Das Weib schweige in der Kirche? Aber da hat ja dieses wilde Weib, diese Horchlingerin, im Rat schon zuvor übles Exemplum statuiert … und er, er hat ihr Unwesen nicht gesteuert.

Und bei alledem hat das Miteinander von Männlein und Weiblein da eben vor seinen Augen feurige Triebe in ihm geweckt, auch er ist ein Mann mit männlichen Wünschen.

Der holde Lenz lässt alles aufleben.

Wenn er fortan durch die Straßen der Stadt geht, kann er seine Augen nicht in Zaum halten. Sobald ihm ein Mägdlein entgegenkommt, das, der Jahreszeit geschuldet, das Führtuch abgenommen hat und Hals und Schultern den milden Lüften aussetzt, oder den Rock bis zur Wade gerafft hat, um frei ausschreiten zu können, fühlt er, wie sein Blut ihm in die Lenden strömt. Es ist nicht zum Aushalten. Da muss Abhilfe geschaffen werden!

Er begibt sich zu seinem Patron. Zu Luther. Bittet um Rat.

Der, den großen Kopf in die Hände gestützt, sieht den Freund mit wissendem Blick an.

»Warum, Bruder, sollst nicht freien? Die Nächte sind einsam und voller Versuchung.

Zwar bist du von gebrechlicher Statur und schwankender Gesundheit – aber vielleicht wird eine Eheliebste, die dich hegt und pflegt, deinem Wohlbefinden Dauer verleihen. Und als Professor an hiesiger Universität bist du, so hofft man zumindest, ein mit Wohlwollen angesehener Heiratskandidat in Wittenberg.

Zwar dein Salär ist klein, aber du bist ein in deutschen Landen und darüber hinaus angesehener Gelehrter, eine Leuchte der Wissenschaft. Sicher werden dir die Honoratioren der Stadt mit Eifer ihre Töchter offerieren.«

Und so begibt sich Philipp Melanchthon denn auf Freiersfüße.

Freilich, was seine Berühmtheit als Gelehrter und Universitätsdozent angeht, verhilft ihm dergleichen nicht zu der Bonität, einen Hausstand und ein Weib unterhalten zu können. Denn die ehrenfesten Bürger der Stadt sehen eher mit Misstrauen auf die wankelmütigen Professoren ihrer Universität, die das Evangelium heute so und morgen so auslegen – und wer weiß: Wenn der Löwe Luther aufhört zu brüllen, kehren sie zu unüberschaubaren Zuständen zurück.

Zudem ist er arm, der Melanchthon, gibt sein weniges Geld für Bücher aus.

Er kassiert Körbe.

So ist es schließlich nur eine dreiundzwanzigjährige Jungfer, Apothekerstochter mit kleiner Mitgift, wenig ansehnlich, die willens ist, den Ring mit Philipp Melanchthon zu wechseln.

Luther lässt es sich nicht nehmen, das Paar zusammenzugeben.

Die Jungfer Katharina, Blumenkranz im Haar, was alles auch nicht besser macht, lang und dürr neben dem kleinen Melanchthon, eine Bohnenstange vor dem Herrn, mit schmalen Lippen und wenig Busen unterm Führtuch – Luther ahnt, er hat einen schlechten Rat gegeben.

Die Feier nach der Trauung fällt eher trübsinnig aus. Die Brauteltern sind offenbar nicht willens, großartig die Spendierhosen anzuziehen, und der Bräutigam? Er kam gar nicht auf den Gedanken, dass es da etwas auszurichten und aufzutischen gäbe …

Zumindest lässt es sich Luther nicht nehmen, in launigen Worten die Bequemlichkeit und die Freuden des Ehestands zu preisen – allerdings sieht er besagten Stand nicht für sich selbst zugeschnitten.

Das entdeckt Melanchthon anlässlich eines Briefes an Spalatin, den er in der Studierstube gefunden hat. Da heißt es: »Bei der Gesinnung, die ich habe, wird es nicht geschehen, dass ich heirate. Nicht, dass ich mein Fleisch und Geschlecht nicht spüre – ich bin weder Holz noch Stein –, aber mein Sinn steht der Ehe fern.«

Wie er doch recht hat! Er, Melanchthon, erlebt das nun.

Nichts ist mehr wie ehedem.

Die Bücher werden durcheinander geworfen, die Schriftstücke auf dem Tisch akkurat, aber unsinnig zu Rechtecken gestapelt, die Suppe steht auf dem Tisch, auch, wenn er gar keinen Appetit hat und mitten in der Arbeit ist (sie ist zudem ohne Lack und Schmack), und ständig wird die Hand aufgehalten. Er wusste nicht, dass Haushalten so teuer ist. Der Knecht hat nie so viel verlangt.

Und die mit stiller Gier ersehnte Sache im Bett – nun, seine Ehefrau hat ihm niemals so auf dem Schoß gehockt wie diese Jesebel dem Karlstadt, und nachts liegt sie da zwischen den Laken wie ein Stockfisch, während er das Werk an ihr verrichtet, schnell und scheu wie ein Vogel, der zur Tränke fliegt.

Der Ehestand ist eher sauer denn süß – eine von Gott gesandte Knechtschaft.

Vielleicht muss das so sein. Aber wenn er über den Büchern der großen Heiden, den Autoren der Antike, sitzt, so dämmert ihm, dass Frauen auch etwas ganz anderes sein können als solche häuslichen Biederweiber. Da gibt es eine Hypatia, die war Mathematikprofessorin im alten Alexandria, und Aspasia in Athen war zwar eine Hetäre, aber gleichzeitig die geistige Freundin großer Philosophen, ganz zu schweigen von

Diotima, mit welcher der große Platon in seinem Dialog über den Eros disputiert …

Frauen, nicht Weiber. Eigenständige Wesen, mit denen man *reden* kann.

Doch das sind müßige Träume. –

Aber da gibt es ja Die Schrift, und sie sind mit Feuereifer am Werk.

Dann, obwohl auf dergleichen vorbereitet mehr als die anderen durch ihre Gespräche, packt ihn doch das blanke Erstaunen über eine neue Flugschrift, die Martinus in Druck gegeben hat – er hat vermeint, dass er sich weiter mit ihm beraten würde in dieser Sache.

Sie trägt den Titel: »Dass Jesus Christus ein geborener Jude sei«. Darüber muss gesprochen werden! –

Melanchthon findet den Doktor Luther, indem er dem Geklimper nachgeht. Sein großer Freund sitzt im Hausgarten des Schwarzen Klosters unterm Apfelbaum im Schatten. Er hat sich einen Schemel herausgeholt und hält die Laute mit mehr Zärtlichkeit im Arm, als er wohl je für ein Menschenwesen aufgebracht hat. Summt vor sich hin, dichtet sicher an einem neuen Lied. Als er den Gast mit der Flugschrift in der Hand kommen sieht, blickt er freundlich auf. (Er ist wieder abgemagert; wo er nun zurück ist von den Fetttöpfen der Burg, sieht gesünder aus.)

Seit das Kloster aufgelöst wurde und sich die Mönche von einst nun bis auf wenige Ausnahmen in alle Welt verflüchtigt haben, ist der Garten verwildert. Kniehoch steht Unkraut, die Wege zwischen den einstigen Gemüse- und Kräuterbeeten sind mit Gras zugewachsen. Fast erstickt unter dem Geschlinge von Teufelszwirn und Kletterhur, kämpfen die Johannisbeersträucher ums Überleben.

Melanchthon arbeitet sich durch einen Buschen Disteln hindurch, und Kletten heften sich an seinen Talar.

»Nun, was sagst du, Graeculus?«, fragt Luther, ohne eine

Begrüßung abzuwarten. Er legt das Instrument beiseite. »Das wird seine Wirkung tun!«

Eine frühe Wespe umsummt ihn, er schlägt beiläufig nach ihr.

Melanchthon nickt. Er muss einmal wieder an seiner Zunge schlucken. Wie meistens, wenn er mit dem berühmten Freund redet, fürchtet er sich, zum Ausdruck zu bringen, was er meint. Denn er weiß: Er selbst hat allemal recht. Doch diesen cholerischen Quadratschädel hier zu seiner, Melanchthons, Meinung zu bewegen, ist fast unmöglich.

»Fragt sich, bei wem es Wirkung tut«, bringt er schließlich hervor, nachdem er seine Sprachwerkzeuge in Schick gebracht hat, und sein Adamsapfel bewegt sich auf und ab.

»Was meinst du?«

Luther hat sich erhoben, er legt dem Kleineren die Hand auf die Schulter und zwingt ihn auf diese Weise, mit ihm zwischen dem ganzen Unkraut umherzustapfen.

»Nun, Martinus, du weißt so gut wie ich, dass Christenleute auf die jüdische Nation herabblicken, sie für betrügerisch, feige und gottlos halten …«

»Und das musst *du* mir sagen, der Schüler und Mitstreiter des großen Reuchlin, deinem Onkel, der mit dem Flammenschwert eingetreten ist für die Rehabilitation der Hebräer?« Verwunderung schwingt in Martinus' Stimme mit, auch schon eine Prise Ärger.

Melanchthon sieht schon: Seine Bedenken werden in alle Winde zerstreut werden. Immerhin wendet er ein: »Gewiss, aber was hat er bewirkt? Die Juden durften zwar durch kaiserlichen Befehl weiter ihre Schriften behalten, aber die Dominikaner haben meinem Verwandten Reuchlin den Prozess gemacht, und der gemeine Mann hat wohl gar nicht zur Kenntnis genommen, was da geschehen war.«

»Und genau an diesem Punkt tritt diese Schrift auf den Plan! Meinem Völkchen will ich predigen, was sie zu halten haben von der jüdischen Nation!« Luther bleibt stehen, nimmt dem

Freund die Schrift ab, die dieser weiter in der Hand gehalten hat, und zitiert: »Und wenn wir uns gleich hoch rühmen, sind wir doch Heiden und die Juden vom Geblüt Christi, wir sind Schwäger und Fremdlinge, sie sind Blutsfreunde, Vettern und Brüder unseres Herrn.«

Natürlich sind es Worte von wunderbarer Eindringlichkeit, das weiß Melanchthon nur zu gut. Vorsichtig sagt er: »Das wird vor allem die Juden selbst freuen.«

»Und das soll es auch! Denn meine Gemeinde zu unterweisen, ist nur der eine Effekt. Der andere, dass ich sie, die Hebräer, anreizen will, zu unserer gereinigten christlichen Religion überzutreten, zum wahren Glauben, der in den Schriften all ihrer Propheten vorausgesagt wurde. Unzählige Stellen in ihrem Tanach, den wir das Alte Testament nennen, sind eindeutige Hinweise auf unseren Herrn Jesus als den erwarteten Messias. Man muss den Juden nur die Augen öffnen dafür. Dann werden sie mit Freuden erkennen, dass der Erlöser schon da ist, dass auch ihr Warten ein Ende hat!«

Martinus schlägt eine andere Stelle auf, liest mit Feuer: »Unsere Narren, die Päpste, Bischöfe, Sophisten und Mönche, die groben Eselsköpfe, haben bisher also mit den Juden gefahren, dass, wer ein guter Christ wäre gewesen, hätte wohl kein Jude werden mögen. Und wenn ich ein Jude gewesen wäre und hätte solche Tölpel und Knebel gesehen, die den Christenglauben regieren und lehren, so wäre ich eher eine Sau geworden denn ein Christ.«

Er schlägt ein dröhnendes Gelächter an, fährt fort: »Wenn man indessen mit den Juden freundlich handelt und sie aus der Heiligen Schrift säuberlich unterweist, so wollten ihrer viele rechte Christen werden.«

Er sieht Melanchthon triumphierend an. »Sie werden aufhorchen, nicht wahr? Mit all den Belegen aus dem Alten Testament, die auf Jesus hindeuten, werden sie begreifen, dass er ihr Messias ist. Sie werden unsere ausgestreckte Hand nicht zurückweisen können.«

Der nickt und schweigt. Verbirgt seine Zweifel. Nicht weniger als Martinus vertraut er der magischen Kraft des Wortes, das alles verändern kann. Aber gerade deshalb ... Sind nicht gerade die Juden diejenigen, deren ursprüngliche Domäne und geistige Heimat das Wort ist, *ihr* Wort, vom Höchsten offenbart? Wie ihnen beibringen, dass sie es bisher nicht recht verstanden haben?

Die Reformation braucht Verbündete gegen Schwärmer, Wirrköpfe, Wiedertäufer, das sieht er ein, bevor die Bewegung auseinanderfällt und in alle Richtungen davonschießt wie das Wasser einer Sprudelquelle. Bevor die Anhänger des Alten sich hämisch ins Fäustchen lachen, weil die Sache des evangelischen Glaubens gescheitert ist. Das darf nicht geschehen. Nein, das nicht ...

Für Luther ist der Disput offenbar beendet. Er hat seine Laute wieder aufgegriffen, dreht an den Wirbeln, summt.

»Wie geht's zu in deinem Ehestand?«, fragt er beiläufig.

»Ich mag nicht darüber sprechen!«, entgegnet Melanchthon, heftiger, als sonst seine Art ist. Luther schmunzelt. »Mag sein, dass man in deiner Bude jetzt vom Fußboden essen kann«, bemerkt er. »Aber ich gedenke nicht so bald zu heiraten. Du bist mir ein warnendes Beispiel. Dem Weibsvolk ist nicht zu trauen.«

Ja, das weiß Melanchthon schon aus dem Brief, der da herumgelegen hat.

Frohgemute Stimmung im Schwarzen Kloster veranlasst dieser Tage noch eine Kunde aus Hessen. Per Staatspost erhält Doktor Luther eine Nachricht, die er seinem lieben Graeculus nicht vorenthalten will.

Melanchthon, der für jede Stunde dankbar ist, während der er seinem Weibe entfliehen kann, trifft den Reformator in dessen Lotterstube in strahlendem Mut an. Er schwenkt ein Papier vor der Nase des Gastes.

»Gute Zeitung! Der Landgraf Philipp von Hessen ist zum

evangelischen Glauben übergewechselt! Er hat auf Anraten seiner Beamten, von denen die Überzahl dem teuflischen Papsttum Valet gesagt hat, alle Klöster im Land schließen lassen und die Güter der Kirche konfisziert. Und da ja auch unsere Kirche ein Oberhaupt im Lande haben muss, hat er, wie Fug und Recht ist, sich sogleich zum Bischof erklärt. Nun, was sagst du, Bruder?«

Einmal wieder muss Melanchthon seine Zunge entknoten.

»Der Landgraf Philipp von Hessen? Weißt du, wie alt der Herr ist?«

»Jung, nicht wahr?«

»Soviel ich weiß, ist er noch keine dreizehn Jahre.«

»Umso besser!« Martinus kneift die Augen schmal, »Da wird seine Herrschaft noch von langer Dauer sein, so Gott will.«

»Ob seine Räte ihn wohl auch im evangelischen Geist unterwiesen haben?«

Luther runzelt die Stirn. »Worauf willst du hinaus?«

Jetzt kann sich Melanchthon nicht mehr zurückhalten. »Ein dreizehnjähriger Knabe als oberster Geistlicher seines Landes? Bruder, das ist ein Narrenspiel! Nicht der Glaube erfüllt das Herz dieses Kindes und leitet sein Handeln, sondern die Habsucht und der Stolz. Sie werden ihm den Mund wässrig gemacht haben nach den reichen Kirchenpfründen und ihm einreden, dass er sein Land nun regieren kann wie Papst und König in einerlei Gestalt!«

Er schweigt abrupt, dieweil er sieht, dass sein Gegenüber einen Kopf bekommen hat wie eine reife Kirsche.

»Hab ich's nicht mehr als einmal verkündet und in die Welt hinausposaunt«, entgegnet Luther mit unterdrücktem Zorn, »dass an Tun und Lassen der Obrigkeit kein Deuteln und Kritteln ist? Gott der Herr selbst hat die Fürsten eingesetzt, und wir haben zu gehorchen. Vergäll du mir nicht die frohe Stunde, es gibt schon üble Neuigkeiten genug dieser Tage!«

Er weist mit einer Handbewegung, als wolle er etwas verscheuchen, auf die übereinander gestapelten druckfrischen Schriften, die ihn erreicht haben: die Ausbeute dieses Morgens. »Bruder, es wird immer ärger. Jetzt, wo mich gnädigerweise unser Landesherr wieder ans Werk geschickt hat, sehe ich erst recht ein, wie sehr Gott seine schützende Hand über mich gehalten hat, dass ich nicht der weltlichen Versuchung erlegen bin und …« Er bricht ab, sieht Melanchthon forschend an. »Du weißt doch davon?«

»Wovon sollte ich wissen?«, fragt der andere irritiert.

Luther stockt, scheint verlegen. Schließlich rückt er damit heraus. »Nun, als ich auf dem Rückweg von Worms war, mit Zittern und Zagen auf zugesagte Rettung hoffend, da machte der Reichsherold unterwegs Station an einem Ort, Friedberg mit Namen. Und führte mich mit einem Mann zusammen, den du kennen wirst. Es war Franz von Sickingen, des Reiches Ritter, gelehrter und studierter Adliger und vormals Condottiere, Söldnerführer in Italia. Er sprach mir von einem Krieg der Ritter gegen Pfaffen und Fürsten und – er wollte mich an der Spitze dieses Krieges sehen als ihr geistiges Oberhaupt.« Seine Stimme ist fast zu einem Flüstern herabgesunken. »Aber das ging ja nicht an. Denn ich diene dem Allerhöchsten und nicht weltlicher Macht.«

Melanchthon muss blinzeln über das Gehörte. Das war ihm bislang wirklich unbekannt. Was für Perspektiven hätten sich da aufgetan! Luther auf der Seite des kleinen Adels, der Städte vielleicht, Fahnenträger eines bewaffneten Christentums … »Aber«, wendet er ein und redet, bevor er sich's recht überlegt, »dienst du nicht jetzt auch weltlicher Macht, bist vom Kurfürsten eingesetzt, um Ordnung zu schaffen?«

Sein Gegenüber runzelt die Stirn. »Wie kannst du das vergleichen? Wie oft soll ich das noch predigen? Seine fürstliche Hoheit ist der Landesherr und als solcher nur Gott und dem Kaiser untertan. Somit diene ich, wenn ich ihm gehorche, dem Höchsten und erfülle damit seine Befehle – in der Welt.«

Und bist die Verantwortung los für dein Tun, denkt Melanchthon, sagt es nicht. Hast was in die Welt gesetzt. Wohin es rennt, das Kind, das du geboren hast, das ist dir gleich. Du erziehst es nicht mehr, tadelst oder lobst nur aus der Ferne.

Luther indessen redet weiter. »Diese Ritterschaft! Nun wohl, es gibt ein paar Gelehrte darunter, Sickingen eben oder Hutten. Humanisten nennen sie sich. Und was tun diese klugen Herren?« Er zieht eine Flugschrift aus dem Stapel von Post hervor, schwenkt sie unwillig in der Hand. »Hier steht's schwarz auf weiß: Sie haben eine Rebellion angezettelt, nennen's einen ›Pfaffenkrieg‹ und ziehen tatsächlich zu Felde im Namen der Reformation. Jetzt berennen sie das Erzbistum Trier. Und was wollen sie eigentlich erreichen? Hoffen sie etwa, wenn sie die evangelische Sache mit Blutzoll erkaufen, die reichen Pfründe der Kirche für sich zu erhalten? Da wird gewiss der jeweilige Landesherr dagegensteuern!«

Er lacht zornig auf.

»Hätte ich nun an ihrer Spitze gestanden ...«

Melanchthon unterbricht ihn. »Hättest du das, lieber Bruder, wäre so etwas nicht geschehen. Denn deine gewaltige Stimme hätte zweierlei bewirkt: Ihnen eine friedfertige Spielart ihres Kampfes abgerungen und andererseits das Augenmerk ganz Deutschlands auf ihre Misere gelenkt!«

»Misere!«, höhnt Luther, schiebt den versteckten Vorwurf Melanchthons beiseite, wie man einen Krümel vom Tisch wischt, »was ist das schon für eine Misere! Sie sitzen auf ihren Burgen herum, und wenn das, was sie aus den Bauern herauspressen, nicht mehr ausreicht, so legen sie sich an Hohlwegen und in Wäldern auf die Lauer, rauben Reisende aus oder nehmen sie gefänglich fest, um Lösegeld zu erpressen!«

»Aber doch nicht der Sickingen oder der Hutten!«

»Die nicht. Aber andere! Sie sind verdorben! In den Klauen des Satans!«

»Bruder, sie sind am Ende«, erwidert Philipp mit traurigem Wissen. Warum muss sein Freund und Bruder Martinus immer gleich den Satan beschwören, wo es doch klar auf der

Hand liegt, dass es um so simple Dinge wie Not und Ehrverlust geht? »Keiner braucht sie mehr, sie, deren Stand doch einst der Stolz der Nation war! Kriege werden mit Feuerwaffen ausgefochten, die in den Händen von Söldnern sind, und die Gewappneten zu Pferde sind überflüssig geworden. Man nimmt ihnen die seit Altem gehörende Gerichtsbarkeit, die in die Hände der Landesherren übergeht, und wie soll man standesgemäß auftreten, wenn das Geld in den Truhen der Städtebürger verschwindet?«

Luther schweigt verdrießlich, ihm sind solche Argumente ärgerlich. Ihm geht's ums große Ganze, nicht darum, was irgendeine Gruppe für irdische Unbill erleidet oder sich einbildet, zu erleiden.

Die Stimmung wieder aufzuhellen, greift Melanchthon (der bisweilen gleiche Post erhält wie Luther, ihre Bestellungen geben ja beide bei den Buchhändlern auf) aus dem Packen ein kleines Traktätchen heraus, geziert mit dem Bild eines bärtigen Mannes in bürgerlicher Tracht. »Hast du das gelesen, Martin?«

Luther schüttelt den Kopf. »War mir zu lang und zu töricht gereimt. Ist es das Gedicht von diesem Schuster?«

»Ein Schuhmacher aus Nürnberg, Hans Sachs geheißen. Ja, lang ist es wohl, aber der gute Mann hat all deine Schriften gelesen und das Neue Testament, wie du's gedeutscht hast, dazu, und er lobt dich über den grünen Klee!«

»So?« Luthers Interesse ist erwacht. »Was schreibt er denn?«

Melanchthon blättert. »›Die Wittenbergisch Nachtigall‹ nennt er dich.« Er findet die Stelle, zitiert: »Nun das ihr das klarer mögt verstehn / wer die lieblich Nachtigall sei, / die uns den hellen Tag ausschrei: / Ist Doctor Martinus Luther, / zu Wittenberg Augustiner, / der uns aufwecket von der Nacht, / darein der Mondschein uns gebracht ...«

Er will weiter lesen, aber Luthers helles Lachen unterbricht ihn.

»Ein Schuster? Nun, das lob ich mir. Wacker Reime geschmiedet. So kommt die Lehre unters Volk. Lass gut sein, Philippus, ich les es nachher in Ruhe durch. Überhaupt, Lieder singen sie im Land die Hülle und Fülle, nicht alle vermag ich zu billigen. Was ist damit?« Er rezitiert halb singend: ›Als Adam pflügt und Eva spann, / wo war denn da der Edelmann?‹ Das klingt nach Aufruhr! An anderer Stelle gar heißt es: ›Die ganze Welt soll umgekehrt werden!‹

Er geht unruhig auf und ab im Raum. »Und es gibt noch ... Verdächtigeres.« Wieder rezitiert er im Singsang: »›Verbraucht ist das Oben und taub und nichts wert, / drum wird heut das Oben nach unten gekehrt. / Das ist in der Welt der gerechte Verlauf: / Das Alte nach unten, das Neue herauf!‹ So singen sie, die Ärmsten der Armen, die Bauern, und wenn schon so gesungen wird ... ein Lied macht man ja nicht allein, da sitzt man beisammen und denkt es sich aus und wenn man das tut, da ist man nicht weit davon entfernt, sich zusammenzurotten und auszuführen, wovon man singt und sagt.«

Er senkt den großen Kopf. »Hab ich daran Schuld, Bruder?«

Melanchthon zuckt mit den Achseln. »Es sind nur Lieder, Martin. Sie machen sich Luft, weiter nichts. Du misst dem Wort eine zu große Bedeutung bei.«

»So? Tu ich das?«

Luther pflanzt sich breitbeinig vor Melanchthon auf, stemmt die Arme in die Seiten. Er sieht auf den Mann herab, mit gerunzelter Stirn. Und seine Stimme hat Predigt-Ton. »Das hör ich von *dir*? Steht nicht geschrieben: Am Anfang war das Wort? So begann die Schöpfung. Und wir hier zu Wittenberg, was tun wir denn die ganze Zeit? Wir gebären Worte, und mit Worten verwandeln wir die Welt. Einer wie du, der sollte dem Wort die allerhöchste Stelle zugestehen. Mit Worten kann man erbauen und zerstören, und wenn noch die edle Musica sich dareinmischt, da eilt es schneller als Trompetenschall von Mund zu Mund.«

Er nimmt seinen Gang durch den Raum wieder auf.

»Man muss dawider halten mit schönen Liedern, die Herz und Sinne hinanziehen zu Gott dem Herren und aufs ewige Heil hinzielen statt auf schnöde weltliche Ziele! Wozu hab ich meine Laute, und wozu hab ich Imagination!«

»An deiner Imagination zweifle ich gewiss nicht«, beeilt sich Melanchthon zu versichern. »Aber wie willst du deine Geschöpfe unters Volk bringen?«

»Halte ich nicht Gottesdienst ab? Wozu sonst ist die Kanzel da, als die Gläubigen auf den rechten Weg zu bringen?«

Der Freund antwortet nicht. Luther hat gerade die alte Ordnung des Gottesdienstes wieder hergestellt, indes inzwischen einzig die deutsche Predigt und das Sakrament in Brot *und* Wein eingeführt, als Zeichen, dass alle Christenmenschen gleich sind vor dem Herrn und der Wein nicht nur geweihten Priestern zugestanden bleibt – und jetzt will er ihn aufs Neue durcheinander bringen?

Nun, er beschließt, abzuwarten.

Die Marktkirche ist an diesem Sonntag, geweiht den Heiligen Peter und Paul, also dem 29. Junius, gefüllt bis auf die letzte Kirchenbank. Nicht nur, weil man die Predigten des Doktor Luther hören will, das ist ja selbstverständlich und gehört dazu, wenn man in der Gemeinde Ansehen genießen möchte: Es ist außerdem an diesem glühendheißen Tag angenehm kühl im Kirchenraum.

An diesem Sonntag kommt der große Mann, wie immer im dunklen Gelehrtengewand, in Begleitung eines Scholaren zum Gottesdienst. Letzterer trägt ihm einen ledernen Sack nach. Man reckt die Hälse. Was bringt man da an? Geraune. Nun doch eine Neuerung im Ablauf der Andacht? Aber welche?

Melanchthon, in der ersten Kirchenbank sitzend, an der Seite seiner Ehefrau, beginnt zu ahnen, was da geschehen wird.

Luther spricht das Eingangsgebet auf Lateinisch, die Gemeinde respondiert mit Amen.

Und dann zieht er aus dem Ledersack – eine Laute. Mit ihr besteigt er die Kanzel, stimmt in Ruhe, während man im Kirchschiff murmelt und tuschelt. Dann hebt er den Kopf: »Wir sollen den Herrn nicht nur mit Worten preisen, sondern auch mit Tönen, lieben Brüder und Schwestern. Denn die natürliche Musica ist eines der größten Wunderwerke, welche uns der Herr verliehen hat, es ihm selbst zu Preise einzusetzen. Ich habe heut statt einer Predigt ein schlichtes Lied verfasst. Werde euch den Vorsänger machen und bei der Wiederholung hoff ich auf eure Einstimmung. Der Jakobus hier, ein fertiger Altist und ausgebildeter Kurrende-Sänger, wird euch unterstützen. Er hat den Text bereits memoriert.«

Der Junge, unter der Kanzel stehend, nickt mit vor Verlegenheit hochroten Wangen.

Luther präludiert. Dann beginnt er zu singen; seine Stimme ist immer noch stark und tragend wie zu der Zeit, als er im Kloster die Psalmen sang.

Und – Philipp Melanchthon glaubt, seinen Ohren nicht zu trauen – was er da singt, das ist kein Buß- oder Mahngesang, es kommt daher im Rhythmus eines Reigenliedes, tänzerisch, heiter, die Herzen erhebend.

»Nun freut euch, lieben Christen gmein / Und lasst uns fröhlich springen, / Dass wir getrost und all in ein / Mit Lust und Liebe singen, / Was Gott an uns gewendet hat / Und seine süße Wundertat / Gar teur' hat er's erworben.«

Er wiederholt das Vorspiel, beginnt zum zweiten Mal, und der Knabe Jakobus fällt mit heller Stimme ein. Zögernd, überrascht, ein bisschen eingeschüchtert, ein bisschen verschämt, zieht die Gemeinde nach, von Luther mit rudernden Armen angefeuert.

Irgendwann ist die Verblüffung vorüber, und Melanchthon bemerkt, wie mit sich immer steigernder Freude die versammelten Gläubigen diese erste Strophe als Refrain singen. Denn: Das Lied geht weiter!

Strophe auf Strophe. Melanchthon wird heiß und kalt vor fassungslosem Staunen – ja, und er gesteht es sich ein, auch vor Neid. Denn was sein Freund und Mentor da gedichtet hat, was er singt und sagt über neun Strophen, das ist so etwas wie die Chronika seiner »Erweckung« und das Glaubensbekenntnis evangelischer Kirche in einem. Es ist ungeheuer privat und ungeheuer allgemein.

»Dem Teufel ich gefangen lag«, hört er da und »die Sünd hat mich besessen.« Dann die Leitsäulen der neuen Lehre: »Mein gute Werk, die golten nicht« und »der frei Will hasset Gotts Gericht«. Keine guten Taten, kein freier Wille retten den Christenmenschen. *Sola gratia.* Nur die Gnade des Herrn. Nur die Liebe Jesu. Und zum Schluss die intime Zwiesprache Christus' mit seinem Diener Luther, fast frevlerisch, ohne Abstand. Da spricht der Herr zu seinem Diener, seinem Geweihten: »Was ich getan hab und gelehrt / Das sollst du tun und lehren, / Damit das Reich Gott's wird gemehrt / Zu seinem Lob und Ehren ...«

Begreifen die da hinter ihm im Kirchenschiff, fragt sich Melanchthon, was sie gerade miterleben? Ein Lied statt einer Predigt, eine intime Beichte statt einer Belehrung, ein Glaubensbekenntnis – und ein Kunstwerk? Die sind sicher alle nur froh, dass der Gottesdienst ihnen diesmal nicht soviel Denken abverlangt.

Er selbst, Philippus, ist ein guter Philosoph und Theologe, ein begabter Redner, ein vortrefflicher Übersetzer. Aber er hat nicht die Gabe der Poesie.

Er merkt, dass ihm die Tränen dicht hinter den Wimpern stehen. Hier, auf dieser Kirchenbank, während Luther die Kanzel verlässt und vor dem Altar das Abschlussgebet spricht, verzeiht er, Melanchthon, ihm alles, was er zu leiden hat unter dessen Grobheit, Rechthaberei, Unbeherrschtheit ...

Sein Eheweib stößt ihn mit dem Ellenbogen an. »Was ist

mit dir, Philipp? Was starrst du so vor dich hin? Guckst wie ein gestochnes Kalb.« Sie grinst hämisch. So deutlich musste sie ihm ja nicht machen, dass sie gar nichts versteht. Nichts von dem, was sie eben erlebt hat. Und von ihm, ihrem Ehemann, ohnehin nichts.

»Lass mich«, erwidert er schroff. »Geh nach Haus. Ich mag hier noch sitzen.«

Sie gönnen sich kaum eine Pause. Sie arbeiten tagsüber und oft bis in die Nacht hinein, bis ihnen die Augen tränen vom ungewissen Licht der Unschlittkerze, besessen von dem großen Werk: die Verdeutschung der Heiligen Schrift, nach den Psalmen, mit denen sie begannen, nun die Genesis.

Raum bietet ihnen – den Professoren Luther und Melanchthon – dazu die Universität; sie haben kurzerhand den Bereich des ehemaligen Rektors Karlstadt mit Beschlag belegt. Der Posten ist noch nicht wieder vergeben, und wer soll den beiden Leuchten der Alma Mater verwehren, dass sie ihre verdienstvolle Arbeit dort verrichten, wo sie's bequem haben.

Sie sitzen sich gegenüber an dem großen Tisch aus poliertem Buchenholz; der kleine Melanchthon hat sich eine Batterie Kissen unter den Hintern geschoben, um auf Augenhöhe mit Martinus zu sein, und seine Beine baumeln in der Luft.

Papierstapel bedecken die Tischplatte. Ein jeder hat auf seiner Seite jeweils ein Exemplar der griechischen und der lateinischen Bibel, und dann ist da noch diejenige in hebräischen Buchstaben, die aber nur von Melanchthon benutzt wird.

In der Mitte, für beide erreichbar, das große Tintenfass und die Gänsekiele. Von Zeit zu Zeit kommt der Pedell, um ihnen die Federn zu spitzen und sie nach ihren Wünschen zu fragen, aber oft winken sie ihn nur mit einer beiläufigen Handbewegung fort, so vertieft sind sie in ihre Arbeit.

Es geht so zu, dass der überaus gelehrte kleine Melanchthon zunächst aus allen drei Texten die jeweils genaue wörtliche Fassung vorlegt. Es kann vorkommen, dass Luther eine davon einfach akzeptiert. Aber das ist der seltenere Fall. Meist wälzt er die »Angebote« hin und her, wie ein Weinkenner die verschiedenen Rebsorten auf der Zunge verkostet und sich dann für die eine, die andere oder gar eine Mixtur entscheidet.

Und allzu oft geschieht etwas ganz anderes. Wenn Luthers Blick sich in die Ferne verliert, wenn er, das Schreibgerät in der Hand schwebend überm Papier wie ein zuwartender Jagdhund verharrt, dann weiß Melanchthon, dass der Geist weht. Dann entsteht etwas Neues, etwas anderes. Etwas, das so leicht und schwebend daherkommt wie ein Volkslied und das genauso zu den Sinnen und Herzen derer sprechen wird, die es dann lesen werden. Dann weiß Philippus, dass er, bei all seinem Wissen und seinem Können, das Wort zu gebrauchen, doch nur immer hinter dem anderen der zweite Mann sein wird. Er kann mit Eleganz und Anmut Sätze schmieden. Aber er ist kein Schöpfer.

Ja, das weiß er. Manchmal kränkt es ihn. Manchmal sagt er sich, dass auch derjenige, der das Banner über dem Heros trägt, seine Stelle finden wird im Ehrenhain jetzt und einst. Vielleicht muss er sich damit begnügen.

Freilich gibt es Augenblicke, wo die Übersetzung ins Stocken gerät. Das ist immer dann, wenn er, Melanchthon, und Martinus sich nicht klar werden können über den hebräischen Text, dessen vordergründigen Sinn er als gewandter Hebräist wohl wiederzugeben versteht, aber was steckt dahinter? Denn Luther vermutet hinter allem einen tieferen Grund.

Dann wird ein dritter Mann hinzugezogen.

Matthäus Aurogallus, fertiger Kenner des Hebräischen, mehr noch als Melanchthon, Dozent für diese Sprache an der Universität, ist ein freundlicher rundgesichtiger Mann, der über die von Luther geschätzte Eigenschaft verfügt, dass er nie Nein sagt.

Seine beiden Vorgänger an der Alma Mater– nun ja, die hatten ihren eigenen Kopf. Es liegt länger zurück.

Sie waren das, was man Conversos nannte – getaufte Juden. Überläufer. Renegaten.

Also, wenn Melanchthon an Luthers kürzlich veröffentlichte Schrift »Dass Jesus Christus ein gebürtiger Jude sei« denkt: genau die richtigen Leute, die überzeugten Mitstreiter für die Sache der Reformation, fanatische Verfechter ihres neuen Glaubens, den sie schon vor Luthers Schrift angenommen hatten.

Es ist aber nicht zu leugnen, dass der große Reformator diese Männer von Anfang an mit ziemlichem Misstrauen angesehen hat.

Er, Melanchthon, erinnert sich lebhaft. Es war, noch bevor der trotzige Bruder Martinus auszog, die Androhung der Papstbulle zu verbrennen. Damals hatten sie einen Disput: Luther hatte eine Vorlesung des Böschenstein besucht. Johann Böschenstein, der Hebräischlehrer und Bibelausdeuter dazumal. Zum Christentum übergetretener Jude. Luthers verkniffenes Gesicht, als er den Hörsaal verließ.

»Er ist zwar dem Namen nach Christ, aber in Wahrheit noch ganz Jude«, verkündet er mit finsteren Augen.

»Was meinst du damit, Bruder?«, hat er gefragt und die Antwort erhalten: »Er lehrt wie ein Jude!«

Damals hatte er nicht verstanden, was gemeint war.

Dann war Böschenstein weg aus Wittenberg – unter welchen Umständen, daran konnte er sich nicht erinnern, es ging ja alles ziemlich turbulent zu, der Reichstag zu Worms stand bevor, wer hatte da noch Augen für einen Hebräischlehrer. Dann kam ein neuer.

Das war ein Sepharde, also ein Mann, dessen jüdische Eltern seinerzeit aus Spanien vertrieben worden sind; ihr Sohn hatte dem Glauben der Väter aber abgeschworen und sich taufen lassen.

Matthäus Adriani, so sein Name, war von Haus aus Arzt. Nicht mehr jung, dessen ungeachtet schlank, braunhäutig, geschmeidig im Umgang und bei allen wohlgelitten. Bis er denn nach einer Vorlesung Luthers denselben in einen hitzigen Disput verwickelt.

Der Lehrende hat gerade einmal wieder einen Kernpunkt der neuen Lehre dargelegt: *Sola fide!* Allein durch den Glauben ist der Christenmensch ein solcher. Beichte und Buße gehören wohl dazu, aber sind nichtig und keine Rechtfertigung vor Gott. Und genauso wenig würden die guten Werke zählen. Der Glaube allein macht uns selig. Und hier nun sprang Adriani auf und meldete Zweifel an. Es war nicht nur Zweifel, es war Spott. Und gegen Spott ist Luther ziemlich empfindlich.

Ihm, Adriani, sei ein Rätsel, wie man denn die Gottgefälligkeit eines Menschen erkennen könne, wenn sie sich nicht in Nächstenliebe, Barmherzigkeit und guten Taten ausdrücke. Wäre also ein Straßenräuber, der fest im Glauben sei, näher an Gott als ein wackerer und tätiger Mann, der hin und wieder fragte und Zweifel äußerte?

Luther bekam einen roten Kopf.

»Epheser zwo, acht bis neun«, donnerte er und zitierte auswendig: »Eure Rettung ist wirklich reine Gnade, und ihr empfangt sie allein durch den Glauben. Ihr selbst habt nichts dazu getan, sie ist Gottes Geschenk. Ihr habt sie nicht durch irgendein Tun verdient, denn niemand soll sich mit irgendetwas rühmen können.«

»Aber steht nicht im Levitikus: ›Liebe deinen Nächsten wie dich selbst?‹«, kontert Adriani. »Und steht nicht bei Jakobus: ›Was hilft's, so jemand sagt, er habe den Glauben, und hat doch die Werke nicht?‹ Und: ›Also auch der Glaube, wenn er nicht Werke hat, ist tot aus sich selber!‹ Nur glauben, dass Gott existiert – das tun auch die Dämonen!‹«

»Aber sie können nicht glauben, dass sie durch Christi Blut erlöst worden sind, denn sie sind ewig verdammt!«, trumpft sein Widersacher auf. Und fährt dann fort, und wechselt das Thema, die Stimme gedämpft: »Ihr aber, Euer Volk, ihr könnt erleuchtet werden! Denn das Wort Gottes zeigt euch den Weg des Glaubens auf! Die Propheten haben unseren Herrn Jesus mit klaren Worten vorausgesagt, er ist der Messias!«

Adriani sieht ihn an. »Eins nach dem anderen: Ich bin in dieser Frage des Glaubens allein nicht Eurer Meinung. Und überhaupt: Was ist das für ein ›Ihr‹, das Ihr da benennt? Wen meint Ihr, wer erleuchtet werden solle? Habt Ihr vergessen, dass ein gläubiger Christ vor Euch steht, ein Christ aus freiem Willen, nicht durch böswillige Inquisitoren oder durch die Not gezwungen? Ein Christ, der auch ohne die reine Lehre des Doktor Luther den rechten Weg gefunden hat!«

Luther holt tief Luft. Aber im Augenblick ist er zu verblüfft, um zu antworten – und das ist selten genug. Er dreht sich langsam herum, schüttelt den Kopf. Geht.

Damals, so erinnert sich Melanchthon, blieb er selbst noch stehen, unbeteiligter Zuschauer dieses Gesprächs, das einem Bruch gleichkam.

Adriani wendet sich nun ihm zu, seine braunen Augen sind voller Traurigkeit.

»Was sagt Ihr, Professor Melanchthon?«

Er, Philippus, antwortet zunächst nicht. Ihm war schon in diesem Augenblick klar, dass Adrianis Bleiben nach einer solchen Kontroverse in Wittenberg kaum denkbar war.

»Er ist mir gram, nicht wahr?«, fährt Adriani fort. »Er lehrt, die guten Werke seien nichts wert. Ich das Gegenteil. Ich werde gehen müssen.«

Matthäus Adriani hat Weib und Kind und Haus und Heim in Wittenberg. Aber das gilt alles nichts. Im Herbst wird er entlassen. –

Nun also ist es Aurogallus, der ihnen die korrekte hebräische Version mit großer Akribie wiedergibt – und der niemals widerspricht.

»›Und du, Bethlehem Efrata‹«, zitiert Luther ihm gegenüber, »so steht es beim Propheten Micha, ›die du klein bist unter den Städten in Juda, aus dir soll mir der kommen, der in

Israel Herr sei, dessen Ausgang von Anfang und von Ewigkeit her gewesen ist.‹

Es ist so klar wie das Sonnenlicht, dass hier Gott der Herr das Erscheinen seines Sohns vorhersagt! Da heißt es weiter bei Jesaja: ›Denn der Herr wird euch ein Zeichen geben, siehe, eine Jungfrau ist schwanger und wird einen Sohn gebären, den wird sie nennen Immanuel.‹

Dass Jesus auf die Erde kommt, ist von Anfang an im ewigen Heilsplan beschlossen! Es gibt Hunderte von solchen Hinweisen in der Thora! Und darum, liebe Brüder, müssen wir uns noch einmal an die Hebräer wenden, und, wenn sie schon selbst verstockt bleiben und ihre Augen verschließen, ihnen Schwarz auf Weiß die Belege aus der Schrift aufzeigen, dass mit dem Verheißenen Jesus gemeint ist. Da soll unser lieber Aurogallus sich nur gleich an die Arbeit machen und es in einer Tabella darstellen.«

»Tabella?«, fragt Matthäus Aurogallus leicht begriffsstutzig, und Melanchthon senkt die Lider und sieht auf sein Papier. Er weiß, Luther hat nicht viel Geduld gegenüber Leuten, die nicht gleich mitbekommen, was er will. Und schon reißt der heftig ein Blatt an sich und beginnt mit sich sträubender, spritzender Feder ein Diagramma aufzuzeichnen:

»So etwa: Der Messias wird ein Nachkomme Abrahams sein, – 1. Mose, 22,18; Er ist ein Nachkomme und Thronfolger Davids – 2. Samuel 7,16-22; Er wird leiblich auferstehen – Psalm 16,10. Und so weiter, alles, was auf unseren Herrn Jesus zutrifft. Verstanden?«

Aurogallus nickt beeindruckt. »Ja, aber ich weiß nicht, Doctissime, ob ich die Stellen so schnell und vollständig ...« Er stottert.

»Ich helfe Euch«, bemerkt Melanchthon beiläufig.

Der Hebräisch-Spezialist nickt dankbar. Diese beiden Professoren spazieren in der Heiligen Schrift herum, als seien sie in Mutters Kräutergärtlein, wo man von jedem Gewächs weiß, an welcher Stelle es steht. »Ich werde sogleich ans Werk gehen, liebe Herrn Collegae«, sagt er beflissen und entfernt sich unter Verbeugungen.

Die also Betitelten nicken ihm wohlwollend zu und setzen ihre Überlegungen fort.

»Wem aber werden wir solche Beweise zukommen lassen?«, fragt Luther, während er das Blatt achtlos zerknüllt. »Und überhaupt: Soll es bei Jobst Gutknecht zu Nürnberg in Druck gehen, was meinst du, Philippus?«

Melanchthon hebt zweifelnd die Brauen. »Vielleicht wäre es klüger, es zunächst per Handschreiben an bestimmte Rabbiner zu versenden und diese dann zu einer Disputation einzuladen?«

»Disputationes sind Sachen der Pfaffenkirche!«, sagt Luther heftig. »Kein Jude wird sich darauf einlassen. Es waren nur Bedrängnisse für sie. Immer gewannen die Kirchenmänner, mochten ihre Argumente noch so fadenscheinig sein, und der unglückselige Rabbi musste sich entweder taufen lassen oder wurde als Krönung des Festes verbrannt. Lass uns eine andere Art angehen. Gibt es nicht einen Vertreter der Hebräer, so etwas wie ihren Papst, den man für sich gewinnen könnte?«

Melanchthon muss lächeln.

»Es gibt«, sagt er, »einen Mann, der gleich dir vorm Reichstag das Wort ergreifen durfte.«

Luther zieht die Brauen in die Höhe. »Wirklich?«, und seinem Gegenüber kommt es beinah so vor, als sei er eifersüchtig, dass noch jemand ... »Ging es auch um Glaubensfragen?«

»Nein, mitnichten. Es ging um rechtliche Dinge, Fragen des kaiserlichen Schutzes für die jüdische Nation, Dinge der Besteuerung, wie hoch der Zins erlaubt sein darf, den man aufs Hergeliehene erhebt und dergleichen mehr.«

Luther winkt ab. »Das geht mich nichts an. Aber woher weißt du das alles?«

»Mein Onkel Johannes Reuchlin, möge er noch lange leben, ist befreundet mit dem Mann. Der ist übrigens bewandert nicht nur im Hebräischen, sondern auch firm in Latein und Griechisch.«

»Gut!«, entgegnet Luther mit Genugtuung. »Wir werden ihm schreiben. Wie heißt derjenige, und wo ist er zu finden?«

»Er ist viel unterwegs, aber fest ansässig ist er in Rosheim im Elsässischen, davon er auch seinen Namen hat; Joseph oder Jossel von Rosheim.«

»Setz einen Brief auf!«, kommandiert Luther. »Und schick ihm meine Schrift übers Judentum. Obwohl er die ja kennen müsste, als Freund des Reuchlin. Der Papst der Juden, sehr gut.«

Somit ist die Sache für ihn abgetan.

Ob das alles seine Wirkung im Sinne des großen Martinus hervorbringen wird, wagt Melanchthon zu bezweifeln …

Katharina Melanchthonin ist gesegneten Leibes und schlechter Laune, und die Stimmung ihres Eheherren ist auch nicht besser, denn wenn er daran denkt, dass demnächst seine kleine Kate von Kindergeschrei erfüllt sein wird und ihm beim Lesen oder Schreiben höllisch aufspielt, erfasst ihn das kalte Grausen, ganz zu schweigen vom Geruch der Windeln und den nächtlichen Störungen.

Aber was soll man machen? Der Herr gibt auch das, was man nicht will.

Die Melanchthonin rumort in der Küche. Das macht sie mit Absicht. Wenn er schon einmal zu Haus bleibt, um am heimischen Schreibpult zu arbeiten, dann muss sie stören. Tut sie es aus reiner Bosheit, oder will sie ihm beweisen, was für ein fleißiges Hausweib sie ist? Eine Hausehre, wie man zu sagen pflegt …

Nun klopft es auch noch an der Tür. Gewiss der Bote der Reichspost, mit den neusten Schriften. Nun, sie wird doch wohl öffnen und nicht erwarten, dass er deshalb von seinem Schreibtisch aufsteht!

Es klopft wieder, dringlicher.

»Katharina!«, ruft er. Und noch einmal »Katharina!«, mit voller Predigerstimme. »Willst du nicht öffnen?«

Dem scheppernden Geräusch nach zu schließen, hat sie gerade einen tönernen Hafen zu Boden geworfen. Aber dann, immerhin, schlurft sie zur Türe.

Melanchthon hört einen Wortwechsel. Irgendjemand will ins Haus und wird abgewiesen, krakehlt herum. Was für eine Störung! Dann vernimmt er den Namen »Doktor Luther«. Er erhebt sich und geht nun doch zur Tür.

Seine Frau steht da, die Hände ausgebreitet, als wolle sie eine Schar Hühner verjagen, und verweigert den Eintritt einem Bauern.

Im ersten Schreck glaubt der Hausherr, Karlstadt sei zurückgekommen, Karlstadt in seinem lumpigen Kittel, verwahrlost an Haupthaar und Bart und verlange von ihm Asyl.

Aber dann sieht er, das ist ein echter, kein verkleideter Mann vom Lande, dessen Finger sind zwar geschrubbt, aber der Dreck ist tief eingefressen in die hornigen Schrunden und von den Nägeln einmal ganz zu schweigen. Der arbeitet mit seinen Händen.

»Warum lässt du den Kerl nicht vor?«, fragt er. »Hat er nicht eben den Namen unseres Doktors genannt?«

Sie dawider, säuerlich: »Ist der Name Luther etwa ein Zauberwort, das jedem Karsthans den Zutritt zu ehrsamen Bürgerhäusern eröffnet?«

Und bevor er etwas entgegnen kann, sagt der Ankömmling flehend: »Bitte, lieber Herr! Bruder Andreas schickt mich zu Euch!«

Und nun der zweite Schreck. Also doch. Der da hat mit Karlstadt zu tun.

»Lass ihn herein, Katharina«, sagt er rasch, schiebt sein rabiates Eheweib beiseite und zieht den Besucher am Ärmel in sein Studierstübchen. Die Tür schließt er und hofft, dass es schnell wieder aus der Küche poltert und er also sicher sein kann, dass sie, das Ohr am Türspalt, nicht steht und lauscht.

Sie ist eine Klatschbase, wenn es da irgendwelche heimliche Absprachen geben sollte, würde das von Weibermund zu Weiberohr schnell herumwandern im kleinen Wittenberg.

»Nun, heraus mit der Sprache!«, sagt er und dämpft vorsichtshalber die Stimme. »Was wünscht – hm – Bruder Andreas von mir?«

Der Mann blickt zu Boden und scharrt mit der Spitze seines löcherigen Bundschuhs im Sand, den die fürsorgliche Hausfrau ausgestreut hat, den Staub zu binden. Er hat ein sonnenrötliches Gesicht und eine Narbe an der Wange, wie von einem Peitschenhieb.

»Ich sagt' es ja schon, Herr«, entgegnet er. »Es geht um den Doktor Luther. Ihm droht Gefahr.«

»Gefahr von woher?«, fragt Melanchthon kopfschüttelnd. Ihn beschleicht ein merkwürdiges Gefühl. Haben die Anhänger des Karlstadt etwas vor gegen den Mann, der ihn davongejagt hat wie einen räudigen Hund – und will er nun aus alter Treue denjenigen, zu dessen Gegner er geworden ist, warnen?

»Von den verfluchten Papisten!« entgegnet der andere und spuckt zu Melanchthons gelindem Entsetzen in den Sand Katharinas.

»Ich verstehe ganz und gar nichts!«, sagt er und ruckt mit den Schultern vor Unbehagen. »Was hat der Karlstadt mit den Papisten zu schaffen?«

»Also das ist so«, entgegnet der Besucher. Er kaut an seinen Worten, offensichtlich fällt es ihm nicht leicht, etwas auszudrücken. »Der Bruder Andreas, der, der ist ... Verfolgungen ausgesetzt.« (Letzteres hört sich auswendig gelernt an.) »Zu Erfurt, wo er gerade sich aufhielt und gepredigt hat, sind Landsknechte ins Gotteshaus gekommen und haben mit ihren Pallaschen herumgefuchtelt und gebrüllt: ›Wo ist der Ketzer, wo ist der Satansbraten Karlstadt? Wir wollen ihm ans Leben!‹ Alle sind weggelaufen, und Bruder Andreas ist in die Sakristei gesprungen und hat die Tür verriegelt. Da wollten sie die Tür einschlagen, aber Schwester Jesebel, sie war versteckt hinter einer Säule, also Schwester Jesebel …«

Melanchthon unterbricht ihn. »Wer soll das sein? Schwester Jesebel?«

Der Mann sieht ihn offenen Munds an. »Das ist doch des Bruder Andreas Ehegespons und Gefährtin!«

Schwester Jesebel. Das zerbrechlich dünne Kind mit den Riesenaugen. Ihm wird flau um den Magen herum. »Was also war mit … mit Schwester Jesebel?«, fragt er bänglich.

»Nun ja. Sie hat sich vor die Tür der Sakristei geworfen und für ihren Mann gefleht. Da haben die Landsknechte gesagt: ›Wie wär's, wir tauschen? Wir lassen den da drin laufen und nehmen uns dafür diese Pritsche vor? Die fettere Beute ist der Doktor zu Wittenberg, der Satansbraten. Der ist als nächster dran.‹ Und sie haben gebrüllt: ›He, du da, Prediger des Antichrist, verschwind durchs Fenster. Deine Hure kannst dir abholen hinterher, sobald wir mit ihr fertig sind.‹ Und dann …«

»Was war dann?«

Der Kerl grinst. Sein Grinsen ist halb verlegen, halb genüsslich. Er zieht die Oberlippe von den gelblichen Zähnen zurück. »Sie haben sie allesamt …« Statt weiter zu sprechen, macht er eine obszöne Geste, ballt die eine Hand zur Faust und rammt sie mehrmals in die Innenfläche der anderen. »Die hat gequietscht wie eine Sau, die man absticht!«

»Du warst dabei?« (Melanchthons Stimme ist klein vor Wut und Entsetzen. Am liebsten würde er dem Kerl ins Gesicht schlagen. Aber dem scheint die unflätige Art seines Berichts überhaupt nicht bewusst zu sein.)

»Ich habe auf der Empore gehockt. Darum habe ich alles mitbekommen.«

Als nächstes wird er sich noch zwischen die Beine greifen, denkt Melanchthon voller Abscheu.

»Und dann?«, sagt er, um den grausigen Bericht abzukürzen. »Was geschah dann? Und warum bist du als Bote geschickt?«

»Na ja, irgendwann waren sie weg, die Schweine von Papisten. Und ich bin runtergekommen und wollte ... aber dann kam Bruder Andreas zurück und hat lamentiert und sich die Haare gerauft und geheult. Und seine Frau lag da und war voller Blut. Aber gelebt hat sie! Und Bruder Andreas hat irgendwann zu mir gesagt: ›Du hast die Gräuel mit angesehen. Du hast auch gehört, was sie dem Luther angedroht haben. Geh hin nach Wittenberg und sag es dem Herrn Melanchthon, denn Luther selbst wird nie und nimmermehr jemanden empfangen, der von mir, dem unseligen Karlstadt, kommt. Geh hin, und Gottes Segen sei mit dir.‹ Und da bin ich nun.«

So, und nun steht er da und wird wahrscheinlich gleich die Hand aufhalten und Botenlohn verlangen, denkt Melanchthon, verwirrt, verärgert, verängstigt.

Dass der Kerl wirklich von Karlstadt geschickt wurde, das ist wohl gewiss. Diese Geschichte hätte der hier sich nimmermehr ausdenken können, so schlicht im Geiste, wie er scheint. Ob er bezahlt worden ist für seinen Gang hierher? Aber wenn die Sache wahr ist – und es scheint ja so zu sein –, wird der arme Karlstadt kaum in der Lage gewesen sein, ihn zu entlohnen.

Er zögert. Ist ja nicht so, dass er im Gelde schwimmt. Das Professorengehalt an der Universität ist knapp bemessen, und die Arbeit an der Heiligen Schrift – die bringt nur Gottes Gnade ein. Kann man hoffen.

»Du hast einen Weg auf dich genommen und eine wichtige Nachricht überbracht«, sagt er zurückhaltend. »Gibt es etwas, womit ich dir danken kann?«

»Danken?« Der Bauer guckt verwundert. »Wenn ich unserem werten Doktor Luther das Leben rette, was brauch ich da noch für Dank?«, sagt er schwerfällig.

Und Melanchthon fühlt plötzlich eine Welle von Mitleid und Sympathie für den unglücklichen Karlstadt, der in all seiner Verblendung denn doch besorgt ist, das Leben des Mannes zu schützen, der ihm so übel mitgespielt hat.

»Meine Eheliebste soll dir einen Krug Dünnbier und ein Schmalzbrot geben, damit du gestärkt bist für deinen Rückweg!«, bestimmt er und drückt die Klinke herunter. Ja, da steht sie, die Eheliebste, ganz, wie er vermutet hat, mit dem Ohr am Türspalt.

»Nun, du hast es ja schon verstanden!«, sagt er schroff. »Also tu's, speise diesen wackeren Mann hier. Und hüte dich, herumzutratschen, was hier gesprochen wurde.«

Aber er weiß, dass sie gewiss ihr Maul nicht wird halten können.

Dem Luther so etwas beizubringen, und in welcher Form, das wird nicht leicht sein. Zumal, da er, Melanchthon, ja keine Quelle nennen kann. Denn wenn er sagt, das kommt vom Karlstadt, wird sein misstrauischer Freund das gewiss nur für ein böswilliges Gerücht halten, in die Welt gesetzt, ihn zu beunruhigen. Er wird nicht glauben wollen, dass man es wagt, sich an ihm zu vergreifen.

So wählt er einen anderen Weg.

Es ist eine Flugschrift gegen den Reformator erschienen von der giftigsten Art. Da ist ein großer Kessel abgebildet, aus dem Dämpfe gen Himmel steigen. Zwei Teufel schüren das Feuer darunter, und Luther im Mönchshabit, einen Unglücksraben auf der Schulter, rührt gemeinsam mit dem Oberteufel im Sud. Zwei Musikanten singen dazu ein Lied, des Inhalts, dass der Ketzer Luther Galle und Gift, Lügen, Gotteslästerung, Aufruhr, Teuerung und Hoffahrt über das Land bringe.

Mit besorgter Miene trägt Melanchthon das Blatt zu Luther, der es mit einem verächtlichen Lachen abtut.

»Die Sudler! Sollen sie doch schmieren, was ihnen gefällt!«

Melanchthon wiegt den Kopf. »Du bist sehr sorglos, lieber Bruder! Als ich das Blättchen von einem Fliegenden Händler im Brandenburgischen erwarb, da gab es auch einen Bänkelsänger, der ging mit der Drehleier herum und sang ein Lied gegen dich. Er nennt dich den schwarzen Höllenpapst und fordert die wahren Christen auf, dich dahin zu schicken, wo dein Reich ist, nämlich die unterste Hölle.«

»Wieso warst du im Brandenburgischen?«, fragt Luther misstrauisch.

»Ich habe etwas … regeln müssen«, erklärt sein Gegenüber vage. (Er will nicht zugeben, dass dergleichen auch in Sachsen kursiert.) Und dann schnell: »Martinus, begreifst du nicht? Die Papisten fordern dazu auf, dich umzubringen!«

»Im Brandenburgischen mögen sie so singen und sagen!« Luther lacht auf. »Aber nicht hier, im Schutze unseres kurfürstlichen Herren von Sachsen! Hier bin ich sicher und geborgen. Und außerdem ist unser Gott ein feste Burg, er steht mir bei, er ist mir Wehr und Waffen!«

»Wäre es nicht angebracht, du würdest, angesichts solcher Dinge, kurfürstliche Gnaden um eine Vigilie bitten, eine Wachtruppe, die dich behütet?«

»Eine Wachtruppe? Philippus, du bist nicht recht gescheit. Ihr alle, meine evangelischen Brüder, seid mein Schirm und Schild. Und ansonsten bau ich auf den Herrn. Mein Leben liegt in seiner Hand. Komm, ans Werk! Wir wollen weiter an den Psalmen arbeiten.«

Melanchthon hat es gewusst. Luther wird die Warnung in den Wind schlagen.

An einem nebligen Augustmorgen, ein paar Tage, nachdem Philipp Melanchthon den Besucher aus Erfurt empfangen hat, ist ein Geschrei auf der Straße und großer Aufruhr. Und als er aus dem Haus tritt, zu erfahren, was denn geschehen sei, erfährt er von den Vorübereilenden: Man habe eine Leiche gefunden vor den Toren in den Kohlfeldern. Sie werde auf dem Marktplatz ausgestellt, ob jemand Kenntnis habe, wer das sei.

Eigentlich will Melanchthon gar nicht hingehen. Mit Leichen will er nichts zu tun haben, sie erinnern ihn an seine eigene Hinfälligkeit und die Möglichkeit eines jähen Todes.

Aber dann, zögerlich, macht er sich doch auf den Weg, schlendert langsam anderen Passanten nach, und sein Bauch ist böser Ahnungen voll.

Der ist es. Der Warner. Er erkennt ihn an der Narbe auf der Wange. Sein Hals klafft, blass und ausgeblutet. Der Mund steht offen im letzten Schrei.

Melanchthon muss beiseite gehen und sich übergeben. Und wie durch das Rauschen eines Flusses hört er das Gerede der Wittenberger.

Nein, keiner kennt ihn.

Ein Raubmord? Bei dem war doch sicher nichts zu holen. Oder war er selber ein Raubgeselle, und irgendwer hat sich mit Erfolg gewehrt und ihn dann zwischen die Kohlköpfe geschmissen?

Oder – ob dem wohl der Teufel die Kehle durchgeschnitten hat? Die guten Leute schlagen verstohlen ein Kreuz, obwohl das ja papistisches Zaubergebaren ist. Nun, wenn er keinem bekannt ist, wird man ihn in aller Stille begraben. Ein Christenmensch wird er ja wohl sein.

Melanchthon schleicht sich davon, weg von diesem Marktplatz der Sensation. Und dann kommt ihm sein dickbäuchiges Weib entgegen, auch anzuschauen, was es da für einen spektakulären Toten gibt.

Melanchthon erschrickt bis ins Mark hinein. Sie kennt den Ermordeten ja! Was, wenn sie ausplappert, wer das ist, wenn sie ihren Gevatterinnen zutuschelt, das sei der Mann, den Karlstadt geschickt habe, damit ihr Mann den Doktor Luther warnt?

Er packt sie hart am Arm. »Du kommst mit nach Haus!«, sagt er, nachdem er seine Zunge ins rechte Geschick gebracht hat. »Schwangere Frauen sollen so Grausliches nicht sehen. Sonst kommt das Kind zu früh.«

Sie wirft ihm einen Seitenblick zu durch die Rüschen ihrer Haube, aber sie fügt sich.

Allein mit sich selbst, sinkt er an seinem Schreibtisch fast zusammen. Er fühlt, wie seine Stirn glüht. Gewiss hat er ein Fieber.

Wer hat diesen Boten umgebracht? Sind es die Männer, die Luther nach dem Leben trachten? Sind sie dem Abgesandten gefolgt und haben nun ein Exempel statuiert, um zu beweisen, dass ihre Drohung ernst ist? Oder ist der Mann nur gewöhnlichen Straßenräubern zum Opfer gefallen? Was, so fragt er sich, hat er überhaupt noch in der Umgebung Wittenbergs gesucht? Warum ist er nicht schnurstracks zurückgekehrt nach Erfurt? Kam er vielleicht gar nicht von Karlstadt, hatte sich die Gruselmär doch nur ausgedacht und wollte selbst dem Luther ans Fell? Aber nein, erinnert er sich, zu solcher Phantasei schien dieser simple Bauer nicht fähig.

Melanchthon faltet die Hände und bittet den Herrn um Erleuchtung. Er weiß nicht aus noch ein. Was jedoch gewiss feststeht – Doktor Luther wird alle Warnungen in den Wind schlagen.

Er beschließt, ihm nichts zu sagen und sich stattdessen an Spalatin zu wenden.

Die Tage, in denen er auf Antwort wartet, ist er fahrig, nicht bei der Sache, während er mit Luther am Bibel-Text arbeitet, und der rügt ihn mit Geduld, macht sich über ihn lustig. Die bevorstehende Entbindung und das Wochenbett der Melanchthonin mache ihm wohl zu schaffen, vermutet er, und dass er nun für eine geraume Zeit allein liegen müsse. Melanchthon lächelt gequält, stimmt zu.

Endlich dann kommt Nachricht vom kurfürstlichen Hofe. Kurz und knapp.

Er, der Herr Professor Melanchthon, solle sich nur keine Sorgen um die Sicherheit des verehrten Reformators machen. Er sei in Wittenberg so geborgen wie in Abrahams Schoß, unterm machtvollen Schirm Seiner Gnaden Kurfürst Friedrichs, den man nicht zu Unrecht den Weisen nenne. Was aber tote Wiedertäufer betreffe (so scheint man am Hof jede Art von

Rebellen zu bezeichnen), so sei man froh, wenn man von dergleichen nicht behelligt werde, und man empfehle dem Herrn Professor, sich nicht um solche Querelen zu kümmern.

Der Herr Professor Melanchthon sitzt ein bisschen hilflos vor diesem allzu bündigen Schreiben. Immerhin, wenn also Martinus in Wittenberg, wie versichert wird, so geborgen ist wie in Abrahams Schoß, ist es vielleicht müßig, sich weiterhin zu beunruhigen, wenn nicht ...

Wenn nicht anderntags ein Luther zu den täglichen Exerzitien am Buch der Bücher erschienen wäre, bleich wie ein Geist, Ringe unter den Augen, die Stirn eine einzige Falte.

»Ist dir etwas zugestoßen, Bruder Martinus?«, fragt Melanchthon, ahnungsvoll-scheu.

Luther starrt vor sich hin. Dann nickt er. Doch es macht ihm sichtlich Mühe, über das zu sprechen, was ihn bewegt.

Er ballt die Fäuste.

»Dem Satan hat es gefallen, aufs Neue seine Heerscharen auf mich loszulassen!«, knurrt er heiser. »Doch ich habe sie mit Hilfe des Herrn verjagt. Ich habe auf den Herrn vertraut, und er lässt mich nicht zu Schanden werden, so wie es im 71. Psalm steht, den wir gerade verdeutschen.« Er atmet tief und stockend. Fährt dann fort, während sein Freund, starr vor Bangigkeit, zuhört.

»Es mochte gegen Mitternacht sein, als der alt-böse Feind an meinem Fensterladen rüttelte und Einlass begehrte. Er schrie, ich sei des Teufels Erzkanzler seit jeher und der warte nur darauf, mich zu holen und in seinem Reich auf den Thron zu setzen, und ich solle ihm nur folgen.« Er lacht höhnisch auf. »So spottete er meiner. Und er rüttelte weiter am Fenster.«

»War deine Tür verschlossen?«

»Warum fragst du?«

»Hätte so ein unlauterer Geist nicht auch, ungeachtet, ob Türe oder Fenster verrammelt, bei dir eindringen können?« (Melanchthon ist sehr vorsichtig.)

»Vielleicht war ihm lieber, mich auf diese Weise zu vexieren? Wer kennt schon die Fallstricke der Hölle! Und dann …«

»Eins noch, lieber Bruder! In welcher Sprache hat der unreine Geist zu dir geredet?«

Luther stockt einen Moment, kneift die Augen schmal. »Deutsch hat er geredet, der Höllenbote.«

»War das immer so bei den Heimsuchungen, denen du ausgesetzt warst?«

»Nein. Die früher – die haben meist gar nicht gesprochen. Und wenn, dann Latein.« Er hebt den Blick. »Aber vielleicht ist das ein Zeichen. Wir zwingen unsere Sprache nun gar dem Höllenfürsten und seinen schuppigen Gesellen auf, jene Sprache, in der wir siegen werden.«

Melanchthon weiß nichts zu entgegnen. Der Dämon, der an den Fensterladen klopft und Luther auf Deutsch beschimpft … Ist das nicht ein Dämon mit menschlichem Angesicht? Wie die Landsknechte, von denen der Bote gesprochen hat …?

»Sprich weiter. Wie hast du ihn verjagt, lieber Bruder?«

Luther runzelt die Brauen. »Was fragst du? Mit den Worten des Vaterunsers, mit der Kraft des Gebets. Aber zunächst wollte er nicht weichen. Da habe ich denn all meinen Mut zusammengenommen und den Fensterladen aufgestoßen, um ihm Auge in Auge entgegenzutreten. Denn ich fürchte mich nicht, sitzend im Schatten des Evangeliums.«

Melanchthon wird kalt vor Schreck. »Du hast … du hast ihn … gesehen?«

Luther nickt. »Es war Vollmond. Und, da meine Lampe brannte, sah er mich. Wir starrten uns an, der Dämon und ich. Aber als er merkte, dass ich voll heiligen Zorns war und der Herr gnädig seine schützende Hand über mich hielt, da nahm er Reißaus.«

Melanchthon muss einmal wieder seine Sprachwerkzeuge entwirren, ehe er die nächste Frage formuliert: »Wie sah es denn aus, das teuflische Wesen?«

»Ja, das ist recht merkwürdig.« Luther schüttelt nachdenklich den Kopf. »Dieser Dämon hatte sich verkleidet als ein Kerl mit Federhut und Lederkoller. Er sah akkurat aus wie ein Landsknecht.«

Also doch. Landsknechte. War das nur die Vorstufe zu anderen Attacken? Eine Warnung, um den Mann zu verunsichern? Was ging da vor? ›Wie in Abrahams Schoß‹, hatte Spalatin getönt ...

Melanchthon schießen tausend Gedanken durch den Kopf, einer immer absurder als der andere.

Sollte man eine Wache der Studenten und Baccalaurei um das Schwarze Kloster bereitstellen, den Meister zu schützen? Ihn irgendwo verstecken? (Er würde sich mit Händen und Füßen sträuben ...) Ihm zunächst einmal reinen Wein einschenken über das, was ihm da zugestoßen war? Das wohl sicher.

Indessen redet Luther weiter.

»Das war aber nicht das Schlimmste. Als er weg war, der Böse, als ich dem Herren noch einmal auf den Knien gedankt hatte, da fing meine Pein erst recht an. Denn nun wartete ich mit Zittern und Zagen auf die nächste Attacke des Höllenfürsten und fuhr hin und her in meiner Stube wie die Ratte, die Gift im Leib hat. Würde es wieder beginnen wie da oben im Turmzimmer? Würden mich die Heimsuchungen peinigen Tag und Nacht? Würde das brausende Mühlrad wiederkommen, das Singen und Klingen im Ohr?« Er schüttelt den Kopf. Sagt leise und verloren: »Jede Prüfung ist mir willkommen, wenn der Herr sie mir schickt. Ich murre nicht. Aber werde ich allen Heimsuchungen gewachsen sein? Ich muss das Werk vollenden. Kann ich es dann noch?«

Nichts kann schlimmer sein als diese Furcht vor dem Undurchschaubaren. Lieber die Wahrheit, sagt sich Melanchthon.

»Lieber Bruder, verzeih mir, aber ich glaube, es war kein Dämon, der dich geängstigt hat, und vergiss diese finsteren Visionen. Ich habe gehört ... aus sicheren Quellen ... es ist mir zugetragen worden ... dass dir die Papisten nachstellen. Wer dich da nächtens erschreckt hat, das war kein Geist, das war ein Mensch aus Fleisch und Blut. Und deine unerwartete Courage mag ihn stutzig gemacht haben und dann vertrieben. Statt sich zu quälen in der Angst vor höllischen Geistern, mache dir Sorgen um dein Leib und Leben.«

Er hält verblüfft inne, denn Luthers bisher so gequälte Miene hat sich erheitert, und er starrt sein Gegenüber mit weit aufgerissenen Augen an.

»Kein Gespenst? Ein wirklicher Kerl? Ein Schandbube, der mich erschrecken wollte?«

»Ob er dich nur erschrecken wollte, Martinus, das wage ich zu bezweifeln. Kann auch sein – er wollte dir ans Leben!«

Luther blinzelt. Dann sagt er trocken: »Kann sein. Im Vertrauen, Philipp, mich wundert's schon eine geraume Weile, dass der Mordbube auf dem päpstlichen Stuhl und seine Schergen mir nicht schon längst mit Gift und Dolch auf den Leib rücken. Nun denn, ich bin in der Hand des Allmächtigen. Angst lasse ich mir nicht machen. Unser Gott lässt mich nicht umkommen, bevor wir unser Werk vollendet haben.«

»Du meinst ... unsere Verdeutschung der Schrift?«

»Das auch, Philipp. Aber das ist ja nur ein Teil des großen Werks. Der Reformation unsrer Kirche. Wir dürfen nicht ruhen, bevor wir sie gereinigt haben.«

Er setzt sich auf seinen Platz am Tisch, spitzt die Feder an. Geht offensichtlich zum Tagewerk über, nachdem es nun keine Ausgeburt der Hölle war, die ihn plagen gekommen ist.

Wie blind ist er, wie verblendet, denkt Melanchthon. Wie grandios verblendet, dass er eine reale Gefahr für nichtig erachtet, während er vor den Geschöpfen seiner Phantasie erzittert? Und wie sieht er der Vollendung seines Werks da draußen entgegen? Weiß er denn nicht, was rebellische Ritter für Unruhe über deutsche Lande gebracht haben, weiß er nicht von Mord und Totschlag und aufbegehrenden Landleuten allüberall? Weiß er nicht von Wiedertäufern, die ganze Städte auf gottlose Weise regieren, als seien sie dazu befugt, die Begüterten zu berauben und die Weiber zu Allgemeingut zu erklären? Er liest doch alle Flugschriften und Traktate so gut wie ich!

»Willst du nicht mit deiner Arbeit beginnen?«, sagt Luther. Und es klingt fast vorwurfsvoll.

Melanchthon will etwas sagen, holt Luft, spürt den Knoten seiner Zunge und sieht's als einen Wink der Vorsehung an, die ihm den Mund verschließt.

Draußen ertönt das Posthorn. Thurn und Taxis bringen das Neueste an Druckerzeugnissen und Briefen herbei, der Postsack, der nach Wittenberg geliefert wird, ist immer voll.

Es klopft. Ein Baccalaureus betritt auf das »Herein« Melanchthons den Raum, schüttet den Inhalt seines ledernen Beutels auf dem Nebentisch aus, verbeugt sich, geht.

Er, Melanchthon, ist froh über die Ablenkung, hätte im Augenblick ohnehin nicht die Sinne beisammen, sich mit dem biblischen Text gebührend auseinanderzusetzen. Er geht hin, um die Papiere zu sortieren.

Und da …

»Luther, hier ist ein Brief von diesem Rosheim!«

»Von wem?«, fragt der, geistesabwesend, schon tief in den Welten der Sprache und deren Sinn vertieft.

»Dieser Joseph oder Jossel von Rosheim, den sie den Schtadlan nennen, den Fürsprech der Juden in Deutschland!«

»So?« Luther hebt den Kopf. Seine Augen sind wie zwei spitze Punkte. »Nun, da wollen wir doch einmal hören, was er zu sagen hat!«

DIE FEUER

Die Flammen sind überall sichtbar in der bestirnten Nacht, als wollten sie mit dem Glanz, den Der Herr dort oben für die Ewigkeit erschaffen hat, ein zweistimmiges Lied singen, damit sie sich einander loben.

Sie brennen auf den Berggipfeln, wo die Burgen sind, und auf den Hügeln zwischen den Dörfern und Städten.

Überall, wo diese Feuer lodern, das weiß der Reisende, versammeln sich diejenigen, die nach der Gerechtigkeit Gottes streben.

Er zieht ruhig seines Weges, denn er hat Vertrauen in die neuen Gemeinden. Es sind die Gemeinden friedlicher Rebellen. Es gibt schlimmere als die. Solche, die nur Hass und Mutwillen leitet, die nach Gewalt streben und gern die Schwachen erniedrigen, quälen, ausrauben, töten.

Der Mann ist an dergleichen gewöhnt. Aber er ist auch gewöhnt daran, dass sich alles verändert.

Mit wachem Blick versucht er, festzuhalten, was wann und wo geschieht.

Denn er gehört zu denen, die angetreten sind, Veränderungen jeglicher Art zu steuern, sie in vernünftige Bahnen zu lenken, Unheil abzuwenden von seinem Volk. Darum nennen sie ihn Schtadlan, das heißt Vermittler, Fürsorger, wohl auch Regierer.

Sein Volk, das ist die Nation der Juden. Sein Name ist Jossel von Rosheim.

Der Mann, Jossel oder auch Josef von Rosheim, reitet auf einem unscheinbaren Maultier mit unscheinbarem, keineswegs prunkvollem Zaumzeug durch die Nacht, und er selbst trägt ein unscheinbares Gewand. Auf der Brust den gelben Fleck, mit dem sich die Angehörigen seines Volkes kennzeichnen müssen im Heiligen Römischen Reich Deutscher Nation.

Unter dem wie ein Turban geschlungenen Kopftuch eine Physiognomie wie aus den Spottbildern der Christen herausgeschnitten: gebogene Nase, üppige Lippen. Aber seine Augen, unergründlich zwischen blau, grau und grün, machen vergessen, wie er ansonsten aussieht.

Jossel von Rosheim ist guten Mutes. Er ist auf dem Weg zu dem Mann, dessen Wort all das bewirkt hat, was jetzt geschieht in deutschen Landen.

In seinem Schnappsack, angeschnallt zu Seiten des Maultiers, führt er – neben all den Pässen und Permissen, den Schutzbriefen und Bescheinigungen, die einer wie er benötigt, wenn er unterwegs ist, einige bedeutungsvolle Schreiben mit sich. Das eine ist die Aufsehen erregende Schrift: »Dass Jesus Christus ein geborener Jude sei«. Das zweite ein persönliches Handschreiben des Verfassers an ihn, »seinen guten Freund, den lieben Jossel«.

Er hat bei Luther um ein Gespräch gebeten. Es soll ihm gewährt werden.

In diesem Land mit den Feuern auf den Bergen ringsum ist in diesem Frühjahr die Hoffnung zuhause und grünt und blüht mit der Gottesnatur um die Wette.

Vielleicht wird die Welt wirklich umgekehrt werden, wie es in dem Lied heißt, das die Rebellen singen. Umgekehrt zum Guten.

Dieser Reise vorausgegangen sind die Briefe jener Männer, die ihm gut Freund sind. Sie haben sich eingesetzt für ihn bei dem Doktor Luther.

Wolfgang Capito, Vertreter der Reformation aus Straßburg, in ständiger Korrespondenz mit dem großen Mann in Wittenberg, hatte ihn so angekündigt: »Josephus, ein Vornehmer unter den Juden und nach Art dieses Volkes ein frommer Mann und von gutem Leumund, bittet um ein Gespräch mit dir wegen der Nöte seines Volkes …«

Wegen der Nöte seines Volkes …

Und der Magistrat der guten Stadt Straßburg höchstselbst bittet die Herren und Fürsten umliegender Regionen, dem Manne Geleit zu gewähren, und wendet sich außerdem ebenfalls an den gelehrten Doktor der Elbestadt, legt ihm nahe, einen Mann zu empfangen, »der auf ehrbare und billige Weise handelt und nach Art und Verstand seines Glaubens auf Gott sich edel erwiesen.«

Es fragt sich nur, ob die beiden, die sich da treffen wollen, mit den gleichen Absichten aufeinander zugehen.

Martin Luther und seine Mitarbeiter sichten das, was ihnen die Post heute gebracht hat.

Darunter ein Konvolut aus Allstedt im Thüringischen, eine Druckschrift, deren Inhalt wohl zunächst in Memmingen im Schwäbischen abgefasst, nun aber überall verbreitet wird.

Der Magister Thomas Müntzer, an dessen spitze Zunge sich der Reformator mit einem gewissen Unbehagen erinnert – bei Disputationen an der Universität vor Jahren zeichnete er sich durch besondere Respektlosigkeit und eine deftige Wortwahl aus –, entsendet da also »unserem großen Lehrer zu Wittenberg« zwölf Artikel der vereinten Bauernschaft an die Obrigkeit hierzulande und bittet ihn, »als ihrer aller Lehrer und Vorbild«, um seine Zustimmung, denn, so der Magister Müntzer in seinem Begleitbrief, »wir wollen sicher sein, im Sinne des Evangeliums zu handeln.«

»Sollen wir diese … Artikel durchsehen, Herr Doktor«, fragt einer der Alumni beflissen, »und Euch eine Zusammenfassung davon erstellen? Ihr müsst ja vielleicht nicht alles lesen, was da im Lande zusammengeschrieben wird. Artikel der Bauern!« Der junge Mann lacht ironisch.

»Verschont mich mit Euren voreiligen Schlüssen!«, schnauzt Luther ihn an. »Her mit dem Zeug!«

Er legt das Druckwerk auf die Seite, um es nachher in aller Ruhe anzusehen. Während sie weiter die Schriften und

Briefe sortieren, wirft er von Zeit zu Zeit einen Seitenblick darauf.

Was für ein Bündel von Schlangen wird aus diesen Seiten hervorkriechen?

Ihm fällt das Lied ein, wie ging das gleich? »Verbraucht ist das Oben und taub und nichts wert …«

Unruhe wohnt in ihm wie ein Tier, das die Jäger in der Nähe vermutet.

Den langen lieben Tag lässt er die Schrift aus Allstedt liegen, sucht sich immer wieder andere Beschäftigungen.

Der Müntzer … waren sie nicht, bei all seiner Dreistigkeit – waren sie nicht Brüder im Geiste?

Als er seine Mitarbeiter, auch den Melanchthon, nach Haus schickt, dämmert es. Er aber, so sagt er, will noch dies und jenes sichten.

Ein Famulus bringt Licht, zwei große, hell brennende Öllampen, wie sie der Doktor Luther gern auf dem Tisch hat beim nächtlichen Arbeiten. Zwischen diese Leuchten nun legt er die Schrift aus Allstedt.

Mit gerunzelter Stirn beginnt er die Lektüre: »Zum ersten ist es unsere demütige Bitte, dass wir nun Gewalt und Macht haben wollen, dass eine ganze Gemeinde ihren Pfarrer selbst wählen und prüfen soll …«

»Demütige Bitte« liest er. Und dann die Forderung nach »Gewalt und Macht« … Wie geht das zusammen? Aber ja, die Forderung ist ja nicht unbillig. Genauso wenig, wie das, was in den folgenden Artikeln steht, die er nun überfliegt. Und es ist maßvoll und verständig vorgetragen: Dass die Kirchenabgabe unter den Armen des Dorfs verteilt wird, auch, dass dem gemeinen Mann der freie Zugang zu Holz und Fisch, Wildbret und Weide gewährt werde und Bedrückungen gemildert werden, alte mündlich zugesicherte Gerechtsame und Freiheiten wieder eingeführt, das »Bündnis« zwischen Unten und Oben erneuert.

Bündnis? Hieß es nicht im Lied: »Verbraucht ist das Oben und taub und nichts wert / drum wird heut das Unten nach oben gekehrt …«

Nun, diese Forderungen sind milder, vernünftiger. Das ist einzusehen. Oh ja. Aber …

Da kommt sie, die direkte Aufforderung an ihn, selbst wenn sein Name nicht genannt ist:

»Ist unser Beschluss und endliche Meinung, wenn einer oder mehr der hier gestellten Artikel dem Worte Gottes nicht gemäß wären, von denen wollen wir abstehen, wenn man es uns auf Grund der Schrift erklärt. Wenn man uns schon etliche Artikel jetzt zuließe und es befände sich hernach, dass sie Unrecht wären, so sollen sie von Stund an tot und ab sein. Desgleichen wollen wir uns aber auch vorbehalten haben, wenn man in der Schrift noch mehr Artikel fände, die wider Gott und eine Beschwernis des Nächsten wären.«

Luther sitzt, hält den Kopf in seinen beiden aufgestützten Händen, starrt über das Papier hin.

Es ist an ihm nun …

Der gemeine Mann schaut auf ihn. Will auf ihn hören.

Weniger schmeckt ihm, dass diese Bitten durch die Hand des Müntzer zu ihm gelangen, der ein Rottengeist und Aufrührer ist seit jeher. Ruhelos ist er durchs Land gezogen, seit er fort ist von der Universität, verjagt hat ihn die Obrigkeit alsbald wegen zu scharfen Predigens von jeder Stelle, die er angetreten. Predigen, ja, freilich, das hat er gekonnt. Das kann er noch.

Luther taucht die Feder ein, streift sie am Rand des Tintenfasses ab, bedächtig, zögerlich, wie es sonst nicht seine Art ist.

Es gilt, auf einem schmalen Grat entlang zu balancieren. Die Bedrückung der armen Menschen ist groß, und er darf ihre Not nicht wegspülen wie ein gebrauchtes Wasser.

So schreibt er: »Der gemeine Mann hat über das Unrecht nachgegrübelt, das ihm an Besitz, Leib und Seele widerfahren ist … Wenn ich zehn Leiber hätte, ich würde sie um dieser armen Menschen willen mit Freuden opfern.«

Es muss heraus, er kann sich hier nicht nur den Bruder Leisetritt schimpfen lassen (hat dieser Müntzer ihn nicht einmal so genannt, als er in einer Vorlesung Gesagtes schnell zurücknahm auf Hinweis des Spalatin?). »Liebe Fürsten und Herren, lernet euch danach zu richten, Gott will's nicht länger haben. Man kann nicht, man wird nicht, man will nicht eure Tyrannei und Mutwillen die Länge leiden.«

Und ja und ja. Nun ist er im Fluss: »Haben die nicht redliche Ursach, mit Flegeln und Kolben dreinzuschlagen, wie der Karsthans, das ist der grobe Bauer, drohet?«

Seine Feder stockt, sträubt sich. Eine aufgeraute Stelle auf dem ansonsten glatten Bogen Papier. Ein dicker Tintenklecks breitet sich aus.

Was will so ein Missgeschick bedeuten? Aus welcher Richtung kommt es? (Denn dass es etwas zu sagen hat, dessen ist er sicher.) Hat sich ein Dämon seiner Hand bemächtigt? Ist es eine satanische Störung? Oder kommt da eine Warnung aus höheren Sphären? Klingen ihm die Ohren vom Kreischen der Hölle oder vom Gesang der Engel?

Noch einmal nimmt er sich den zugesandten Text vor. Wo ist der Haken? Es muss einen geben.

Ich bringe mich in Teufels Küche ...

Und er zuckt zurück, als habe er sich die Finger verbrannt. Das ist es. Er kann und darf gar nicht der Adressat eines solchen Pamphlets sein – sintemalen es um die weltlichen Dinge geht. Da rufen sie ihn an, es ihnen aus der Heiligen Schrift zu bestätigen, dass sie im Recht seien. Aber die Schrift handelt nicht von den Dingen der Welt.

Da sind die zwei Reiche. Das des Geistes und das der irdischen Dinge. Die vermischen die Verfasser (oder ist's nur er, der Müntzer, der da auf ihn einredet?) ganz und gar unzulässig.

Das ist es. So kann er sich herauswinden.

(Hat er ›herauswinden‹ gedacht soeben? Er will sich nur rechtfertigen!)

Sollen sie ihre Bitten oder Forderungen an die weltliche

Obrigkeit richten, Recht und Gesetz verlangen – aber nicht aufgrund der heiligen Texte. Nicht aufgrund *seiner* Biblia. Nicht, wenn sie sich lossagen von gottgewollter Ordnung.

Artikel drei. Da steht es: »… ist bisher der Brauch gewesen, dass man uns für Leibeigene gehalten hat, was zum Erbarmen ist, da Christus uns alle mit seinem kostbaren Blut erkauft und erlöst, den Hirten ebenso wie den Höchsten. Wir haben keinen Zweifel, Ihr werdet uns aus der Leibeigenschaft als wahre und echte Christen gern entlassen …«

Die Stimme. Das ist sie, die scharfe, die sanfte, die klare Predigerstimme des Magisters Müntzer. Nein und Nein.

Aber das Lied. »Die ganze Welt soll umgekehrt werden …«

Doch was steht im Römerbrief des Neuen Testaments, Vers 13? »Jedermann sei untertan der Obrigkeit, die Gewalt über dich hat!«

Er schluckt. Ist es auch Feigheit, die ihn antreibt?

Nein. Die Schrift will es.

So will er selbst es. Denn auch er ist untertan der Obrigkeit, die ihn schützt, die ihn am Leben hält. Mit der er sich nicht anlegen will. Auch sein eigenes Haupt ist ihm wert, ist Gottes Schutz wert. Gottes und der Fürsten Schutz. Nein. Aus diesem Schutz will und wird er nicht hervortreten.

Heftig taucht er die Feder ins Tintenfass, schreibt weiter, lässt einen freien Raum um den sich ausbreitenden Tintenklecks herum, beginnt gleichsam aufs Neue:

»Aber dass die Obrigkeit böse und unrecht ist, entschuldigt keine Zusammenrottung noch Aufruhr. Denn die Bosheit zu strafen, das gebührt nicht einem jeglichen, sondern der weltlichen Obrigkeit, welche das Schwert führt.«

Er atmet auf. Sie sehen sich als Gemeinde. Aber sie sind nur eine Rotte Verzweifelter. »Nun fallt ihr mir drein, wollt dem Evangelium helfen und seht nicht, dass ihr's damit aufs allerhöchste hindert und unterdrückt.«

Weltlich Regiment kann ihnen zu ihren Rechten verhelfen. Nicht das Evangelium. Nicht *sein* Weg, den er gegangen ist.

Rechte?

»Leiden, leiden, Kreuz, Kreuz ist der Christen Recht, das und nichts anderes.«

Er streut Sand übers Papier, schüttelt ihn heftig ab. Der Tintenklecks braucht noch, trocknet nicht so schnell. Der Klecks ist wie ein Gelenk zwischen den beiden Aussagen, die sich eigentlich einander ausschließen. Ein Knick. Die Herren ermahnen, Milde walten zu lassen. Sie ermahnen, ja. Doch es ist auch so, dass in der Bibel der Obrigkeit ihr Platz gegeben ist. Sie bleibt, was sie ist. Zweckmäßig und schön.

Seinen Text nochmals zu überlesen, fehlt ihm der Mut.

Er bewegt die Klingel.

Es dauert eine Weile, bis der verschlafene Pedell mit zerzaustem Haar in der Tür erscheint und nach den Wünschen des Herrn Doktor fragt. Bis dahin ist auch der Fleck getrocknet.

»Tragt's zum Melchior Lotter, auf dass er's als Flugblatt druckt, so schnell es geht.«

Der Mann unterdrückt ein Gähnen. »Es ist in der Nacht, Herr Doktor.«

»Das weiß ich. Läutet ihn heraus, sagt, es kommt von mir. Er kann damit ein gutes Geld machen, man wird's ihm aus der Hand reißen. Feuerheiße Ware! Nein, keinen gesonderten Adressaten. Das wird seinen Empfänger zu finden wissen.«

Er wendet sich ab, Nur fort damit, raus aus dem Haus!

Die Tür klappt zu.

Luther geht ans Fenster, sieht dem Mann nach; die schwankende Laterne, die sich über den Hof der Universität entfernt, ist versucht, ihm nachzurufen, ihn aufzuhalten – nein, doch nicht …

Das Glas der Butzenscheibe ist kalt, er lehnt die Stirn daran. Langsam bewegt er sich rückwärts.

Da ist das Licht hinter ihm, es wirft merkwürdige Schatten auf die bucklig gewölbten Butzenscheiben.

Ihm ist, als sei er nicht allein im Raum. Als wandelte sich

das Fenster in einen dunklen Spiegel, in dem er neben dem eigenen Gesicht viele andere Gesichter erblickt, bekannte und unbekannte, darunter auch das braunhäutig blasse des Predigers aus Allstedt, die Augen, die fragend auf ihn gerichtet sind. Ein Bruder im Geiste …?

Da lodern Feuer. Er weiß, es ist nur das verzerrte Abbild seiner beiden großen Öllampen, das sich in diesem Spiegel vervielfacht. Aber was nützt ihm das Wissen seines Verstandes, wenn er in Leib und Seele spürt, dass es die Feuer des Aufruhrs sind, die im Lande entfacht werden?

Der Bruder im Geiste – er wird zum Satan, der allüberall den Höllenbrand entzündet, wenn ihm nicht Einhalt geboten wird. Möge die Obrigkeit klug genug sein, die Artikel anzunehmen …

Luther schließt die Augen. Fort mit diesen Bildern. Er wischt sich mit dem Handrücken über die Stirn. Seine Augenbrauen sind schweißnass.

Nun, er hat getan, was die Stunde ihm eingab. Dass es genug sein möge, hofft er.

Sorgfältig löscht er die Lampen, nachdem er am Licht der einen den Kienspan angesteckt hat, der ihm durch die nachtdunklen schmutzigen Straßen nach Hause in seine Zelle im Augustinerkloster leuchten wird.

Die wenigsten Fenster sind noch hell. Auf halbem Weg begegnet ihm Daniel Böhme, Wittenbergs Nachtwächter. Wie immer hat er zu tief in den Bierhumpen geschaut und stolpert mehr, als er geht, auf seine Pike gestützt, an deren Spitze die Laterne baumelt. Als er des auf ihn zukommenden Kienspans gewahr wird, bleibt er stehen und kreischt ein erschrockenes »Wer da?«.

»Ich bin's!«, brummt Luther missmutig. Wer ist wohl um diese Stunde noch unterwegs außer ihm, streunenden Katzen und unkeuschen Pärchen?

»Herr Doktor Luther! Gott schenke euch eine gesegnete Nacht!«

»Und Ihr gebt gute Obacht, Böhme!«

Er sagt es dringlich, fordernd, als richte er seinen Befehl nicht an diesen Mann, dessen Nutzen wohl mehr als fragwürdig wäre, wenn es eine echte Gefahr gäbe, als vielmehr an all jene, die mit heißem Herzen und wenig kühlem Kopf unterwegs sind da draußen.

Lodern da drüben, jenseits des Elbflusses, Feuer?

Der Reisende, der auf dem Weg nach Wittenberg ist auf seinem Maultier, hat sie gesehen und hat erfahren: Es gab die friedlichen Feuer. Die Feuer der Freude und des Sich-Sammelns, wo man Lieder singt und Pläne schmiedet, Feuer, an denen das Land der armen Leute geboren wurde und aufstieg wie der Vogel Phönix. Aber es gibt auch andere Feuer. Eine Kapelle ist niedergebrannt worden im Thüringischen, und ein Kloster haben sie in Brand geschossen, als es seine Tore nicht für den dortigen Bauernhaufen öffnen wollte. Denen ging's um nichts als Fourage …

Unvernünftig von den Klosterobern, findet der Reisende.

Da haben sich die hier zu Altdorf besser arrangiert. Sie haben die Männer mit der Bundschuhfahne hereingelassen und sich an ihnen vorbei ins Freie gedrückt. Dem Abt, so wurde ihm, dem Jossel, von Glaubensbrüdern in der nahegelegenen Stadt nicht ohne Häme verkündet, haben die Rebellen noch zuvor die dicke Geldkatze abgenommen, die er unter der Kutte versteckt hinausschaffen wollte.

Es ist, so hat Jossel auch erfahren, ein straff geführter Haufen, der sich im Kloster für die nächsten Taten rüstet, geleitet von seinen Hauptleuten, den Bauern Wolf Wagner und Georg Held und vor allem von Erasmus Gerber, einem Handwerker aus Molsheim, dessen Beruf mit seinem Namen übereinstimmt.

Die halten dort Rat im Klosterkapitelsaal und planen die Gewinnung der umliegenden Städte – wenn's sein muss und diese nicht freiwillig kooperieren, mit stürmender Hand. Und das ist es, was die Judengemeinden dieser Orte bewogen hat, sich ihrem Schtadlan bittend zu nähern und ihn zu ersuchen, seine Reise nach Wittenberg zu unterbrechen und den Versuch zu unternehmen, ihnen zu Hilfe zu kommen.

Denn eines steht fest: Wenn die Ortschaften gestürmt werden, geht's den Juden ans Leder. Da steckt doch das Geld, heißt es! Das holen wir uns!

Das Ding ist heikel, und wenn einer da etwas unternehmen kann, dann Rabbi Joseph von Rosheim, der schon vor Kaiser und Reich gestanden hat, um für die Rechte seiner Mitbürger zu streiten. Aber vor Kaiser und Reich zu stehen ist die eine Sache, die vor einem Haufen Aufrührer eine andere.

Vor Kaiser und Reich zählt die Kenntnis der Gesetze und der alten verbrieften Rechte, und wenn man mit Latein und dem Wissen um das Herkommen aufwarten kann, hat man bei klugen und gebildeten Kontrahenten schon halb gewonnen.

Die Bauernrotte dürfte unempfindlich sein gegenüber Gelehrsamkeit und Rechten. Wer ihnen damit kommt, wird wohl eher ihren Zorn hervorrufen, denn es heißt ja, dass sie das Alte wegfegen und zerstören wollen.

Nachdem er sich zuvor über die Art und das Vorgehen der Bauern zu Altdorf unterrichtet hat, sitzt Jossel nun in der Jeschiwa, der Schul des Ortes Waibstedt, umringt von den würdigen Vorstehern der Gemeinde und ihrem Rabbiner, deren sorgenvolle Mienen er wohl versteht. Sie zittern vor Angst. Hat man nicht von Plünderungen allüberall gehört? Es heißt, wenn eine Stadt sich weigert, den Bauernhaufen ihre Tore zu öffnen und sich auf die Seite der Aufrührer zu stellen, um sie zu unterstützen, dann nehmen sie sich mit Gewalt, was sie haben wollen. Und als Erstes sind natürlich die Judengassen dran.

»Warum bleiben sie nicht in ihren Orten und wenden sich gegen ihre böse Herrschaft? Was ziehen sie im Lande umher?« So fragen die Talmudgelehrten.

»Nun, es ist wohl so, dass überall in deutschen Landen eine große Umwälzung begonnen hat«, sagt Jossel in seiner ruhig-abwägenden Art. »Mit großer Freude sind sie aufgebrochen, gewiss, den Segen des Allmächtigen auf ihrer Seite zu haben, Städte und Weiler gemeinsam. Ich habe sie singen hören an ihren Feuern. Nun, da sich Widerstand gegen die Herren regt, beginnt die Gewalt. Es wäre freilich gut, zu diesem Thema ein kräftiges Wörtchen aus Wittenberg zu hören«, sagt er, »von dem Mann, zu dem ich unterwegs bin. Schließlich ist er ihr geistiger Heerführer.«

Die Weisen der Gemeinde schütteln die Köpfe. Ob er denn nicht wisse, dass die Aufständischen sich an den Luther gewendet hatten, damit er ein Gutachten zu ihren zwölf Artikeln erstelle nach dem, was im Evangelium stehe. Seine Antwort aber, wie auch immer sie ausgefallen sei, wurde ohnehin von den Ereignissen überrannt, denn allüberall hatten sie, die Bauern unter ihren Anführern, schon begonnen, zu stürmen, zu rauben und zu brennen, wenn die Herren, an die sie sich gewandt hatten, nur mit Ausflüchten oder leeren Versprechungen kamen oder gar sie hinterlistig angriffen und niedermachten.

Die Stimme des Mannes aus Wittenberg, den aufzusuchen und mit ihm, so Gott will, ein Übereinkommen zwischen den Anhängern der neuen Lehre und des Alten Bundes zu schaffen, sei nicht zu erlangen in der Kürze der Zeit.

Jossel nickt und kommt auf die Bitte der Gelehrten zurück, in deren Mitte er sitzt. »Wohl, liebe Brüder. Aber letztlich hat er ja gesprochen. Er hat Das Wort in die deutsche Nation getragen. Und das soll genügen. Verschaffe mir jemand eine Biblia des Doktor Luther, und ich will es wohl wagen bei denen zu Altdorf.«

Das Buch der Bücher wird herbeigeschafft, und unter Segenswünschen, begleitet von Gebeten, zieht also der Fürsprech aller Juden nach Altdorf hin.

Der Haufen des Erasmus Gerber lässt es sich wohl sein, während seine Hauptleute beraten.

Sie haben überm Tor ihr Banner aufgehängt, die Fahne mit dem Regenbogen und dem Bundschuh und den Worten: »Nichts denn die Gerechtigkeit Gottes!«, haben auch Wachen aufgestellt, aber es wäre durch nichts zu entschuldigen, wenn man denen nicht auch einen Becher süßen Klosterweins spendiert hätte; das Fass aus dem Weinkeller steht auf dem Hof und sie haben gleich den Deckel mit den Äxten eingeschlagen, damit jeder seinen Becher eintauchen kann, wozu erst anzapfen.

Ein fettes Ferkel wird am Spieß gedreht jetzt, zuvor aber haben sie die Hosenbeine hochgekrempelt und mit Netzen den Fischteich der frommen Brüder geleert, damit sie doch auch einmal eine feine Fastenspeise kosten können; Hund und Katz waren gierig nach Gräten, Schwanz und Köpfen.

Nun sitzen sie, ihre Becher in der Hand, in Erwartung des Schweinebratens, manche würfeln, manche schlagen mit Hand und Weingefäß auf den hölzernen Tischen den Takt zu den Liedern, die sie aus vollem Herzen und voller Kehle singen, wie »Wach auf, wach auf, du deutsches Land« oder des Doktor Martin Luther schöne Hymnen, wie »Ein neues Lied wir heben an« und vor allem »Ein feste Burg ist unser Gott«.

Sehr aufmerksam sind die Wachen nicht. Wer soll sie denn hier bedrohen, innerhalb so starker Mauern?

Doch entgeht ihrer Aufmerksamkeit nicht, dass da ein einsames Reiterlein übers Feld auf die Klosterpforte zukommt, ein dünnes Männlein auf einem Maultier.

Sie blinzeln gegen die Nachmittagssonne, halten die Hand über die Augen.

Nein, keine Täuschung: Der Kerl auf dem Pferd, gekleidet in einen Gelehrtentalar, statt eines Hutes ein Tuch um den Kopf geschlungen, der trägt auf seinem Gewand den gelben Fleck.

Der Kerl ist ein Jude.

Nichts kann einen Menschen so verunsichern, wie wenn seine Drohgebärden ins Leere laufen. Wenn all das »Halt, heda, keinen Schritt näher, Jud!« nichts bewirkt, wenn der da einfach von seinem Reittier absteigt und weiter auf sie zugeht – ja, wie soll man sich da verhalten?

Da steht er vor ihnen, vorgeschobene Unterlippe, Hakennase, und schaut zu ihnen auf, klein wie er ist, mit Augen so blau oder grün oder grau, dass man befürchtet, er könne mit seinem Blick hexen.

Und er grüßt, bittet, doch das Maultier zu versorgen mit einer Maß Hafer und ihn zu ihren Hauptleuten zu führen.

An die Brust gedrückt mit beiden Händen hält er ein Buch. –

Im Kapitelsaal sehen sie hoch von der großen Skizze dieser Gegend hier (eingezeichnet sind, wie Jossel mit einem Blick sieht, Pfeile und Striche mit gabelförmigen Spitzen, die sich gleich Dreizacken auf einen Ort zu bewegen, ihn aufzuspießen: der Plan für den nächsten Angriff). Wechseln ungläubige Blicke, die drei Bauernführer und der Schreiber, der mit am Tisch sitzt, und es ist so still, dass man die Fliege summen hört, die um die halbleeren, zur Seite geschobenen Weinbecher kreist auf der Suche nach etwas Süßem.

Dann erhebt sich langsam jener, der an der Kopfseite des Tisches sitzt – ein großer Mann mit eisgrauem Kurzhaar und dichten Augenbrauen –, stützt die Hände auf die Tischplatte und sagt bedrohlich leise: »Was zur Hölle will der Jud auf unserem Treffen?«

»Friede und Segen des Ewigen auf Euch, Erasmus Gerber«, sagt Jossel freundlich und unerschrocken. »Ich bin Rabbi Jossel von Rosheim und bitte, gewährt mir ein Gespräch.«

Erasmus mustert diesen kleinen Mann, sein Blick verfängt sich am Blick des anderen, diese Augen von merkwürdig intensiver Farbe.

»Mit welchem Recht wagt Ihr es, in die Versammlung der kämpfenden Bauern zu kommen?«

Jossel hebt nun das Buch hoch, das er da bei sich trägt, hält es vor sich wie einen Schild.

»Mit dem Recht, das verankert ist in dieser Schrift, die uns genauso gehört wie Euch.«

Was er da hochhält, ist die lutherische Bibel.

Es dauert eine Weile, bis die Männer am Tisch begreifen, was dieser seltsame Ankömmling von ihnen will: Es geht darum, dass sie Städte erstürmen, die Viertel der Juden aber von der Plünderung ausnehmen sollen.

Georg Held, ein feuriger Rotschopf, haut mit der Faust auf den Tisch.

»Was euch so passen könnte! Sind doch alle Juden Blutsauger, verlangen Wucherzinsen für geliehenes Geld, schröpfen den kleinen Mann und sollen bestraft werden wie die großen Herren!«

Jossel nickt nachdenklich, als würde er das Für und Wider dieser Ansicht erwägen. »Gewiss, Georg Held, gibt es unter den Juden unredliche Leute, wie unter allen Völkern der Welt. Aber« (er wendet sich wieder an Gerber) »bedenkt doch, niemand nicht ist jemals gezwungen worden, Geld zu leihen bei einem meines Volkes. Hingegen Grundherren und Klöster nehmen von euch, ob ihr wollt oder nicht.«

Erasmus scheint das Argument einzuleuchten, er brummt Zustimmung, und Jossel fährt fort: »Gesetze sollen regeln im Reich, wie hoch man Zinsen nehmen soll. Dafür sollen die Richter sorgen, und das habe ich den hohen Gremien deutscher Nation vorgelegt. Gesetze sind den Juden heilig. Wir werden uns euren Gesetzen beugen, denn schließlich leben wir unter euch. Das natürliche Gesetz macht keinen Unterschied unter den Menschen.«

»Wie meint Ihr das?«, knurrt der kleine Wolf Wagner, der dritte im Bunde. (Der Schreiber hält sich zurück.) »Ich versteh Euch nicht.«

Jossel legt die Bibel feierlich auf den Tisch, direkt auf die Skizze mit den Angriffsplänen. »Welch ein Glück, dass der

Doktor Luther zur rechten Zeit der deutschen Nation dieses Buch beschert hat! Denn studiert nur fleißig die Schrift, und euch wird Antwort werden.« Er sieht freundlich von einem zum anderen. »Da leset ihr es nach, dass wir Juden liebe Kinder des Herrn sind, als Erste von ihm erschaffen und im Bunde mit ihm. Ihr selbst singt das Lied: ›Als Adam pflügt und Eva spann ...‹ – waren die beiden denn nicht jüdische Leute? Bedenkt wohl, dass es euren Glauben ohne den unseren nicht gäbe, und hat nicht der Doktor Luther selbst verlautbart, dass der, den ihr für euren Messias haltet, ein geborener Jude sei?«

Georg Held kann sich nicht zufriedengeben. »Jud, führ den Namen unseres Erlösers nicht im Munde! Seid ihr nicht die Gottesmörder und infolgedessen verdammt?«

»Studiert nur genau das Buch der Bücher, wie es so schön in deutscher Sprache hier vorliegt, und ihr werdet sehen, dass nicht das jüdische Volk, sondern die schnöden Römer Jesus ans Kreuz geschlagen haben!«

»Die Römer?« Der kleine Wagner nickt grimmig. »Ich konnte das welsche Volk nie leiden! Die Papisten!«

Jossel verkneift sich ein Lächeln.

Er wendet sich wieder an Erasmus Gerber, sieht ihm ruhig in die Augen.

»Ihr Hauptleute seid doch nicht allein tapfere Kämpfer, sondern auch die neue Gemeinde des Christentums und eurer Brüder verständige Führer. Man hat mir gesagt, dass Ihr Euren Haufen geviertelt habt. Ein Viertel steht jeweils acht Tage unter Waffen, die anderen arbeiten auf dem Feld, damit der Acker nicht brachliegt für die Ernten im Herbst.«

»Ihr seid wohlunterrichtet!«

Jossel lächelt nun offen. »Mit wem ich rede, möchte ich schon wissen.«

Er legt die Hand auf die Bibel.

»Wenn ihr Fragen habt zu meinem Volk, so stellt sie mir, und anhand dieses Buches werde ich euch wahrhaftige Antwort geben. Ich bitte: Wendet keine Gewalt an gegen meine

Nation. Wir sind in der ganzen Welt verstreut, besitzen weder Land noch Leute. Nicht wir sind's, die ihr bekämpfen sollt!«

Die Männer schweigen.

Dann sagt Gerber: »Ich habe gehört, der Doktor Luther hat auch eine Schrift verfasst, man solle euch Juden mit Billigkeit behandeln ...«

»Das hat er getan, und ich, ihr Hauptleute, bin auf dem Weg zu ihm, bin mit ihm verabredet, zu sprechen über das Miteinander von den Brüdern des Evangeliums mit den Anhängern des Alten Bundes. Was meint ihr, wäre es wohl in seinem Geiste, wenn ihr, seine neue Gemeinde, euch vergehen wollt an uns?«

Die vier am Tisch sehen den kleinen Juden offenen Mundes an. Der auf dem Wege zu Luther? Der Aug in Auge mit dem teutschen Herkules?

»Mit einem so mächtigen Vermittler«, sagt Wolf Wagner beeindruckt, »da kann man wohl getrost durch die Lande gehen und selbst kühn mit Leuten verhandeln, die dafür bekannt sind, dass sie schnell dreinschlagen!«

Nun lachen sie, und dann sagt Erasmus Gerber: »Brüder, was der Jude sagt, hat Hand und Fuß. Und so sollten wir nicht nur *unseren* Männern befehlen, die Juden in den Städten zu verschonen, sondern Sendschreiben verfassen an die anderen Haufen in der Umgebung und sie auffordern, ein Gleiches zu tun, denn das sei im Sinne des Evangeliums. Ohnehin sollten wir mit den Städten einvernehmlich verfahren. Wir haben Beistand nötig, keine vermehrte Feindschaft.«

»Der Unterstützung deutscher Judenheit sollt ihr gewiss sein«, sagt Jossel ruhig. »Dafür kann ich mich verbürgen.«

»Nun also ...«

Der Schreiber tunkt die Feder ein, des Diktats gewärtig.

Gerber zögert. Sieht von einem zum anderen. Entschließt sich dann: »Brüder, sollten wir diesen redlichen Juden nicht bitten, uns behilflich zu sein bei der Abfassung solcher Schriften? Er ist ein Mann des Wortes.« Er macht eine einladende

Geste. »Zieht Euch den Schemel da heran und setzt Euch zu uns. Helft uns, Rabbi Jossel.«

Während der Platz nimmt, fragt Georg Heid: »Und der Müntzer? Seid Ihr zum Müntzer auch geladen?«

»Nein, zum Müntzer nicht.«

»Was haltet Ihr von ihm?«

»Nun – er ist die Tat von Luthers Gedanken.«

Wieder lachen sie.

So ist der Rat Spalatin noch nie aufgetreten.

Schwarz gewandet von Kopf bis Fuß, ohne prunkenden Federhut betritt er Doktor Luthers Arbeitszimmer in der Universität. Es muss etwas vorgefallen sein.

Luther, wie immer am Verfassen irgendwelcher Traktate, erhebt sich beunruhigt, bietet dem Mann vom Schloss einen Sitz an, klingelt nach einem Trunk; letzteren weist Spalatin zurück.

Er blickt ernst.

»Kurfürstliche Gnaden haben Euren Mahnbrief an die Bauern gelesen!«, beginnt er ohne Umschweife, und Luther rutscht das Herz in die Hosen. War das – zu lau, was er da abgefasst hat? Hätte er sich mit der Obrigkeit beraten sollen? Aber siehe da, der Rat fährt im Gegenteil fort: »Sehr großes Wohlgefallen hat erregt, dass Ihr ein mitfühlendes Herz gezeigt habt. Denn mein Herr, der Kurfürst, ist der Meinung, dass unsere Nation nur dann vor fürchterlichem Mord und Blutvergießen bewahrt werden kann, wenn die Herren endlich einsehen, dass sie die Schraube überdreht und den gemeinen Mann in die Verzweiflung getrieben haben. Kurz und gut, Vernunft sollte her anstelle von Starrsinn. Einige der zwölf Artikel der Bauernschaft zu erfüllen, dürfte recht und billig sein. Möge man die Bedrückung mildern, und der Friede ist gewahrt. Und dann aber ist ein für allemal klarzustellen, dass kein Untertan die Hand wider seine Oberen erheben darf. Ein paar Rädelsführer deshalb abzuurteilen, würde genügen. Sodann herrscht Ruhe im deutschen Land.«

Luther ist, als falle ihm ein ganzes Gebirge vom Herzen. Sollte sich die Gewitterwolke verziehen? Sollte die Eintracht im Lande hergestellt werden?

Fast überhört er, dass Spalatin wie folgt fortfährt: »Dem Mann zu Allstedt also, der den Mund so voll nimmt, wird es an den Kragen gehen, und einigen Rebellen wie ihm. Aber das sind die Opfer, die zu bringen sind. Denn nicht geduldet werden kann, wenn einer lehrt, allen soll alles gemeinsam gehören. Omnia sunt communia.«

»Der Mann zu Allstedt, Magister Müntzer, wird einlenken«, sagt er eifrig und weiß, dass dem nicht so sein wird. »Es dürfte kurfürstlichen Gnaden, als dem Mächtigsten unter den Fürsten deutscher Nation, nicht schwerfallen, die anderen Großen einzustimmen auf sein Credo. Wünscht er, dass ich ihm meine Feder dazu leihe?«

Spalatin schweigt einen Augenblick, betrachtet seine Fußspitzen. Atmet schwer durch die Nase.

Dann sagt er: »Leider ...« Und schweigt wieder.

Luther wartet ab.

»Leider«, fährt Spalatin fort, »ist diese seine Botschaft an Euch denn wohl das letzte Mal, dass kurfürstliche Gnaden seine Stimme erhoben hat in diesem Streit.«

Er sieht seinem Gegenüber ins Gesicht. »Kurfürst Friedrich von Sachsen liegt auf dem Totenbett.«

Die beiden Männer starren sich an.

»Ihr zeigt mir erst den Frieden auf Erden und nun den Abgrund des Todes«, murmelt Luther und presst die Hand gegen Ohr und Schläfe, weil gerade das Wispern und Knispern anhebt, das sich ob dieser Nachricht ankündigt und ihn darauf hinweist, dass ihm wohl bald das Mühlrad im Kopf herumgehen wird. »Was soll dann werden?«

Rat Spalatin hebt ausdrucksvoll die Schultern. »Nun«, sagt er sachlich, »sobald Gott der Allmächtige unsern Herrn zu sich ruft, wird sein jüngerer Bruder Johann den kursächsischen Thron besteigen. Ein frommer Fürst auch er, wenngleich sicher nicht mit der Machtvollkommenheit seines Vorgängers ausgestattet, der ja beinah das Reich regiert hat in des Kaisers ständiger Abwesenheit. Man nennt ihn den Beständigen, denn er hat in den letzten Jahren bereits still und treu einen Teil der Amtsgeschäfte seines Bruders versehen. Allerdings, mit Rechnungslegung und Wirtschaft tut er sich etwas schwer.«

Die Worte rauschen an Luthers gepeinigtem Ohr vorüber wie hinter einem wollenen Tuch gesprochen.

Alles ist zuende.

Es wird keinen Frieden im Land geben. Das ist das eine. Was weiß er, welchen Weg der Politik dieser Johann einschlagen wird? Zudem: Wer wird auf ihn hören? Sein Bruder, einer der Mächtigen im Reich, Vorsitzender des Kurfürstenkollegiums – ja, dessen Stimme hätte wohl den Kampfwütigen Einhalt gebieten können. Aber Johann? Ein unbeschriebenes Blatt.

Und dann das Entscheidende:

Er, Luther, wird seinen Beschützer verlieren. Die starke Hand, die ihn, den Ketzer, all die Jahre hindurch vor Bann und Reichsacht bewahrt hat, die ihm das Asyl auf der Wartburg und schließlich in seiner Stadt Wittenberg gewährt hat, die ihm ermöglichte, in Kursachsen zu reisen ohne Furcht, sie ist dahin. Man kann ihn, falls Johann sich von ihm abkehrt, erschlagen wie einen tollwütigen Hund. Ist er verloren?

Er – und mit ihm die Sache der Reformation? Vielleicht wird die Universität hier gereinigt von den Professoren, die der evangelischen Sache anhängen, und eine Reihe papistischer Kleriker zieht ein …

Vielleicht werden alle anderen Fürsten, die sich zum wahren Glauben bekennen, nun auch wieder abfallen und zurückkehren zur alten Religion …

Er faltet die Hände vorm Gesicht. Herr, lass mich nicht zu Schanden werden!

»Lieber Rat Spalatin, ich bitte Euch, verlasst mich jetzt. Ich muss … ich muss mich sammeln. Ich bete für die Seele unseres Fürsten.«

Eine Welt scheint zusammenzubrechen.

Wolf Seberger, Luthers Diener, klopft früh, allzu früh an Melanchthons Haustür. Der hat die Nacht wieder einmal wenig Schlaf gehabt des Kindergeschreis wegen (Katharina ist schon wieder niedergekommen), und wollte nun die Nachtruhe nachholen. Aber: Dem Doktor Luther geht es nicht gut.

Man hätte natürlich auch nach einem Medicus schicken können … Aber nein, der Graeculus ist gefragt.

Er muss sich zumindest ankleiden, das Gesicht waschen, seine Notdurft verrichten, der Gattin, die den Säugling stillt und ihn mit vorwurfsvollem Blick anschaut, erklären, dass er wieder einmal zum Luther müsse.

Und als er dann draußen ist aus der engen Bude, da hört er, dass in dem Moment, wo er den ersten Atemzug frischer Luft schöpft nach der stickigen Enge seiner Wohnung, die Glocken klingen. Alle Glocken Wittenbergs, einschließlich die der Schlosskirche und der kleinen Kapelle vor den Toren, läuten gleichsam atemlos. Als wäre eine Feuersbrunst ausgebrochen oder der Angriff eines Feindes stünde bevor.

Auf halbem Wege zum alten Augustinerkloster kommt ihm Andreas Bugenhagen entgegen, Pfarrer in der Marktkirche, ein Kästchen aus feinem Holz unterm Arm, das, mit einem Kreuz verziert, von Melanchthon unschwer als Ciborium erkannt wird, als Gefäß, in dem die Abendmahlsbestandteile, Hostie und Wein aufbewahrt werden. Pfarrer Bugenhagens Gesicht ist gerötet vor Aufregung, und Melanchthon kommt ihm wohl gerade recht, er packt ihn am Ärmel und hält ihn fest. Muss loswerden, was geschehen ist.

»Ich komme geradenwegs vom Schloss!«, ruft er aus. »Habe den Hingang unseres gnädigen Herrn begleiten dürfen. Gott wird die Seele dieses frommen und weisen Fürsten aufnehmen in sein Paradies.«

Melanchthon nickt. Nicht, dass es ihn sonderlich überrascht hätte. Friedrich war zwar nicht krank, aber bei seiner Fettleibigkeit kann ein Schlagfluss schnell sein Werk tun.

»Rasch tritt der Tod den Menschen an«, zitiert er einen Vers aus den Psalmen. »Der Himmel wird sich ihm auftun, auch wenn er nie dem papistischen Irrwitz abgeschworen hat ...«

»Das ist es ja gerade!«, sagt Bugenhagen und zerrt weiter am Ärmel seines Gegenübers, obwohl der gar keine Anstalten macht, wegzugehen. »Er hat nicht umsonst nicht den Schlossgeistlichen an sein Sterbebett gerufen, sondern jemanden aus Wittenberg. Jemanden aus den Reihen der evangelischen Geistlichen. Und ich bin stolz und froh – bei aller Trauer um den seligen Herrn –, dass die Wahl auf mich gefallen ist.« Er nähert sein Gesicht dem Melanchthons. Flüstert: »Er hat sich die Sterbesakramente, das Abendmahl, in beiderlei Gestalt erteilen lassen!«

Seine Augen strahlen.

Melanchthon, noch müde von der üblen Nacht, sieht ihn einen Augenblick begriffsstutzig an. Dann beginnt er zu verstehen.

Die Sterbesakramente in beiderlei Gestalt ... also Brot *und* Wein, nicht nur, wie es im katholischen Ritus vorgeschrieben, allein die Hostie. Der Wein, das Blut Christi, blieb den Priestern vorbehalten. Das hat man hier zu Wittenberg geändert, wie jedermann weiß, denn nach der reinen Lehre ist jeder Christenmensch gleich vor Gott und ist also aller Weihen würdig.

»Nun, was sagt Ihr?« Bugenhagen starrt ihn fordernd an.

»Was bedeutet, der Kurfürst ...«

»... ist im Geiste der reinen Lehre gestorben! Auf seinem Totenbette hat er sich zum Evangelium und der lutherischen Sache bekannt!«, frohlockt er.

»Das ist wahrlich eine frohe Botschaft!«, sagt Melanchthon – wünscht allerdings im Stillen, der hohe Herr hätte sich zu diesem Schritt eher entschließen sollen, dann hätte die evangelische Sache eine mächtige Stütze gewonnen unter den Fürsten des Reiches. »Nun allerdings ...«

»Nun wird sein Bruder Johann regierender Herr im Lande werden«, ergänzt der Stadtpfarrer. »Was sich da alles verändern wird, das weiß noch keiner so recht. Lebt wohl, Herr Professor. Ich eile, der Gemeinde, die sich gewiss schon versammelt hat, um Trauergottesdienst für den Dahingegangenen abzuhalten, mitzuteilen, dass diese bittere Frucht einen süßen Kern enthält: die Zuwendung des weisen Herrn zum wahren Glauben.«

Er eilt, und Melanchthon seinerseits eilt zum Reformator, ungewiss, wie der diese Botschaft aufnehmen wird. –

Er findet Martin Luther hingestreckt auf seinem Strohsack, der schon lange nicht gewechselt wurde, in voller Montur; nicht einmal die Stiefel hat er von den Füßen gezogen.

Seine Augen sind geschlossen, das Gesicht wirkt eingefallen.

»Bist du das, Philippus?«, fragt er mit matter Stimme. »Verzeih, dass ich nicht aufstehe. Es dreht sich alles um mich herum. Hast du es auch gehört? Mit unserem kurfürstlichen Herrn soll es zu Ende gehen ...?«

Da weiß Melanchthon allerdings mehr. Nämlich, dass es zu Ende gegangen *ist* – eine Nachricht, die Luther denn doch hochjagt von seinem Leidenslager. Er greift nach den Händen des Überbringers dieser Botschaft, hält sie krampfhaft fest.

»Die Wege des Herrn sind unerforschlich! Es steht uns nicht an, zu fragen: Warum jetzt? Aber dennoch: Gott hat diesen Fürsten zur Unzeit abberufen!«

Die tröstliche Tatsache von Friedrichs Konvertierung zum evangelischen Glauben in letzter Minute scheint ihn wenig zu berühren. Melanchthon begreift: Luthers Trauer um den Verstorbenen wird nicht gemildert durch das Wissen, der hohe Herr komme nun sicher ohne den Umweg durchs Fegefeuer ins Paradies – sie hat einen außerordentlich dringenden Grund.

»Freund, ich sehe mich verloren! Ich bin meines Schutzes beraubt! Als ich dich rufen ließ, hatte ich noch die Hoffnung, wir könnten von langer Hand etwas vorbereiten, um mich fortzuschaffen, am besten außer Landes und zu einem anderen evangelischen Fürsten … Acht und Bann sind schließlich weiterhin voll wirksam. Aber nun? Denke mit mir nach über ein wirksames Versteck in der Nähe; es steht ja keine Wartburg zur Verfügung!«

Melanchthon begreift: Es ist die nackte Angst, die seinen Freund derart niedergestreckt hat.

Er versucht zu beruhigen.

»Bedenke doch, Martin, was so ein Wechsel im Regiment alles mit sich bringt! Zunächst wird ja die Nachricht vom Tode des Weisen ihre Zeit brauchen, sich zu verbreiten, und wie immer die Welt sich dazu verhalten mag – entscheidend ist ja wohl, wie sein Nachfolger im Amt sich aufführen wird und was von ihm zu erwarten ist. Darauf werden Stadt, Land und Reich ihr Augenmerk richten! Oder meinst du, man lauert wie ein Wolfsrudel nur darauf, den Doktor Luther zu fangen und zu vernichten?«

»Das denke ich allerdings!«, erwidert der, und Melanchthon registriert einmal mehr, ohne sich groß zu verwundern, dass sein Freund sich für den geistigen Mittelpunkt Deutschlands hält. (Vielleicht aber hat er ja auch Recht damit.)

Luther fährt fort: »Und da du es schon aussprichst: Was weiß man denn von Johann? Er ist für mich und für viele andere ein unbeschriebenes Blatt, soll ja ein bisschen mitregiert haben an der Seite des Bruders, aber stets in seinem Schatten. Ein schwankes Rohr wird er sein, wird jedem nachgeben, der auf ihn einflüstert! Wenig beruhigt es mich, das neue Regiment.«

»Aber lieber Bruder, meinst du nicht, dass heutzutage, da die Welt in Flammen steht, die großen Herren denn doch ihr

Augenmerk zunächst auf ihre meuternden Untertanen richten als darauf, dem Ketzer Luther nach dem Leben zu trachten?«

Luther hat sich soweit aufgerafft, dass er nun auf der Bettkante sitzt. Die Hände des anderen hat er losgelassen und die seinen vor der Brust gefaltet. »Alles dröhnt und rast in meinem Kopf!«, murmelt er. »Zu spät, alles ist zu spät! Hätte er, der selige Friedrich, doch nur gesprochen, zum Frieden gemahnt im Reich, Harmonie zwischen Oben und Unten wieder hergestellt kraft seines Wortes! Zu spät! Oh Herr im Himmel, sieh darein!«

Melanchthon fühlt sich nicht in der Lage, weder diese Verzweiflung noch diese Furcht ganz nachzuvollziehen. Gewiss, auch er hat sich mit den Artikeln der Bauernschaft befasst, hat eine Schrift dazu in die Welt gesetzt, beurteilt, abgewägt, geraten und einiges verworfen – aber damit ist sein Anteil an diesem Geschehen abgegolten, er ist ein Mann des Wortes, die Taten mögen die anderen tun.

Apropos Worte: Natürlich gilt es, in angemessenen Sätzen seine Kondolenz zum Ableben des alten Kurfürsten auszudrücken und gleichzeitig den neuen zu seinem Amt zu beglückwünschen und Gottes Segen zu erbitten.

Das schlägt er vor, aber davon will Martin nichts wissen. Er meint, es sei besser, sich still zu verhalten, gar nicht erst die Aufmerksamkeit hinzulenken auf die Universität zu Wittenberg und ihre Gelehrten.

Er lässt sich aufs Bett zurückfallen und schließt wieder die Augen.

Melanchthon entfernt sich leise. Aber er hat nicht vor, so zu verfahren, wie der Freund es gern hätte. Vielmehr begibt er sich stehenden Fußes in die Universität an seinen Schreibtisch und verfasst ein kleines Meisterwerk auf Latein: Schmerz über den Dahingegangenen, dem freilich das Himmelreich sicher ist, Glückwunsch an den neuen Regenten und Träger der Fürstenkrone. Und er schreibt das in seinem eigenen Namen und fügt hinzu, den Doktor Luther hätte die Nachricht vom

Ableben des Seligen so erschüttert, dass er nicht imstande sei, selbst zu schreiben und ihn gebeten habe, in seinem Namen mit zu kondolieren und zu gratulieren.

Punktum, Streusand und hinauf damit aufs Schloss.

Natürlich hat Melanchthon recht.

Trotz pompösem Schreiben kräht zunächst kein Hahn nach den gelehrten Männern Wittenbergs. Es geht offiziell zu, und wen sollte es wundern, dass der Erbe von mehr als tausend Reliquien in feierlichem Hochamt in seine neue Position eingeführt wird, mit viel Weihrauch, altgläubig-lateinischem Ritus und Abendmahl – natürlich in nur einerlei Gestalt für die Gemeinde, und die Priester dürfen des Blutes Christi, des Weins, teilhaftig werden.

Aber dann, keine halbe Woche nach seinem Amtsantritt, wird Doktor Luther aufs Schloss bestellt, vors Angesicht des neuen Herren – zu seinem bleichen Entsetzen.

Halbwegs erholt, wie er inzwischen ist (das Brausen im Ohr hat sich zu einem feinen Klingeln abgeschwächt), macht er sich darauf gefasst, aus Wittenberg vertrieben zu werden, und bereitet sich schon innerlich darauf vor, sein Bündel zu schnüren, seine Lauten und seine Bücher einzupacken und zu einem anderen Herrn flüchten zu müssen, der die wahre Lehre angenommen hat, Philipp von Hessen etwa – quer durchs brennende Land und hindurch zwischen rebellischen Bauernrotten.

Was ihn besonders erschreckt: Nie hat er dem verstorbenen Kurfürsten Auge in Auge gegenüber gestanden, geschweige denn, mit ihm gesprochen, sondern immer war Spalatin der Mittler kurfürstlichen Willens. Gesehen hat er den Herren nur aus der Ferne, beim Reichstag unter den anderen Kurfürsten, in Purpur und Hermelin gewandet, das verschlafen wirkende Gesicht unterm großen Pelzhut.

Nun soll er vor den neuen Herrn treten … Warum?

Reicht es nicht, wenn ihm Spalatin die Ausweisung überbringt?

Während er, geleitet von einem Lakaien, durch die Räume des Schlosses geführt wird, das er noch nie zuvor betreten hat, schießt ihm durch den Sinn, wie er – wie lange mag das her sein? Eine gefühlte Ewigkeit! – dereinst in Worms vor die Großen der Welt treten musste. Damals war Gott mit ihm und der Heilige Geist goss ihm Mut für die Wahrheit ins Herz. Jetzt? Alles scheint zu Ende zu gehen.

Der neue Kurfürst empfängt den Professor aus Wittenberg aufs Huldvollste, hebt ihn auf aus dem Kniefall, entzieht ihm die Hand, die er zu küssen beabsichtigt, bittet ihn, seinem Tisch (Ein Schreibtisch! Er ist ein gelehrter Herr!) gegenüber Platz zu nehmen.

Luther hat sich ob dieses Empfangs inzwischen soweit gefasst, dass er seinen nunmehrigen Landesherrn betrachtet. Ein vom Bart umrahmtes Gesicht, langnasig, irgendwie bedächtig, die heruntergezogenen Mundwinkel scheinen auf Melancholie zu deuten, aber die Augen blicken klar und klug.

»Herr Doktor, wir müssen uns besprechen«, sagt Johann freundlich.

Luther nickt. So kann man es auch anfangen …

»Ihr habt von dem großen Hochamt Kenntnis genommen, denke ich, wie alle anderen auch, von meiner Amtseinführung.« Er macht eine Pause. Dann lächelt er. »Es war das letzte Hochamt, das stattgefunden hat. Wozu mein Bruder, den Gott selig hat, nur auf dem Sterbelager fähig war, aus vielerlei Gründen – ich will es leben. Doktor, ich werde ein evangelischer Fürst sein.«

Er wartet auf die Reaktion seines Gegenübers, aber die bleibt zunächst aus. Luther starrt ihn an, als habe er nicht verstanden.

»Ich werde mich öffentlich zum rechten Glauben bekehren«, bestätigt Johann seine eigenen Worte. »Kursachsen und Thüringen werden eine Bastion des wahren Christentums sein, und Euch, Professor, in den Mauern Wittenbergs zu wissen, gereicht dem Lande zu Ruhm und Ehre. Demnächst werde ich meine Kanzlei anweisen, Euch das alte Schwarze Kloster, in dem Ihr ja haust, wie ich höre, als Eigentum zu vermachen. Ihr seid der Hausherr dann, tut mit dem Gemäuer, was Euch gut dünkt – von mir aus richtet es her als Asyl für Mönche, die die Klöster des Landes verlassen.« Wieder gleitet ein Lächeln über sein Gesicht.

Luther ist noch immer stumm. Der neue Kurfürst fährt fort: »Ihr werdet in mir in allen Stücken einen gnädigen Landesherren finden. Ich schätze all Eure Werke, Herr Doktor, und ermuntere Euch, weiterhin in Eurer Lehr- und Predigttätigkeit fortzufahren, auch Eure Schriften in die Welt zu senden.«

Er pausiert, und der immer noch sprachlose Luther bemerkt jetzt, dass Johann ein Schreibtäfelchen vor sich auf dem Tisch liegen hat, ähnlich den Schiefertafeln der Schulkinder, und davon jetzt etwas abliest. Offenbar hat er sich auf dies Gespräch bis ins Einzelne vorbereitet.

Bevor er, Luther, zu einer Dankesrede ansetzen kann, hat aber schon wieder der Kurfürst das Wort ergriffen: »Letztere vor allem sind ja unserer Sache von Nutzen. Man hört auf Euch, Doktor, die Nation hört auf Euch. Eure Stimme wird in diesen schweren Zeiten sehr vonnöten sein, wenn es gilt, den Aufruhr im Land zu ersticken. Seht, dies ist eine Sache, bei der katholische und neuchristliche Herren an einem Strang ziehen müssen. Es geht um nicht mehr und nicht weniger, als die gottgegebene Autorität der Obrigkeit zu schützen! Denn ist die erst dahin, hält der Satan Einzug, auch, wenn das Land evangelisch ist. Hierin hoffe ich auf Eure gewandte Feder, Doktor, und tut es bald.«

Er erhebt sich. Die bedeutungsvolle Audienz ist wohl zu Ende. Auch Luther springt auf, sucht immer noch nach Worten, mit denen er Erstaunen, Dank, Ergebenheit, beflissene Hingabe ausdrücken will, aber Johann hebt die Hand, hat noch etwas zu sagen.

»Unlängst habe ich ein Blatt von Euch gelesen, darin Ihr die Juden gegenüber dem Wüten mancher Christen in Schutz genommen habt. Das ehrt Eure christliche Milde, aber bedenkt, dass diese Nation mit Betrug und üblen Umtrieben einhergeht und zudem die Mörder unseres Herren Jesus unter ihr gewesen sind.«

Hier gelingt es Luther nun, das erste Mal den Mund aufzutun: »Gnädigster Herr, diese Schrift dient allein der Bekehrung dieses Volkes, das, so Gott will, angesichts des reinen Evangeliums von seinem verstockten Irrgauben ablassen wird!«

»Das ist ein frommer Wunsch, Doktor, und möge es Euch gelingen. Bevor sie aber nicht zum Christentum konvertiert sind, wird keines Juden Fuß meine Länder betreten. Mir hat die Kanzlei eine Bittschrift vorgelegt, ein Gesuch eines jüdischen Rabbi, der um Einreise bittet, wie er schreibt, um mit Euch zu disputieren. Lasst davon ab, Luther! Ihr werdet nichts erreichen. Übrigens, ich habe das Gesuch abschlägig beschieden.«

Er nickt Luther noch einmal zu, verschwindet durch eine Tapetentür, ehe der Untertan sich äußern kann.

Der Lakai erscheint, geleitet den verwirrten, überraschten, wie vom Blitz gerührten Gelehrten nach draußen.

Und der sortiert das Chaos seiner Gedanken, während er sich langsam auf den Heimweg macht.

Triumph! Triumph der evangelischen Sache! Kursachen und Thüringen nun auf der Seite des wahren Christentums! Sein Asyl bestätigt, ja, ihm darüber hinaus einen Wohnsitz verehrt! Was will er mehr? Auf seine Loyalität kann er bauen wie auf Marmorstein, der neue Landesherr. Er wird es ihm in schön formulierter Epistel dankend darlegen.

Ja und ja. Was für ein Herr! Innerhalb weniger Minuten hat er die Welt für Luther neu gestaltet. In seinem Sinne. Zudem hat er ihm eine Fußfessel angelegt mit einem riesenhaften alten Gebäude und ihn in die Pflicht genommen im Dienste deutscher Fürsten wider die Bauern. Anders als sein verstorbener Bruder, wird er wohl kaum gesinnt sein, einige Forderungen der Aufrührer zu erfüllen …

Und dann hat er ihm das Treffen mit dem Juden … untersagt? Hat er das tatsächlich? Er hat nur Jossel von Rosheim die Einreise verweigert.

Jubel in Wittenberg. Von allen Kanzeln herab wird die große Neuigkeit verkündet: Das wahre Evangelium ist nun Religion im Staate. Mit Schall wird er gepriesen, der neue Kurfürst Johann, dem Gottes Segen und eine glückliche Regierung gewünscht wird.

Aber während zu Wittenberg gesungen und gefeiert wird, mehren sich Schreckensmeldungen aus dem Land rundum. Klöster werden geplündert und angezündet, Städte eingenommen, die alte Obrigkeit verjagt, neue Männer (oder Weiber!) nehmen ihre Stelle ein. Jeden Tag etwas Neues, Bedrohliches! Von hier und da, von überall!

Im Gegenteil zu Luther studiert Melanchthon alle Flugschriften genauestens; der Reformator hingegen scheint den Kopf in den Sand zu stecken, will nichts hören von dem, was im Namen der Freiheit eines Christenmenschen allüberall vonstatten geht.

Obwohl er ja alles erreicht hat, was nur zu wünschen übrig ist: Sicherheit für seine Person, Festigung der Sache, für die er angetreten, das Ohr ganz Deutschlands – er scheint verwirrt, geistesabwesend oft, auch mürrisch.

Eines Tages, als er auf dem Weg von seinem »Grundbesitz«, dem halb verfallenen Schwarzen Kloster, zur Universität recht früh die Straßen durchquert (der Schlaf flieht ihn), kommt ihm ein schwer bewachter Transport entgegen: Reiter in kurfürstlicher Montur umgeben einen geschlossenen Wagen mit Eisenbeschlägen an den Türen, gezogen von vier weißstirnigen Ochsen. Mühsam mahlen die Räder im Staub der Straße, wackelnd in den Naben, schwankend. Die peitschenbewehrten Treiber prügeln auf die Tiere ein. Ein Prellstein wird zu knapp angegangen, knirschend schrammt ein Rad entlang, der Wagen bleibt stehen.

Sie schreien aufeinander ein, Kutscher und Männer des Geleitschutzes, versuchen, den Karren wieder freizumachen, zerren die Ochsen am Kumt hin und her, und die brüllen. Ein Höllenlärm; die Fensterläden und Türen werden geöffnet, verschlafene Bürger fluchen.

Luther steht an die Wand des gegenüberliegenden Hauses gedrückt; was um Himmels willen soll da außer Landes geschafft werden?

Als sich die Lage klärt, tritt er an den Hauptmann des Geleitschutzes heran, der, wie die anderen auch, abgesessen ist.

»Ihr kennt mich?«

Der Mann, bärtig, schmale Augen, schielt ihn unterm Schutz seiner Sturmhaube hervor an: »Herr Doktor Luther? Wer kennt Euch nicht?«

»Habt Ihr Befehl, Eure Fuhre geheimzuhalten?«

Der Hauptmann grinst. »Unterwegs gewiss. Doch hier und Euch gegenüber ... Nun, seine kürfürstliche Gnaden versilbert, was an den Reliquien seines Bruders an Edelmetallen vorhanden war. Die Kanzlei hat eine sehr günstige Abmachung mit dem Bankhaus Fugger getroffen. Bargeld kommt in die Kassen!«

Luther verkneift sich das Lachen. »Und die geistigen Werte? Was ist mit denen?«

»Professor, was meint Ihr damit? Wer in aller Welt kann schon mit der Milch der Heiligen Jungfrau etwas anfangen oder mit einem Zehennagel des Heiligen Sebastian? Das gehört in den Abfall!«

Die Fuhrleute schwingen ihre Peitschen. Der Karren ist wieder flott. Die Fahrt kann weitergehen.

Wahrlich ein Mann von beachtlicher Konsequenz, der neue Herr. So zeitigt die Hinwendung zum evangelischen Glauben auch noch weltliche Vorteile.

Zwei Briefe erreichen ihn am gleichen Tag.

Der eine kommt aus dem Bistum Halberstadt. Er ist in

sauberem Latein abgefasst; die Buchstaben stehen so fein und zierlich auf dem Papier wie Blumen in einem Beet.

Der zweite hatte einen längeren Weg. Geschrieben hat ihn – ebenfalls in Latein, versteht sich! – Wolfgang Capito in Straßburg und legt ihm nochmals den Rabbi Joseph von Rosheim ans Herz, durch dessen Beziehungen zu »Personen, mit denen der Angesprochene gewiss keine Verbindung habe«, der Sache des Evangeliums ebenso geholfen werden könne wie denen, die Frieden wollen in deutschen Landen.

Der Brief war eine Weile unterwegs, und Luther versteht, was er meint.

Der andere, erste, stammt von besagtem Rabbi Joseph selbst. Mit klaren Worten teilt er dem verehrten Doktor mit, wo er sich befindet und dass ihm leider keine Bewilligung zuteil wurde, das kursächsische Terrain zu betreten. Ob es wohl zu einem Zusammentreffen auf neutralem Boden kommen könnte? Falls er Bedenken habe, der angespannten Lage im Lande wegen: Er, Jossel, würde sich für strenge Geheimhaltung verbürgen.

Wie er das erreichen will, ist dem Adressaten schleierhaft, er tut es mit einem Achselzucken als pure Prahlerei ab.

Dann aber wendet sich das Blatt.

Georg Spalatin, der in der letzten Zeit durch Zurückhaltung auffiel, ist wieder da. Er scheint den Wechsel in der Herrschaft ohne Beschädigung überstanden zu haben – Bote und Vermittler der kurfürstlichen Wünsche wie eh und je. Und der Rat Spalatin übermittelt den dringenden Wunsch seines Herrn, der verehrte Doktor möge sich nun bald intensiver einbringen in den Streit mit den Rebellen. Am liebsten wäre es dem Herrn, wenn er, Luther, nun vor einem Trupp der versammelten Insurgenten eine seiner starken Predigten halten würde. Seine Gegenwart würde der Macht seiner Worte größten Nachdruck verleihen, besser, als eine Flugschrift es tun könnte.

Luther glaubt seinen Ohren nicht zu trauen.

»Wie soll das geschehen?«, fragt er langsam. »Soviel ich weiß, verhalten sich die Menschen in den Ländern unter Kurfürst Johanns Regiment moderat. So eine Predigt hätte doch nur Sinn, wenn ich einen der Haupthaufen dieser Rebellen erreichen könnte.«

Spalatin nickt Zustimmung. »Ihr müsstet Euch freilich in das Gebiet begeben, wo der Aufstand tobt. Und leider muss ich Euch sagen, dass das thüringische Land jetzt auch einbezogen ist in dieses Schreckensgeschehnis. Nicht nur, dass sie dort die Bildwerke aus den Kirchen entfernen und die Lehre der Priester ablehnen – das kennen wir schon. Nein, sie weigern sich, der weltlichen Obrigkeit zu gehorchen, und behaupten, sie seien nun einzelne christliche Gemeinden, die selbst die öffentlichen Angelegenheiten führen. Und Euer Name wird an jeder Straßenecke herausgeschrien.

Euer Schüler Thomas Müntzer zu Allstedt …«

»Er ist nicht mein Schüler!«

»Nun, das kann schon hin und wieder passieren, dass einem ein Anhänger über den Kopf wächst und aus den Lehren, die er eingesogen, ein Neues und Anderes formt«, entgegnet Spalatin geschmeidig. Luther hört es voller Unbehagen.

»Ich mag nicht reisen. Die Papisten sind überall. Wer kann mich sicher machen, dass sie nicht auch in Kursachsen mir auflauern und mich entführen?«

»Man wird Euch Geleitschutz geben, Luther.« Er beugt sich vor auf dem Stuhl, auf dem er sitzt, legt seinem Gegenüber die Hand aufs Knie. »Es ist die inständige Bitte unseres Herrn an Euch. Die Lage spitzt sich zu! Ihr braucht keine Bedenkzeit, wenn Ihr redet, fließt es Euch zu, also zögert nicht. Keiner weiß, wie schnell sich da draußen alles entwickelt. Der Müntzer predigt wie der Teufel. Unser Kurfürst will den Frieden. Aber er wird auf die Dauer nicht widerstehen können, wenn die anderen Mächtigen im Reich das Schwert ergreifen.« –

Seine Schritte hallen auf den Steinplatten der Marktkirche zu Allstedt.

Wenn eine Kirche kaum besucht ist, vervielfacht sich das hallende Geräusch.

Er geht vor zum Altar, sieht sich um.

In der Tat, das Kirchenschiff ist halb leer. Und was da sitzt, das sind alte Leute zumeist, Männlein und Weiblein, auch ein paar Kinder. Der Stadtpfarrer, Lutz Merker, kommt eilfertig aus der Sakristei, bindet sich das weiße Beffchen am Hals fest, grüßt den Amtsbruder ehrerbietig und verlegen.

»Was ist das hier?«, fragt Luther unwillig. »Weiß man nicht, dass ich heute in dieser Kirche predigen werde? Wo ist die Gemeinde?«

Merker windet sich. »Es hat sich so ergeben« murmelt er gesenkten Blickes, »es ist ein reiner Zufall, dass ...«

»Was ist ein Zufall? Heraus mit der Sprache!«

»Nun, es ist so, dass der Magister heute ebenfalls predigt, in der Kapelle St. Marien vor den Toren.«

Der Magister. Der Müntzer. Luthers Gesicht läuft rot an. Auf seiner Stirn schwillt eine Ader.

»Es hat sich so ergeben? Ja, seid ihr denn wahnsinnig hier, mir einen solchen Tort anzutun?«

»Gewiss ist es nicht so gemeint!«, wehrt der andere erschrocken ab. »Sondern ganz im Gegenteil. Die neue Christengemeinschaft vermeint vielmehr, es wäre wohlgetan, wenn auch Ihr ...«

Luther unterbricht ihn. »Was für eine neue Christengemeinschaft?«, fragt er, Wort für Wort betonend. Aber bevor Pfarrer Merker dazu kommt, zu antworten, erklingen neue Schritte auf den steinernen Quadern. Zwei Männer haben die Kirche betreten und kommen gewichtigen Ganges auf den Altar zu.

Zwei gedrungene Gestalten, bärtig, im schlichten Kittel, bäuerliche Bundschuh an den Füßen, aber Schwert und Dolch am Gürtel. Ihr Blick ist frei und offen, und sie grüßen den Mann aus Wittenberg mit einem biederen »Seid willkommen!«

Das also sind sie, jetzt sieht er zum ersten Mal welche von »denen«, die Rottengeister, die Frevler und Aufrührer, die Aufbegehrer wider die göttliche Ordnung.

Er ist außerstande, den Gruß zu erwidern, verschränkt die Arme über der Brust. Bringt dann mit gepresster Stimme hervor: »Seit wann kommt man bewaffnet ins Gotteshaus?«

»Es ist so«, erwidert der eine, ein blonder Kerl, noch ziemlich jung, ganz bedächtig, »dass wir die Streiter für die neue Gemeinde der Gerechtigkeit sind, und der Herr wird uns gewiss vergeben, dass wir unsere Waffen nicht ablegen, denn der Feind lauert allüberall.«

Luther holt Luft zu markiger Entgegnung, aber bevor er etwas erwidern kann, mischt sich Pfarrer Merker ein: »Doktor, das sind ...« (die Namen rauschen an seinen Ohren vorbei, ein Veit, ein Hans, ein Bauerntölpel) »... sie kommen als Abgesandte des neuen auserwählten Volkes. Es ist – verzeiht schon, ich habe es ein bisschen umschrieben vorhin –, es ist kein Zufall, dass der Magister heute predigt. Wir erhoffen – sie erhoffen Euren Beistand, Doktor. Wenn Ihr mit hinaus kämet nach St. Marien, zur Unterstützung und Bestätigung der flammenden Worte des Magisters – das würde diesem Gottesdienst gleichsam einen goldenen Rahmen geben.«

Und die beiden bewaffneten Kerle in den Bundschuhen nicken dazu.

»Nichts als die Gerechtigkeit Gottes!«, sagt der Blonde, offenbar der, dem Gott leider Sprache verliehen hat, »so steht es auf unserer Fahne! So, wie Ihr es uns gelehrt habt in Eurer Schrift von der Freiheit eines Christenmenschen. Die hat mir ein fahrender Schüler vorgelesen.«

Jetzt hat auch der andere, ein Graubart, Stimme gewonnen. »Werter Doktor, einen Geleitschutz, wie den, den Ihr im Gasthaus gelassen habt, braucht Ihr nicht bei uns. Ihr seid so sicher wie in Abrahams Schoß. Wir werden Euch in die Mitte nehmen und nach St. Marien geleiten, indes Pfarrer Merker hier die Predigt abhält für die Alten und Bresthaften. Denen wird es genügen, dass sie Euch, Herr Doktor, leibhaftig gesehen haben.«

Nicken und Gemurmel aus den Kirchenbänken.

Also dieser Stadtpfarrer hat Anteil an der Konspiration!

Luther ist, als würde ihm der Halskragen zu eng.

»Ihr alle … ihr alle habt mich … nein, ihr habt mich nicht missverstanden! Ihr deutet's mit Absicht falsch und wollt mich zum Parteigänger des leibhaftigen Satans machen, des Satans, der in den Müntzer gefahren ist und der in euch allen wohnt!«, bringt er krächzend hervor. Seine Stimme gewinnt an Kraft. »So steht es in der Schrift, auf die ihr euch berufen wollt, bei Sirach im Vierzehnten: ›Ihr aber deutet's fälschlich und seid alles unnütze Ärzte!‹ Denn nie und nimmer habe ich aufgerufen zur Auflehnung gegen die Obrigkeit. Die Macht der Mächtigen, seien sie nun gut oder schlimm, stammt von Gott dem Herrn! Berichtet das dem bösen Wurm und Höllengeist in St. Marien, wenn er denn noch Ohren hat zu hören! Ich habe nichts zu schaffen mit ihm und mit euch!«

Er stürzt davon, ungeachtet der Versuche dieser drei, ihn zurückzuhalten, zu beschwichtigen, zu erklären; ihre Stimmen erreichen ihn nicht, da ist nur wieder das Hallen seiner Schritte auf diesen steinernen Platten, steinern und versteinert wie die Gemüter dieser verlorenen Seelen.

Rennt durch die engen Straßen der Stadt, ohne zu wissen, wohin. Sie wollten ihn vor ihren Karren spannen, wollten ihn missbrauchen! Keine Predigt! Nur der »goldene Rahmen« für Müntzer.

Da hilft nur Flucht. Flucht zurück in den sicheren Schutz einer Hand, die ihn aufhebt und bewahrt.

Irgendwie gelangt er zu der Herberge, in der er abgestiegen ist. Die Männer des Geleitschutzes sitzen würfelnd in der Gaststube, blicken befremdet auf. So schnell haben sie den Doktor nicht zurück erwartet.

Er befiehlt hastig den Aufbruch. Nur fort aus der Nähe dieses Hexenkessels der satanischen Umtriebe!

Seine Begleiter sehen kopfschüttelnd, dass er zittert, als er seinen Wagen besteigt.

Unterm Rumpeln und Geschüttel der Fahrt, hinter der geschlossenen Plane, lässt er sich gehen, ballt die Fäuste, knirscht mit den Zähnen.

Es ist ihm misslungen. Er hat versagt. Er muss seinem Fürsten unter die Augen treten und ihm berichten: Man hat mich nicht einmal zu Wort kommen lassen. Keine Predigt, kein Streitgespräch, gar nichts. Sie wollten ihn nur dem Müntzer zum Fraß vorwerfen – da hätte er mit Engelszungen reden können, das aufgehetzte Pack, das Gefolge des anderen, hätte ihn zu Schanden werden lassen.

Martin Luther, der Verlierer.

Und das Gefühl des Versagens schlägt um in einen rasenden Hass.

Sie werden alles zunichte machen; sein großes Werk des Evangeliums und der neuen Kirche – sie werden es in Blut ersäufen. Denn es ist unvermeidlich: Die postulierte Gerechtigkeit, von der die Anführer schwafeln – sie ist nur mit Waffen zu erringen. Und die neue Lehre wird darunter begraben werden.

Gott bestrafe sie!

Zur Verwunderung des Hauptmanns, der den Geleitschutz anführt, verlangt er, dass ein Umweg genommen werde. Einer, der nah an die Grenze führt. Dort, wo der Kurfürst zu Brandenburg residiert, Erzfeind der Herrschaft zu Wittenberg, den er als einen höllischen Kardinal tituliert hat in einer seiner Schriften. Man quartiert sich dort im Grenzland für eine Nacht ein.

Nachts und im Niemandsland kommen heimlich zwei Männer aus verschiedenen Richtungen aufeinander zu. Mondhell, wie es ist, bedürfen sie keiner Laterne. Es ist freies Feld, hier und da wirft ein Gebüsch scharfen Schatten.

Die beiden Männer halten Abstand. Sie begrüßen sich, indem sie sich voreinander verneigen. Dann gehen sie nebeneinander her, zunächst stumm.

Der Kleinere der beiden eröffnet das Gespräch. »Danken wir der Vermittlung guter Freunde, dass wir hier zusammenkommen, allein unterm Himmel des allmächtigen Gottes und auf der Erde unter unseren Füßen, auf der wir gemeinsam stehen, Jude wie Christ.«

»Es schien mir wesentlich«, entgegnet der andere. »Ihr habt Macht in Eurem Volk. Man nennt Euch den Regierer der Judenheit.«

»Das tun die großen Herren, mit denen ich hin und wieder ins Gespräch komme, um zu vermitteln«, entgegnet der so Angesprochene nüchtern. »Mein Volk nennt mich Schtadlan oder Fürsprech. Mit gleichem Recht könnte man Euch, Herr Doktor, als den Regierer des Neuen Evangeliums bezeichnen.«

Luther seufzt unterdrückt. »Wenn's nur so wäre! Aber die Schafe, die ich zu hüten habe, sind so widerborstig wie eine Herde Säue. Ihr, Jossel, habt es da leichter.«

»Das sei dahingestellt.«

Sie gehen auf dem Brachfeld umher, jeweils bis an die Grenzen zum bebauten Land. Ihre Schatten sind ihnen im Mondlicht manchmal voraus, manchmal laufen sie ihnen nach. Sie gehen im Kreis. Ein Käuzchen schreit.

»Ihr habt in Eurer Schrift kluge Worte gefunden über mein Volk und seine Stellung in der Welt. Das war vonnöten und hat uns gut getan. Inzwischen habt Ihr die Mächtigen ermahnt, es nicht zu toll zu treiben wider die armen Leute, und die mäßigen Forderungen unter den zwölf Artikeln anerkannt.«

Luther fährt auf. »Wollte Gott, ich hätte es nicht getan! Wenn ich etwas bereue, so, dass ich dem Aufruhr Vorschub geleistet habe!«

»So solltet Ihr nicht reden!«, sagt Jossel begütigend. »Denn noch ist nichts verloren.«

»Das Land brennt! Sie setzen den Roten Hahn auf die Klosterdächer!«

»Nicht alle Feuer, die wir sehen, rühren von Mordbrennerei her. Es gibt auch Freudenfeuer. Und da sind Feuer, mittels derer sich die Bauernhaufen untereinander verständigen.«

»Rottengeister!«

»Luther, beruhigt Euch«, sagt Jossel, und seine klare und sachliche Stimme scheint den Ingrimm des anderen etwas abzukühlen. »Sie sind nicht böswillig, sie suchen. Es sind Gerechte unter ihnen.«

»Was versteht Ihr unter Gerechten? Ist das nicht, wie ich Eure Schriften verstehe, ein Ziel, nach dem gerade Euer Volk strebt?«

»Oh nein. Gerechtigkeit und Frommsein ist allgemein. Die Gerechten aller Völker sind Priester des Herrn. Sie alle haben Anteil am Paradies.«

»Sind wir beisammen, um über Theologie zu plaudern?«

»Nein. Sondern es gilt zu erwägen, was wir tun können.«

»Wir?«

»Ja, wir. Ihr als Stimme des geläuterten Christentums, ich als Vertreter der Wurzel, aus der das Reis Jesus entsprungen ist. Seht, vor nicht allzu langer Zeit bin ich zu einem Bauernhaufen gegangen mit Eurer Biblia in der Hand, und es ist mir gelungen, ihren Furor zu beschwichtigen, der sich auch gegen mein Volk zu richten drohte, indem ich ihnen darlegen konnte, dass nicht die jüdische Nation schuld ist an Ausbeutung und Zwang, sintemalen wir selbst kein Land und kein Gut besitzen.«

Luther schweigt, und Jossel fährt fort: »Ein weiser Fürst ist gestorben. Ein Fürst, der den Frieden wollte. Sein Nachfolger mag guten Willens sein, aber er hat nicht das Ohr der anderen, nicht die Macht des Bruders. Wäre Friedrich noch am Leben – es sähe anders aus, denke ich. Vielleicht hätte die schwebende Balance glücken können. Vielleicht wäre Rettung nah gewesen. Nah für die Armen, die da aufbegehren, nah auch für die Meinen.«

»Ich verstehe Euch nicht. Was meint Ihr?«

»Vielleicht ist ja Rettung möglich. Doktor Luther, ich flehe Euch an: Werft Eure Stimme in die Waagschale der Geschichte. Bewegt mit Euren gewaltigen Worten die evangelischen Herrscher, sich mit den Bauern gütlich zu einigen. Ich habe gesprochen mit den Oberen meines Volkes, mit denen, die Weisheit besitzen. Es heißt in der Tora: Verschließe dein Tor nicht vor den Fremden. Es gibt reiche Männer genug unter den Meinen. Für uns und unser Überleben ist Frieden das höchste Gut. Wenn Ihr zu den Herrschenden redet, sie zum Einlenken und zur Mäßigkeit bewegt, so versichert ihnen zugleich, dass die Judenheit des deutschen Reiches bereit ist, den evangelischen Herrschern bereitwillig herzuleihen, was ihnen fehlt. Damit sie es nicht von den Armen nehmen müssen. Wir sind willig, einen Handel einzugehen mit den evangelischen Fürsten.«

Luther lacht grimmig auf. Seine Schritte sind ein Stapfen. »Einen Handel also, eine Schacherei, wie Judas sie betrieb, der den Herrn verkaufte für dreißig Silberlinge! Ja, das ist eure Art und Weise!«

»Verachtet nicht jeden Handel, Doktor.« Jossels Stimme ist weiterhin nüchtern, ja, sanftmütig. »Das Gleichnis trifft hier nicht zu. Handel und Wandel bewegen die Welt. Es muss da nicht geschachert werden. Wenn zu erreichen ist, dass wir in evangelischen Landen unterm sicheren Schutz der Oberen leben können, so möge uns das genügen. Das wäre ein Anfang für bessere Zeiten im Reich. Moderate Zugeständnisse an diejenigen, deren Feuer wir sehen, ein Bund der Fürsten des geläuterten Glaubens … Ja, ich weiß, Euer neuer Herr will nichts von den Juden wissen. Aber die Oberen, das ist Euch so klar wie mir, ändern schnell ihre Meinung nach dem Vorteil. Man wird sich einigen. Auf Eure Hilfe baue ich. Und dass es ehrlich zugeht, dafür stehe ich als Bürge.«

Sie drehen ihre Runden auf dem kahlen Feld.

Luther stolpert über eine Wurzel, die er übersehen hat im weißen gleißenden Mondlicht (war die vorher schon da, oder hat sie der Gottseibeiuns ihm in den Weg geworfen?), der Schtadlan greift zu und hindert ihn am Straucheln, er schüttelt diese Hand unwillig ab.

»Ist es nun also so weit, dass Euer Volk bereit ist, das gereinigte Christentum zu verstehen als den wahren Glauben?«, fragt Luther dann mit belegter Stimme. »Ihr kommt zu uns? So seid uns tausendfach willkommen. Wer wird sich als Erster taufen lassen? Ihr, Jossel von Rosheim, um Euren Brüdern als leuchtendes Beispiel voranzugehen?«

Nur ihre Schritte sind zu hören. Ein dunkler Vogel fliegt da oben am Mond vorbei.

Dann erwidert Jossel ruhig: »Wir alle haben einen Vater, Juden wie Christen. Ein Gott hat uns geschaffen. So steht es im Talmud. Deshalb wird niemand von meinem Volk vom Glauben seiner Väter abfallen, ich nicht und sonst keiner. Der Herr, der über uns so viele Hunderte von Jahren seine schützende Hand gehalten hat, wird uns weiter behüten. Dieses Zugeständnis war nicht enthalten in meinem Angebot, Herr Doktor. Ich bin der Vertreter der Judenheit. Nicht der Anwalt von Proselyten. Nehmt uns auf als Weggefährten im Geiste des Heiligen Buches. Hat nicht Jesus von Nazareth selbst gesagt: ›In meines Vaters Haus sind viele Wohnungen?‹«

»Versucht nicht, die Worte unseres Herrn zu deuten, den Sohn eures Volkes, den ihr selbst umgebracht habt!«

»Die Römer …«, wirft Jossel ein – aber es scheint, sein Wort erreicht den anderen nicht.

»Warum seid Ihr so zornig?«, fragt er sanft. »Zornig sein tut nicht gut. Der Verstand schwindet dahin, wenn man zornig ist. Im Midrasch heißt es: ›Kommt es zum Zorn, kommt es zum Fehlurteil.‹«

»Ihr redet viel«, entgegnet Luther unbesänftigt. »Midrasch, Talmud – das sind keine Zeugen, die ich bereit bin, anzuerkennen.«

»Es sind Worte der Weisheit, und sie entstehen aus dem Geist des Buches, das uns gemeinsam ist.«

»Dessen wichtigsten Teil, das Neue Testament, euer störrisches Volk verachtet!«

»Herr Doktor«, sagt Jossel, und das erste Mal ist auch in seiner Stimme Schärfe, »wir gehen hier nicht im Kreise, um eine Glaubensdisputation zu führen. Es ging um das, was zu tun wäre.«

»Ja, wenn Ihr und Euer Volk euch zum rechten Gottesverständnis bereiterklärt.«

»Was soll an unserem Gottesverständnis unrecht sein? Warum soll das christliche besser sein?«

»Weil der rechte Glaube nun einmal steht und fällt mit der Gewissheit, dass der Messias bereits gekommen ist in Gestalt unseres Herrn Jesus Christus.«

»Jesus von Nazareth war ein großer Rabbi, ein Lehrer seines Volkes, das auch das meine ist. Ihn zu verehren, sind wir gern bereit. Aber der Messias kommt mit anderen Zeichen in die Welt.«

»Ich sehe schon – es hat keinen Zweck. Ihr bleibt verstockt.«

»Ich und mein Volk, für das ich stehe, werden weiter unseren Weg gehen.«

»So gibt es nichts mehr zu sagen.«

»Nein. Nichts.«

Noch ein paar Schritte im Kreis …

Dann: »Gehabt Euch wohl, Herr Doktor. Ich scheide traurig von Euch.«

»Und ich von Euch, Schtadlan der unbelehrbaren Judenheit.«

So gehen sie auseinander im Mondschein, ein jeglicher an seine Statt.

Und ihnen beiden ist, als gehe der andere noch immer neben ihm her, bereit, die Hand anzunehmen, die ausgestreckt ist, wenn man strauchelt, oder Seite an Seite den eng bemessenen Kreis noch einmal zu durchschreiten. Aber zu welchem Zweck, da doch keiner bereit ist, von seiner Position zu weichen …

Martin Luther, ermüdet und doch hellwach, sieht im Geiste den kleinen Juden, entkleidet seines Kopftuchs und des Schandzeichens an seinem Rock, vor dem Taufstein knien und Christum bekennen, damit er ihn später brüderlich in die Arme nehmen kann und mit ihm an einem Tisch speisen.

Und Jossel von Rosheim stellt sich eine Jeschiwa vor, wo er, angetan mit Gebetsriemen und dem gestreiften Mantel über Kopf und Schultern, gemeinsam mit seinen Brüdern und einem freundlich aufgenommenen Luther zum Herrn betet, der ja beiden Bekenntnissen gemeinsam ist.

So träumen sie – zwei Männer, deren Pläne gescheitert sind.

Briefe werden versendet an all diejenigen, die sich eingesetzt haben für das Treffen zwischen den beiden. Briefe stets ähnlichen Inhalts.

Er, Luther, sei den Juden im Herzen immer wohl gesinnt gewesen und hoffe auch jetzt noch, dass Gott sie einmal gnädig ansehen und sie zum bereits erschienenen Messias, den lieben Gekreuzigten, bekehren würde. Aber sie seien nun einmal verstockt und beharrten in dem alten Irrtum, dass *ihr* Messias noch kommen muss.

Er, Luther, habe auch die Schriften der Rabbiner gelesen und nichts Wahres und Gutes in ihnen gefunden.

So könne er folgerichtig sich nicht für sie bei seinem Fürsten verwenden …

Er, Jossel, habe immer gehofft, in Luther einen Weisen zu finden. Der Doktor erkenne zwar an, dass beide Religionen die gleiche Wurzel haben und das Judentum Jesum hervorgebracht hat, aber er sei nur starrsinnig darauf aus, seinen Glauben als den einzig wahren darzustellen. Dem ordne er alle anderen Ziele unter.

Er, Jossel, sähe das Heil der Judenheit fortan nicht mehr

auf der Seite evangelischer Fürsten, sondern wolle der alten Verträge und Abmachungen eingedenk bleiben, die sein Volk vor Zeiten mit Kaiser und Reich geschlossen habe …

Von der nächtlichen Begegnung und wo sie stattgefunden hat, erwähnen sie gegenüber niemandem etwas. –

»Sie haben nichts von ihm wissen wollen!«

Es hat sich wie ein Lauffeuer in Wittenberg verbreitet: Dass die Allstedter ihn überhaupt nicht anhören wollten in ihrer Kirche. Dass, so heißt es inzwischen, der Magister Müntzer ihn stattdessen zu einem Streitgespräch geladen habe, er, der Luther, aber den Schwanz eingezogen und es vorgezogen habe, bei Nacht und Nebel wieder abzureisen.

Der Herr Doktor Luther hat nicht Rücksprache bei Spalatin ersucht noch gar sich beim Fürsten selbst angemeldet, redet mit niemandem, nicht einmal mit seinem Graeculus; sein Amtszimmer in der Universität bleibt ungenutzt.

Diener Seberger weiß zu verkünden, der Doktor leide an Kopfweh, wozu schlecht die Mengen an Zerbster Bitterbier passen, die Seberger humpenweis aus dem »Roten Ochsen« herbeischleppt. Was ganz Neues: Doktor Luther ertränkt Tage und Stunden in Bier.

»Der Doktor Luther«, so sprechen sie in den Bürgerhäusern bei abendlichem Gespräch und einem Glas Wein (Herr Apotheker Cranach hat wohl seinen Zeichenstift bei der Hand und macht Studien für das eine oder andere Konterfei), »dem hat es die Sprache verschlagen. Er ist wie der berühmte Esel zwischen den Heubündeln. Er spricht nicht mit dem Müntzer, aber hat er nicht selbst gelehrt, dass jede Gemeinde das Recht besitzt, seinen eigenen Pfarrer zu berufen, wie wir es ja mit dem guten Bugenhagen auch getan haben? Und das andere: Warum ermahnt er nicht noch einmal herzhaft die Oberen, den Bitten der Bauern nachzugeben?«

»Der Doktor Luther«, so reden die Handwerker und

Händler, wenn sie des Feierabends beisammensitzen in den Spinnstuben, die Mädchen und Frauen am Rocken, die jungen Kerle, sofern sie nicht einem Weibsbild den Hof machen, das Kartenspiel in der Hand oder den Würfelbecher, »der hat sein Gesicht abgewendet von den armen Leuten. Fordern die nicht genau das, was er auch gefordert hat? Wir können ihn nicht verstehen.«

»Der Doktor Luther«, so sagen die kleinen Leute, die Häusler und Dienstboten, müde von der Tagesarbeit, die Frauen flicken die fadenscheinigen Kittel ihrer Kinder, die Männer schnitzen wohl an einem hölzernen Löffel oder binden einen Besen, was man auf dem Markt verkaufen kann, »der war ja nie einer von uns. Aber er hat uns aus dem Herzen gesprochen. Nun ist er stumm geworden.« Aber seine Lieder singen sie trotzdem, zweistimmig; das klingt lieblich.

So sind die Abende in Wittenberg; wenn man hinausgeht ans Ufer der Elbe oder ins Umland, sieht man die Feuer. Der Ort selbst aber samt Schloss und Universität, ist wie eine Insel, die auf den Ansturm der großen Flutwelle wartet. –

Zunächst schwappt ein giftiger Gichtspritzer in Form eines offenen Briefs herein. Vom Magister Müntzer, inzwischen zu Mühlhausen wirkend, gerichtet an Doktor Luther, der nun öffentliche betitelt wird als »Bruder Leisetritt« und »das sanftlebende Fleisch zu Wittenberg«. Der Prediger fordert ihn auf, endlich sein Schweigen zu brechen und sich ohne Einschränkung erneut einzusetzen für die Forderungen der zwölf Artikel.

Luther bleibt stumm. Die gelehrte Welt Wittenbergs schüttelt den Kopf. Bald jedoch wird man diese Phase der Ruhe im Nachhinein als segensreich empfinden …

Die Nachricht vom Unheil der Welt erreicht das Schloss zu Wittenberg in Form eines Reichsherolds in Begleitung einer Abteilung von Landsknechten; dumpf wirbeln die Trommeln.

Es dauert nicht lange, da werden die Honoratioren der Stadt und der Universität hinbeschieden, eine Kunde zu vernehmen. Reichsregiment, also die in Abwesenheit des Kaisers geschäftsführenden Räte und Oberen, und Reichsgericht gemeinsam haben auf Anregung des Truchsessen von Waldburg, Heerführer des Reiches, beschlossen, auf derart eindrucksvolle Weise alle Landesherren und die Städte zu unterrichten. Sodass sie eingestimmt sind auf das, was er tun wird.

Spalatin als Vertreter des Kurfürsten bereitet die Männer vor: Schreckliches ist geschehen. Es gilt zu handeln. Er erteilt dem Herold das Wort.

Ein glatter junger Mann mit schwarzen Locken und wohltönender Stimme, der eher einem Bänkelsänger gleicht als einem Beamten, verkündet den Versammelten, was sich zugetragen hat.

Sechstausend Bauern, so erfährt man, vier verschiedene Rotten aus dem Süden Deutschlands, haben sich vereint und lagern in einer Aue bei Neckarsulm, begierig auf Taten. Jäcklein Rohrbach ist dabei, ein besonders blutrünstiger Anführer, und diejenigen, die der Fahne der Schwarzen Hofmännin folgen, einem kriegerischen Weib.

»Einem Weib?« Der Bürgermeister erdreistet sich, den Vortragenden zu unterbrechen und handelt sich einen missbilligenden Blick ein. »Auch wir hatten so ein aufmüpfiges Weib hier in Wittenberg, mit frechem Maul. Die Weiber sind die schlimmsten. Sie …«

Der Herold hebt die Hand. »Mögen die Weiber auch dreist sein – die Schwarze Hofmännin ist der verkörperte Satan. Aus ihrem Mund ergießt sich Natterngezücht, das die armen Verblendeten begierig einschlürfen.«

Melanchthon, der ganz hinten im Schatten einer Säule sitzt, wirft einen Blick zu Luther, der bleich und mit zerzaustem Haar unter der Gelehrtenmütze zwischen den Ratsmitgliedern steht, nicht bei seinen Collegae der Universität. So eine falsche Metapher müsste den Mann des Wortes doch eigentlich zusammenzucken lassen. Aber der steht mit halb geschlossenen Augen, rührt sich nicht.

So, hört er weiter, stachelte das verwegene Weib die Bauern auf, sich Stadt und Schloss Weinsbergs zu bemächtigen, welche unweit ihrer Lagerstadt sich befanden.

Die Rottenführer schickten also Parlamentäre aus und forderten die friedliche Übergabe, aber der Graf von Helfenstein, ein Amtmann des Reichs, welcher sich durch Zufall dortselbst befand, ließ ihnen ausrichten, sie sollten sich heimwärts scheren – was nur recht und billig war –, sonst lasse er sie alle verbrennen, und zum Zeichen, dass er es ernst meine, ließ er die Bombarden auf sie abfeuern.

Der Herold fährt fort: »Allein, diese gottgefällige Ermahnung erregte den Furor der Hauptleute, vor allem den der Schwarzen Hofmännin. Sie schrie, man solle dem dicken Helfenstein den Bauch aufschneiden und mit dem Tran seines Leibes die Spieße einfetten, um sie gegen Rost zu schützen, oder auch die Schuhe einschmieren.«

Entsetztes Gemurmel des Auditoriums.

»Derart aufgehetzt, begannen die ruchlosen Rotten, das schlecht befestigte Schloss Weinsberg zu stürmen. Sie achteten nicht auf das Gesinde, das forderten sie auf, sich ihnen anzuschließen (was einige Verblendete auch taten), und ließen sie ansonsten laufen, aber nahmen alle Edelleute samt Weibern und Kindern gefangen, desgleichen die Reisigen. Danach plünderten sie und setzten das Schloss in Brand, weil ja Helfenstein gedroht hatte, sie mit Feuer zu bekämpfen. Jedoch ihren Gefangenen ans Leben zu gehen, trauten sie sich noch nicht. Alsdann zogen sie, die Gefangenen also im Tross, wider die Stadt Weinsberg und forderten die Bürger auf, ihnen die Tore zu öffnen.

Als die sich zunächst weigerten und viele aus den Bauernhaufen auch keine Lust mehr zeigten, weiter zu kämpfen, denn sie hatten ja genug geraubt und gebrandschatzt, da trat erneut das schreckliche Weib auf den Plan.

Es sprang, die Röcke gerafft, auf einen Stein, und mit der Geste eines Priesters segnete sie jene, die vor ihr niederknieten.

Und also sprach sie:« (Der Herold oder Verkündiger zieht ein Blatt Papier hervor und liest ab, wohl, um die Glaubwürdigkeit seines Zitats zu unterstreichen.) »Ihr sollt nun keck ziehen, denn durch meinen Segen seid ihr gefeit gegen Spieße und Büchsen. Geht hin und erwürgt die Bösewichter, die wir gefangen haben, und schneidet den feinen gnädigen Frauen die Kleider vom Arsch, dass sie wie die gerupften Gänse herumlaufen müssen und sich vor aller Welt schämen!‹«

Er lässt seinen Zettel sinken und prüft die Wirkung dieses Ausspruchs auf die Elite Wittenbergs.

Die Empörung ist einhellig.

Melanchthon sieht, dass sich jetzt auch Luthers Haltung verändert hat. Er hat die geballten Fäuste vor die Brust gepresst, sein Gesicht ist dunkelrot angelaufen.

Er, Melanchthon, kann nicht umhin, die rhetorische Kunst des Abgesandten zu bewundern, der mit großem Geschick agiert. Aber natürlich sieht er voraus, dass es noch schlimmer kommen wird, sonst wäre der Aufwand, den die Oberen betreiben, unangemessen. Aber da ihn selbst die üble Geschichte bisher eher anwidert als empört, beschließt er, das Auditorium zu verlassen. Sein Platz an der Säule ist so, dass er hinausschlüpfen kann, ohne besonders aufzufallen.

Was sonst noch zu Weinsberg Schreckliches geschehen ist, wird er gewiss noch erfahren.

Als er über den Schlosshof geht, fährt ihm ein eisiger Wind ins Gesicht und bauscht seinen Gelehrtentalar auf. Viel zu kalt ist dieser Frühling. Er hüstelt. Nicht, dass er sich eine Krankheit holt, empfindlich, wie er nun einmal ist!

In einem Nebengebäude hat das Gefolge des Reichsherolds einen Raum zugewiesen bekommen; die Landsknechte und die beiden Trommler werden dort gerade bewirtet mit Schweinsbraten und Dünnbier.

Er zögert. Da drin ist es warm. Und es riecht gut.

Man kennt ihn hier. Natürlich kennt man den Professor Melanchthon.

Die Schafferin knickst, als er zögernd eintritt und fragt, ob sie ihm wohl einen Platz etwas abseits von den Herren da zuweisen könnte. Er wolle hier auf den Doktor Luther warten, wenn der aus der Versammlung herauskommen würde, denn ihm sei nicht wohl gewesen da drinnen.

Die Frau, grauhaarig unter der Haube, lebenserfahren, wie's scheint, mit wissendem Blick, mustert ihn kurz.

»Gern, Herr Professor«, sagt sie und weist die Mägde an, einen Tisch zu rücken. »Darf ich Euch eine Rekreation anbieten? Ihr seht erschöpft aus.«

Das wird dankend angenommen; die theatralische Geschichte im Schloss hat ihm Hunger gemacht, und zu Haus ist Schmalhans Küchenmeister.

Man bringt ihm eine gute Portion Braten und Brot und eine Kanne Bier. Hier hat er's besser als die da drinnen. Er wird hier warten, bis Luther herauskommt, um mit ihm über diese extremen Entwicklungen zu sprechen. Die Sache mit dem Frauenzimmer kommt ihm peinlich und überzogen vor, freilich recht dazu angetan, die Gemüter ehrenfester Bürger zu erregen.

Er fragt sich, wozu der Truchsess von Waldburg einen derartigen Aufwand betreiben lässt und mit solchen Botschaften nicht nur die Herrschenden aufstachelt, sondern auch bei den Bürgersleuten Stimmung machen lässt. Offenbar hat man Großes vor. Aktionen großen Stils, zu denen man sich des Einverständnisses aller guten Christen versichern will.

Nachdem er sich an der reichlich bemessenen Speise gütlich getan hat, will er eigentlich ein Büchlein aus der Tasche ziehen, wie er es immer mit sich führt, und lesen – aber die lautstarke Unterhaltung der Reisigen, die bei ihren nächsten Bierhumpen angekommen sind, fesselt seine Aufmerksamkeit.

Die Kriegsknechte reden ebenfalls über Weinsberg, und so erfährt er, was da drinnen weiter pathetisch verkündet wird.

Sie streiten sich. Wie er mitbekommt, geht es um das, was sie »die Bluttat« nennen.

Eine tiefe energische Stimme erklärt: »Alsdann nahmen sie die Stadt mit stürmender Hand. Und diese Mordbuben haben sich viehisch an allen vergangen, die adlig hochgeboren waren, und sie haben auch unsere Kameraden das gleiche Schicksal erleiden lassen! Tausend Kanonen muss man auffahren, und sie zusammenschießen, wie sie da sind!«

Ein anderer (hellere Stimme) hält dagegen: »Zugegeben, das war arg. Aber nicht in allen Bauernhaufen sind solche Übeltäter versammelt. Heißt es nicht, die um den Ritter von Geyer hätten sich in scharfer Rede abgewandt von dem, was jene unter Jäcklein Rohrbach und der Schwarzen Hofmännin getan?«

Ein Dritter lacht hämisch, stößt seinen Hupen rhythmisch auf den Tisch. »Die Hofmännin! Der hat wohl das Maul geschäumt, aber sich in Kampf zu begeben, das hat sie nie gewagt. Was der gefehlt hat, das ist einer, der ihr die Schnauze mit seinem dicken Schwanz stopft. Oben und unten müsste man der's besorgen, da wäre wirklich Ruhe.«

Zustimmung und Lachen. Das Gerede nimmt eine Wendung, die Melanchthon unangenehm ist. Eben will er sich doch seinem Büchlein zuwenden, als die hellere Stimme erklärt: »Es heißt, der Jäcklein Rohrbach habe ordnungsgemäß Gericht abgehalten über das Adelsvolk und dessen Verbrechen. Sodass es denn kein Mord war.«

»Kein Mord? Wer gibt ihm die Befugnis, zu richten?«

»Ist nicht jeder Christ gleich vor Gott? Wozu muss da ein studierter Richter her?«

Nun schreien sie sich an. Melanchthon spitzt die Ohren. Was, in aller Welt, ist da wirklich geschehen?

Eine andere Stimme: »Habt ihr vergessen, dass der Jäcklein Rohrbach zwar ein aufrührerischer Hund ist, aber ein Mann, der das Kriegshandwerk kennt und achtet, ist er doch selbst einmal ein Landsknecht gewesen. Und hat er nicht allen Reisigen, die mit dem Helfenstein und den anderen Hochgeborenen waren, Gnade zugesagt, falls sie sich wandeln und seinem Volk anschließen würden?

Sagt, was ihr wollt, Freunde – Hand aufs Herz: Ihr wisst doch auch, dass unter den Bauernrotten viele unserer Zunft sich befinden. Die kämpfen ja nicht nur mit Sense und Dreschflegel! Die haben Feuerrohre, Harnische, Hellebarden …«

Der Sprecher wird niedergeschrien, während die Mägde neue Bierhumpen herbeitragen; auch ihm, Melanchthon, wird einer angeboten, aber er lehnt ab. Schließlich setzt sich die tiefe Stimme wieder durch, die zuerst seine Aufmerksamkeit gefesselt hatte: »Sagt, was ihr wollt. Ob Recht oder Unrecht, ob der Helfenstein und die anderen tatsächlich schuldig an Quälerei, Mord und Übeltaten waren – man hat sie hingerichtet auf eine unehrenhafte Art. Man hat sie unter die Spieße gestellt, wisst ihr das nicht? Wie gemeine Landsknechte hat man sie durch die Gasse gejagt und zu Tode spießen lassen. Das adlige Blut floss in Strömen. Wenn so etwas geschieht, wenn dermaßen die Ordnung der Welt umgekehrt wird – wer mag sich da verwundern, wenn unsere Oberen die Untat aufs Schärfste ahnden wollen?«

Gemurmel. Die vollen Bierkrüge erfordern jetzt zunächst die ganze Aufmerksamkeit der Truppe.

Und Melanchthon begreift: Dieses Tribunal zu Weinsberg und die erfolgte Hinrichtung – sie sind weit mehr als ein Übergriff oder eine Gräueltat. Sie verletzen den Ehrenkodex adliger Geburt, indem sie eine Strafe verhängen, die nur dem Pöbel vorbehalten ist. Ein wahrer Edelmann stirbt, wenn es denn sein muss, nach einem Richterspruch durch seinesgleichen – und durch das Schwert.

Draußen, wie durch die offenstehende Tür zum Schlosshof zu sehen ist, entsteht Bewegung. Offenbar hat der Herold seine Vorstellung beendet, die Wittenberger sind entlassen und bewegen sich in lebhaftestem Gespräch zum Ausgang.

Er bleibt sitzen. Keiner wird ihn unter den Landsknechten vermuten. Wie er erlauschen kann, gab es noch mehr herzzerreißende Einzelheiten um die eigentliche Untat herum.

»Sie hat gekniet vor ihm, vor dem rohen Bauern, und ihn um das Leben ihres Mannes angefleht! Aber dieser rothaarige Teufel hat nur gelacht über die edle Frau!«

»Auf einem Mistwagen soll man sie aus Weinsberg fortgeführt und mit ihren Kindern nach Heilbronn gebracht haben, mehr tot als lebendig! Auf einem Mistwagen!«

Immerhin hat man sie am Leben gelassen. Und ist wohl nicht einmal der Anregung der Schwarzen Hofmännin gefolgt, ihr »die Kleider vom Arsch zu schneiden«.

Der Fall Weinsberg ist offenbar diffiziler, als es zunächst scheinen mochte. Bluttat oder ... Gerechtigkeit? Er brennt darauf, mit Luther darüber zu reden, und späht mit gerecktem Hals nach ihm aus.

Die Letzten verlassen das Gebäude. Luther ist nicht unter ihnen.

Die Reisigen machen sich fertig zum Aufbruch, ziehen ab in Richtung Pferdeställe. Offenbar ist die kurfürstliche Residenz zu Wittenberg nicht der letzte Auftrittsort des marktschreierischen Herolds.

Melanchthon wartet noch immer.

Aber Luther kommt nicht.

Luther liest das Manifest nun zum dritten Mal.

Alleingelassen. Sitzt in diesem Raum, der eher einer Abstellkammer ähnelt als einem Aufenthaltsraum für Besucher. Er sitzt zwischen Truhen und bis oben mit Schriften und Konvoluten bestückten Regalen, trübes Licht durch ein Fenster weit oben – es sieht aus, als habe man ihn ins Archiv der kurfürstlichen Kanzlei verfrachtet: Spalatin, der ihn am Ende der Verkündigung, aus dem Nichts kommend, am Arm nahm und hierher brachte.

»Ich habe Euch beobachtet, Luther«, so sagte er, leicht süffisant im Ton wie so oft (er kann's nicht lassen), »wie Euch die Röte ins Gesicht geschossen ist ob der Worte des scheußlichen Weibsbilds. Ihr waret sehr erregt. Nun«, er deutete auf das Schreiben, »ich kann Euch nicht ersparen, was Euch noch mehr erregen wird. Kurfürstliche Gnaden haben befohlen, dass diese Sudelei noch zurückgehalten wird von den Buchhändlern für ein oder zwei Tage, aber selbst wenn die Auslieferung in Sachsen noch verzögert werden kann – gedruckt ist's, und vom Ausland wird es hereinschwappen zu uns, da hilft kein Beten. Lest in Ruhe, Doktor, wir geben Euch ein Stündlein. Danach geruhen kurfürstliche Gnaden, Euch eine Audienz zu gewähren.«

Und er legte auf den blank gescheuerten Holztisch das Papier.

»Was ist das? Woher stammt das?«, fragte Luther beklommen. Ihm war nicht wohl in seiner Haut.

»Von Eurem Schüler und Widersacher«, entgegnete Spalatin. Dann war er draußen.

Von Eurem Schüler und Erzfeind.

Er hat gelesen, mal heiß, mal kalt ist ihm geworden ob dieses Textes. Heiß vor Wut und Angst, kalt vor Neid und Hass.

Nein, es ist keine Invektive gegen seine Person diesmal. Er kommt gar nicht mehr vor, ihn beachtet man nicht mehr.

Thomas Müntzer, ein Knecht Gottes, wider die Gottlosen. Manifest an die Mansfeldischen Bergknappen.

Die Mansfeldischen Bergknappen. Da kommt er, Luther, her, das sind die, unter denen er aufwuchs. Er, der nur noch im Allgemeinen daherredet, keinen mehr anspricht außer im großen Bogen. Und dieser hier, der redet mit denen, nennt sie seinen lieben Brüder.

Luther? Was soll denen Luther.

Dieser Brief, dies Manifest, dies Pamphlet, diese »Sudelei« – das ist so gut, so drängend, so aus heißem Herzen und voller Leidenschaft geschrieben, wie ihm, Luther, schon lang nichts mehr geglückt ist.

Und – es ist ein Aufruf zur Rebellion.

Gerade jetzt, gerade in dem Augenblick, wo die Kunde über die Weinsberger Untaten durchs Land getragen wird, stachelt Müntzer den Aufruhr weiter an.

Der Text ist meisterlich gebaut, mit der ständigen Wiederholung der drängenden Anforderung, zu handeln. *»Wir dürfen nit länger schlafen!«*, so steht es da – und immer wiederholt, das anstachelnde *»Dran, dran!«*

»Dran, dran, dieweil das Feuer heiß ist. Lasset euer Schwert nit kalt werden! Schmiedet pinke-panke auf den Ambossen Nimrods, werfet ihren Turm zu Boden! Dran, dran, weil ihr Tag habt. Gott gehet euch vor, folget, folget!«

Und natürlich – Luther knirscht vor Ingrimm mit den Zähnen – alles belegt mit den trefflichsten Zitaten aus Der Schrift. Seiner Schrift.

»Ihr werdet sehen die Hilfe des Herren über euch.« Aus Chronik 20,18.

Sie nehmen für sich in Anspruch, die wahren Christen zu sein und Gottes Willen zu erfüllen.

Es geht nicht an. Nein, es geht nicht an. Denn sie *sind* nicht die wahren Christen.

Auf einmal ist Spalatin wieder im Raum; er hat ihn nicht kommen hören.

»Folgt mir, Luther. Unser Herr will Euch sprechen.«

Er wird nicht zu dem gefragt, was er da gelesen hat. Das Blatt bleibt einfach auf dem Tisch zurück. Hat seine Wirkung getan.

Kurfürst Johann empfängt den Universitätsprofessor aus Wittenberg auf- und abgehend im Audienzraum. Er ist sichtlich aufgeregt. Und wohl nicht sehr gnädig gestimmt, nach dem, was ihm der Reichsherold gewiss vor der öffentlichen Kundgebung anvertraut hat – die eigentliche Botschaft, das, weswegen der Truchsess soviel Aufwand treibt.

Sie sind beide allein im Raum, Luther und sein Landesherr; Spalatin hat sich wortlos zurückgezogen.

Und Luther wartet auf die Ansprache, aber die lässt auf sich warten.

Schließlich sagt Johann, ohne den anderen anzusehen: »Nun, was meint Ihr, Doktor?«

Luther schnappt nach Luft. »Gnädiger Herr, was soll ich sagen?«, stammelt er. »Die grausige Bluttat bestätigt leider meine Furcht, dass diese Sache sich zum Bösen wenden würde.«

Der Kurfürst nickt finster. »Und sie weitet sich aus! Weinsberg im Süden ist weit, aber Ihr habt ja wohl gelesen, was Euch Spalatin vorgelegt hat.«

»Die mörderische Hetzschrift dieses Manns, des Satans Geselle …«

»Eures Schülers dereinst, Luther. Ja. Diese Schrift zeigt uns, dass sich das verderbliche Feuer nun schon ausgebreitet hat ins Thüringische. Allstedt in Anhalt also nicht allein; wie mir inzwischen vermeldet wurde, nun auch Mühlhausen und Schmalkalden – überall wirkt das Gift des Aufruhrs. Nun ist es soweit, dass sich die Fürsten des Reiches, gleich, ob altgläubig oder evangelisch, zusammenschließen müssen, um den Brand zu löschen. Ich hatte nicht vor, in den Krieg zu ziehen, kaum, dass Gott der Herr mir mein Amt verliehen hat, noch dazu mit solchen Herren wie dem Truchsess von Waldburg oder Erzbischof Albrecht von Meißen, den erklärten Feinden unserer Religion. Aber es gilt, die gottgewollte Ordnung im ganzen Reich wieder herzustellen.«

Der hohe Herr beendet sein Umhertigern im Raum und bleibt plötzlich vor Luther stehen. Sein blasses Gesicht unter dem federgeschmückten Barett ist verzogen vor Missbilligung.

»Da gab es eine Schrift, nicht wahr? Ihr habt diese zwölf Artikel nicht völlig verworfen, habt die Fürsten gescholten?

Luther, das war nicht gut. Und wolltet Ihr nicht sogar hingehen, mit denen von Allstedt zu disputieren?

Was ist da geschehen?«

»Ich ... ich ...« Luther ringt nach Worten. »Ich wollte ihnen predigen, wollte das alles in gute Bahnen lenken, solange es noch ging. Aber sie ...«

»Sie wollten Euch nicht mehr hören. Es war zu spät. Wer glaubt, er kann ein solches Feuer löschen, indem er es ausbläst, der irrt. Sein Atem facht es nur noch mehr an.«

Er wendet sich wieder ab. »Der Reichsherold hat mir berichtet, dass viele Herren im Reich, sonderlich aber Herzog Georg zu Sachsen, in Euch und Eurer Reformation die Ursache des ganzen Unheils sehen.«

Er macht eine Pause, sieht aus dem Augenwinkel, dass sein Gast die Fäuste ballt, um ein Zittern zu unterdrücken. Fährt fort: »Ich werde große Mühe haben, Euch weiter den Schutz zu gewähren, den ich Euch zugesichert habe, wenn Ihr Euch nicht deutlicher erklärt, jetzt, nach dem Gemetzel zu Weinsberg. Ihr habt die Oberen getadelt einst, als Ihr über die zwölf Artikel dieses Müntzer spracht. Nun, wäre es nicht an der Zeit, sie zu ermuntern, dem Spuk ein Ende zu machen? Glaubt mir, es würde gut sein für Euch und nicht nur Eure Stellung zu Wittenberg festigen, sondern auch der evangelischen Sache in deutschen Landen Aufschwung geben. Denn wenn die anderen Fürsten und Herren bemerken, dass der wahre Glaube nicht zu Aufruhr und Rebellengeist führt, sondern im Gegenteil jeder fromme Christ auch ein guter Untertan zu sein hat, dann werden sich vielleicht noch mehr Landesherren zu unserer Religion bekennen. Ist es doch so, dass, falls Aufruhr und Widerstand keinen Platz haben, ein evangelischer Fürst, nun, sagen wir einmal, besser dran ist als ein katholischer. Ihm fallen Land und Gut der Klöster zu, wenn Mönche und Nonnen verjagt werden, zugleich ist er der geistliche Oberhirte in seinem Reich. Ein besseres, ein gefestigtes Regiment! Doch das kann nur durch Blutvergießen erreicht werden.«

Er ist wieder bei Luther, der gesenkten Kopfes vor ihm steht, legt ihm plötzlich die Hand auf die Schulter. Jetzt lächelt er.

»Euer Kurfürst hat Euch langer Ansprache gewürdigt,

Luther. Das hat seinen Grund. Wir wissen, was wir an Euch haben. Euer Ruf hat unsere Universität zu einer Leuchte im ganzen Reich und darüber hinaus werden lassen. Der soll mir nicht verkommen. Stellt Eure Reputation wieder her, indem Ihr Eure Stimme erhebt. Man wird es Euch danken.«

Johann geht zu seinem Tisch, hinter dem er sonst bei Audienzen zu sitzen pflegt, rührt die Glocke, die darauf steht.

Ein Diener erscheint. »Bring den Doktor zu seinen Arbeitsräumen in der Universität. Er hat mir versprochen, fleißig zu sein.«

Er lässt zu, dass Luther ihm die Hand küsst.

Er sitzt in seiner Arbeitsstube in der Universität, man hat ihn gleichsam dorthin eskortiert, hingeleitet, so, wie man ein störrisches Kind bei der Hand nimmt und zur Schule bringt: So, das ist dein Platz, hier wartet der Lehrer mit der Rute auf dich! Hat ihn an den Platz geschleudert, der nun einmal der seine ist. Tu deinen Dienst, Luther! Verrichte dein Geschäft! Zeige, dass du des Schutzes würdig bist, den man dir gewährt!

Die Fäuste geballt, wieder, um das Zittern zu unterdrücken, aber diesmal zittert er nicht aus Furcht vor der Drohung des Mächtigen. Er zittert vor Wut.

Wer ist er denn? Der teutsche Herkules, der Mann, der die Seelen erweckt und hin zu Gott geführt hat? Derjenige, dem Johann letztlich sein unumschränktes Fürstentum verdankt, mit allen aufgelösten Klostergütern und den reichen einstigen Kirchenpfründen – der da eben mit ihm umgesprungen ist, als sei er der letzte Schreiberling?

Oh ja, der Fürst kann es ihm befehlen. Aber das muss er gar nicht. Denn seine Wut und sein Hass haben sich in ihm aufgestaut wie ein Gebirgsbach, der alle Dämme durchbricht.

Sie haben sein Wort mit Gewalt verdreht und missdeutet, haben es ins Weltliche verkehrt, wo es im Geist gemeint war. Sie haben ihn verachtet. Alle haben ihn verachtet, als sei er nicht der, der er ist.

Er zieht Papier und Feder zu sich heran, das unverkorkte Tintenfass so heftig, dass die dunkle Flüssigkeit überschwappt.

Dran, dran, weil ihr Tag habt! Gott gehet euch vor, folget, folget!

Sie gehen ihm nicht aus dem Kopf, die glänzenden tönenden Worte des Mannes, den er nun nur noch den Satan zu Allstedt nennen wird, diese Worte, die klein erscheinen lassen, was er bisher zu dieser Sache geschrieben, dies klarsichtige Vorantreiben: *Ihr müsst dran, dran, es ist Zeit! Gehet vorne in dem Tanz!*

Nun erhebt er *seine* Stimme, wird anschreien gegen den anderen, wird tönen wie Propheten des Alten Bundes, die Stimme rau vor Zorn!

Des Alten Bundes? Ein kleiner Mann auf einem freien Feld, Schtadlan der Judenheit, Midrasch oder Talmud? *Kommt es zum Zorn, kommt es zum Fehlurteil.*

Auch der wollte nicht mit ihm gehen. Auch der wandte sich ab. Der Fürsprech der unbelehrbaren Gottesmörder!

Auch hier ist sein Urteil längst gefallen. Recht oder schlecht.

Sätze muss er finden, die alles in den Schatten stellen. Sätze, wie sie dem großen Herren, der ihn hiermit beauftragt hat, wohl gefallen.

Er taucht die Feder ein, schreibt probeweis: »Solche wunderlichen Zeiten sind jetzt, dass ein Fürst den Himmel mit Blutvergießen verdienen kann, besser als andere mit Beten.«

Er lächelt ingrimmig. Passt das, kurfürstliche Gnaden? Schwert statt Gebet? Gewiss.

Nun denn: Werde deiner Aufgabe gerecht, teutscher Herkules.

Er nimmt ein neues Blatt, setzt darauf den Titel:

»Wider die räuberischen und mörderischen Rotten der Bauern« –

Und die Tinte ist noch nass, mit der er diese ersten, von Hass und Groll verzerrten Sätze des Pamphlets niedergeschrieben hat, da bricht bereits im Süden des Landes, in der Nähe von Böblingen, die Hölle los.

Er, Luther, ist noch nicht einmal fertig, sich und den anderen auszumalen, wie man mit den Insurgenten umzugehen habe, da ist es bereits geschehen.

Denn der Truchsess zu Waldburg bereitet seinen Rachefeldzug vor. Zunächst versucht er, Zeit zu gewinnen, indem er den Bauernhaufen dies und jenes zugestanden hat, und es gab Verhandlungen, und man gewährte ihm diese Zeit, um Vorschläge zu bedenken und mit seinen Räten zu diskutieren. Nun, bedacht und diskutiert hat er nicht. Der große Feldherr versuchte stattdessen, Söldner zu gewinnen, aber das misslang zunächst. Denn viele dieser Männer kamen selbst aus dem Bauernstand und weigerten sich, gegen die Rebellen zu Feld zu ziehen.

Doch dann wendete sich das Blatt. Denn in Italien war eine Schlacht anderer Art geschlagen und verloren worden, und gerade rechtzeitig strömten die deutschen Söldner zurück über die Alpen. Die brauchten Arbeit, die fragten nicht danach, gegen wen sie streiten sollten, und nun also konnten Söldner angeworben werden, sechstausend, und Reiterei rekrutiert, tausendfünfhundert. Kanonen wurden beschafft.

Und während sich die Aufrührer in Sicherheit wähnen und auf neue Vorschläge der Oberen warten, bekommen sie eine Antwort ganz anderer Art.

Die Kanonen, nächtens auf den umliegenden Hügeln aufgefahren, eröffnen den Tanz, und die Reisigen dringen im Schutz der Reiterei vor, schlagen, erstechen, ermorden.

Die Bauernhaufen, in Treu und Glauben auf die Bedenkzeit, sind überrascht, es gibt kaum Widerstand. Tausende bleiben auf dem Plan. Der Rest, der fliehen kann, wird von den Berittenen verfolgt. Sie dringen vor bis in die Dörfer, zerren die Flüchtigen aus ihren Verstecken – wer nicht gleich abgeschlachtet wird, den schleppt man als Gefangenen fort.

Über dem Feld des Massakers kreisen die Geier.

Die Kunde erreicht die Stadt Wittenberg mit der Schnelligkeit einer Windsbraut: Ein großes Morden hat stattgefunden da in Süddeutschland. Der Truchsess von Waldburg hat ein Zeichen gesetzt, wie zu verfahren sei mit den Aufrührern. Nun können die anderen seinem Beispiel nacheifern.

Und fast zur gleichen Stunde, als man von den Gräueln bei Böblingen erfährt, liefert der Wittenberger Drucker eine Schrift aus. Das »Sendschreiben wider die räuberischen und mörderischen Rotten der Bauern. Gesendet an die Fürsten zu Sachsen«.

Jetzt. Zu dieser Stunde.

Melanchthons Gesicht, hager und bleich immer, scheint heute wie eingefallen zu sein. Die Buckel der gigantischen Stirn ragen wie Klippen auf über den erloschen wirkenden Augen.

So betritt er Luthers Arbeitszimmer – das »Sendschreiben« in der Hand. Schweigend.

Der sieht nicht auf; zunächst nicht. Schließlich doch. Sehr ruhig wirkt er, sein Blick ist klar.

Melanchthon hält das Druckwerk vor sich hin, hält es am ausgestreckten Arm. Sagt nur ein Wort: »Warum?«

Luther schweigt.

Melanchthons Hand sinkt herunter.

»Warum, Martin, musstest du dir das antun?«

»Ich – mir – antun? Was meinst du?«

Melanchthon schnappt nach Luft. Er stammelt. »Aber es war doch völlig unnötig! Die Herolde mobilisierten doch schon im ganzen Land die Niederschlagung des Aufstands! Als dieses ... Machwerk im Druck erschienen ist ... da war man bereits dabei, in Böblingen die armen Leute zu massakrieren, zu Tausenden! Warum hast du es nicht gestoppt? Wozu musst du Öl in ein Feuer gießen, das auch ohne dich mit verheerender Flamme brannte und alles versengte? Wozu musstest du so ... dein Ansehen verlieren? Steht es einem Mann wie dir, einem Mann, der sich in der Liebe Jesus' geborgen weiß, wohl an, derart Gift zu versprühen?«

»Wo versprühe ich denn Gift, Graeculus?« Luther schüttelt den Kopf, scheinbar verständnislos.

Der andere wendet die Blätter hin und her. Seine Hände zittern. »Hier. Und hier.« Er liest: »›Man soll sie zerschmeißen, würgen, stechen, heimlich und öffentlich, wer da kann, wie man einen tollen Hund erschlagen muss.‹« Er schluckt. »Wieso musst du ›die Obrigkeit unterrichten, wie sie hie verfahren soll?‹ Sie ist doch schon im vollen Gange damit, zu verfahren mit Feuer und Schwert! Musst du ihnen auch noch ein gutes Gewissen machen? Hier steht: ›So ernenne ich die Fürsten und Herren zu Gottes Amtmann und Diener, dem das Schwert über solche Buben befohlen ist und sich vor Gott versündigt, wenn er nicht straft und wehrt und sein Amt nicht vollführt, wenn er nicht mordete!‹«

Er schüttelt den Kopf, als wolle er etwas abschütteln. »... erbarmet euch der armen Leute, steche, schlage, würge hier, wer kann.‹«

Die Stimme versagt ihm. »Wie soll ich das verstehen? Was für ein Erbarmen ist das?«

»Das Erbarmen eines Mannes, der den Verirrten wenigstens die Seelen retten will, auch wenn denn der Leib zugrunde gehen muss«, sagt Luther ruhig. »Warum liest du nicht weiter? Warum liest du nicht diese Stelle vor: ›Dünkt das jemand zu hart, der denke, dass Aufruhr unerträglich ist und alle Stunde der Welt Zerstörung zu erwarten ist.‹«

Er verschränkt die Arme über der Brust, lehnt sich zurück. Seine Stimme klingt, wie Melanchthon findet, unerträglich schulmeisterlich. »Der Welt Zerstörung, begreifst du nicht, Graeculus? Der Weltenbau wankt, wenn oben und unten gegeneinander und untereinander vertauscht werden! Wir rudern das Schiff des christlichen Abendlandes an den Rand der bewohnten Welt, wo finstere Monster des Abgrunds lauern! Was kommt es da an auf ein paar Abgestochene mehr oder weniger?«

Schweigen im Raum.

Dann sagt Melanchthon: »Jetzt willst du nicht nur den Fürsten ein gutes Gewissen machen, sondern vor allem dir selbst.« Schärfe kommt in seinen Ton. »Hat dir kurfürstliche Gnaden befohlen, dergleichen zu verfassen, um deiner Sicherheit und deiner Suppen willen?«

Luther schlägt mit der Faust auf den Tisch. »Gott hat es mir befohlen! Gott der Herr selbst wollte, dass ich solches sage!«

Melanchthon nickt bitter. Er hat plötzlich Tränen in den Augen. Legt das Pamphlet beiseite und sagt verzweifelt: »Bruder, wenn du doch einmal schwiegest! Du weißt, du hast das Ohr der ganzen Nation, und wenn du zur Unzeit redest und wenn du das Falsche sagst ... ja, das Falsche! ..., dann wird es dir in Ewigkeit nachgetragen werden und dein Bild schwärzen vor deinen Kindern und Kindeskindern.«

Er schlägt die Hände vors Gesicht. Dann hört er, wie der Stuhl gerückt wird. Fühlt Luthers Umarmung.

Seine Stimme, die weiche, beschwörende Predigerstimme: »Prediger«, so hört er, »können die allergrößten Totschläger sein, wenn sie die Obrigkeit ermahnen, dass sie entschlossen ihres Amtes walte und die Schädlinge bestrafe. Und sag mir, Bruder, habe ich denn nicht recht? Muss Aufruhr nicht durch das Schwert bestraft werden?«

Melanchthon ist, als sei es ein Flehen um Bestätigung.

Ja, denkt er, Aufruhr – maßvoll – zu bestrafen ist Aufgabe der Herren. Ja. Aber ist es Aufgabe eines Martin Luther, statt zu christlichem Erbarmen zu ermahnen, zum Dreinschlagen aufrufen, dass es durchs ganze Land schallt?

Er löst sich aus dieser Umarmung. Dem Freund Absolution zu erteilen, ist er weder bereit noch befugt.

Keine zehn Tage später wird der Kurfürst Ludwig von der Pfalz eine Anfrage an Melanchthon schicken: Wie denn ein christlicher Herr sich verhalten soll gegen diese Rebellen? Offenbar sind einige doch erschrocken über das, was der Truchsess von Waldburg da zu Böblingen angerichtet hat und Luthers Worte sind ihnen auch zu krass.

Melanchthon aber schreibt ihm: »Die Obrigkeit kann die Strafe setzen nach der Not im Lande und die Bauern haben nicht das Recht, der Herrschaft ein Gesetz zu diktieren. Für solch ein ungezogenes, mutwilliges und blutgieriges Volk nennt Gott das Schwert.«

Aber er schreibt es nur in einem Brief. Nicht öffentlich. So, meint er, macht er sich nicht schuldig, fällt aber Luther auch nicht in den Rücken. (Doch sein Gewissen quält ihn.)

Der Kurfürst Johann übrigens muss selbst kein Landsknechtaufgebot mobilisieren. Sein Luther hat für ihn gesprochen. Dessen Wort war sein Gewehr.

Herzog Georg der Bärtige von Sachsen (katholisch) und Landgraf Philipp von Hessen (evangelisch) tun sich stellvertretend zusammen, die Rebellen im Thüringischen bei Frankenhausen zu vernichten.

Nun sind die Nächte überall in Deutschlands Süden hell erleuchtet von Feuern. Feuer, deren dichter Rauch den Himmel verdunkelt. Kein Stern ist zu sehen.

Es brennen die Heuschober und Scheunen, es brennen Gehöfte, die Dörfer gehen in Flammen auf, die Katen der Bauern lodern wie Zunder. Knisternd fressen sich die Flammen ihre Bahn, vereinen sich zu heulenden Feuersäulen, die alles verschlingen, was sie nährt, saugen die Luft ein, um größer zu werden. Wachsen und wachsen.

Dort wandelt sich ein Baum, steht als Fackel in der Landschaft.

Woanders fängt ein Gebüsch Feuer. Vögel, die ihrem Nest nicht schnell genug entkommen sind, taumeln schreiend mit brennenden Schwingen durch die Luft, bis sie abstürzen und verkohlen.

Der Mann, der auf seinem Maultier unterwegs ist, muss Vorsicht walten lassen, um der Kriegsfuria zu entgehen. Er ist nicht willens, sich die Gräuel anzusehen, die in deutschen Landen stattfinden, noch sich selbst in Gefahr zu begeben. Er hat sich seiner Aufgabe zu stellen: Für sein bedrängtes Volk Lebensraum und Duldung zu schaffen, wo auch immer, bei wem auch immer.

Auf dass nicht zu all diesen Feuern auch noch jene Scheiterhaufen kommen, auf denen man die Vertreter des Alten Bundes verbrennt, wenn man ihnen einmal wieder zu Last legt, dass sie Christenkinder ermorden, um mit deren Blut Mazze zu backen, oder Hostien aus den Kirchen stehlen, um sie zu schänden – wie auch immer.

Er, Jossel von Rosheim, muss andere Mächtige gewinnen, die den Seinen Schutz und Beistand gewähren.

Er hat die Schrift des Doktor Luther gelesen, natürlich hat er das. Ihm ist klar, dass von ihm keine Hilfe kommen kann. Und ist nicht gar zu vermuten, dass sich diese blutige Feder dereinst auch gegen sein Volk wenden wird?

Herr Doktor Luther kann nicht umgehen mit Niederlagen.

Wenn sich die Juden nicht zu seiner Art von Christentum bekehren wollen, so sind sie wohl bald nicht mehr die Brüder und Vettern des Gekreuzigten, sondern Verlorene und Gottverlassene, so wie die Bauern und ihre Anführer, die seiner Lehre folgten, aber über das von ihm gewollte Maß hinaus, und sogleich zu Schelmen und Schandbuben wurden in seinem hasserfüllten Kopf.

Während er so seinen nächtlichen Weg dahinzieht, fragt er sich, ob es wohl einen Augenblick lang eine wirkliche Chance gegeben hat, das Blutvergießen zu vermeiden, wie er sich das erträumt hatte. Eine Chance auf Sicherheit auch für sein Volk.

Stattdessen nun Aufruhr, Empörung, Blut und Tod.

Und mittendrin Doktor Luther, heillos verstrickt, gefangen in den Zeitläuften, zwischen dem Wunsch nach Gerechtigkeit für den kleinen Mann und Wahrung der Staatsraison, die mit dem Schwert regiert.

Die Feuer erhellen die Nacht. Aber die trüben Schwaden des stinkenden Rauchs begleiten diese furchtbare Helligkeit, legen sich über das Land.

Jossel von Rosheim weiß: Es kommen schlimme Zeiten auf die deutsche Nation zu. Und damit auch auf die Juden.

DIE FRAUEN

Es sind ihrer neun Weibsbilder. Mit Zittern und Zagen hocken sie zusammengekauert im Stroh des rumpelnden Wagens. Aber der Luther hat es gesagt. Der Luther hat ihnen die Botschaft zukommen lassen: Entspringt den Banden, entflieht der Sklaverei eurer Klosterhaft! Kommt zu uns nach Wittenberg, in der reinen Lehre Hochburg, ins Zion des wahren Evangeliums! Wir werden euch helfen.

Und natürlich, sie sollen samt und sonders in den Stand der Ehe eintreten, wobei manch eine sich fragt, ob sie nicht von einer Sklaverei in die nächste überwechseln. Anders hat er's ja auch gar nicht gemeint, als er da geschrieben hat: »Wäre es nicht besser, wenn ein Weib etwas ungern und mit Unlust tun soll, sie wäre ehelich und täte solche Mühe und Unlust im ehelichen Stand äußerlich gegenüber den Menschen, wie ihrem Manne, Kind, Gesinde, Nachbarn etc.?«

Ungern und mit Unlust. So tönt es von ihm.

Und eigentlich wissen sie schon gar nicht mehr so recht, warum sie aus der Geborgenheit der Mauern des Klosters Mariathron zu Nimbschen bei Nacht und Nebel aufgebrochen sind, hätten die energische Käthe und die besonnen-ruhige Magdalena sie nicht bestärkt in dem einmal gefassten Entschluss.

Denn nachdem heimliche Post vom Kloster ausgegangen und von den Anverwandten beantwortet worden war, stand es denn fest: Keine der Frauen, die aus der engen Klosterobhut zu entkommen willens waren, würde von ihren Familien wieder aufgenommen werden, sondern allerseits herrschte daheim nackte Empörung.

Wie denn? Da hatte man die unliebsam überzähligen Töchter von Stand unter den Schleier gebracht für eine Summa, die zwar erheblich unter einer standesgemäßen Mitgift gelegen hatte, aber nun doch für umsonst ausgegeben war? Denn dass ein geistliches Haus jemals wieder herausrücken würde, was es erhalten, das war so unwahrscheinlich, wie, dass ein Gaul den Hafer wieder auskotzte.

Und dann … schrieben die Frauen nach Wittenberg.

Nun macht ihr Gefährt Station zu Torgau, für eine Zeit verborgen im Anwesen des Kaufmanns Leonard Koppe, der ihnen, furchtsam, wie sie waren, über die Klostermauer geholfen und sie bis hierher gefahren hat, Lutherischem Ersuchen und seinem festen evangelischen Bekenntnis gemäß. Er hat den Rollwagen in seinen Hof gefahren, dann aber die ermüdeten Pferde ausgespannt und den Frauen bedeutet, sie mögen sich auf keinen Fall von dem Wagen wegrühren und Aufmerksamkeit erregen, denn sowohl für sie als auch für ihn selbst bestünde höchste Gefahr. Nach weltlichem und geistlichem Recht, wie es im Heiligen Römischen Reich Deutscher Nation fest verankert war, das würden sie ja wohl wissen, hätten sie durch ihr Entweichen ihr Leben verwirkt, und er als Fluchthelfer gleich mit dazu.

Nicht vom Wagen wegrühren? Sie haben Hunger und Durst, und ihre körperlichen Bedürfnisse lassen sich auch nicht mehr unterdrücken. Die Schwestern Margarete und Ave von Schönfeld, seit jeher die empfindlichsten und zartesten unter den Klosterfrauen, wimmern und beschwören die Käthe, doch etwas zu tun. Sie würden es nicht mehr aushalten.

Die Käthe. Eigentlich müsste Magdalena von Staupitz, als die Älteste, das Sagen haben bei dieser Truppe. Aber die ist eher zurückhaltend. Die Käthe ist immer mit dem Mund vorweg.

So auch hier, indem sie vom Wagen springt, den Koppe am Ärmel nimmt und ihn zurückhält.

Das könne er, so sagt sie eindringlich, fast barsch, doch weder vor Gott noch vor dem Herrn Doktor Luther verantworten, dass er hier die zarten Jungfrauen gleich dem Vieh im Stroh stehen lasse! Gäbe es nicht wenigstens ein Gebüsch oder eine Scheune, hinter der sie ungesehen ihre Notdurft verrichten könnten? Und zumindest einen Trunk Wasser müsse er doch wohl bereitstellen. Das, so fügt sie mit einem Zornblitzen der Augen hinzu, könne er selbst einer Herde Ziegen nicht verweigern.

Angesichts des groben Vergleichs würde Koppe gern den Mund zu einem hämischen Grinsen verziehen, aber diese dunklen, leicht schiefstehenden Augen im derben Katzengesicht der Nonne mahnen ihn zur Vorsicht. Mit der ist nicht gut Kirschenessen!

Er neigt also zustimmend den grauen Kopf, vergewissert sich, dass das Hoftor gut verriegelt ist, scheucht den knurrenden Hofhund in seine Hütte zurück und hebt dann grämlichen Gesichts die Klosterjungfrauen, insofern sie nicht schon von selbst abgestiegen sind, vom Rollwagen herunter. Im angrenzenden Kräutergärtlein mit den Johannisbeersträuchern haben die Damen, sofern sie voreinander nicht allzu schamhaft sind, Gelegenheit, sich zu erleichtern.

Die Koppe-Frau hat inzwischen Wind bekommen von der Ankunft, und nach einem kurzen Wortwechsel mit ihrem Mann erscheint sie mit einem Krug vom Brunnen und einigen Holzbechern in der Hand, um die jungen Frauen zu erlaben.

Unterdessen wechselt der Kaufmann, so schnell es geht, die Pferde aus.

Eigentlich wollte er hier bei sich ja Rast einlegen, eine Mütze voll Schlaf nehmen, um beim Morgengrauen ausgeruht und mit frischen Kräften weiterzureisen gen Wittenberg. Aber sein Weib redet ihm zu, gleich aufzubrechen. Es scheint angeraten, die heikle Fracht so schnell wie möglich loszuwerden. Gottes Lohn ist ihm sicher. Mehr wahrscheinlich nicht. Irdische Strafen allerdings möchte er gern umgehen.

Also rumpelt das Gefährt weiter auf Wittenberg zu.

Eine mühselige Reise. Aber je näher sie der Stadt kommen, desto ausgelassener wird nun die Stimmung an Bord des Rollwagens. Herrschte während des ersten Teils der Fahrt noch ängstliche Stille, nur unterbrochen von Seufzern und leisen, verzagten Gebeten, so hat sich das nun ganz und gar geändert.

Unter der Plane, die Koppe an allen vier Ecken doppelt festgezurrt hat, wird geschwatzt, gekichert, sogar gesungen. Mehrfach muss er sich vom Kutschbock wegdrehen, um die Frauen zu ermahnen, leiser zu sein, ja, einmal schnippt er sogar mit der Fuhrmannspeitsche über die Plane hin, was sofort erschrockenes Schweigen zur Folge hat, wenn auch nur für kurze Zeit.

Als dann schließlich die Türme von Wittenberg am Horizont auftauchen, ist des Jubelns im Rollwagen keine Grenze mehr zu setzen. »Te deum laudamus!«, singen sie, in anbetracht sie ja keine deutschen Lieder gelernt haben, Gott zu preisen, klatschen rhythmisch in die Hände, und Koppe, der sich nun ebenfalls so gut geborgen weiß, brummt mit.

Und so voller Sang und Klang erreichen sie das Stadttor, durch das sie einfahren, und auch gleich genug Aufsehen erregen. Die halbe Stadt ist auf den Beinen, begleitet die Weiberfuhre bis zum Marktplatz, und flinke Gassenjungen tragen die Kunde zur Universität, zum Stadthaus und – wie sollte es anders sein – zum Schwarzen Kloster. Da sitzt schließlich der, der die Fäden zieht.

Oder gezogen hat.

Ein sichtbar etwas hilfloser Doktor Luther trifft mit wehendem Gelehrtentalar auf dem Marktplatz ein und hält zunächst scheuen Abstand zum Gefährt. Die Flucht aus einem Kloster vorzubereiten, ist das eine, und er hat ja im Gemäuer, wo er selbst wohnt, schon einen ganzen Sack voll einstiger Mönche, die dem Herrgott da die Zeit stehlen – das andere aber, nun neun Frauenzimmer am Hals zu haben.

Der Fuhrmann und Fluchthelfer tritt mit gezogener Kappe und krummem Rücken auf den berühmten Mann zu und berichtet, wie aus seinen Gesten zu schließen ist, über seine geglückte Mission. Währenddessen ist es im Wagen totenstill. Wahrscheinlich sind alle Augenpaare irgendwo hier und da an den Schlitzen der Plane platziert.

Inzwischen finden sich auf dem Marktplatz außer Krethi und Plethi nun auch einige Personen von Stand und Ansehen ein. Als da sind: Der Herr Bürgermeister Reichenbach, Stadtpfarrer Bugenhagen sowie Melanchthon, mit Spuren von Tinte an den Fingern und im Haar (er pflegt sich mit der Feder am Kopf zu kratzen), und schließlich, ein Fels in der Brandung, der Apotheker und Maler Lucas Cranach, der sich nicht nur im Besitz eines der reichsten Bürgerhäuser hierorts befindet, sondern auch mit der Gunst großer Herren genauso gesegnet ist wie mit einem gescheiten Weibe; Letzteres kommt gleich mit – eine reich gekleidete Frau, die ihr rotblondes Haar offen trägt. (Unter ihrer Pelzhaube klar blickende Augen und ein Allerweltsgesicht – ob ihr Mann sie deshalb niemals porträtiert hat, oder, wie gemunkelt wird, immerhin ihren wundervollen Körper als Vorgabe für seine Aktbilder benutzt, weiß man nicht.)

Ob Koppe außer Gotteslohn auch noch mit klingender Münze gerechnet hat, sei dahingestellt. Aber wie es aussieht, lässt es Luther bei einer brüderlichen Umarmung bewenden.

Man steht herum.

Barbara Cranach indessen, nicht faul, nähert sich dem Wagen und lüftet die Plane. Neun schwarzweiß gewandete Frauenzimmer mit schandbar kurzem Haar starren sie an – neun, von der blühenden Jugend bis zur Reife einer Frau, die den Zenit ihres Lebens bereits überschritten hat. (Ihre Nonnenhauben als Zeichen der Abhängigkeit haben sie auf ihrer Flucht als Erstes abgetan.)

»Heilige Maria!«, murmelt die Frau des Malers und lässt die Plane wieder herunter. Und dann zu den versammelten Männern: »Ja, will denn keiner die Jungfrauen willkommen heißen? Ihnen vom Wagen helfen vielleicht – und ist schon darüber nachgedacht worden, wo sie denn hin sollen?«

Verlegenes Schweigen, während ein paar der Gaffer in der

Tat den Weibsbildern vom Wagen helfen, das ist ja eine ziemlich pikante Angelegenheit, einer garantiert jungfräulichen Dame von Adel die Hände um die Hüften zu legen.

So, da stehen sie nun, eng zusammengedrängt, eine verschüchterte Herde, senken die Blicke und kreuzen schamhaft die Arme über der Brust, als fürchteten sie, von den Blicken der Kerle ausgezogen zu werden.

Ja, wo sollen sie denn hin? Frau Barbara überlegt fieberhaft. Ins Schwarze Kloster können sie auf keinen Fall, da sitzen ja schon die ehemaligen Mönche. Mit denen sollte man sie nicht verpaaren, die sind ja allesamt arm wie die Kirchenmäuse, Mönche wie Nonnen. Da würden wir nur unser Armenhaus füllen. Und also …

Und also ergreift die energische Cranachin wieder das Wort: »Das ist mein Ratschlag, wenn ich denn sprechen darf: Hier sind die Vertreter respektabler Bürgerhäuser versammelt. Jeder sollte eines oder zwei der Mägdlein aufnehmen bis zu seiner hoffentlich baldigen Verehelichung und es behandeln, als sei es eine leibliche Tochter, es nähren und vor allem kleiden, denn sie haben ja nur ihre Klostertracht. Ihrer Kopfbekleidung entledigt, besitzen sie nicht einmal eine Haube, unter der sie ihr borstig verschnittenes Haupthaar verbergen können, die armen Bräute Christi!«

Allgemeines Aufatmen. Ein Lösungsvorschlag – den sich der Doktor Luther, nun wieder gefasst, gleich zu eigen macht, denn es kann ja nicht sein, dass hier eine Frauensperson das Heft in die Hand nimmt.

»So hatte ich es auch gedacht!«, sagt er hochfahrend. »Da gilt es zunächst festzustellen, ob einige der Jungfrauen Verwandtschaft haben hier im Kurfürstentum des Weisen – nein, nicht die Elternhäuser!«, wehrt er einen möglichen Einwand ab, bevor der ausgesprochen wird. »Die haben sie ja nicht ohne Gründe weggegeben!« (Ein liebloses, aber zweifellos richtiges Argument.) »Aber Blut ist dicker als Wasser, und so mögen die Weiber hernach, wenn sie zum mindesten ihre Häupter bedeckt haben, zum Stadtschreiber geführt werden, sodass, insoweit solche Anverwandte bereit sind, sie zu beherbergen, man sie bald expedieren kann.«

Eine junge Frau von höchstens zwanzig Jahren, das kurze Haar so flaumig und so golden wie die Federn eines Entenkükens, hebt schüchtern den Finger.

»Sprecht, Mädchen!«, sagt Luther aufmunternd. Das junge Ding, man sieht es ihm an, gefällt ihm ausnehmend, so wie er es schmunzelnd betrachtet.

»Herr Doktor«, sagt die Kleine, »meine Schwester und ich, wir sind in großer Not. Ich bin die Ave von Schönfeld, dies meine Schwester Margarete. Unsere Eltern stehen im Dienste des Herzogs Georg von Sachsen, der evangelischer Sache abhold ist, und wir haben keinerlei weitere Verwandtschaft. Würden wir zurück müssen nach Kleinwölkau bei Delitzsch, so würden wir Leib und Leben riskieren! Also bitte ...«

Luther, ganz Herr der Lage nun, winkt ab. »Nicht weiter! Für Euch und Eure Schwester wird sich hier in Wittenberg ein Platz finden, wie für die anderen auch, die ohne familiäre ...« er sucht nach dem Wort »... Anbindungen sind. Das meinte ich ja vorhin.«

Beifälliges Gemurmel.

Wieder ist es die Barbara Cranach, die sich einmischt.

»Wohl gesprochen! Und schnell gehandelt. Wie jedermann weiß, haben wir, meine Ehegatte und ich, das größte Haus in Wittenberg und reichlich Platz. Das Einverständnis meines Mannes vorausgesetzt, würde ich die Schwestern zu mir nehmen.«

Beifall kommt auf.

Als seien sie auf einer Mägdeversteigerung, begeben sich die beiden Mädchen schnell an die Seite der Cranachin und küssen ihr die Hände. Sie sind erst einmal »vermittelt«.

Eine Stimme erhebt sich aus der Menge.

»Mit Verlaub, Herr Doktor! Gern sind wir willens den Klosterschwestern zu helfen. Aber nicht jeder hat so reiches

Gut wie der Herr Apotheker und Maler. Wenn wir eins der Mädchen beherbergen, kleiden und nähren: Wer zahlt, rundheraus, die Spesen?«

Luther läuft rot an. »Das Fehlen des schnöden Mammons soll niemanden hindern, ein gottgefälliges Werk zu tun! Aber ich denke, unser allergnädigster Kurfürst wird gewiss etwas beisteuern zum Unterhalt. Professor Melanchthon scheint mir der geeignete Mann zu sein, dessenthalben vorstellig zu werden.«

Der also Aufgeforderte nickt heftig. Er ist es ja hinreichend gewohnt, von seinem Freund vereinnahmt zu werden.

Nachdem diese Möglichkeit der Unterstützung in Betracht gezogen wurde, ist die Bereitschaft der guten Wittenberger gestiegen, und die eine oder die andere findet ein vorläufiges Zuhause.

Dann drängt sich eine der Nonnen, eine kräftige Person mit dunklen Augen, tartarischen Wangenknochen und struppigen Haaren, für die sich noch keiner entscheiden konnte, in den Vordergrund. »Herr Doktor Luther!« Ihre Stimme ist tief und kräftig. »Ich sehe da eine Gefahr. Mag es sein, dass einige der ehrenwerten Bürger annehmen, sie bekämen kostenlos Dienstmägde ins Haus? Wir alle sind von Adel und werden wohl kaum unsere Finger in die Spülbecken der Bürgerlichen tauchen!«

Einen Augenblick herrscht betretene Stille. Wenn man seine Hand ausgestreckt hat, um zu helfen, und dann zu hören bekommt, dass dergleichen nur mit Wenn und Aber angenommen wird – nun, das dämpft die Bereitschaft zu Wohltaten beträchtlich. Ist die Frage, ob jetzt der Rest der hochgeborenen Damen noch »vermittelbar« ist …

Luther misst das vorlaute Frauenzimmer da mit den Augen. Weibsbilder, die ein freches Mundwerk haben, sind ihm zutiefst zuwider.

»Seid Ihr das erkorene Oberhaupt dieser … fortgelaufenen Nonnen?«

Er wählt eine Formulierung, die nicht ohne Häme ist – auch wenn er's ja selbst ins Leben gerufen hat.

Die Person zuckt mit den Achseln. »So etwas haben wir nicht. Aber wenn die anderen zu schüchtern sind, etwas zu fragen, zu erbitten oder zu fordern, dann schickt man mich gern vor. Ich bin nicht furchtsam.«

»Das glaube ich Euch aufs Wort, Jungfer ... wie ist Euer Name?«

»Ich bin Katharina von Bora.«

»Nun, Fräulein von Bora – seid unbesorgt, niemand wird von Eurer Truppe als Magd behandelt werden, das versichere ich Euch und allen anderen. Ihr hättet Eure Zunge nicht wetzen müssen am erweisbaren guten Willen der Bürger.«

Er wendet sich abrupt ab. Katharina steht da, beißt sich in die Lippe. Ihre Augen funkeln. Sie sieht aus, als würde sie gern dem Doktor Luther Widerworte geben, aber die allgemeine Aufmerksamkeit hat sich inzwischen einem anderen Vorgang zugewendet.

Da kommt nämlich Nikolas von Amsdorf auf den Platz, ein Mann mit einem Nussknackergesicht und stets hochgezogenen Schultern, auf denen er eine Last zu schleppen scheint. Hat wohl die Aufsehen erregende Ankunft des Karrens aus Nimbschen verschlafen.

Theologe ist er, und die Geschehnisse haben ihn gebeutelt und von einer Seite auf die andere geworfen. Einst war er ein enger Freund Luthers, Zeuge von dessen Auftritt in Worms und danach der Entführung. Dann aber, bei den Wittenberger Unruhen, stand er dem Karlstadt kaum nach an Eifer, vollzog schnell die Wende, als »Junker Jörg« in die Stadt zurückkam, und ist nun so etwas wie ein reuiger Sünder; darf sogar hier und da mit Hand anlegen beim Dolmetschen. Man weiß nicht so recht, ist er in Gnade beim Reformator oder nur am Rande geduldet?

Heute also drängt er sich durch die Menge mit fuchtelnden Armen, rufend: »Magdalena? Ist die Magdalena von Staupitz mitgekommen?«

»Staupitz?« Luther fährt auf dem Absatz herum »Ist eine Staupitzin unter diesen einstigen Nonnen da?«

Eine Frau tritt vor, ihre Schläfen sind schon angegraut, ihr rundes freundliches Gesicht ist blass – das Gesicht einer Frau, die wenig frische Luft genießt. »Ja, die Magdalena von Staupitz, das bin ich«, erklärt sie bescheiden.

Martin Luther hat den Kopf schief gelegt und erforscht die Züge dieser Person. Sucht nach Ähnlichkeiten. »Ihr seid eine Anverwandte des Generalvikars?«

(Des geistlichen Vaters zu Erfurt, des Retters aus Ängsten, des freundlichen Helfers, der ihn aus seinem seelischen Gefängnis aus Sünden und aus Furcht vor Strafen herausholte und ihm den Weg in die Welt zeigte …)

Ein Lächeln. »Ich bin die Schwester des Johann von Staupitz.«

Luther schüttelt den Kopf, fassungslos. »Ich wusste nichts von einer Schwester.«

Nun lacht Magdalena offen heraus. »Wie denn auch. Wir sind viele Geschwister, Herr Doktor Luther. Ich bin fast zwanzig Jahre jünger als mein Bruder, und wurde sehr früh ins Kloster gegeben.«

Trotzdem. Ihm, Luther, scheint es, als käme ihm im Klang der Stimme, in einer Neigung des Halses, in einer Falte am Auge ein Abbild des Verehrten und Unvergessenen entgegen.

Er muss sich räuspern. »Leider kann ich Euch kein Asyl anbieten, Jungfer von Staupitz. Ich hause in einem Klosterbau, um mich herum eine Reihe von Mönchen, die genau wie Ihr der Klosterzucht entflohen sind. Welche Position habt Ihr im Kloster Mariathron bekleidet, Jungfer?«

»Ich war Singemeisterin und Lehrerin der Musik, Herr Doktor.«

Luther atmet tief durch, Freude und Überraschung im Blick. »So könnt Ihr Noten lesen?«

»Gewiss doch.«

»Die Laute schlagen?«

»Sicher nicht so kunstvoll wie Ihr.«

»Trotzdem. So schickt mir der Himmel mit euch Weibern denn doch ein wertvolles Geschenk ins Haus, nicht nur eine Plage!« (Höflichkeit war noch nie seine Stärke.) »Jungfer Staupitzin, seid willkommen! Jemand wird sich für Euch finden.« –

Inzwischen sind die Klosterjungfrauen (bis auf eine) aufgeteilt auf die Familien; manche ja nur provisorisch, da Verwandtschaft im Herrschaftsbereich des Kurfürsten Johann aufzufinden möglich erscheint, und der wackere Leonard Koppe lenkt seinen Rollwagen nach Ablieferung seiner Fracht in Richtung Stadttor, mit, wie leider fast erwartet, nichts anderem als Gottes Lohn zur Bezahlung.

(So schnell lässt er sich nicht wieder auf dergleichen ein.)

Der Marktplatz leert sich. Nur jene eine von den jungen Frauen bleibt zurück; verloren zwar, aber die Arme trotzig über der Brust verschränkt, und guckt mit gerecktem Hals um sich: Es ist die Wortführerin, die vorlaute Käthe, Katharina von Bora also, und im Augenblick scheint keine ihrer Gefährtinnen (für die sie doch so oft eingestanden ist), Aufmerksamkeit für sie zu haben, so sehr sind sie mit sich selbst und ihrem Verbleib beschäftigt.

Sie sieht die schwindenden Rücken der Schwestern Schönfeld, rechts und links zu Seiten von Barbara Cranach, und da erhebt sie die Stimme und ruft: »Und was wird aus mir?«

Es klingt eher zornig als verzagt.

Die Cranachin dreht sich um und mustert die Verlassene. Ihre Lippen verziehen sich zu einem Lächeln. »Ihr seid eine Herausforderung, Jungfer von Bora!«, sagt sie spöttisch. »Aber ich denke, wo zwei Gäste sind, findet sich auch Platz für einen dritten. Wir haben einen eigenen Gästebereich und mein Eheherr wird nichts dawider haben. Wollt Ihr mir wohl folgen?«

Die junge Frau, die sonst um kein Wort verlegen war, nickt und schließt sich dem Dreigestirn an.

Die Zeit geht ins Land, aus Frühling wird Sommer, die Aufregung hat sich gelegt.

Indessen – die Stadt registriert alles! – macht der Doktor Luther auffällig oft Visite im Haus des Apothekers Cranach. Es heißt, er sitze dort für ein Porträt, was kaum stimmen kann, denn erstens hat ihn der Meister Lucas schon mehr als einmal porträtiert, und zweitens genügen dem versierten Maler meistens nur einige Stunden, während deren er mit ein paar Strichen das Spezielle des Porträtierten festhält, dann arbeitet er ohne sein Modell weiter.

Luther jedoch ist Stammgast in der Malerstube, spricht mit dem Hochberühmten über Gott und die Welt – und macht einen langen Hals, wenn er das blonde Mägdlein Ave durchs offene Fenster im Hausgarten hantieren sieht!

Der Maler merkte natürlich, wie der Hase lief, und dachte sich sein Teil.

Um nicht ungefällig zu sein, lud er den Professor ein, Zuschauer zu sein beim Entstehen seines neuen Bildes: Er hat vor, die Züge der süßen Jungfer Ave der Heiligen Jungfrau zu verleihen.

Madonna und Kind inmitten des schönen Grüns einer Landschaft sind bereits in leuchtenden Farben auf der Leinwand abgeschildert. Fehlt nur noch das Antlitz der Mutter Gottes.

So sitzt das Mägdlein denn, das kraus nachwachsende Haupthaar offen bis auf die Schultern, vorteilhaft im hellen Licht der Sommersonne, die durchs offene Fenster hereindringt, und lässt sich malen. Das süße Mündchen, dessen Winkel ein bisschen nach oben gezogen sind, als schwebe immerdar ein Lächeln auf ihren Lippen, die runden Wangen, das spitze Kinn, die sittsam gesenkten Augen unter hohen Braunbögen – das alles ist dazu angetan, zu verzaubern, und allzu mächtig fällt dieser Zauber wohl aus, sodass Martin Luther es meist nicht länger aushält als den Durchlauf einer Sanduhr, und dann springt er auf und entschuldigt sich mit seinen dringenden Aufgaben als Prediger, Professor und Übersetzer und mit der Korrespondenz, die er mit der halben Welt zu führen hat.

Trotzdem kommt er immer wieder.

Im Hausflur des geräumigen Gebäudes trifft er wohl manchmal auf die vorlaute Katharina, die im Haus herumfuhrwerkt, als sei es ihr eigenes und deren wirtschaftlichen Verstand Meister Lucas hin und wieder lobt – aber da hört er weg. Falls sie sich begegnen, knickst sie stumm und starrt ihn unverwandt an aus ihren schiefen schmalen Augen, und er neigt kurz das Haupt, bietet ihr nicht einmal einen »Guten Tag«. Solche Frauenzimmer sind nicht sein Fall.

Nach so einem Besuch kommt wohl auch einmal die Herrin des Hauses, die rotblonde Barbara, in die Malstube, bringt ihrem Mann eine Stärkung und schickt die kleine Ave hinaus, damit sie ihrer Schwester und der Käthe in der Küche helfe und erlerne, was eine gute Frau können muss – natürlich nur, die feinen Speisen vorzubereiten und das Gesinde anzuweisen.

»Nun, Lucas, wie sieht es aus?«

Cranach wischt sich mit Werg die Farbe von den Fingern und nimmt einen Krug mit Warmbier entgegen, pustet drauf und tut einen vorsichtigen Schluck, um sich nicht die Lippen zu verbrennen. »Hm, das Zerbster Bittere! Das mag ich am liebsten!«

»Das weiß ich«, entgegnet Frau Barbara spöttisch. »Darum bring ich's dir ja, mein Lieber. Aber ich hab dich was gefragt.«

Der Maler schüttelt den Kopf. »Er ist Feuer und Flamme. Aber immer, wenn's ihn überkommt, springt er auf und rennt davon. Das wird im Leben nichts mit den beiden.«

»Und Ave?«

»Ich denke, sie würde ihn schon wollen, schon um des Ansehens willen – außerdem, wer fragt sie schließlich? Aber der Luther, der tut, als sei er Stockfisch. Ist nicht reif für die Ehe. Wir müssen für die Kleine jemand anderen finden. (Von ihrer Schwester will sie jetzt nicht reden.) Da gibt es diesen Helfer in meiner Apotheke, den Basilius Axt, hat in Medizin promoviert, ist ein kluger Knabe, sieht gut aus. Geld hat er freilich nicht.«

Er seufzt, nimmt einen größeren Schluck aus dem Bierhumpen.

Barbara zuckt mit den Achseln. »Hat der Luther etwa welches? Ein Weib wie die Käthe täte ihm gut, die versteht hauszuhalten. Aber die sind wie Feuer und Wasser.«

Luther liegt auf seinem Strohsack, durchweicht von seinem Schweiß und Mannessaft, und starrt zur Decke.

Nach dem, was unlängst er an Schrecklichem erlebt hat – wie könnte er da ans Freien denken?

Es geht ihm nicht aus dem Kopf.

Fort mit Wiedertäufern! Fort mit Bilderstürmern! Fort mit Aufrührern, seien sie nun von Adel oder Bauern! Fort mit allen, die sich nicht zur wahren evangelischen Lehre bekennen! Gegen die hat er seine Blitze geschleudert. Und nun, nachdem Furchtbares geschehen ist, will er beten.

Als hätte das Blutbad zu Böblingen im süddeutschen Raum nicht gereicht, das Wüten des Truchsessen von Waldburg. Nun ist es ganz nah herangekommen.

Und noch bevor er, Luther, die Hände faltet, sind die Bilder da, überfällt ihn, was er erlebte:

Er ist über Land gefahren, gerufen von einem Amtsbruder zu Bollstedt, mitzuwirken bei einer Taufe.

Da hatte ihn die Nachricht noch nicht erreicht. Ahnungslos war er losgezogen.

Aber er kommt nicht weit. Er muss umkehren. Man hat zu Frankenhausen eine Schlacht geschlagen, und wen es da nicht niederstreckte, der wurde auf der Flucht umgebracht.

Die Erschlagenen liegen auf dem Feldern verstreut, als habe ein diabolischer Sämann mit weitem Schwung mit ihnen die Erde bebauen wollen. Höller Verwesungsgeruch steigt in die Nase. Dunkle Schwärme von Vögeln kreisen am Himmel, andere hocken auf den Leichen, tun sich gütlich an jenen Augen, die niemand zudrücken konnte, tauchen ihre Schnäbel ins geronnene Blut der Wunden. Wer soll die wohl alle begraben, wer ihnen christliche Vergebung gewähren? Fahren sie alle zur Hölle – zu einer anderen Hölle als zu der, in welcher sie sich zeitlebens befunden haben?

Rauch zieht übers Land. Irgendwo brennen da Ortschaften.

Auf einem Hügel dort hinten stehen Galgen. Daumesklein die Gestalten, die im Wind schaukeln.

Er fährt auf von seinem Lager.

Hinaus aus dem Bett und auf die Knie, du Höllenhund! Ihr Blut komme auf deinen Hals, du hast es angeraten!

Aber wer hat es verlangt: Eine starke Schrift, wie nur der Luther sie zu verfassen vermag, eine Schrift, die überall gelesen wird?

Ich bin der Fürsten Diener. Nur sie können Ordnung halten im Lande. Nur sie können dafür einstehen, dass das Wort Gottes im Lande recht verbreitet wird, nur sie können die Reformation mit kraftvoller Hand durchsetzen – seien sie nun arg oder gut.

Sei Untertan der Obrigkeit, die Gewalt über dich hat! So steht es geschrieben.

Was wohl ist wichtiger? Dass die Menschen im wahren Glauben an das Evangelium leben und sterben oder ein Huhn im Topf haben, erlangt mit bewaffneter Hand?

Endlich gelingt es ihm, die Finger zum Gebet zu verschränken.

Oh süßer Jesus, erbarme dich meiner. Ich bin ein Mörder.

Da kamen sie auf ihn zu, auf dem Wege, ein Zug der Abgestraften, Verlorenen, Gedemütigten und immerhin Begnadigten, das heißt, zum Leben Verurteilten: Voran geht ein großes Weib in Lumpen, anzuschauen wie eine Furie mit ihren fliegenden Haaren. Sie stützt sich auf einen Stock in der Hand, die verblieben ist, der andere Arm endet in einem verkrusteten Stumpf.

Sie führt.

Um ihren Leib geschlungen hat sie ein Seil, an dem befestigt sind die Blinden, drei an der Zahl, aufgereiht wie die Tiere, die zum Markt gebracht werden. Die blutigen Binden über ihren Augenhöhlen sind noch ganz frisch. Und ihre Hände … der Henker hat ihnen die Daumen abgeschlagen.

An den Rock des letzten klammert sich ein Mägdlein von vielleicht zehn Jahren, stolpert dahin auf nackten schrundigen Füßen. Sein Mund steht weit offen. Vielleicht will es weinen oder schreien. Aber Luther sieht: In dieser Höhle ist keine Zunge mehr. Vielleicht hat es geschrien, hat wütend nachgeplappert, was die Großen brüllten: Alles soll allen gemeinsam sein, wie der Müntzer gelehrt hat: Omnia sunt communia. Das hat der Mordhunde Missfallen erregt.

Er ist beiseite getreten, hat versucht, sich zu verstecken hinter einem Holunderbusch, der in schönster Blüte stand. Musste aber hinschauen, sah jede schreckliche Einzelheit.

Und dann geschah es: Das Weib, das die Truppe anführte, entdeckte ihn, es blieb stehen und wandte sein Medusenhaupt ihm zu, und ein Hasslachen brach aus ihr heraus. Und er erkannte es wieder, dieses Weib. Es war die Fides Horchlinger, jene Person, die dazumal die große Lippe riskiert hatte im Rat der Stadt.

Und bevor sie ihm den Fluch zurufen konnte, den sie gewiss auf den Lippen hatte, ist er aus dem Busch hervorgebrochen wie der Hirsch auf der Treibjagd und davongelaufen. Einfach nur davon.

Da kniet er nun, hört in seinem Kopf die Dämonen singen und fleht den Herrn an, ihm nicht auch noch das zu schicken.

»Hast du es mir nicht befohlen? Herre Gott! Hast du mir nicht befohlen, deine Kirche zu heilen an Haupt und Gliedern, und wie soll das zugehen, wenn nicht mit Hilfe der Fürsten? Ich musste es tun! Ich musste!«

Ja, er war maßlos gewesen in seinen Schriften. Hätte er nicht wissen müssen, dass die großen Herren genauso maßlos in Taten sein würden wie er in Worten?

Er erhebt sich taumelnd, kämpft an gegen die Schwindel.

Bresthaft ist er und schuldbeladen. Wie könnte er daran denken, ein Weib zu freien?

Wenig später nimmt Doktor Martin Luther in der Stadtkirche die Zeremonie der Trauung zwischen Ave von Schönfeld und Basilius Axt vor. Trauzeugen sind Lucas Cranach und Philipp Melanchthon.

Die Braut flüstert ihr Jawort so leise, dass es kaum verständlich ist.

Inzwischen haben sie alle ein Dach gefunden, unter dem sie schlafen können, bei Befreundeten oder Verwandten, oder sie sind unter die Haube gekommen, manche besser, manche schlechter. Die Staupitzin lehrt inzwischen die Kinder Musik in den Häusern vermögender Leute und befindet sich wohl dabei. Nur eine ist noch übrig: Katharina von Bora.

Mit einiger Mühe haben sie für das rabiate Weib, das immer alles besser weiß, einen Bewerber ausfindig gemacht, den Pfarrer Kaspar Glatz, Seelsorger zu Orlamünde. Es gab eine züchtige Begegnung zwischen den beiden, wobei allerdings Katharina dem Mann unerbittlich auf den Zahn fühlte. Befragt, ob sie nun willens sei, in den Stand der Ehe einzutreten, lehnte sie mit Bestimmtheit ab. Ihre Worte waren kurz und bündig: »Zu dem habe ich weder Lust noch Liebe. Zu alt, zu geizig und zu zänkisch.«

Die Cranachin, die es Luther übermittelt, kann sich des Lachens nicht enthalten, während er, der Luther, vor Ärger rot anläuft.

Er geht in der Stube der Malersfrau auf und ab. (Die jungen Damen Schönfeld sind aus dem Haus, und so entfällt der Grund für ihn, allzu häufig bei Cranach vorzusprechen, wollte nur hören, ob man die Bora endlich auch los ist.)

»Ja, welcher Teufel soll die denn nun nehmen! Mag sie den Glatz nicht, so kann sie wohl warten, bis sie schwarz wird!«

Barbara Cranach mustert ihn amüsiert. »Soll ich Euch verraten, was sie mir insgeheim anvertraut hat?«

Er bleibt stehen. »Nun?«

Die Frau grinst. »Wenn es Gottes Wille wäre, so würde sie den Doktor Luther wohl ganz gern ehelich nehmen.«

Luther zieht scharf die Luft ein. »Das sagt Ihr, mich zu vexieren, Cranachin!«

»Seh ich aus, als würde ich Späße machen?« (Dabei sieht sie wirklich so aus.) »Aber ernstlich, Luther. Sie hat es wirklich gesagt. Und abgesehen von ihrem Mundwerk, da würdet Ihr keinen schlechten Griff tun. Sie hat Hauswirtschaft von Grund auf gelernt in ihrem Kloster, abgesehen davon kann sie lesen, schreiben, rechnen wie ein Schulmeister und sogar Latein.«

»Was soll ein Mann denn mit einer Hausfrau, die Latein kann! Kinder soll sie gebären und des Gatten Lust und Freude sein!«

»Nun, das eine steht dem anderen nicht im Wege!«, bemerkt Barbara Cranach geruhsam und bewirkt, dass der Reformator noch einmal errötet.

Bald darauf kommt Besuch.

Ein durchreisender Ritter ist im »Güldenen Adler« am Marktplatz zu Wittenberg abgestiegen und bittet darum, dem Doktor Luther seine Aufwartung zu machen.

Nun bedeutet das ja eigentlich, dass der Ankommende zu demjenigen hingeht, den er visitieren möchte, aber wenn es ein Edelmann ist, ein Ritter, wie gesagt, der, so hört man, mit beträchtlichem Aufwand reist, ist es wohl angebracht, den Vorgang umzukehren.

Luther lässt eine angemessene Zeit verstreichen, seiner Würde angemessen; er muss ja nicht nach der Pfeife jedes Quidam tanzen, der ihn sehen möchte, und hegt zudem nicht erst seit neuestem ein Misstrauen gegen Rittersleute. Die wollen ihr eigenes Süppchen kochen, und was dabei herausgesprungen ist, das hat man ja gesehen am Überfall auf Trier; die Ritter sind auch nichts weiter als Räuber.

Schließlich macht er sich auf den Weg.

In der Gaststube des »Güldenen Adlers« findet er einen alten Bekannten vor.

Da sitzt hinter einem Tisch, der sich fast biegt unter den köstlichsten Speisen, und vor einem großen Humpen schäumenden Biers, kein anderer als Hans von Berlepsch, auf der Wartburg »Junker Jörgs« Gastgeber oder Kerkermeister, wie man es auffassen möchte.

Zur Begrüßung erhebt er sich und gönnt seinem einstigen Gefangenen doch wahrhaftig eine Umarmung, die der steif über sich ergehen lässt; was will der Mann von ihm?

»Herr Doktor Luther!«, dröhnt der Ritter in tiefstem Bass, »zwar wusste ich seinerzeit, dass eine Berühmtheit sich im Turmzimmer der Wartburg aufhält – dennoch hab ich nicht ganz verstanden, aus welchem Grund kurfürstliche Gnaden Euch festgesetzt hatten – vielleicht, so dachte ich lange Zeit, um die anderen Herren mitsamt dem Kaiser zu ärgern. Aber nun, nun weiß ich ja, dass Ihr und Eure Worte die Welt bewegt und das Unterste zuoberst gestülpt haben. Kommt, nehmt Platz, seid mein Gast, wie Ihr es zehn Monate lang schon einmal wart. Freilich habt Ihr da ohne mich gespeist.«

Er bricht in Lachen aus und winkt dem Wirt nach einem frischen Teller, einem Humpen, einem Messer.

Luther runzelt die Stirn. Das Gebaren dieses Mannes ist ihm unverständlich. Warum gibt er sich so plump? Der war doch durchaus im Bilde über das, was in der Welt vorging … Was will er hier? Und was will er von ihm?

»Eure Einladung ehrt mich, Herr Burghauptmann, aber ich bin in Eile, und Ihr seid es vermutlich auch, auf der Durchreise, wie es aussieht. Danke also für Eure Anteilnahme.«

Er wendet sich zum Gehen, aber Berlepsch hascht ihn am Ärmel des Gelehrtentalars, hält ihn fest.

»Nicht doch, Doktor! Nehmt Euch Zeit, so wie ich sie mir nehme. Denn Ihr habt mir Glück gebracht, und ich kann Euch etwas berichten, was Euerm Sinn gewiss gefallen wird. Übrigens, Burghauptmann bin ich nicht mehr. Bald nach Eurem Fortgang, als im Land hier und da die Rebellion aufflammte, wie wenn ein Feuer im Busch lodert, da sagte ich meinem Posten Valet und ging zurück auf meine eigene Burg, mein eigen Hab und Gut zu schützen, und dann …«

Der Wirt hat inzwischen das Gewünschte gebracht, und Luther lässt sich langsam auf den ihm angebotenen Sitz fallen. Er fühlt sich wie betäubt. Hört, wie der bärtige Klotz auf der anderen Seite des Tisches fortfährt: »… und dann zündeten sie mir den Burgfried und den Palas an. Da hielt mich nichts mehr und ich stellte mich in den Dienst des Truchsessen von Waldburg. Nach dem Schlachtfest in Böblingen trat ich nun auch anderwärts gegen den Rest der Rebellen antrat, gemeinsam mit anderen Fürsten. So kam ich nach Frankenhausen. Ja, Luther, Ihr seht den Mann vor Euch, der beim Tod Eures ärgsten Feindes zugegen war.«

Er sieht sein Gegenüber triumphierend an, spießt ein Stück fettes Schweinefleisch auf sein Messer und führt es zum Mund, während Luther murmelt: »Ihr meint den Müntzer?«

»Eben den!«, kaut Berlepsch voller Stolz. »Nun, so nehmt doch auch einen Bissen!«

Luther greift mechanisch nach einem Stück Brot und beißt hinein. Das Brot ist frisch und klumpig, es quillt, verstopft ihm den Schlund.

Der Ritter fährt fort: »Zu Frankenhausen war ich dabei, als wir das Gesindel zu Paaren getrieben haben, diese Narren, die der Allmächtige verblendet hatte. Ihr wisst ja, ein Regenbogen war ihnen erschienen am helllichten Tage.« Er lacht dröhnend. »Nun, sie hatten vielleicht den Regenbogen, aber wir, wir hatten die Kanonen. Heissa, da bebte die Erde, ein Donnerschlag nach dem nächsten. Sie fielen wie die Hasen auf der Treibjagd, kaum einer kam dazu, seine Waffe zu ziehen. Als sich der Pulverdampf verzog, waren die meisten hinüber.

Nun sollten sie den Dämon Müntzer ausliefern, aber die da noch am Leben waren, die schrien: ›Stellt der Streitmacht Gottes keine Bedingungen, ihr Söhne von Pesthuren!‹ So war ihr Los besiegelt.«

Luther versucht, das Brot hinunterzuschlucken, es klebt an den Zähnen. Er greift zum Bierhumpen und nimmt einen großen Schluck, spült den Mund frei, um sprechen zu können. Schließlich sagt er mit schwacher Stimme. »Ihr wolltet mir vom Müntzer reden, Herr Ritter.«

Berlepsch nickt, greift zu einem gekochten Ei, das mit anderen geschält auf einem rosenfarbigen Teller liegt. Er bestreut es mit Salz, schiebt es dann auf einmal in den Mund, kaut.

»Der war zunächst geflohen, hatte Fersengeld gegeben, als er gesehen hatte, was er angerichtet. Aber meine Landsknechte, die ich angeworben hatte für diesen Feldzug, waren mit Eifer dabei, nach dem Flüchtigen zu suchen, und so entdeckten sie ihn denn auf einem Dachboden zu Mühlhausen, der Rebellenstadt. Und ich, mein lieber Luther, ich erhielt den großen Auftrag, den Sohn des Satans auf der Folter zu befragen.«

»Ihr habt den Magister Müntzer gefoltert?«

»Bewahre, Teuerster, die Arbeit selbst taten andere. Ich stellte die Fragen, damit er noch Namen nennen sollte von denen, die ihn und die seinen unterstützt hatten. Nun, das tat er nicht, verstockt wie er war. Wir machten dann ein schnelles Ende mit ihm. Kopf ab. Auf dem Blutgerüst hat er noch einmal seinen Spruch verkündet, des Sinnes, alles soll allen gemeinsam gehören, auf Lateinisch.«

»Omnia sunt communia«, sagt Luther. Seine Stimme ist kaum hörbar.

»Richtig!«, bestätigt Berlepsch sachlich. Er nimmt einen Zug aus seinem Humpen und wischt sich den Mund mit dem Leintuch ab, rülpst. Nickt Luther wohlwollend zu.

»Ich hoffe, Euch eine rechte Freude gemacht zu haben mit dieser Geschichte. Denn da wir ja so lange unter einem Dach hausten, so habe ich angenommen, es wär Euch lieb zu hören, wie sehr ich nun in die evangelische Sache verstrickt bin. Ihr, Luther waret mein Lehrmeister. Ich hab es vergolten und Euren Feind dahingestreckt.«

Luther nickt. »Gottes Lohn ist Euch gewiss«, sagt er matt.

»Und der Lohn der Welt freilich blieb aus! Es war dann der Truchsess von Waldburg, der mich für den Verlust meiner Burg entschädigte; nicht mit Geld und Gut, aber er hat mir immerhin zwanzig gefangene Bauern geschenkt. An denen konnte ich mein Mütchen kühlen.«

Luther sieht ihn mit weit aufgerissenen Augen an. Er erhebt sich schwankend. Im Kopf saust es. »Verzeiht, mir ist nicht wohl. Ihr kennt ja mein Übel.«

Berlepsch nickt jovial. »Gottes Segen weiterhin auf Euch und gutes Gelingen der evangelischen Sache.«

»Danke, Herr Ritter. Gehabt Euch wohl.«

Draußen, nach ein paar Schritten, muss er anhalten. Er stützt sich an der Hauswand ab und erbricht Brot und Bier in einem Schwall, der auf seinen Füßen landet.

Das Haupt voll Blut und Wunden, aufgespießt und ausgestellt vor den Toren von Frankenhausen, zur Warnung und Abschreckung für alle Aufrührer.

Nun erscheinst du mir, deinem Widersacher, im Dunkel der Nacht, die alte Fehde zu Ende zu führen – oder für die Ewigkeit festzuschreiben.

Es ist alles vorbei.

Nichts ist vorbei.

Da bist du, krächzend, röchelnd, dunkel verkrustet, die Augen starr.

Basiliskenaugen hattest du immer. Augen von Schildkröten. Verschwindend unter den Lidern. Die Lider haben sie dir abgeschnitten, damit du keinen Schlaf mehr fändest und nicht wegschauen konntest bei dem, was man vor deinen Augen vollführte an Folter und Pein an den Deinen. Mit diesen schrecklichen Augen musst du mich nun anstarren, unverwandt, es gibt kein Pardon für Martinus Luther.

»Sei mir gegrüßt, mein verräterischer Lehrer!«, sagt der Magister Müntzer in Luthers Kopf. »Es ist mir keine Genugtuung, dass es dir wohlergeht, wohingegen Tausende auf dein Geheiß hin abgeschlachtet wurden.«

Luther ballt die Fäuste, er knirscht mit den Zähnen. »Du entstellst und verrenkst alles!«, entgegnet er grimmig. »Als meine Schrift erschien, mordeten sie schon!«

»Ja, aber du hast Öl ins Feuer getan und den bestialischen Fürsten und Herren ein gut Gewissen verschafft, Bruder Leisegang!« Das Haupt ächzt und stöhnt, so wie der wohl auf der Folter gestöhnt haben muss – oder hat er geschrien, laut geschrien, gellend geschrien, dass sie es draußen auf dem Marktplatz hörten? »Aber zuvor hattest du Mut in die Herzen der Bedrängten gegossen, dass sie sich bewusst wurden, sie seien als Christenmenschen keine unwürdige Kreatur, die jedermann treten und schinden darf! Und nachdem du ihnen so das Tor zur Freiheit geöffnet hattest, hast du es vor ihren Augen wieder zugeschlagen, hast sie zu mörderischen Rotten erklärt. Und was dann durch dich an Blut und Tod gekommen ist, das ist zehnfach ärger. Du bist schuld an diesem Höllenbrand!«

»Nein, du bist schuld, denn du hast mir das Wort im Mund verdreht. Es waren Worte, die mir der Herr eingegeben hatte, du aber hast sie auf die Seite des Teufels hinübergezerrt.«

»Da gab es keinen Teufel, außer der Bosheit der großen Herren. Und deine Worte waren das lautere Gold. Wie habe ich zu deinen Füßen gesessen und dir gelauscht, als spräche der Heilige Geist aus dir! Und wie sehr haben wir dir vertraut! Meinst du, es war von ungefähr, dass wir die zwölf Artikel dir zugesendet haben, dein Amen zu erbitten? Demütig haben wir gehofft, du würdest uns aus der Schrift belehren – uns, deine neue Gemeinde.«

»Versündige dich nicht noch mehr, als du es schon getan hast! Die aufrührerischen Rotten meine neue Gemeinde? Die Gemeinde des Satans seid ihr gewesen!«

»Ach? So muss ich dich vielleicht selbst zitieren, da du's vergessen hast in deinem vom Fett der Fleischtöpfe Ägyptens zugeklebten Gehirn! So sagst du den Fürsten: ›Gott selbst ist's, der sich gegen euch stellt, eure Wüterei heimzusuchen.‹ Und über uns: ›Sie haben zwölf Artikel aufgestellt, unter denen einige so gerecht sind, dass sie euch vor Gott und der Welt zur Schande gereichen. Nun ist's ja auf die Dauer unerträglich, die Leute so zu besteuern und zu schinden.‹ Da war vom Satan unter uns keine Rede!«

Diese Augen, diese unerbittlichen Augen, die nicht blinzeln können! Luther wirft sich hin und her in seinem Bett, schweißnass, unterm Brausen des kommenden Unheils. Wenn dieser Blick ihn doch nur für einen Lidschlag losließe, dieser Basiliskenblick. Aber da ist ja kein Lidschlag möglich.

»Ihr habt es verwechselt!« Er windet sich. »Es gibt zwei Regimente, die sind geschieden und müssen es bleiben! Das Reich der Gottesgnade, zu dem jeder Christenmensch Zutritt hat, der echten Glaubens ist, und in dem vor dem Herrn alle gleich sind, und das Regiment der Welt, das eingerichtet nach Willkür und Gutdünken, in dem jeder in Demut den Platz ausfüllen soll, auf den ihn der Herr gestellt hat!«

»Ja, das hast du dir als Hintertür offengehalten, diese hinterfotzige, verlogene Unterscheidung! Als wenn ein Mensch teilbar wäre, als wenn Hoffen und Harren aufs Paradies wettmachen können, was sein Leib leidet! Denn es ist eine große Lüge, dass körperliche Pein und Not die Kräfte der Seele stärken. Wenn du hungerst und dürstest, siech bist und zudem noch verhöhnt und gedemütigt wirst, dann macht es dich klein und verzagt, und zu Höhenflügen bist du nicht mehr fähig. Aber wenn dir das Licht der Würde leuchtet, wenn du mehr bist als das Vieh, wenn du ein Mensch sein darfst – dann erhebt sich dein Geist zu den Höhen himmlischer Freiheit.

Und das weißt du sehr wohl, Doktor Lügenmaul, auch wenn du widerborstig und verstockt auf deinem sturen Irrtum bestehst! Denn deine heißgeliebten Fürsten und Herren haben dir befohlen, dergleichen Ausreden zu erfinden, auf dass sie besser hauen, würgen und dreinschlagen dürfen mit Billigung des großen Martinus!«

Nach dieser langen Tirade würgt und keucht das grässliche abgeschlagene Haupt aufs Erbärmlichste, als habe es sich ganz und gar erschöpft, und Doktor Luther hofft in seiner Pein, es würde nun verschwinden, aber nein. Die lidlosen Augen starren ihn weiter an und ihm wird klar, ohne eine Rechtfertigung kommt er nicht davon.

»Alles war doch längst im Gange, bevor meine Schriften wirksam werden konnten!«, rafft er sich auf. »Ich hab hineingesprochen, in das, was geschah. Eigentlich immer zu spät. Wer hat meine Worte noch beachtet? Alles war im Gange.«

Müntzer stößt weiterhin seltsame Laute aus. Lacht er vielleicht? Lacht er seinen Gegner aus? Ja, er lacht.

»Wer Öl ins Feuer gießt, der schürt die Flamme, gleich, ob er sie selbst entzündet hat oder wer anders! Lügenfürst, Teufelsbraten!«

»Nichts hab ich dawider gehabt, dass deine Bauern ihre Sache beim weltlichen Regiment eingefordert hätten! Nichts. Aber nicht im Namen des Evangeliums!«

»Nun, das höre ich zum ersten Mal aus deinem Munde, du Heuchler! Und wie soll das gehen? Denn du, nur du allein hast den armen Leuten Augen, Ohren und Herz geöffnet, dass sie mit deinem Lied auf den Lippen hingegangen sind, einzufordern, was ihnen nach göttlichem Recht zusteht. Und warum nennst du sie ›meine Bauern‹? Es sind deine Brüder genauso gut, die jetzt hingeschlachtet worden sind. Hast du kein Erbarmen mit den armen Leuten? Nur mit dir selbst?«

»Hör auf! Hör auf! Du hast verloren!« Luther presst sich die Hände auf die Ohren, wälzt sich hin und her.

»Ja, ich hab verloren, und Tausende mit mir. Aber du? Was

hast du gewonnen? Den Frieden des Fleisches und sanfte Ruhe. Ist das dein Lohn? Ja freilich, einem wie dir muss der Spruch wie Feuer und Schwefel brennen, der da heißt: Omnia sunt communia. Alles soll allen gemeinsam gehören! Denn dann gäbe es kein Arm und Reich mehr, kein Unten und Oben. Das ist Unordnung. Das schreckt wie ein Gespenst, nicht wahr?«

»Du bist das Gespenst! Weiche, weiche von mir!«

Alles um ihn beginnt sich zu drehen. Der Kopf des Müntzer ist weg. Aber von allen Seiten zischt, raunt, heult, pfeift, schnarrt und plärrt es: Omnia sunt communia! Omnia sunt communia! Das sausende Mühlrad altbekannten Leidens durchpflügt sein Gehirn und martert seine Ohren und lässt es wie Flammenzungen hinter seinen geschlossenen Lidern brennen.

Das Bett kippt um und fährt mit ihm dreimal die Stube entlang, nimmt auch die Zimmerdecke mit, sodass er sich anklammern muss mit beiden Händen. Er beißt sich die Zunge blutig. Oben und unten sind vertauscht. Süßer Herr Jesus, erbarme dich meiner!

Aber der süße Herr Jesus ist anderwärts beschäftigt. Des Satans allergrößte Meereswelle packt den Gepeinigten und schickt ihn mit Donnergrollen in die tiefste Dunkelheit.

Da erwarten ihn als einzige Gnade die Ohnmacht und das Vergessen.

Doktor Luther ist krank.

Als er zur festgesetzten Stunde nicht zur gemeinsamen Arbeit des Dolmetschens und Verfassens einer Flugschrift erschienen ist, hat Philipp Melanchthon einen Boten ausgeschickt zum Schwarzen Kloster – er kennt ja die Unwägbarkeiten in der Gesundheit seines Freunds und Vertrauten.

Berichtet wird ihm, der Doktor liege in seiner Stube auf dem Bett, ohne Bewusstsein, die Augen weggedreht, und sein Atem gehe schwer und rassele wie ein Blasebalg.

Im Nu ist halb Wittenberg auf den Beinen und verbreitet die Nachricht.

Insbesondere Herr Apotheker Cranach und sein Famulus Basilius Axt, der ja, wie man weiß, graduierter Doktor medicinae ist, kümmern sich um den Maladen, aber auch andere neunmalkluge Ärzte und solche, die sich dafür halten, Bader und Kurpfuscher, von denen es in Wittenberg genauso viele gibt wie allüberall.

Zunächst lässt man den Bewusstlosen zur Ader, was ja bekanntlich ein Allheilmittel sein soll und sogar bei Pestkranken angewendet wird. Sodann reibt man seinen wohlgenährten Körper mit einer Tinktur von Melissengeist ein, was immerhin bewirkt, dass er die Augen aufschlägt und murmelt: »Herr, nimm mich Sünder zu dir!« Aber soweit ist es noch nicht.

Mir vereinten Kräften versucht man, den Kranken aufzurichten, seine Beine auf die Erde zu setzen und ihn zum Stehen zu bewegen, aber das geht nun ganz und gar nicht, er kippt sogleich um und man bettet ihn aufs Neue.

Er stöhnt, murmelt etwas von Schwindel, Wellen und Höllenrachen und verdreht erneut die Augen.

Sie stehen hilflos herum. Noch mehr Blut sollte man dem Patienten vielleicht nicht abzapfen, ist die Meinung des Basilius Axt mit einem Blick auf die volle Schüssel, die der Hausknecht gerade fortträgt, um sie auf dem Abtritt zu leeren.

Während sie noch unschlüssig und achselzuckend zusehen, wie Doktor Schlurff, neuerdings Luthers Hausarzt, der sich inzwischen auch eingefunden hat, dem Kranken den Puls fühlt – der rast! –, wandelt sich die Szene, denn zwei Frauenzimmer, beladen mit Fläschchen und Kräutersäckchen und Körben betreten den Raum. Es sind dies Barbara Cranachin und Katharina von Bora, sie knicksen aufs Höflichste.

»Ihr Herren!«, beginnt Lucas Cranachs Ehehälfte. »Ungeachtet dessen, was Ihr für Diagnose gefunden habt: Der Doktor Melanchthon hat mir einmal berichtet, dass sein Freund solche Anfälle hin und wieder bekommt, und dass, was er danach braucht, Ruhe, Harmonie und gute Pflege ist. Nun hat die Jungfer von Bora während ihrer Zeit als Klosterfrau nicht nur Lesen, Schreiben und Wirtschaften gelernt, sondern auch Kräuterkunde und Krankenpflege. Unser Einfall war also, dass sie hier bei Doktor Luther bleiben, sich um ihn kümmern und bemühen und hin und wieder ein heilsames Süppchen kochen soll, so, wie es der Hausknecht nicht kann, bis er wieder auf den Beinen ist. Ich hoffe, unser Vorschlag kommt gelegen.«

Während dieser langen Rede der Cranachin hat die Jungfer von Bora, ohne auf die Antwort der versammelten Kapazitäten zu warten, ein Tischchen ans Bett gezogen, auf dem sie die mitgebrachten Ingredienzien deponiert, und dann ist sie mit den halblaut gemurmelten Worten: »Hier stinkt's!« ans Fenster gegangen und hat es weit geöffnet. Sommerluft dringt herein.

Die gelehrten Männer sind verblüfft, nicken alle Zustimmung und sind uneingestanden erleichtert, dass ihnen die Verantwortung abgenommen wurde. Unter Wünschen für eine gute Besserung entfernen sie sich mit dem Versprechen, bald wieder hereinzuschauen.

»Ich denke«, sagt Barbara freundlich, »da sollten wir abwarten, wann uns die Jungfer von Bora ein Zeichen gibt, damit wir den Kranken nicht ermüden. Jetzt braucht er Ruhe.«

Die beiden Frauen wechseln einen Blick.

Katharina von Bora krempelt die Ärmel hoch.

Martin Luther schlägt die Augen auf. Hat er geschlafen, war er ohnmächtig? Er weiß es nicht. Sein Kopf ist besser, nur noch ein entferntes Klingeln in seinen Ohren. Aber schwach ist er. Sehr schwach. Noch verschwimmt alles vor seinem Blick.

Ein angenehmer starker Geruch steigt ihm in die Nase. Wacholder vielleicht. Er kennt sich da nicht so aus.

Seine Hände gleiten über das Laken. Kühles Leinen, nicht das raue Nesselgewebe, auf dem er zu liegen pflegt. Wo ist er?

Allmählich nimmt der Raum um ihn Konturen an. Ja, das ist sein Zimmer. Aber darin steht eine Person, die ganz und gar nicht hineingehört. Ein Fremdkörper.

Der Schreck fährt ihm in die Glieder, lässt ihn zusammenzucken. Schnell schließt er die Augen wieder.

Dann ist da die Stimme: »Gut, dass Ihr wach seid, Herr Doktor. Ich habe ein Wasser mit Benediktenkraut für Euch destilliert, das soll bei Zuständen wie dem Euren Wunder wirken. Könnt Ihr Euch aufrichten? Ich stütze Euch.«

Er kennt die Stimme. Kann sich nicht länger hinter geschlossenen Lidern verstecken. Ja, das ist dies Gesicht, die dunklen Augen schief wie die einer Katze, die hohen Brauenbögen, die tatarischen Wangenknochen ... Das kurze Haar unterm weißen Tuch.

»Was in aller Welt habt Ihr hier zu schaffen, Jungfer von Bora?«

Und die ruhige Antwort: »Ich pflege Euch.«

Sie will ihn anfassen, aber nein, er schüttelt sie ab und stützt sich auf den Ellenbögen hoch, alles dreht sich, kommt zum Stillstand, und die Hand dieser Frau führt ihm einen Becher zum Munde. Benediktenwasser, bitter und kräftig. Ein Allerweltsheilkraut, so heißt es. Er schluckt, lässt sich zurücksinken.

»Ich begreife nicht.«

»Man hat Euch vor zwei Tagen in seltsamen Zuständen vorgefunden. Eure Freunde waren sehr besorgt und meinten, es sei das Beste, man ließe Euch mit sachkundiger Pflege ruhen, damit Eure Natur sich erholen könne. Und da hat man mich bestellt.«

»Wieso Euch?« (Er wusste gar nicht, dass sie so gewählt reden kann. Bisher hat sie ja nur immer kurze und bündige Einsprüche abgeliefert.)

»Nun, im Kloster Mariathron habe ich Kräuterkunde und ein wenig Heilkunst gelernt, so wie sie die große Hildegard von Bingen weiland praktiziert hat. Und sonst hatte ich ja nichts zu tun.« Sie lacht kurz auf. Die Letzte. Die Stolze. Die Sitzengebliebene.

Das bittere Wasser stößt ihm auf, er muss rülpsen und sie sagt: »Wohl bekomm's. Ihr spürt gewiss schon die Wirkung.«

Spürt er sie tatsächlich? Er weiß nicht. Die Nähe des Frauenzimmers verwirrt ihn.

»So danke ich Euch für Eure Mühe, Jungfer von Bora. Mir geht es wirklich besser. Ihr dürft Euch verabschieden.«

»Darf ich nicht«, sagt sie trocken. »Der Patient weiß am allerwenigsten, wann er geheilt ist. Ich gehe jetzt in die Küche und bereite Euch ein kräftigendes Süppchen zu, aus Fleischbrühe, Eidotter und Gerstenschleim.«

»Nichts dergleichen ist im Haus«, knurrt er abweisend.

»Stimmt, nichts dergleichen war im Haus, und Seberger, Euer Diener, mag ein braver Mann sein, vom Wirtschaften versteht er nichts. Ich habe eingekauft. Das Geld hat mir die Cranachin vorgeschossen; wir rechnen ab, wenn Ihr wieder wohlauf seid.«

Sie geht zur Tür hinaus, und er starrt ihr nach, dem kräftigen Hintern, der von den tiefgebundenen Schürzenbändern eingeschnürt und hervorgehoben wird wie eine runde Frucht auf dem Präsentierteller, und weiß nicht, wie ihm geschieht.

Schließlich ist er krank.

Hat sie nicht zur Cranachin gesagt, sie würde ihn gern … Was für Gedanken!

Der Schwindel kehrt zurück. Er krallt die Finger ums Betttuch, und als er wieder ins Normale zurückkehrt, fragt er sich erneut, woher dieses Linnen kommt, und überhaupt. Worauf liegt er hier? Das ist nicht sein alter Strohsack.

Das Frauenzimmer kommt zurück, trägt mit beiden Händen eine irdene Schüssel, die er noch nie gesehen hat, ein Löffel steckt darin. Es duftet unendlich, und plötzlich spürt er Heißhunger.

»Setzt Euch auf!«, befiehlt sie. »Ich füttere Euch.«

Eh er noch protestieren kann, hat er schon ein Kissen im Rücken und ein Tuch unterm Kinn, und der erste Löffel wandert zu seinem Munde.

Die Person kann kochen!

»Wonach schmeckt das nur?«

»Ich hab eine Prise Muskatblüte daran getan.«

»Woher kommt in meiner Küche Muskatblüte?«

»Hab ich nicht gesagt, dass ich eingekauft habe?«

»Exotisches Gewürz! Sündhaft teure Spezereien!«

»Herr Doktor Luther, so etwas kauft man einmal, den Vorratsschrank zu füllen, und hat es dann auf Jahre, und die Speisen erhalten einen neuen Wohlgeschmack. Und nun haltet den Mund und esst Eure Suppe. Reden können wie später.« –

Also: Sie hat die Stube gesäubert und die Ecken mit Wacholder ausgeräuchert, hat Spinnen umgebracht und einen großen Kater ins Haus geholt, der nun allüberall im Schwarzen Kloster auf Mausjagd ist. Sie hat Luthers Strohsack, auf dem er seit zwei Jahren schläft, verbrannt: »Er war verfault, Doktor Luther, von Eurem Schweiß und was weiß ich noch!«

Beiderseitiges Erröten und Wegschauen.

»Ich hab das Ding vom Hausknecht verbrennen lassen, es stank wie die Pest. Jetzt liegt Ihr auf einer Matratze, gefüllt mit Werg. Und weiche Laken hat die Cranachin uns spendiert. Wenn Ihr öfter krank seid, müsst Ihr wohl gebettet sein.«

Uns? Hat er sich verhört?

»Wo wart Ihr die ganze Zeit, in der Ihr Euch um mich gekümmert habt?«

»Dort.«

Das sieht er erst jetzt, als ihre Hand ihm die Ecke weist: Da ist ein Lager aus Polstern und Wolldecken. Sie hat tatsächlich in seinem Raum …

»Ich konnte Euch schlecht allein lassen, falls der Anfall wiederkommen würde.«

Dazu sagt er nichts. Dieser Anfall, den hatte sein bellendes Gewissen verursacht. Aber nun ist ihm, als sei das eingetreten, was die alten Griechen in ihren Tragödien eine Katharsis zu nennen pflegen, eine Reinigung durch die Katastrophe, den Zusammenbruch.

Und in der Tat ist ihm nun, wo er Benediktenwasser und eine gute Suppe im Leib hat, als wären die grausigen Bilder des blutenden Landes und die Vision des Mannes, der Abrechnung verlangte, in weite Ferne gerückt, ja, als seien sie unwirklich geworden. Ihm ist fast, als sei ihm wohl. Und schläfrig ist er.

Die Stimme der Bora unterbricht sein sanftes Dahindämmern.

»Wo habt Ihr Eure Hemden, Herr Doktor? Ich will sie zu den Waschmägden an der Elbe geben, aber ich finde nur eins.«

»Was geht Euch mein Hemd an?«, fragt er beunruhigt.

»Nun, wenn ich schon für Ordnung sorge, so würde ich mich ja schämen, wenn Ihr genesen hervorgehen würdet aus Eurem Zustand, mit schmutziger Wäsche am Leibe.«

Irrt er sich, oder ist sie gerade dabei, sich in aller Stille hier einzuschleichen?

»Ich brauche keine Wirtschafterin!«, sagt er ärgerlich.

»Und ich bin keine, Herr Doktor.« (Kurz und bündig.) »Was ist also mit ...« Sie stockt. Um ihre Mundwinkel zuckt es. »Soll ich glauben, Herr Doktor, dass Ihr nur zwei Hemden habt, eins, das Ihr auf dem Leibe tragt, und dann das verdreckte da im Spind, das Euer Diener längst hätte in die Wäsche geben sollen?«

»Was ist daran komisch?«, gibt er zurück. »Ein Christenmensch soll nicht in Hochmut verfallen und sich mit Dingen brüsten, die nicht vonnöten sind. *Ein* Hemd trägt man, und das *zweite* wird gewaschen.«

»Wenn es denn gewaschen wird! Euer Diener, der Seberger, ist zwar willig und anstellig, wie ich gemerkt habe, aber nicht sehr geschickt und ein bisschen langsam obendrein.«

Dieses Mundwerk! Es reizt ihn, erregt ihn, es macht ihm eine Spannung ... Das Weib soll fort.

»So nehmt das Hemd und bringt es weg, und Dank für Eure Mühe.«

Sie schüttelt missbilligend den Kopf. »Die Frau Cranach hat mir aufgetragen, Euch nicht eher zu verlassen, als bis Ihr völlig genesen seid, und keinen Besuch zu gestatten, der Euch aufregen könnte.«

»Aber ich bin genesen!«

»Das freut mich.« (Es klingt unerträglich spöttisch.) »Sogleich werde ich also den Seberger anweisen, für Euch den Badezuber zu bereiten, damit ihr dann als ein blankgescheuerter Christenmensch Euren Freunden entgegentreten könnt.«

Das wird ja immer schöner! Den Badezuber, den er bisher während seines Aufenthalts im Schwarzen Kloster allerhöchstens zweimal benutzt hat! Er will protestieren, aber sie ist schon draußen, und er hört, wie sie den Diener herumkommandiert.

Ihm ist … er weiß nicht, wie.

Am besten, gehorchen und alles schnell hinter sich bringen, damit diese rabiate Person dann endlich verschwindet. Zudem verstärkt der Gedanke an ihren runden Hintern in ihm die wohlbekannte und gefürchtete Spannung seiner Lenden, die er nur allzu gut kennt. Die Versuchung – Herr, erbarme dich! Doch nicht angesichts dieses Weibs.

Im Bett zu sein, ist nicht gut.

Er setzt sich auf, überwindet den hoffentlich letzten Anflug des Schwindels, tastet mit den Füßen nach Schuhen oder Pantoffeln, findet sie nicht, langt sich seinen Gelehrtentalar vom Haken und bemerkt zum ersten Mal, wie schweißig und verschlissen dies sein einziges Kleidungsstück ist – läuft so ein Professor der Universität Wittenberg herum? –, und tappt auf nackten Füßen durch den Gang zur Küche.

Vielleicht hat der Diener den Badezuber schon gefüllt, denkt er ohne den geringsten Anflug von Logik, denn erstens ist die Zeit viel zu kurz, um das Wasser heiß zu machen, und zweitens müsste ihm doch klar sein, dass die Jungfer von Bora, der er doch gerade entkommen will, sicher da herumfuhrwerkt.

Himmel, da ist sie!

Er muss sich am Türpfosten festhalten.

Zwar dreht sie ihm den Rücken zu und hat nichts von seinem barfüßigen Kommen gemerkt, aber dadurch ist nichts gebessert, denn sie steht über den Zuber gebeugt, wohl, um ihn zu reinigen, und ihre geschürzten Röcke reichen ihr in dieser Position gerade einmal bis zum Knie.

Schnell kehrt er um.

Mit zusammengebissenen Zähnen bezieht er wieder Stellung in seinem Bett. Den Mantel hat er daneben einfach zu Boden fallen lassen.

Es müsste ihm ja klar gewesen sein trotz seines verwirrten Zustands, dass sie Letzteres bemerkt, denn als sie hereinkommt, ist das das erste, was sie tut: diesen Talar aufheben und wieder an seinen Ort hängen, wobei sie ihn kurz schnüffelnd an die Nase hält …

Dann knickst sie und sagt: »Euer Bad ist bereit, Herr Doktor.«

»Dann seid bedankt und holt mir den Diener, damit er mir hilft.«

»Den? Den hab ich fortgeschickt, frisches Brennholz zu schlagen. Der kommt so schnell nicht zurück.«

»Und wer schrubbt mir den Rücken?«, fragt er aufsässig und ohne zu überlegen – oder überlegt »es« in ihm?

»Ich kann das tun.«

»Ihr?«

»Ich schau auch weg dabei«, sagt sie, leiser als sonst.

Erst im Badezuber zieht er das Hemd aus – noch so eine Fehlhandlung, denn was soll er denn anziehen, wenn er aus dem Wasser steigt? Sich ins Leintuch hüllen wie ein schüchternes Mädchen?

Verdammte Cranachin! Verdammte Kuppelmutter!, schießt es ihm durch den Sinn.

Die Bora hat ihm einen Schwamm hingelegt, ein Stück Seife aus Pottasche und eine Ginsterbürste. Dass sie im Raum ist, spürt er ohnehin, trotzdem zuckt er zusammen, als sie fragt, ob sie heißes Wasser nachgießen soll.

»Nur zu!«, sagt er grimmig. Ihm ist inzwischen alles egal, auch, dass sie jetzt nach dem Ginster greift und ihm damit Rücken und Schultern bearbeitet.

Bearbeitet? Sie reibt, sie drückt, sie walkt, als sei er ein Stück Holz. Die Hitze steigt ihm unter die Haut, er wirft einen Blick auf seine rechte Schulter und sieht, dass sie feuerrot ist, und nun rutscht der Ginster tiefer auf die Brust, nähert sich der Warze – er schreit auf und greift nach ihrer Hand, um sie festzuhalten, sie will sich entziehen, er ruckt, fasst nach … Wie sie dabei mit all ihren Kleidern bei ihm im Badzuber landet, weiß schließlich keiner zu sagen. –

Dann liegen sie im Bett, pudelnass und dampfend. Das Blut auf dem Laken, die Sphären drehen sich.

»So ist das also«, sagt er, kurz vorm Einschlafen. »Du hast mich verführt, Frauenzimmer.«

»Hab ich nicht!«, entgegnet sie und stemmt sich auf den Ellenbogen. »Ich hab Euch nur gezeigt, welche Wohltat für eines Mannes Haus ein tüchtiges Weib sein kann. Übrigens, wann bestellt Ihr das Aufgebot? Ich bin eine ehrbare Person.«

»Ja, mit dem Teufel im Leib, Katharina.«

»Ihr könnt mich Käthe nennen.«

»Herr Käthe wohl. Da ich nun einmal unter dein Regiment gekommen bin … Ich werd uns morgen ankündigen lassen. In Sünde leben will ich nicht.«

Nachdem zunächst das Verlöbnis verkündet wurde, welches die Ehe rechtlich begründet, folgt sogleich der öffentliche Kirchgang. Jeder Part hat zwei Trauzeugen beizubringen.

Das sollte einfach sein bei der sattsamen Bekanntheit des Reformators – ist es aber nicht, und das hat Gründe.

Die Braut, herausgeputzt mit einem Blumenkranz überm weißen Kopftuch (das Haar ist immer noch viel zu kurz) und in einem schlichten dunklen Kleid, wird, wie erwartet, von den Eheleuten Cranach anstelle ihrer Eltern geleitet.

Aber der Herr Doktor Luther? Zwei seiner Famuli, junge Schüler, geleiten ihn. Keiner der gelehrten Freunde und Mitarbeiter.

Stadtpfarrer Bugenhagen spricht den Segen, dann begibt

man sich dem Brauch gemäß in das Haus des Bräutigams. Die frisch Vermählten legen sich in Kleidern aufs Bett, mit frischem Leinen bezogen, decken sich zu bis zur Brust, umschlingen sich mit den Armen und geben sich einen Kuss. Somit ist vor den Zeugen symbolisch die Ehe vollzogen.

Kaum sind eben diese Zeugen aus dem Schwarzen Kloster abgezogen, um mit einem von Meister Cranach gespendeten Umtrunk das Beilager zu begießen, als die frisch Vermählten vom gleichnishaften Coitus zum wirklichen übergehen, zu dem sie nun mit Fug und Recht ermächtigt sind, indem sie sich gegenseitig die Kleider vom Leib reißen, um nackt wie Adam und Eva das zu tun, was sie bisher nur einmal in Sünden erprobten, wobei Martinus feststellt, dass, was er bisher voller Gewissensqualen für sich allein vollführte, keinen Vergleich aushält zu den Freuden, die ihm der strotzende Leib und die temperamentvolle Herausforderung der Käthe Lutherin bieten.

Den Rest des Tages verbringen sie im Bett. –

Aber wo waren all die Freunde und Mitstreiter, die gelehrten und gescheiten Gefährten des großen Reformators geblieben beim Kirchgang zu dieser Heirat, seien sie nun in Wittenberg beheimatet oder irgendwo sonst? Denn bei dem perfekten Zustand der Post und der Gier der Drucker und Buchhändler nach Neuigkeiten hätte der Verbreitung der Nachricht: »Luther heiratet!« sicher nichts im Weg gestanden.

Nein, schnell und insgeheim war es geschehen, als sei diese Ehe etwas – nun, Ungehöriges, das man, wenn es denn in der Welt sei, freilich stehenlassen musste.

Und war's vielleicht auch das – etwas irgendwie Ungehöriges, Anrüchiges?

Philipp Melanchthon, der zu einer theologischen Disputation außerhalb Wittenbergs eingeladen war, erfährt erst bei seiner Rückkehr, dass es jetzt eine Lutherin gibt – und ausgerechnet die Person, gegen deren unweibliches Gebaren und stolzes Auftreten sein Freund und Mentor bis vor Kurzem noch gewettert hat.

Er wird vorstellig im Schwarzen Kloster – und glaubt, als er sich annähert, seinen Augen nicht zu trauen.

Das finstere Gemäuer hat sich in eine Baustelle verwandelt.

Außen, und wie er feststellen muss, auch innen, sind fleißige Hände dabei, große Besen in hölzerne Eimer mit weißem Anstrich zu tauchen und, zu ebener Erde oder auf Leitern, die Wände zu kalken. Und wenn er sich nicht irrt, befinden sich zwischen den Arbeitsleuten auch einige der entlaufenen Mönche, die da immer noch ziel- und planlos im Augustinerkloster herumlungerten.

Im Stübchen, das der Doktor bisher als Studier-, Schlaf- und Lebensraum benutzte, wird nun gerade ein breites Bettgestell aufgebaut – schaudernd macht sich Melanchthon klar, dass sein Freund ein gemeinsames Ehebett mit seinem Weibe beziehen will; er selbst, Melanchthon, hat darauf bestanden, dass seine Gattin in getrennter Kammer schläft, wo er sie, wenn ihm danach ist, heimsuchen kann.

Luther ist also da nicht zu finden, genauso wenig wie im ehemaligen Remter, dem Speisesaal des Klosters, in dem ebenfalls rührig und emsig gearbeitet wird: Da stellt man den Schreibtisch auf, Kisten und Kasten werden hin- und hergerückt, eine ganze Wand ist dem Bücherregal vorbehalten.

Aus der Küche dampft es. Scheu sieht Melanchthon die neue Hausfrau; sie kehrt ihm zum Glück den Rücken zu und befiehlt mit weiträumigen Gesten dem Hausknecht und zwei offenbar angeheuerten Weibsbildern, irgendwelche Arbeiten auszuführen, die sowohl mit Putzen und Räumen als auch mit Kochen zu tun haben können. Er kennt sich da nicht so aus.

Er macht sich schnell aus dem Staube. Luther, so vermutet er, wird wohl den Hausgarten als Fluchtpunkt ausersehen haben. Ist noch gar nicht so lange her, dass er ihn dort mit seiner Laute fand …

Auch der Garten hat sich in den paar Tagen, in denen dieser Weibsteufel (wie er Katharina bei sich nennt) hier herumwirtschaftet, ganz und gar verwandelt. Das Unkraut ist gerodet, die Büsche beschnitten, ordentliche Beete sind angelegt und bepflanzt oder besät … Aus dem Wildwuchs ist ein Nutzgärtlein geworden.

Wie geht so etwas so schnell? Wie viele Helfer hat sie da in aller Eile angeheuert, und – woher nimmt sie das Geld, die zu bezahlen?

Endlich trifft er dann den frischgebackenen Ehemann tatsächlich hier draußen. Er geht dem Lautengeklimper nach. Es gibt da eine Buchsbaumlaube; früher war die so mit Geißblatt überwuchert und verwunschen, dass man sie gar nicht für voll nahm. Nun ist das Gesträuch fort, drin ist eine hölzerne Bank aufgestellt, und auf der hockt Luther, das Bein übergeschlagen und die Laute darauf, und präludiert bedeutend.

Melanchthon beobachtet ihn: Er scheint sehr versunken. Was geht wohl jetzt hinter dieser breiten Stirn vor? Denkt er an die genossenen Freuden? Ängstigt ihn die Verschönerungswut seiner nunmehr Angetrauten? Oder schweifen seine Gedanken ab zu dem, was außerhalb dieser Mauern an Entsetzlichem geschieht – nicht ohne sein Zutun?

Mit einem Räuspern macht sich Melanchthon bemerkbar.

Luther zuckt zusammen, fährt auf. Wär's möglich, als wolle der große Mann im ersten Impuls aufspringen und davonlaufen? Glühende Röte jedenfalls überzieht sein Gesicht.

Melanchthon verneigt sich; so förmlich gehen sie sonst nicht um miteinander.

»Gratulationes zur Verehelichung, lieber Bruder! Das ist ja unverhofft geschehen!«, sagt er mit einem schmalen Lächeln. »Nicht einen deiner Freunde hast du von solchen Absichten unterrichtet!«

»Unverhofft kommt oft!«, speist ihn der andere mit einem faden Sprichwort ab.

Melanchthon wartet. Wartet auf eine Erklärung, die ausbleibt.

»Verzeih schon, aber was hat dich zu einem solchen Schritt bewogen?«

Luther lacht gereizt auf. Er dreht an den Wirbeln seiner Laute, stimmt. Bemerkt dann: »Was ist wohl besser: freien oder Brunst leiden?«

»Du warst bisher der Heirat eher abhold. Es gibt Aussagen darüber.«

»Meine Aussagen ändern sich hin und wieder.«

Ja, denkt Melanchthon, das haben wir alle recht deutlich vor Augen bekommen in letzter Zeit. Er schweigt. Sortiert seine Zunge. Kann's nicht lassen, und wider alle Vorsicht bricht es aus ihm heraus: »Nicht nur ich, alle unsere Freunde kommen aus dem Verwundern nicht heraus, dass du in so ernsten Zeiten, da die deutsche Nation leidet wie keine sonst, nicht mit uns bist, und jetzt, wo wir deines Geistes und deiner Autorität bedürfen, dich auf die Freuden des Beischlafs und häusliche Schwelgerei zurückziehst. Dein Ernst, deine Ehrenhaftigkeit sind ohnehin schwer erschüttert, sintemalen du nicht erst seit Neuestem heute so und morgen so sprichst und uns alle in Verwirrung stürzest!«

Er holt Luft und wartet auf einen Wutanfall Luthers. Aber der bleibt erstaunlich ruhig. Er zupft an einer Saite, neigt den Kopf, als lausche er dem Ton nach. Dann sagt er etwas. Sehr leise, sodass Melanchthon nachfragen muss. Nein, er hat sich nicht verhört. Doktor Martin Luther hat gesagt: »Gott hat es mir befohlen. Von Anfang an.«

Philipp Melanchthon fühlt eine Gänsehaut auf seinen Unterarmen. Und über den Rücken läuft ihm ein Schauer. Gott? Glaubt sich der da wirklich – von Anfang an, wie er sagt – von der Stimme Gottes geleitet, wenn er etwa in Wahrheit das tat, was ihm sein Kurfürst durch den Spalatin zu verstehen gab oder sein eigener zorniger Mut, der ihm das Maul überschäumen ließ?

Sein Freund und Gefährte braucht eine Weile, bis er vorsichtig nachfragt: »Und die Heirat mit dieser entlaufenen Nonne … hat dir Gott die ebenfalls befohlen?«

Luther schüttelt den Kopf. »Nein, natürlich nicht. Zu dieser Verbindung hat mich mein Fleisch und Bein gedrängt. Und ja, ich gesteh es, zunächst habe ich mich geschämt, nachgegeben zu haben. Aber dass es dazu gekommen ist, indem ich in schwere Anfechtung fiel und aus ihr erstand mit Hilfe dieses Weibes ... ja, das war Gottes Antwort auf meine Worte, auf das, was ich gepredigt und in Schriften verfasst habe.«

Er hebt den Kopf. »Was willst du, Philipp? Ja, ich bin der Versuchung erlegen. Aber auch die kommt von Gott.«

Seine Augen sind klar.

Melanchthon fühlt im Rücken das Geäst des Buchsbaums, das fein beschnittene Laubwerk, und sagt kopfschüttelnd: »Du weißt doch, dass es nichts gibt im Schwarzen Augustinerkloster, das nicht zu Ohren der Welt kommt. Was, wenn nun allüberall in evangelischen Landen die Geistlichen anfangen, auf Freiersfüßen zu gehen, sich zu beweiben, Kinder in die Welt zu setzen und ein Pfarrhaus mit Garten und, wenn's geht, noch Hühnerstall und Schweinezucht zu besitzen? Meinst du nicht, dass das der Spiritualität Abbruch tun würde? Der Seelenhirte wird zum gemeinen Bürger?«

Luther lacht. »Keine Angst, dass ich meinen Auftrag in der Gemeinde vernachlässige. Freilich hätte ich nichts dawider, wenn ein Paffe ein Bürger ist. Besser als ein verbohrter, bornierter Einsiedler, dem nichts gelingt, weil er mit sich selbst in Fehde liegt. Übrigens, über vierzehn Tage wird unser Ehebund gefeiert. Ich habe meine Eltern eingeladen, und von Käthes Seite ist noch eine alte Muhme aufgetaucht, die soll wohl hier mit einziehen. Platz genug ist ja. Natürlich bist du sowie alle Ehrenmänner der Stadt geladen. Käthe tischt auf.«

»Woher stammt denn das Geld zu solcher Gasterei?«, kann sich Melanchthon nicht enthalten, zu fragen. »Die Braut war arm wie eine Kirchenmaus, oder?«

Sein Gegenüber zuckt die Achseln. »Die Cranachs geben fürs Erste Kredit. Die Käthe wird's schon richten.«

Die Käthe, die Käthe!, denkt Melanchthon verbittert. Er

steht schon völlig unterm Pantoffel, mein großer Freund. Und gleichzeitig überfällt ihn, Melanchthon, ein Gefühl von Neid. Wenn doch seine Katharina (dass die beiden auch noch die gleichen Namen tragen müssen!) ein bisschen mehr von dem frischen Wind in sein armseliges Heim tragen würde wie diese wilde Person! Das Einzige, was die seine trägt, ist das nächste Kind im Bauch und damit erneut Geschrei und schlaflose Nächte …

Es ist angerichtet.

Und aufgetischt wird zu Beginn ein warmer Grützbrei mit Butter und Kräutern, zunächst einmal den Magen zu füllen. Die Gäste nehmen zur Kenntnis, dass für jeden Platz ein gesonderter Löffel bereitliegt, nicht nur aus Holz, sondern auch mit feinen Horngriffen. (Sein Messer hat, so ist es üblich, jeder mit dabei.) Außerdem liegen da feine Mundtücher aus Lein mit gezwirntem Rand. Die Bierbecher sind aus Zinn. Wie ist man im Schwarzen Kloster zu solchem Wohlstand gekommen?, fragt sich da mancher.

Inzwischen weiß nicht nur Melanchthon, dass da zunächst einmal die helfende Hand der Barbara Cranach, beziehungsweise der Griff in die Hausschatulle ihres Gatten – im Vertrauen auf die wirtschaftliche Fähigkeit der frischgebackenen Lutherin – für das Zustandekommen dieser Hochzeitsfeier gebürgt hat.

Sodann kommt Geflügel gebraten auf den Tisch, für jeden Gast ein halbes Huhn; vor der Tür und unterm Tisch versammeln sich schon schweifwedelnd die Hunde und gieren nach den Knochen.

Erbspüree und Schweinsbraten mit Mostrich folgt als zweiter kräftiger Gang.

Man speist schweigend, zunächst, genießt das Essen.

Und man beobachtet einander. Einander und die junge Frau.

Katharina, geborene von Bora, sitzt nicht mit am Tisch.

In schlichtem Schwarz, das Blumenkränzlein der Braut als

einzige Zier ums schneeweiße Kopftuch geschlungen, steht sie an der Schwelle zur Küchentür und dirigiert das Auftragen der Speisen, gibt mit weit ausholenden Bewegungen dem Hausdiener und den angeheuerten Mägden Befehle, was sie zu tun haben beim Bringen, Abräumen, Nachschenken, Kredenzen und Präsentieren. Sie ist ganz und gar bescheiden. Die genau spähenden Augen einer anderen Frau jedoch entdecken: An ihrem Gürtel über dem Täschchen hängt ein Schlüsselbund. Der Schlüsselbund macht sie zur Herrin des Hauses.

Die Frau, die das mit Genugtuung feststellt, ist Margarethe Luder, die Mutter des jungen Ehemanns. Für sie ist klar: Der Sohn hat seine Meisterin gefunden. Ihr, die nie über die Rolle der Dienerin des Mannes hinausgekommen ist, bereitet das Freude, und ihre sonst so verkniffenen Züge haben heute eine gewisse Weichheit.

Ja, die gesamte Mansfelder Verwandtschaft ist geladen worden. Katharina hat darauf bestanden. Wenn sie schon selbst niemanden einbringen kann außer der Muhme Lene, dann soll die Sippschaft des Mannes üppig vertreten sein.

Die hat es sich nicht nehmen lassen, anzurücken, zu Pferd und zu Wagen, mit Pelzschauben, Ehrenketten und Federbaretts kommen die ehrbaren Minenbesitzer und Hüttenmeister, die Kupferschieferhändler und Münzpräger daher im vollen Besitz ihrer bürgerlichen Würde und sitzen nun der anderen Phalanx, der in dunklen Gelehrtentalaren, gegenüber wie die Paradiesvögel den Raben.

Die dritte Gruppe, auch sie von der planenden Hausfrau für sich versammelt, sind die Bürgersleute der Stadt Wittenberg, allen voraus neben dem Bürgermeister natürlich Lucas Cranach, allseits bekannt als Abschilderer sogar der großen Potentaten da draußen in der Welt, ein Fürst unter den Malern, und mit ihm sein weit verzweigtes Volk von Kindern und Enkeln.

Vierzig Personen sitzen am Tisch. Die Verteilung der Plätze – ein Meisterstück der jungen Hausherrin.

Die Ehrenplätze nah beim Doktor haben natürlich die Eltern.

Der alte Hans Luder, fast zahnlos und mit struppigem ausgedünntem Haar, trägt seinen großen Fuchspelzkragen wie eine mühsam eroberte Beute. Er sitzt gerade, guckt den Rest der Gesellschaft nicht an; die sollen ihn bewundern, den Mann, der es von ganz unten geschafft hat und nun endlich einen gehorsamen Sohn sein eigen nennt, einen Herrn Doktor, den die halbe Welt kennt und der trotzdem endlich getan hat, was er, Hans Luder, von ihm erwartet: Dass er ein Weib nimmt und Kinder in die Welt setzt. Auch wenn er nun nicht die Juristerei erwählt hat – er ist wer. Macht seinem Vater Ehre. Das Geld ist doch nicht nutzlos ausgegeben.

Was sonst noch an Luderscher Verwandtschaft da ist, hat die Hausherrin weiter abseits platziert – in der Nähe einer ältlichen Frau mit strenger Haube als sei sie eine Witwe. Ist sie aber nicht, sondern eine zu späterem Zeitpunkt ebenfalls dem Kloster entsprungene entfernte Angehörige der Käthe. Sie hat als Siechenmeisterin die Kranken gepflegt; ein Wesen voll Geduld und Hingabe, das nun seinen Platz im Schwarzen Kloster innehat und der Nichte in der Wirtschaft zur Hand gehen wird. Still und in sich verkrochen sitzt sie da und isst von ihrem hölzernen Brett so bescheiden wie ein Sperling – die Muhme Lene.

Auch in dieser »Verwandtschaftsecke« verhält man sich ruhig und richtet seine Aufmerksamkeit aufs Essen, natürlich nicht, ohne zu registrieren, wie sich die Eingesessenen benehmen – angesichts der Gäste aus dem Mansfeldischen sind sie nunmehr besonders laut, besonders freizügig, besonders … prahlerisch. Die wenigen Weibspersonen, die am Tisch sind: die Cranachin, außer ihr die Gattin des Bürgermeisters und eines reichen Ratsherren, werfen Blicke, kichern hinter vorgehaltener Hand, trinken den roten Wein, der nun serviert wird, lachen auch mal laut auf. (Melanchthons Ehehälfte hat man zu laden »vergessen«.) Man richtet sich nach der Barbara

Cranach, was die tut, ist wohlgetan. Nicht ist zu übersehen, dass sie sich über das steife Gebaren der Mansfeldischen lustig machen.

Der schwere Wein, denn Katharina jetzt reichlich ausschenken lässt, löst den Gästen die Zunge. (Er ist ein Geschenk des Kurfürsten, so wie er denn auch einen Wildbraten aus dem Forst gesendet hat, eine Speise, die dem Adel vorbehalten ist, und den die Bora vorzüglich mit Wachholder und Kräutern zur dritten Fleischspeise angerichtet hat.) Das Lachen wird lauter, es fallen ein paar anzügliche Bemerkungen über frisch Vermählte, bei denen die Frauenzimmer, weitgehend angetrunken, quieken und den Kopf in der Armbeuge verbergen. Die Herren in Schwarz wechseln daher schnell ins Lateinische über, wenn sie ihre Scherzchen machen, was nun wieder die Buntgewandeten befremdet.

Als Nachspeise gibt es Nüsse, Äpfel und Kirschen.

Und Wein. Immer noch Wein.

Katharinas wache Augen lassen ihre Gäste nicht los; ein paar Mal musste sie erröten, schließlich versteht sie als einziges Weib hier Latein, woran sich aber niemand von den Schwarzen am Tisch erinnert, aber sie schluckt es tapfer herunter ... Der frischgebackene Ehemann sitzt halb benebelt da und plaudert lautstark über die Weite der Tafel hinweg mit seinem Freund Melanchthon – natürlich auf Latein! Die akademische Phalanx folgt dem Gespräch mit Lachen, Einwürfen, Anmerkungen. Der Rest ist gleichsam vor der Tür.

Bevor sich unter den auswärtigen Gästen Unmut breit macht, verlässt Käthe Lutherin ihren Posten, beugt sich zu ihrer Freundin Cranach und flüstert mit ihr, und die nickt und zupft ihren Mann am reichverzierten Pluderärmel.

Cranach erhebt sich, klopft mit dem Siegelring an seinen Becher. Das Gerede ringsum verstummt. Er dankt dem jungen Paar für die üppige Bewirtung, bittet, mit einem Tischgebet, wie es der Bräutigam so schön aufgeschrieben hat in einem seiner Bücher, das Bankett zu beschließen.

Unstrittig ist er die wichtigste Persönlichkeit hier im Raum, wichtiger als der Bürgermeister, schließlich trägt er vorerst die Kosten für das alles und hat infolgedessen auch das Sagen.

Man erhebt sich – zum Teil leicht schwankend – und murmelt das Dankgebet. »Vater aller Gaben, alles, was wir haben, alle Frucht im weiten Land ist Geschenk aus Deiner Hand. Hilf, dass nicht der Mund verzehrte, ohne dass das Herz Dich ehrte über dem, was Du beschert.«

Nicht alle sind firm im Text, aber das macht nichts, beim Herrn dort droben zählt der Wille.

Sodann fordert Cranach die Gäste freundlich, aber bestimmt auf, das Fest zu beenden.

Im allgemeinen Aufbruch steht Käthe Lutherin wie ein Fels, verabschiedet die Gäste mit Knicks, Verneigung oder Umarmung, je nach Rang und Nähe, gibt dem Personal Anweisung, was zu tun ist, weist den Gästen aus Mansfeld ihre in den weitläufigen Hallen des Schwarzen Klosters eingerichteten Quartiere zu.

Muhme Lehne und die Schwiegermutter gehen ihr dann beim Aufräumen zur Hand.

Doktor Martinus Luther sitzt noch auf seinem Platz am Tisch, man putzt sozusagen um ihn herum. Der Rotweinkrug steht vor ihm, der Hausherr findet mit Fug und Recht, dass er sich was gönnen darf.

Vielleicht war das nicht das gelungenste Fest heute; dazu waren die Geladenen von zu unterschiedlicher Art, aber immerhin.

Ihm ist in seinem angetrunkenen Kopf, als habe er gerade auf seiner Lebensfahrt die Straße gewechselt. Vorher bergauf, bergab, holperig, durch Dorn und Hecken, aufregend, erschütternd, mal heiß, mal kalt. Und plötzlich, so scheint ihm, hat sein Gefährt anderes Terrain erreicht. Bequemer Weg, geebnet, geradeaus, nirgendwo lauert ein Räuber … zumindest vor der Hand nicht.

Weit weg sind Abgesandte des Teufels, sind nächtliche Erscheinungen und blutige Häupter, die einem das Gewissen wund reiben, und kein schwarzer Hund liegt auf dem Bett, einen zu ängstigen, denn in den Nächten ist man nicht mehr allein, sondern hat ein lebendiges Leben neben sich, muss nur die Hand ausstrecken und berührt warmes Fleisch. Da hat der Satan keinen Platz.

Die da draußen, die gelehrte und aufmerksame Welt, deren Augen stets billigend oder tadelnd auf ihn gerichtet sind – im Augenblick kümmert die ihn nicht. Die mag schimpfen oder jubeln. Ihm gleich. Zumindest jetzt.

Sie sind jetzt nur noch zu viert im Saale, er selbst und drei Frauenzimmer, die wischen und rücken, falten und legen, kramen und fegen.

Katharina, besonnen, wie sie ist, nötigt respektvoll die Frau Schwiegermutter, doch lieber auszuruhen nach dem anstrengenden Tag und sich ebenfalls zu einem Gläschen Wein zu ihrem lieben Sohn zu setzen, und die registriert das mit Wohlwollen, lässt sich allerdings am anderen Tischende nieder, ohne Wein zu fordern, und sieht zu, wie die junge Hausherrin mit Muhme Lene gemeinsam werkelt, das geht Hand in Hand.

Es klopft an die Tür.

Diener Seberger führt einen Boten herein, der schwungvoll seinen Hut zieht; sein Rock ist geziert mit dem vielfarbigen Wappen des Erzbischofs Albrecht von Mainz und Brandenburg, wahrlich ein seltener Anblick im evangelischen Wittenberg.

Der Erzbischof, den der junge Martinus Anno 1517 aufs Heftigste anflehte, gegen den Ablasshandel vorzugehen, ist einer der schärfsten Gegner der Reformation – was übrigens Meister Cranach nicht davon abhielt, ihn zu porträtieren.

Der Mann nähert sich, von Seberger eingewiesen, dem Tisch, wo der in sich versunkene junge Ehemann mit dem Finger im übergelaufenen Rotwein Zeichen malt. »Finde ich in Euch den Doktor Luther?«, fragt er, und der nickt, ohne seine Stellung zu verändern, und blickt zu dem Ankömmling auf.

»Mich sendet mein Herr, Seine Gnaden Albrecht von Brandenburg, zu Euch, Herr Doktor, mit Gratulation zu Eurer Vermählung und Glückwunsch zu Eurer mannhaften Haltung wider die aufrührerischen Bauern. Wenngleich Seine Gnaden in allem, was Eure Irrlehren zum Christentum angeht, ganz und gar konträrer Ansicht sind …«

Der Rest rauscht an seinen Ohren vorüber; sein Kopf ist ein bisschen dicht.

Und plötzlich liegt da vor ihm auf dem Tisch neben den Weinpfützen ein Lederbeutel.

Luther blinzelt. »Was ist das?«

Er bekommt mit, dass die Weiber im Raum in ihrer Tätigkeit innegehalten haben und aufmerksam zu ihm und diesem Boten hinübersehen.

Der wiederholt: »Wie ich gerade sagte: … verehrt Seine Gnaden Euch, Herr Doktor, anlässlich der Eheschließung und in Anbetracht Eurer starken Worte wider die Bauern dies Douceur in Höhe von zwanzig Gulden und …«

Luther holt Luft. Er stemmt sich mit beiden Händen am Tisch auf, steht vornübergebeugt da, starrt dem Boten ins Gesicht.

»Ein Judaslohn? Ist es das? Ein Judaslohn von meinen Feinden, weil ich auch den papistischen Fürsten den Arsch gerettet habe vor den Rebellen und in das Horn getutet, nach dessen Tönen auch sie zum Tanz angetreten sind? Ich nehme kein Geld von den verstockten Dienern des Antichrist, möge ihnen auch vom Herrn im Himmel nach unerforschlichem Rat das Regiment über ihre armen Gotteskinder übergeben worden sein! Apage, Satanas! Fort mit dir und deinem Sündengeld!«

Er schiebt den Beutel mit fahriger Geste über den Tisch, richtet sich auf und verlässt den Raum, stocksteif und ohne zu schwanken.

Der Bote sieht ihm nach, kopfschüttelnd. Dann zuckt er die Achseln, stülpt sich den Hut wieder auf den Schädel und greift den Beutel. Eine kurze Verbeugung vor den Damen …

Margarethe Luder und Katharina Luther wechseln einen Blick. Die tiefliegenden Augen der alten Frau sind eine einzige Herausforderung.

Käthe strafft sich, rückt ihr Schlüsselbund über der Tasche zurecht und geht dem Mann mit großen Schritten hinterher.

»Verzeiht, ich bin die Lutherin!«, hören die beiden Zurückgebliebenen sie im Eingangsbereich rufen. Muhme Lene faltet weiter Leinzeug. Die Mutter des Martinus hat fromm die Hände gefaltet und sieht vor sich hin.

Dann kommt Käthe zurück. Ihr Gürteltäschchen sieht angeschwollen aus.

Die Blicke von Schwiegertochter und Schwiegermutter kreuzen sich erneut. Dann nickt die alte Frau und öffnet die verkniffenen Lippen zu dem schönen Sprichwort: »Dem geschenkten Gaul schaust du nit ins Maul.«

Katharina von Bora lächelt.

Andere Zeiten sind eingezogen im alten Augustinerkloster.

Es gibt Dinge auf der Welt, von denen versteht der Herr Doktor Luther soviel wie, mit Verlaub gesprochen, der Esel vom Lautenschlagen – und deshalb muss man sie ihm erklären.

Die Lutherin hat sich bei ihm niedergelassen in seinem Studierstübchen, das sie neuerdings für ihn eingerichtet hat, sodass er nicht mehr zum Arbeiten in die Alma Mater ausweichen muss, und mehr oder weniger freiwillig wird er einmal die Feder aus der Hand legen, beziehungsweise sie seiner Frau überlassen, die auf einem Stück Papier Zahlen auflistet und ihm etwas erklärt. Er tut ihr den Gefallen und hört zu.

»Die vielen ungenutzten Räume, eine Zelle neben der anderen!«, hört er. »Ich lasse sie streichen und herrichten.«

Der Ehemann runzelt die Stirn. »Aber wozu?«

Katharina ist geduldig. Sie hat sich darauf vorbereitet, dass es schwierig wird, aber ohne die Zustimmung des Gatten ist nun einmal nichts möglich.

»In Wittenberg ist großer Mangel an Raum. Die Studenten strömen euch Professoren aus aller Herren Länder zu. Sollen sie in den Hühnerställen der Wittenberger Handwerker hausen? Sie brauchen würdige Räume, in der Nähe ihrer Vorbilder, jener Männer, deren weisen Lehren sie lauschen.«

(Langsam gewöhnt sich Luther daran, dass dieses Weib reden kann wie ein Baccalaureus.) »Na gut«, sagt er, in der Hoffnung, dass das hier bald vorbei ist, wenn er nur zustimmt. »Jedenfalls ist es besser, als in diesen Mauern nur entlaufenen Mönchen Unterschlupf zu gewähren, aus denen ohnehin nichts mehr wird. Die können wir ja nicht verheiraten.«

(Dass ihr Mann nicht gerade feinfühlig ist, weiß Katharina inzwischen und zuckt nicht mit der Wimper.)

»Es geht aber noch weiter«, sagt die Ehefrau zum Missbehagen des Gatten. »Denn diese jungen Männer müssen ja auch essen. Warum sollen sie das nicht beim Doktor Luther? Der alte Remter, der Speisesaal des Klosters, bietet Platz für fünfzig Esser, und meine – äh, unsere Küche ist groß genug.«

»Worauf willst hinaus?«, fragt er misstrauisch.

»Nun, ich denke, wir sollten eine Burse für die Studenten aufmachen!«, erwidert sie munter. »Einen Mittagstisch, zu dem wir auch hin und wieder deine gelehrten Freunde einladen würden. Du könntest den Vorsitz führen und über alles reden, was die Welt gerade bewegt, und auf diese Weise praktisch deine Lehrtätigkeit fortsetzen. Was meinst du, Martin?«

Er atmet. Ein und aus. Ein und aus. Ein. »Das ist kein schlechter Einfall.«

»Willst du nicht lieber sagen, dass dein Weib einen großartigen Einfall hat?«

»Niemals würde ich so etwas sagen! Das Weiberregiment hat noch nie etwas Gutes eingebracht. Wer hier bestimmt, das bin ich.«

»Martine, wer leugnet das? Warum sonst sitzen wir hier?«

Sie taucht die Feder ins Tintenfass, streift die überschüssige Tinte am Rand ab, sodass ihre Schrift sich fein und zierlich ausnimmt, ohne grobe Balken und Schlieren, wie sie oft auf den hastig hingeworfenen Zeilen ihres Mannes zu finden sind, und beginnt erneut, Zahlen zu kritzeln, die ihr Eheherr nur mit halbem Blick streift.

»Was die Rechnerei angeht«, sagt er großzügig, »die überlasse ich dir gern. So wie du auch mein Salär und anfallende Geschenke und Douceurs verwalten sollst. Ich für mein Teil brauche nichts außer ein paar Bogen Papier und Schreibzeug, wenn du denn für die Bedürfnisse meines Leibes sorgst.«

Katharina nickt. »Und natürlich möglichst jedes neue Buch, das erscheint, und hin und wieder einen neuen Talar oder ein anderes Paar Stiefel«, bemerkt sie beiläufig. »Und nun will ich dir noch erklären, wie ich dies alles bewerkstelligen will. Dann hast du deine Ruhe zurück. Aber das muss sein.«

Luther verzieht den Mund. »Ja, Herr Käthe«. So zwischen resignierendem Spott und Anerkennung.

(Wie immer, wenn er sie so nennt, stutzt sie für einen Moment – und steckt es weg.)

»Wenn das Unternehmen florieren soll«, erklärt sie munter, »darf ich nichts dazukaufen außer vielleicht einmal einem Scheffel Salz und ein paar fremden Gewürzen, die Speisen schmackhafter zu machen, oder einige Ingredienzien zur Gesunderhaltung. Korn fürs Brot und Holz zum Heizen kommt dazu. Das heißt, ich muss zum Ersten anbauen, was wir an Gemüse und Obst benötigen.«

Er bläst die Backen auf, und in seine Augen kommt ein ironisches Funkeln. »Und wie willst du das in unserem Hausgärtlein pflanzen? Schon deine Kräuter und Knoblauchzwiebeln machen den Johannisbeersträuchern den Platz streitig!«

»Nicht im Hausgärtlein«, entgegnet sie bestimmt. »Ich … ich meine, die Luthers werden ein Stück Land vor den Toren der Stadt pachten. Ich habe gehört, der Hof einer Frau, die sich mit den Rebellen gemeingemacht hat, steht leer und ihr Land liegt brach. Das könnte ich, könnten wir von der Stadt bekommen.«

»Meinst du die Fides Horchlinger?«, fragt er beklommen, und der große Schatten des Vergangenen erhebt sich in der Stubenecke und macht für einen Moment den Raum finster.

»Ich weiß nicht, wie sie hieß«, redet Katharina unberührt weiter. »Jedenfalls kann ich da das Grobe anbauen. Erbsen, Bohnen, Kohl und Rüben, Gurken und Salat. Einen gedungenen Knecht müssen wir auf den Hof setzen, der sich ums Gefild kümmert, hackt, wässert, das Unkraut zupft und aufpasst, dass keiner stiehlt. Am besten sollte er verehelicht sein, damit er nicht auf dumme Gedanken kommt und ein Weib ihm zur Hand gehen kann.«

»Willst du, wir sollen uns Leibeigene halten?«, fährt er auf.

Sie schüttelt entrüstet den Kopf. »Da sei Gott vor! Redlich werde ich, werden wir sie entlohnen nach Heller und Pfennig. Guter Lohn für gute Arbeit. Wir sind nicht knauserig. Ach, und wenn da noch Stallungen vorhanden sind: Warum sollen nicht Kühe und Schweine darin sein?«

»Käthe, du willst das Haus eines Gelehrten mit einem Bauernhof verbandeln! Das ist nicht zu dulden!«

»Nur, was wir zu unserer Notdurft brauchen, wenn wir diese Burse abhalten wollen!«, sagt sie bestimmt. Und dann überredend: »Bedenke doch, wie sehr das deiner Fama zuträglich sein wird, wenn du nächstens nicht nur von der Kanzel predigst, sondern, wann immer du Lust dazu verspürst, den Vorsitz an der Tafel innehast und Tischreden halten kannst! Allüberall wird man dir lauschen, denn mit Sicherheit zeichnet einer deiner Alumni deine Worte auf!«

»Hm.« Er knurrt.

»Und des Weiteren«, sie sitzt jetzt auf seinem Schoß, »solltest du auch deine Laute bereithalten, dann, wenn es soweit ist, und deine schönen neuen Lieder gingen von dort aus ihren Weg in die Welt. Sodass ich meine, unsere Burse gleichsam ein Forum sein wird für den Doktor Luther!«

Sie nimmt seine Hand und legt sie auf ihren Bauch. »Du weißt, was da drin wächst! Er soll einmal kein armes Professorenkind sein wie der Kinderstall des Philipp Melanchthon, der wenig mehr als seinen Ruhm, Praeceptor Germaniae genannt zu werden, nicht einbringen kann.«

Luther atmet schwer. Der warme Leib auf dem seinen erweckt Wünsche, macht ihn willfährig, weiter anzuhören, was ihm noch zugemutet wird. Was sie für Brüste hat! Groß wie Melonen.

»Und dann«, schnurrt Frau Käthe (ihr warmer Atem an seinem Ohr), »braucht es noch den Garten für das feinere Obst und für die Bäume, die ich anpflanzen lasse. Wir werden Kirschen und Maulbeeren, Feigen und Trauben haben für unsere Tafel, Martin! Ein Taubenschlag sei nicht vergessen. Und Bienen! Eigenen Honig werden wir anbieten und viele feine Kräuter können unsere Mägde zum Markte tragen. Es wird uns gut gehen, lieber Mann!«

»Aber«, wendet er ein, obwohl ihm schon gar nicht mehr nach irgendwelchen Einwänden zumute ist, »das kann doch nicht alles vor den Stadttoren geschehen!«

»Muss es ja auch nicht.« Katharina lacht. »Hast du nicht bedacht, dass wir noch ein großes Stück Land haben, hier direkt am Kloster gelegen?«

»Was meinst du?«

»Den alten Augustinerfriedhof.«

Luther fährt auf und schiebt Katharina von sich. Ihm ist die Lust vergangen. »Weib, bist du des Teufels? Du willst auf einem Gottesacker Gemüse ziehen?«

»Auf einem ehemaligen Gottesacker, Martin! Der Friedhof ist schon des längeren aufgelassen, wie du weisst. Ich habe bereits mit dem Stadtpfarrer gesprochen. Er ist bereit, die noch verbliebenen Gebeine zu exhumieren und säuberlich im Beinhaus der Stadt aufzubewahren, in gutem Frieden und in heiliger Totenruhe. Der Boden ist fruchtbar. Du wirst sehen, schon im nächsten Frühjahr zieh ich dort ein gutes Kraut.«

Sie küsst ihn.

Und Martin Luther, mit einem Gefühl dumpfer Taubheit,

weiß, dass es richtig ist, was sie da in hemmungsloser Nüchternheit vorhat. Ja, wie sollte es denn anders sein. Wir zehren von den Toten, die hinter und unter uns liegen, wir bauen unser Wohlleben auf den Knochen der Dahingegangenen. Auch der Dahingeschlachteten da draußen.

Er schluckt.

Und so sitzt er künftig, feist und stattlich, der Patriarch in seinem Imperium, das von einem Weibe geschaffen und beherrscht wird. Um ihn ist sein Hofstaat: Sekretär und Hausverwalter, Kinderlehrer, Köchin, Kutscher, Hirten, Knechte und Mägde und die Schar der Studenten und deren Betreuer, die in den einstigen Mönchszellen und im Dachgeschoss wohnen, meist zwanzig an der Zahl.

Herr Käthe überwacht alles.

Da gibt es nicht nur eine Imkerei, sondern es wird auch Bier gebraut, Wein gekeltert, Fisch im nahen gestauten Bach gezüchtet, und das angebaute Obst und Gemüse haltbar gemacht.

Da schreibt der Hausherr an einen Freund: »Meine Frau ist der Morgenstern von Wittenberg. Sie steht auf des Morgens in der Früh um vier Uhr, fuhrwerkt, bestellt das Feld, weidet oder kauft Vieh, braut und so weiter.«

Sie allein? Man sieht, er hat keine Ahnung, außer dass er weiß, wann sie sich vom gemeinsamen Lager erhebt. Wie der Truchsess eines Königs sorgt sie für ihres Eheliebsten Wohl. Denn: »In häuslichen Dingen füge ich mich Käthe. Im Übrigen regiert mich der Heilige Geist.«

Und dann die Tafel! Seine Bühne.

Sie hängen an seinem Mund, wenn er ihn denn auftut an diesem Tisch der Katharina von Bora, ganz gleich, was immer er redet.

Sie zücken Stift und Feder und schreiben auf, was er sagt, mag es noch so platt sein, und mag er sich selbst so oft widersprechen, als sei er gar nicht er selbst, sondern bestünde aus verschiedenen Menschen. Er mischt sich ein. In alles. Gott befiehlt es ihm so.

Kann tun und lassen, was immer er will. Eine unumschränkte Autorität. Der Papst evangelischer Christenheit.

Wenn Herr Käthe abends spät zu ihm ins Bett steigt – zu einem Mann, der an Schmerzen an Haupt und Gliedern neigt, den Blasensteine und Herzbeschwerden quälen –, dann weiß er, an diesen warmen Leib hingeschmiegt, kann er die Nacht überstehen.

Ganz selten schwebt ein blutiges Angesicht durch seine Träume, wispert und flüstert es aus einer Ecke: Omnia sunt communia.

Aber das geht vorüber.

DIE CONFESSIO

Vier Pferde sind vorgespannt und zerren den Wagen den steilen gewundenen Weg zur Veste Coburg hoch.

Es ist April, es hat geregnet, die Tiere versinken bis zu den Fesseln im Schlamm und den beiden Fuhrleuten, die nebenher gehen und sie antreiben, läuft der Schweiß. Sie ziehen fluchend ihre bestiefelten Beine aus dem zähen haftenden Brei.

Die Nacht hat sie ereilt, wie zu erwarten war.

Einer stapft mit der Blendlaterne voraus. Ab und zu allerdings muss er nach hinten und in die Speichen der Räder greifen.

Wenn sie aufschauen, um sich die Stirn zu wischen, sehen sie über sich die erleuchteten Fenster der Veste. Sie scheinen immer auf gleicher Höhe zu sein, so, als kämen sie gar nicht vom Fleck.

Im Wagen sitzt nur ein einziger Mann. Er döst in qualvollem Halbschlaf vor sich hin. Die ganze Reise über haben ihn Koliken gefoltert. Zumindest hat das Gerüttel und Geschüttel bewirkt, dass er unterwegs seine Blase erleichtern konnte; Steine sind abgegangen unter großen Schmerzen und Unmengen Wasser.

Er hat nicht reisen wollen. Er ist krank. Trotz der eifervollen Pflege seines Weibes, mit dem er nun seit fünf Jahren verheiratet ist und Kinder hat, trotz der Fürsorge der Ärzte haben sich seine Leiden nicht vermindert. Aber Seine Gnaden, der Kurfürst, hat ihm die Fahrt befohlen. Denn zu Augsburg hält Kaiserliche Majestät – nach fast einem Jahrzehnt einmal wieder im Lande – einen Reichstag ab und Majestät will unter anderem die Fragen des Glaubens, hier katholisch, da evangelisch, klären. Falls es demnächst gegen die Türken gehen sollte, braucht er Einigkeit im Reich.

Coburg, im südlichen Zipfel des Kursachsentums gelegen, ist von Augsburg zwar noch gute hundert Meilen entfernt, aber denn doch das Nächste, was dem Reisenden Schutz gewährt.

(So kann er immerhin schneller konsultiert werden, als wenn er in Wittenberg säße.)

Der berühmte Reisende, Martin Luther, kann zu Augsburg nämlich nicht erscheinen. Er wäre seines Lebens nicht sicher. Schließlich ist er in Acht und Bann. Noch immer. Seit Worms Anno Domini 1521. Das ist immerhin neun Jahre her.

Davon aber ganz abgesehen – er würde es auch gar nicht wünschen, Teilnehmer zu sein. Nicht nur wegen seiner vielfältigen körperlichen Leiden und Beschwerden. Und nicht nur, weil er sich an die wohlige Bequemlichkeit seines Haushalts im Schwarzen Kloster gewöhnt hat, wo er als unumschränkter Patriarch herrscht, umsorgt von Käthe und ihren dienstbaren Geistern – er hält von diesem ganzen Versöhnungsversuch nichts. Ist im Augenblick doch die Phalanx der Anhänger des neuen Glaubens untereinander selbst heillos zerstritten.

Der Wagen kriecht weiter auf den Krümmungen und Kehren des Weges.

Luther, halb sitzend, halb liegend, zwischen den Kissen und Decken – sogar einen Pelz hat sein fürsorgliches Weib ihm mitgegeben, falls die Nächte kalt werden –, stöhnt leise. Sein Bein, zu allen anderen Übeln des Leibes und Kopfes, schmerzt unerträglich. Vor Wochen ist er gestürzt (hat ihm der Satan ein Bein gestellt?) und hat sich den Unterschenkel verletzt. Die Wunde will sich nicht schließen, eitert und nässt. Und es geht ein so übler Geruch davon aus, dass seine Reisegefährten, Melanchthon und Spalatin, mit denen gemeinsam er aufgebrochen war, sich bald entschlossen, ein anderes Fahrzeug zu nehmen. Ihm war es recht, er hatte kein Vergnügen an Gesellschaft, war gern allein mit seinem Leiden.

Die beiden sind weitergezogen in Begleitung von siebzig Reitern und Fußvolk – schließlich wollte der Kurfürst seine

Abgesandten mit Glanz und Würde einziehen lassen in Augsburg.

Luthers Wagen hingegen musste in einem Waldstück warten, bis die Dämmerung hereinbrach; Johann selbst hatte Befehl gegeben, dass der kostbare Gast erst bei völliger Dunkelheit seinen Aufenthaltsort erreichen sollte – nur kein Aufsehen erregen!

Die Verzögerung hat Luthers Qualen um die der Ungeduld vermehrt – endlich ankommen! Ein Bett, auf dem man sich ausstrecken kann, einen warmen Schlaftrunk vielleicht ...

»Herr Doktor Luther? Beliebt es Euch auszusteigen? Ihr seid am Ziel!«

Nun muss er doch eingeschlafen sein. Mühsam öffnet er die verklebten Augenlider. Fackellicht flackert. Helfende Hände leisten ihm Beistand, während er seinen schweren Leib aus den Kissen hievt, aufsteht und aus dem Wagen kraxelt. Andere bemächtigen sich seines Gepäcks; es ist nicht wenig; die vielen Bücher und das Schreibzeug, die Laute, die Kleidung, die Katharina für ihn eingepackt hat – sie meint ja, sobald sie nicht bei ihm ist, lässt er sich gehen.

»Willkommen auf der Veste! Jeder Wunsch soll Euch erfüllt werden!«

Der da spricht, ist ein noch junger Mann in ritterlichem Habit. Der Burghauptmann? Sehr unähnlich einem Berlepsch, glatt und wendig, eher ein junger Spalatin.

Das bemerkt er durch den Schleier von Müdigkeit und Schmerzen, während er in Begleitung des Mannes und einer Schar von Dienern, die seine Sachen schleppen, durch, wie ihm scheint, endlose Torbögen und Innenhöfe hinkt, treppauf, treppab.

Endlich das Zimmer, das ihm für die Dauer seines Aufenthalts zur Verfügung steht. Geräumig. Kachelofen, großes Fenster mit Butzenscheiben. Tisch und Schreibtisch. Bett hinterm Vorhang und – erleichtert registriert – ein eigener Abtritt.

Vier Öllampen erhellen den Raum bis in die äußersten Ecken. Da sind keine Schatten. Das ist gut.

Auf dem Tisch steht ein Imbiss bereit, kaltes Fleisch, Weißbrot, gesottene Eier. Der Würzwein ist unter einer Wollhaube warmgehalten.

Obwohl er weiß, dass derart üppiges Essen, zudem zu später Nachtzeit, ihm Qualen bereiten wird, weiß er, dass er sich darauf stürzen wird, hat gerade ein Kopfnicken übrig für die Verabschiedung des jungen Ritters.

Die Tür schließt sich. Er ist allein.

Aber bereits nach den ersten Bissen, den ersten paar gierigen Schlucken gesüßten Weines wird ihm übel. Er taumelt zum Bett, legt sich in Kleidern und Schuhen, so wie er gekommen ist, in die Linnen. Schnell das Abendgebet. Schlafen, nur schlafen.

Nur, dass daraus nichts wird.

Er hat die Lampen brennen lassen.

Nun starrt er gegen die gewölbte, mit hölzernen Schnitzereien ausgestattete Decke, und die Ereignisse des vorigen Jahres gehen ihm durch den Kopf.

Jene Ereignisse, die ihm diesen ganzen Reichstag so unsinnig, so frustrierend erscheinen lassen.

Es war vor einem Jahr im hessischen Marburg. Und es ging um ein einziges Wort. Aber von diesem Wort hängt das ganze theologische Verständnis der evangelischen Religion ab. So sieht es jedenfalls Luther.

Der rührige Landgraf Philipp von Hessen, der ja den wahren Glauben bekennt, hat eine evangelische Universität gegründet und wetteifert mit Wittenberg um die Gunst der gelehrten Welt. So hat er denn zu einem Theologenkongress geladen, von dem er sich erhofft, Ruhm und Beachtung zu erringen.

Geladen ist außer der Elite lutherischer Theologie der neue große Widersacher (und, wie sollte es anders sein, ein früherer Anhänger Luthers!), ein Schweizer namens Ulrich Zwingli.

Allein beim Gedanken an diesen Kerl steigt dem Mann auf dem Bett da das Blut zu Kopfe, und am liebsten würde er aufstehen, im Raum hin und her laufen, mit den Fäusten auf etwas einschlagen, wenn er nicht so marode wäre.

Dieser schwyzer Bauer, eins von neun Kindern, ein Mann, der sich als bettelnder Lateinschüler nach oben gearbeitet hatte, viel mehr ein Mann des Volkes als er, Luther, selbst. Einer, der sich vor nichts scheute, Feldprediger war er gewesen bei ein paar Schlachten im Italienischen, und die fluchenden Landsknechte hatten seinen derben Predigtworten mit Wohlgefallen gelauscht.

Ein wilder Gesell, der, sehr zu Luthers Missbilligung, in Buhlschaft mit einer Wittib gelebt hatte, ehe er sie denn doch noch heiratete ... Ein Kanzelredner von hoher Eloquenz, die Massen hängen an seinen Lippen. Er kann Lautenschlagen und Singen wie – ja, wie er, Luther persönlich. Jetzt, so heißt es (Luther presst die Lippen zusammen), beginnt er auch noch mit einer eigenen Übersetzung der Heiligen Schrift, dies begründend, der Schweizer Dialekt sei allzu verschieden von Luthers reinem Deutsch, man müsse dem nachgeben.

Alles hatte Luther wohl oder übel geduldet. Zwingli war der Vertreter des Evangelischen in der Schweiz. Man brauchte ihn.

Bis er in einer winzig-gewichtigen Frage den Widerspruch wagte ...

Martinus hat sie noch vor Augen, die Szene. Die letzte Szene der Disputation in der Marburger Alma Mater.

Den Vorsitz auf erhöhtem Stuhl führt der Fürst, fein gewandet, Goldkette auf der Brust, kühn geschwungenes Barett auf dem Kopf. Er ist ungeduldig, der »großmütige« Philipp, um seinen schönen Weibermund zuckt es, er trommelt mit den Fingern auf das damastene Tischtuch.

Brot ist aufgefahren und Wein, sehr passend.

Die anderen Teilnehmer sind unwichtig, Martin kennt sie

zwar alle, aber kaum, dass er ihnen in der Erinnerung für diesen Abend die Plätze zuordnen kann. Neben ihm, wie sollte es anders sein, sitzt seine rechte Hand, der zweite Mann der Reformation, Philipp Melanchthon. Auch er ist nervös, anders als der Fürst natürlich. Er hat etwas vorzutragen, eine Resolution der widerstreitenden evangelischen Parteien, Gemeinsamkeiten aufzeigend. Luther hat sie verfasst, der Graeculus sie überarbeitet, geglättet, geschmeidig gemacht. Und Luther weiß schon jetzt, dass es schiefgehen wird.

Ihm gegenüber, der Widersacher. Das große derbe Maul, die spöttisch blickenden Augen. Eine Fresse zum Reinschlagen. Findet Luther. Findet es auch jetzt noch, wo er im Bett liegt und die Fäuste ballt.

Melanchthon inzwischen stammelt sich mit leiser Stimme durch jene vierzehn Punkte, in denen leidliche Übereinstimmung herrscht.

Und dann kommt's.

Die Frage des Abendmahls. Des heiligsten Sakraments. Und gerade in diesem Punkt klaffen die Gegensätze.

Zunächst Das Wort. Der eine Text, so wie er, Luther, ihn ins Deutsche übertragen hat.

Matthäus, 26-28.

»Als sie aber aßen, nahm Jesus das Brot, dankte und brach's und gab es den Jüngern und sprach: Nehmet, esset, das ist mein Leib. Und er nahm den Kelch, gab ihnen den und sprach: Trinket alle daraus; das ist mein Blut des Bundes, das vergossen wird für viele zur Vergebung der Sünden.«

Soweit, so gut. Das Abendmahl in beiderlei Gestalt, Brot und Wein, für die ganze Gemeinde, nicht wie bei den Altgläubigen, wo der Kelch nur den Geweihten, den Priestern, vorbehalten ist.

Aber nun: »Was heißt«, fährt Melanchthon vorsichtig fort, »in der Abendmahlsfeier, wenn der Pfarrer diese Worte des Herrn wiederholt, ist Christus in Brot und Wein mit seiner Person anwesend.«

»Eben nicht!«, fährt Zwingli dazwischen. »Wieso kann er anwesend sein? Das behaupten die Katholischen, wenn sie erklären, der Priester sei in der Lage, kraft seiner Worte zu zaubern und Brot in Leib und Fleisch in Blut zu verwandeln! Das lehnen wir, ich und meine Anhänger, ab! Das Abendmahl, das ist nichts weiter als eine Erinnerungsfeier. Brot und Wein *bedeuten* nur Christi Gegenwart, sind ein Symbol, ein Gedenkzeichen an sein Leiden und Sterben!«

Luther steigt das Blut zu Kopfe. Wie kann jemand in den heiligsten Dingen etwas so Läppisches wie ein »Symbol« sehen?

»So steht es nicht geschrieben! *Ist* steht da! *Ist* mein Leib und *ist* mein Blut! So hat der Herr es mit eigenen Worten gesagt! Er *ist* gegenwärtig! Alles andere ist Ketzerei.«

Sein Gegner verzieht das Maul zu einem Grinsen.

»Es müsste ja wohl dann das *Brot* für uns ans Kreuz gehängt worden sein, wenn es der für uns gekreuzigte Leib wäre!«

Melanchthon schaut erschrocken zwischen den Kontrahenten hin und her. Säße da nicht Philipp von Hessen, so vermutete er wohl, würden sich die beiden tätlich angehen.

Und Luther erinnert sich jetzt daran, dass er um den Mund des hohen Herrn ein spöttisches Zucken gesehen habe bei dieser Replik des Zwingli, als hätte er am liebsten losgelacht.

»Doctissimi!«, ermahnt der Fürst aber dann die theologischen Streithähne, »bitte, kommt zu einer Einigung! Ich bin ein schlichter Laie und kann Euren Darlegungen nicht recht folgen. Das sind Fragen der Religionswissenschaft. Was ich aber weiß und mit allem Nachdruck wünsche, das ist, dass sich Wittenberger und Schweizer Reformation zusammenschließen und vereinen mögen. Es tut Not, meine Herren Gelehrten, es tut bitter Not, dass die evangelische Seite im nächsten Jahr auf dem Reichstag, den Kaiserliche Majestät einberufen hat, Stärke und Einigkeit zeigt. Denn wenn die neue Lehre als das Gegenteil auftritt, in heilloser Verwirrung, so fällt es leicht, dass die evangelischen Fürsten in den Geruch des Ketzertums geraten, und wird ihnen also abgesprochen, dass sie rechtens herrschen, weil sie allesamt Ketzer sind, so kann das gefährlich für uns werden. Das ist Politik, kein … Pfaffengezänk! Bitte, Herren, einigt euch!« Er wendet sich an Melanchthon. »Was ist Eure Meinung in diesem Streit, Doktor?«

Luther erinnert sich, wie der Freund zusammenzuckt. Er ist der Mann des Kompromisses und weiß, um den heißen Brei herumzureden – wie soll er sich hier verhalten, angesichts zweier Standpunkte, die unversöhnlich scheinen?

Er fährt sich mit beiden Händen durchs schüttere Haar.

»Im Vollzug des Abendmahls«, sagt er dann mit seiner für seinen schmächtigen Körper erstaunlich volltönenden Stimme, »halte ich dafür, dass die personale Gegenwart Christi … durchaus gegeben ist. *Sowohl* in Bedeutung als real.«

Luther stöhnt auf, Zwingli lacht verächtlich, und der Landgraf verdreht die Augen. »Da haben wir ja den vollendeten Kuhhandel!«, stellt der Fürst fest. »Sehe ich das falsch, gelehrte Herren, oder ist das jetzt eine Mischung von Zwingli, Luther und Römisch-Katholisch? Mein Vorschlag: Kann man das Thema nicht einfach … totschweigen?«

»Kann man nicht!«, braust Luther auf. »Versteht denn hier niemand, dass es um die Fundamente des Glaubens geht? Gott wäre nicht Gott, wenn er mit unserem Verstand fassbar wäre, wenn wir ihn uns nach unserer Vorstellung zurechtbasteln können! Gott ist größer als die Vernunft. Sein Sohn *kann* in Brot und Wein real präsent sein … Gott *kann* Dinge tun und uns Dinge befehlen, die für uns unverständlich sind. Wenn der Herr mir beföhle, Mist zu fressen, dann würde ich es tun, denn es ist sein Wort.«

Jetzt lacht Zwingli laut auf und wendet sich ab. »Der Doktor Luther wird kindisch.«

Kindisch. Das war der Augenblick. Damals wie heute steigt die Hitze der Wut in ihm auf. Er war im Recht! Und damals wie heute weiß er, dass man sich von Ungläubigen und verirrten Geistern trennen muss, nicht, sich mit ihnen versöhnen.

An jenem Tag springt er auf, wutentbrannt und ohne Kontrolle, packt mit beiden Händen das damastne Tischtuch und reißt es weg. Das Brot rollt vom Tisch, die Weinkaraffen aus Metall stürzen um und ergießen ihren Inhalt – zum Glück ist es weißer Wein, kein roter.

Panik.

Der Fürst erhebt sich, das Gesicht verzerrt vor Zorn. Bevor er losschreien kann, tönt der Reformator in Richtung Zwingli: »Es reimt sich unser Geist und Euer Geist nicht zusammen, sondern es ist offenbar, dass wir nicht einerlei Geist haben!«

Jetzt, so er in diesem Bett liegt, ist der Zorn in ihm wieder genauso brennend wie damals vor einem Jahr, und er ist froh, dass er sich nicht ergießen wird auf diesem Reichstag, auf dem es keine Versöhnung der Konfessionen geben wird. Und außerdem weiß er, dass sein Ausruf damals sinnlos war und ohne jede Logik. Selbst wenn sie nicht einerlei Geist haben, er und der Schweizer – wieso kann man sich nicht versöhnen? Wieso keine Freundschaft halten? Warum?

Weil es um das Verständnis von Gott geht. Der nicht zu verstehen ist. Darum.

Der ermattete Körper hat die Oberhand über seinen erzürnten Verstand davongetragen. Er ist eingeschlafen – und wird von allem Lärm der Hölle geweckt.

Draußen dämmert es. Dunkles fliegt vor grauem Hintergrund.

Apage, Satanas!

Er wälzt den schweren Körper aus dem Bett, stolpert zum Fenster, reißt es auf mühevoll auf, der Knebel lässt sich schwer bewegen und die Rahmen sind verquollen.

Dohlen. Es sind Dohlen.

Ist er vielleicht gar nicht auf der Veste Coburg? Hat ihn ein böser Dämon zurückgetragen auf die Wartburg, zurück ins unerträgliche Exil?

Die Vögel kommen ihm riesig vor, schwarz, mit bedrohlichem Schnabel. Wenn er sich vorbeugt, sieht er, dass sie in den Höhlen und Nischen des Gemäuers der Veste hausen – eine Art von Mitbewohnern, denen er nicht entfliehen kann. Die hausen hier. Die bleiben.

Aber um was streiten sie sich mit diesem grausigen Gekreisch? Warum gehen sie in der Luft aufeinander los mit gespreiztem Gefieder, sodass die Federn fliegen wie schwarze Fetzen durch die Luft?

Dann riecht er es.

Man hat die Abfälle des gestrigen Tages aus der Küche ausgeschüttet auf den Burgberg, an jene Stelle, wo die Ärmsten der Armen kommen, um Reste vom Tisch zu ergattern oder eine Innerei oder ein schon leicht verfaultes Fleisch – für sie immer noch gut zu einer Mahlzeit. Gutes Essen. Aber bevor die Menschen an das kommen, was sie für einen Tag ernähren kann, sind da die geflügelten Bestien, die sind schneller. Kreischend und geckernd holen sie sich die besten Bissen.

Er sieht, wie Arme und Bettler sich wehren müssen gegen die Angriffe aus der Luft, wie sie Tücher, Gürtel, Körbe schwingen, um die gefräßigen Konkurrenten zu verjagen und ihren Schnäbeln zu entgehen.

Hastig schließt er das Fenster. Er wird es nicht mehr öffnen, solange er sich hier aufhält, das schwört er.

Aber auch durchs geschlossene Fenster dringt das Gekreische der Tiere. Zerrt an seinen Nerven.

Er taumelt zurück zu seinem Bett. Sonne? Noch nicht zu sehen. Der Tag beginnt erst.

Selbst zum Morgengebet ist es noch zu früh, auch wenn die da unten in der Küche schon rumoren.

Er zieht sich die Decke über die Ohren.

Nach einem üppigen Frühstück, bestehend aus geschmälztem Hirsebrei, kaltem Braten, frisch gebackenem Brot und einem Krug Warmbier, stets in Begleitung des Dohlenkonzerts eingenommen, humpelt er nun durch die Veste: eine ganze Stadt. Ein kolossales Wohngebäude, Dienerschaft und Reisige – wie viele laufen ihm da über den Weg und grüßen ehrerbietig? Auch sieht er sie wohl, wenn er sich umdreht, hinter seinem Rücken zusammenstehen und tuscheln. Über ihn, worüber wohl sonst.

Er verläuft sich, weiß nicht mehr, wo er ist. Beschwerlich die Treppen, beschwerlich der Gang über den Burghof mit den riesigen Wachtürmen.

Schließlich tritt ihm ein junger ritterlicher Herr entgegen; mit Mühe entsinnt er sich, dass es der Burghauptmann ist, der ihn gestern begrüßt hat.

»Gestattet, dass ich Euch in Euer Zimmer zurückgeleite? Ihr seid zwar ein freier Mann hier auf der Veste, aber Ihr seht ja, wie Eure Anwesenheit Unruhe schafft unterm Gesinde. Am besten, wir tun so, als seid Ihr gar nicht vorhanden.« Er lacht. »Genügt Euch Euer Raum nicht? Er ist wohl ausgestattet, und Ihr werdet aufs Feinste behandelt und auserlesen bewirtet werden.«

Luther ist zu erschöpft, Widerstand zu leisten, er ist im Gegenteil dankbar, als der Ritter ihm den Arm leiht, um ihn durch die hallenden Gänge zu führen. Ihm ist wieder einmal schwindlig.

Trotzdem ist er noch in der Lage, sich genauestens zu erkundigen, wann und wie denn die Post bestellt werde.

Der Burghauptmann beruhigt ihn in dieser Sache: Täglich gingen Boten von der Veste ab, und alle zwei Tage käme die Reichspost.

Dann ist er wieder allein, empfangen vom höhnischen Getöse der Vögel, und sinkt nieder auf dem Sessel vorm Schreibtisch.

Ja, dies ist eine Wiederholung! Auf einer anderen Ebene vielleicht, mit anderen Akzenten – aber es ist die gleiche Lage wie auf der Wartburg, vor fast zehn Jahren. Schutzhaft. Etwas komfortabler. Dafür sind die Vogel-Ungetüme noch lauter und schriller. Dafür sind seine Schmerzen vielfältiger.

Der feiste Doktor wird den »ritterlichen« Tafelfreuden verfallen wie einst der dürre Mönch, wird dabei an Katharinas schlichte, schmackhafte Kost denken und sich selbst verfluchen, dass er hier nicht widerstehen kann.

Wenigstens muss ihm keine junge Magd – wie hieß sie? War's nicht Friderun? – andere Kleider anmessen, und seine ungestüme Gier nach Weiberfleisch ist gemildert durch die Jahre der Ehe. Wie lange wird er seine Käthe vermissen müssen? Wie lange seine beiden Kinder, mit denen er so hingebungsvoll Musik macht und sie singen lässt? Wie lange, in summa, dauert so ein Reichstag? Wie lange werden sie hin und widerstreiten und sich ins Wort fallen? Und wie lange wird er hier gefangen sein, nah am Geschehen und doch fern, der Konsultant, der Ratgeber … und er weiß nicht einmal, wie erwünscht seine Ratschläge sein werden. Seit er das Tischtuch weggezogen hat beim hessischen Fürsten, kennen sie ja seine Meinung und schätzen sie nicht.

Melanchthon, ja, der wird's ihnen schon richten. Sein, Luthers, Hiersein ist nur eine Rechtfertigung: Ohne ihn geht es nicht.

Er stöhnt. Sein Kopf dröhnt.

Briefe. Er muss Briefe schreiben, damit alle Welt weiß, er lässt sich nicht mundtot machen. Und er muss aller Welt seine Leiden klagen.

Mühsam erhebt er sich, rückt den Stuhl näher, inspiziert die feinen Schreibgeräte, die aufs Zuvorkommendste bereitgestellt sind, Tinte, Feder, Papier und Streusand. Dort die Bücher, die er mitgebracht hat. Eine Schiefertafel sogar mit einem Griffel, um Notizen zu machen. Er dreht den Griffel in der Hand; es kommt ihm einen Moment vor in seinem taumeligen Kopf, als sei er in die Schule zurückversetzt, gleich wird der Rohrstock des Lehrers auf seinen Rücken herabsausen, weil er nicht aufgepasst hat …

Psalm 118. »Ich werde nicht sterben, sondern leben und des Herrn Werk verkündigen.«

Er ritzt diese Worte mit dem Griffel auf die Tafel. Später wird er sie mit Tinte an die Wand dieses Zimmers schreiben. Narrenhände beschmieren Tisch und Wände. Nun gerade.

Die Vögel peinigen ihn weiter.

Er beginnt seinen ersten Brief, an niemand Besonderes, an einen der Tischgesellen in Wittenberg, mit denen gemeinsam er das Brot teilt und Reden schwingt, die sie geflissentlich aufnotieren.

Er schreibt: »Ich bin zwar nicht in Augsburg, aber dennoch auf einen Reichstag gekommen. Es ist da ein Gesträuch unterm Fenster wie ein kleiner Wald, da haben die Dohlen und Krähen einen Reichstag hinverlegt. Es ist ein solches Zu- und Abreiten, ein solches Geschrei Tag und Nacht ohne Aufhören, als wären sie alle trunken, toll und voll. Da keckt Jung und Alt durcheinander, dass mich wundert, wie Stimm und Odem so lang währen möge. Mich dünkt, sie seien aus aller Welt hier versammelt.«

Muss er noch dazuschreiben, was er von der anderen Versammlung zu Augsburg hält?

Wohl kaum.

»Manchmal frage ich mich, ob er von Sinnen ist«, sagt Melanchthon betrübt.

Er spaziert mit Caspar Lindemann, der, von der Veste kommend, in seinem Gasthof Quartier genommen hat, an Augsburgs Wällen und am Wasser entlang; noch hat ja nichts begonnen.

Lindemann ist Arzt, entfernt mit Martin verwandt über dessen Mutter, aber Beziehungen gibt es kaum; der Medicus war Leibarzt beim weisen Friedrich und ist nun auch bei Johann wohl angesehen, und Luther geht nicht »zu Hofe«.

Als die Klagebriefe des Reformators Wittenberg erreichten, sandte der besorgte Kurfürst seinen Arzt aus, eine »Haupt- und Herzstärkung« persönlich zu dem Leidenden zu bringen – was freilich auch nichts anderes war als das Benediktenwasser, womit »Herr Käthe« ihn zu kurieren pflegt, zudem noch ein Abführmittel.

Nichts gegen den Schmerz im Kopf. Wie auch.

Sodass Melanchthons Frage durchaus verständlich ist. Was wissen sie, wie es in seinem Kopf aussieht? Das Sausen, das Dröhnen, die Mühlräder, die da umgehen – Luther selbst behauptet doch, es sei vom Satan? Welcher Mediziner soll da helfen?

Melanchthon fasst Lindemann vertraulich am Arm.

»Wie sind hier unter uns, Meister Caspar, keiner hört zu. So kann man offen reden. Erinnert Ihr Euch? Voriges Jahr, nachdem dieses unsägliche Treffen mit Zwingli mit einem solchen Skandal endete – das Tischtuch! –, hat er, wieder heimgekehrt, seine Wittenbergische Gemeinde als Sündenbock für seine Wut genommen und sie von der Kanzel aus aufs Gröblichste beschimpft: Es tue ihm leid, die Reformation überhaupt in Gang gebracht zu haben, hat die Gläubigen lau genannt! Und zu Beginn des Jahres verweigerte er gar für einige Wochen das Predigen und verkündete ex cathedra, lieber wolle er tollen Hunden predigen als denen, die da vor ihm säßen. Dabei, es sind ganz normale Christenmenschen, keine Heiligen, nichts weiter. Nun, jetzt sind sie ihn zumindest für ein paar Wochen los. Wenn nicht gar für Monate.« Er seufzt. »Ihr habt ihn gesehen auf der Veste. Wie fandet Ihr Euren Vetter, Meister Caspar?«

Caspar Lindemann zieht die Schultern hoch. »Die Wahrheit zu sagen, ich weiß ihn nicht zu beschreiben. »Er sieht nicht gut aus«, sagt er vorsichtig. »Gelb und aufgeschwemmt. Die Steine in seiner Galle. Die Verdauung. Und er geht taumelnd. Aber das hat sicher mit seinem offenen Bein zu tun. Eine Wunde, die nicht zuheilen will. Ich habe ihm beim Apotheker hierorts eine Salbe reiben lassen, die ihm geschickt wird. Wollte Gott, es hülfe. Bei soviel Malaisen kann einem wohl der Kopf schwirren. Ist er nicht auch schon gestürzt deswegen, das eine oder das andere Mal?«

Melanchthon nickt. »Das letzte Mal wohl in die Arme seines Weibes, das er seinen Herrn Käthe nennt«, sagt er und verzieht den Mund – dieses resolute Frauenzimmer ist ihm entschieden zuwider.

»Ich denke schon«, sagt Lindemann nachdenklich und erwehrt sich einiger zudringlicher Bienen, die die Sonne hervorgelockt hat und die seinen Gelehrtenkopf umschwirren, »dass diese Synkopen, oder wie man immer die Anfälle von Schwindel und Ohnmachten nennen will, Trübungen des Geistes hervorrufen können. Aber!« Nun fasst er den Arm des kleineren Melanchthon, packt ihn fest. »Nichts darf unser Vertrauen und unsere Zuversicht in den werten Mann erschüttern, der das Werk der Reformation in Gang gebracht hat! Insofern hat der Geist der Zeit in Gestalt von Acht und Bann weise entschieden, indem er verhinderte, diesen Mann auf einem zweiten Reichstag auftreten zu lassen. Einmal mag man wohl dastehen als ein Held und verkünden, man widerrufe nicht – der teutsche Herkules, der junge Zertrümmerer alter Irrlehre. Ein zweites Mal stände da nur ein halsstarriger Rechthaber, ein polternder Grobian, der nichts gelten lässt als das, was er sagt.«

Er lässt Melanchthons Arm los, atmet tief durch.

»Es ist gut, dass Ihr die evangelische Sache vertretet auf diesem Reichstag. Ihr, die Ihr geschmeidig und klug seid, und wohl in der Lage, eine Variante zu finden, die die Einheit der evangelischen Sache beteuert und schließlich auch den Glauben der Papisten nicht ganz verwirft – Himmel, sind wir nicht all dem gleichen Gott untertan? So denkt auch der Kurfürst.«

Melanchthon nickt, sieht den anderen nicht an.

»Natürlich werde ich ihn ständig konsultieren und ihm vorlegen, was ich plane«, sagt er.

»Natürlich.«

Sie gehen weiter schweigend nebeneinander her. Es ist ein schöner Frühlingstag hier in Augsburg auf den Wällen, Knospen brechen auf. Weiße Buschwindröschen und blaues Männertreu zu ihren Füßen.

Nah läuten die Glocken der Stadt. Sicher ziehen wieder die nächsten hochmögenden Herrschaften ein, um zu beraten – unter anderem über das Schicksal des neuen Glaubens und seiner Anhänger. Und davon hängt einiges ab. Unter anderem die Rechtmäßigkeit des Herrschaftsanspruchs evangelischer Fürsten. Die Dinge, um die sich Philipp von Hessen sorgte, seinerzeit in Marburg …

Was für ein Glück, dass er die Laute dabei hat.

Mit ihr in Händen kann er das Klingen und Brausen in seinem Kopf für eine Weile überspielen.

Er sitzt, über sie gebeugt, dreht stimmend an den Wirbeln, lauscht den Akkorden nach, die er den Saiten entlockt, probt, Ton zu Ton zu einer neuen Melodie zu fügen.

Das sind die Momente, wo er das alles vergessen kann: die Schmerzen, den Schwindel, das Gefühl, eingesperrt zu sein, ausgeschlossen von allem, was da draußen geschieht, das Heimweh nach den Kindern, nach dem warmen duftenden Leib seiner Frau.

Nur singen kann er nicht.

Das konnte er ein Dezennium zuvor, auf der Wartburg. Konnte seiner Sehnsucht Stimme verleihen. Hier auf der Veste ist ihm, als habe sich ein Druck auf seine Kehle gelegt, eine Klammer, die ihm den Hals verschließt.

So präludiert er, spielt Lieder, seine eigenen und fremde, wie sie das Volk singt. Traurige. Dem Volk ist nicht mehr nach fröhlichem Singen zumute nach dem, was geschehen ist vor fünf Jahren, nach all dem Mord und Totschlag.

Er spielt: »Es fiel ein Reif in der Frühlingsnacht / er fiel auf die kleinen Blaubümelein. / Sie sind gestorben, verdorben«, und »Ach, bittrer Winter, wie bist du kalt, / du hast entlaubet den grünen Wald«, und »Es geht ein dunkle Wolk' herein / mich deucht, es wird ein Regen sein, / ein Regen aus den Wolken wohl auf das grüne Gras«.

Dann greift er zur Feder, Brief um Brief jagt er nach Augsburg, an die Adresse Melanchthons und anderer Vertreter der rechten Lehre, auch an die katholischen Geistlichen, die Bischöfe und Prälaten, beschwört sie, in der Frage des Glaubens einzuschwenken auf seine Linie des wahren, des geläuterten Christentums; die Herren lesen's mit Kopfschütteln, wenn sie es überhaupt lesen.

Antworten kommen spärlich oder überhaupt nicht.

Verzweifelt rüttelt er an den Stäben seines Gefängnisses. Wenn sie ihn weder hören wollen noch mit ihm sprechen – wozu ist er überhaupt hier?

Der Kurfürst hat ihn hierher befohlen als Konsult, aber niemand scheint seinen Rat zu brauchen.

»Lieber Philippus«, schreibt er, »nun habt ihr wieder einen Boten zurückkehren lassen ohne Brief und Nachricht, obwohl ihr doch so viele seid und alle des Schreibens kundig. Ich weiß wirklich nicht, ob ihr so nachlässig oder unwillig seid, obwohl ihr doch wisst, dass wir hier in der Wüste sitzen wie auf dürrem Land und nach euren Briefen lechzen.«

Es bleibt still. Doktor Martin Luther ist weggesperrt.

Es ist der 25. Juni Anno Domini 1530.

In der Kapitelstube des bischöflichen Palastes zu Augsburg hat sich versammelt, was als Sahne oben auf der Milch des Reichstags schwimmt.

Kaiserliche Majestät unterm Baldachin hat sich von dem bartlosen Knaben, der er seinerzeit zu Worms noch war, zu einem Mann gemausert, der sein überlanges Kinn nunmehr unter einem Bart verbirgt. Inzwischen trägt er nur finsteres Schwarz. (Es heißt, sein Beichtvater ist der mächtigste Mann am Hofe.)

Um den Thron herum scharen sich die Herren Kurfürsten, danach die anderen Großen des Reiches, Bischöfe und Prälaten.

Zugelassen sind an diesem Tag nur noch einige gelehrte Herren in dunklem Gewand. Sie sitzen im Hintergrund.

Nervös lehnt Melanchthon an einer Säule, fährt sich von

Zeit zu Zeit mit den Handballen über die geröteten, übermüdeten Augen. Bis zum letzten Moment hat er an dem gefeilt und poliert, was da jetzt gerade vorgetragen wird. Sein großes Werk. Das Bekenntnis evangelischen Glaubens. Seines. Nicht Luthers.

Der sächsische Kanzler Christian Beyer, Ehrenkette um den Hals, Zobelpelz rundum an der Schaube, steht vor Karl und trägt vor – in lateinischer Sprache, versteht sich, denn Majestät hat immer noch kein Deutsch gelernt. Wozu auch.

Melanchthon weiß: Ihm ist ein Meisterstück an Formulierungskunst gelungen. Geschickt und gekonnt hat er versucht, die Gemeinsamkeiten der zerstrittenen Konfessionen hervorzukehren, die Unterschiede klein zu halten. Nur so besteht der Hauch einer Hoffnung, sich zu einigen, die Spaltung zu überwinden, wie kaiserliche Majestät es erwartet zur Wahrung der Einheit des Reiches – und wie es auch die evangelischen Fürsten erhoffen, damit niemand ihnen ihre Herrschaft streitig macht, da sie als Ketzer gelten.

So kämpft er für zwei Seiten.

Aber er weiß auch: Nie und nimmer hätte Luther das so geschrieben.

Die kraftvolle Stimme des Christian Beyer kommt zurück vom Kuppelgewölbe des Raums. Er macht, wie ein gelernter Kanzelredner, Pausen, damit der Widerhall nicht den Sinn der neuen Passage überrenne.

Es ist gut, dass der Kanzler vorträgt. Damit bekommt das Papier den Anstrich des Offiziellen – den es ja auch haben soll, denn fünf Fürsten und vier Freie Reichsstädte haben es unterzeichnet. Dennoch: Ihm, Melanchthon, wäre es schon recht gewesen, es selbst vorzulesen. Damit denn auch jedermann erkennt, wer der Verfasser ist. Dass es nicht von Luther stammen kann, das dürfte jedem klar sein. Da hätten andere, harsche Formulierungen Raum gehabt, da wäre das, wodurch sich der evangelische Glaube abgrenzt vom papistischen, an erster Stelle erschienen.

Er, Melanchthon, hat es gerade umgekehrt gemacht.

Achtundzwanzig Artikel umfasst seine Arbeit.

Von Eins bis Einundzwanzig zählt er die Gemeinsamkeiten der beiden Richtungen des Christentums auf, so wie sie sich im Einklang befinden, belegt mit Zitaten aus der Heiligen Schrift.

Ab dem zweiundzwanzigsten Artikel dann werden die Abweichungen genannt, all das, was die Anhänger Luthers »korrigiert« haben, da es nicht in der Schrift verankert ist, so die Reduzierung der Sakramente, das Abendmahl in beiderlei Gestalt für alle Gläubigen, die Zulassung der Ehe für Priester, die Abschaffung der Klöster. *Sola fide* der Grundsatz.

In den eleganten Formulierungen Melanchthons scheint es fast so, als seien das minimale Kleinigkeiten, über die sich untereinander als Theologen zu einigen, eine Bagatelle wäre.

Schließlich überreicht Christian Beyer das Schriftstück kniend der Majestät, und immerhin nimmt sie es entgegen.

So weit, so gut.

Nicht, dass die Verlesung dieser »Confessio Augustana«, dieses Augsburger Bekenntnisses, nachhaltigen Eindruck auf den katholischen Teil der Versammlung gemacht hätte. Man zuckt die Achseln, wirft schräge Blicke, steckt die Köpfe zusammen. Eine öffentliche Disputation bleibt vorerst aus.

Caspar Lindemann ist es, der auf der Rückreise nach Wittenberg – schließlich ist er kein geladener Teilnehmer des Reichstags – wiederum Halt macht auf der Veste und »seinem lieben Vetter Martin« neue Medizin überbringt, sowie die druckfrische Confessio Augustana.

Er findet Luther trotz der Junihitze eingehüllt in einen Pelz auf dem Lehnstuhl sitzend, das kranke Bein hat er hochgelegt auf einen Schemel. Außerdem trägt er ein Tuch um seinen Kopf. Er grüßt mit einem matten Nicken.

Lindemann verzichtet auf die brüderliche Umarmung, die er zunächst geplant hatte. Der Wahrheit die Ehre, der Mann ihm gegenüber wirkt nicht nur verdrießlich und abweisend – er riecht auch nicht gut.

»Warum trägst du die Kopfbinde, Martin?«, fragt er, und muss es zweimal fragen, beim zweiten Mal lauter.

»Warum?« Luther schreit fast. »Um das Gekreisch der Dämonen zu dämpfen, die da draußen sind! Hörst du sie nicht?!

»Dämonen? Ach, du meinst die Dohlen? Nun, angenehm ist das sicher nicht«, erwidert Lindemann mitfühlend, während er auf dem Tisch aufbaut, was er mitgebracht hat: Salbe für das offene Bein, Rhizinusöl, um der Verdauung aufzuhelfen, Minztinktur gegen pochende Schläfen und Benediktenwasser gegen Herzbeklemmungen.

Luther streift das alles mit einem eher verächtlichen Blick. »Wenn denn nur etwas davon hülfe! All die Quacksalberei ...«

Der Arzt geht nicht darauf ein, weiß er doch, dass einiges davon zur Hausapotheke der Lutherin gehört, von ihr selbst sehr gern angewendet wird.

»Lass mich dein Bein neu verbinden!«, schlägt er vor. »Ich kann es gewiss besser als die Zugänger hier auf der Veste.«

Er wickelt die Leinenbinden ab, streicht von der Salbe auf die offene Stelle (gut sieht das nicht aus), erneuert den Verband. Luther lässt es stumm geschehen, sieht vor sich hin.

»Was macht dein Kopf? Hast du wieder Synkopen? Anfälle von Schwindel? Ich kann dir ...«

Der Patient fährt ihm grob dazwischen. »Du kannst gar nichts, Vetter Caspar. Du magst der beste Heiler zwischen hier und den Meeren im Norden sein, aber das, was mich plagt, spottet der ärztlichen Kunst. Das ist nicht zu kurieren, weil es der Satan ist, der mich beutelt und schüttelt und mir den Vorgeschmack der Hölle ins Gehirn zwängt mit seinen kreischenden Boten da draußen, die ihm sicher Mitteilung machen davon, wie sehr sich der Luther windet. Das Mühlrad, das in meinem Kopf umgeht, das stammt vom Bösen Feind. Aber er wird mich nicht bezwingen. Ich diene dem Allerhöchsten!«

Der Medicus sieht, dass Luther zu zittern beginnt.

»Willst du dich nicht hinlegen, Vetter? Der Schwindel kann dich umwerfen!«

»Ja, das kann er wohl«, entgegnet Luther, plötzlich kraftlos, ermattet, erschöpft. Er lässt zu, dass Caspar Lindemann ihn zum Alkoven geleitet, ihn bettet.

Die Augen fallen ihm sofort zu.

Lindemann betrachtet ihn besorgt. Er wird Kurfürstlichen Gnaden vom bedenklichen Zustand des großen Reformators berichten. Am liebsten würde er ihn mit zurücknehmen nach Wittenberg, aber das geht ja nun nicht an. Alle Welt würde es als ein Zeichen deuten, dass das Haupt der evangelischen Sache sich drückt, aus welchen Gründen auch immer.

Er zögert. Soll er bleiben, das Erwachen des Kranken abwarten? Denn eigentlich hat er ja noch eine zweite Aufgabe zu erfüllen: Luther die Confessio Augustana zu überreichen, die ohne seine Beihilfe entstanden ist, und vom Reichstag zu berichten.

Nun, vielleicht muss er sich nicht unbedingt dem Zorn des Mannes da auf dem Bett stellen – denn dass der zornig sein wird, dessen ist er sich gewiss.

So geht er zum Schreibtisch und legt die Schrift zwischen die Bücher und Papiere dort.

Da ist Geschriebenes. Luther arbeitet. Übersetzt.

Die Klagelieder Jeremiä.

Ja. Die Klagelieder.

Die Tatsache, dass sich Luther zunächst einmal nicht zu der Confessio äußert, macht Melanchthon den Kopf heiß – er erwartet eine Predigt der schärferen Art. Dann erfährt er, dass sein großer Freund einmal wieder an Schwindel und Ohnmachten leidet und im Augenblick außerstande ist, sein Manifest zu lesen. Aber eine Atempause ist das mitnichten, denn binnen Kurzem fällt ihm Ulrich Zwingli mit bewährter Unbekümmertheit in den Rücken, indem er ein eigenes Papier, genannt Fidei Ratio, »Die Vernünftigkeit des Glaubens«, den Fürsten und Herren vorlegt und noch vier andere Reichsstädte meinen, sich dazu äußern zu können. Natürlich geht es einmal wieder um das Verständnis des Abendmahls, und anders als Melanchthons geschmeidiges Traktat wimmelt es von direkten Angriffen auf die »Pfaffenkirche«.

Der Kaiser hört sich das gar nicht mehr an. Die katholischen Bischöfe und Prälaten freilich sehr wohl.

So sieht es also aus!

Die neue Bewegung, das ist nun klar, ist keinesfalls in sich geschlossen, sondern zersplittert in einander widerstreitende Gruppen!

Die evangelischen Fürsten, welche die Confessio unterzeichnet hatten, toben ebenfalls. Johann von Kursachsen, Markgraf Georg zu Brandenburg, Philipp von Hessen und die Herzöge von Lüneburg und Sachsen sowie der Fürst von Anhalt sehen sich bloßgestellt – Anhänger einer Lehre, die nicht einmal einhellige Dogmen hat! Freilich, durch die Auflösung der Klöster sind die Herren reicher geworden an Land und Gut, das verstehen die anderen schon …

Melanchthon weiß nicht mehr ein noch aus. Ist er auf einmal der Prügelknabe evangelischen »Irrglaubens«?

Dann kommt der Bote von der Veste Coburg mit einem Brief und dem Text für ein Flugblatt zu ihm – er zittert, als er den Brief öffnet.

Und er traut seinen Augen nicht.

»Ich hätte nicht so leisetreten können wie du, Bruder Philippus«, liest er da. Und: »Christus ist durch ein schlechterdings treffliches Bekenntnis verkündet worden.«

Melanchthon lässt das Papier sinken.

Einmal wieder setzt ihn der große Freund in Erstaunen. Er kann humorvoll sein, erkennt das Machbare … Kritik fließt reichlich nach im Brief, aber nichts davon ist enthalten in dem Flugblatt, was in Druck gehen soll. Eine wahre Jubelhymne.

»Sehet an den Reichstag zu Augsburg, der wahrhaftig die letzte Posaune und Trompete ist vor dem Jüngsten Tage.

Wie wütete die Welt wider das Wort Gottes. Oh, wie mussten wir dazumal beten, dass Christus im Himmel droben sitzen bleiben möchte.

Da brach unsere Lehre durch die Confessio hervor ans Licht, also dass sie in kurzer Zeit durch den Kaiser allen Königen, Fürsten und Universitäten zugeschickt ward.

Viele feine, treffliche Leute fingen diese Lehre wie ein Zunder, und danach zündeten sie andere auch an ...«

Melanchthon sitzt da mit ungeweinten Tränen.

So wird das in die Welt gehen. Punktum. Streusand.

Nichts davon stimmt, aber es ist grandios.

Weder war die Verlesung der Confessio auf dem Reichstag ein Erfolg, noch wird gar der Kaiser für die Verbreitung des Bekenntnisses sorgen. Wahrscheinlich hätte er es sogar verhindert, aber wir, unsere Seite, Luther, waren schneller, und der Text geht hinaus in die Lande, in deutscher und lateinischer Sprache.

Nun hat die evangelische Sache so etwas wie eine Verfassung! Und die Gemeinden, so hofft man, werden sie akzeptieren.

Aber das ist zweitrangig jetzt. Es ist *seine* Stimme, *seine* Stimme, gegen die seine gewählten und klugen Worte nur wie ein blasser Nachklang sind, die Stimme, die gehört wird. Die wahre Trompete und Posaune. Er hat ihn, Melanchthon, bestätigt, und er hat das reine Evangelium bestätigt, so, wie er, Melanchthon, es aufgeschrieben hat.

Freilich, der Gegenseite ist das ganz und gar einerlei.

Die Reformierten haben auf diesem Reichstag gezeigt: Sie sind uneins. Sie, die Katholiken, sind dank der allein seligmachenden Mutter Kirche und der Autorität des Papstes in Rom immer und zu jeder Zeit einig.

Und so lässt man sich denn auch Zeit mit dem, was man

dawider halten will. Bis August lässt man sich Zeit. Der Kaiser hat zwanzig Theologen mit der Abfassung einer Antwort beauftragt, aber bis die sich so einigen können ...

Es ist das gleiche Bild wie im Juni. Majestät auf seinem Throne, da die Kurfürsten und großen Herren, hier die Gelehrten.

Melanchthon lehnt an der gleichen Säule wie vordem; es ist, als kehre alles wieder.

Dass sich irgendetwas zum Guten wandelt, dass eine Übereinkunft erreicht wird – nein, daran glaubt er nicht mehr.

Doch zunächst traut er seinen Ohren kaum.

Denn die altgläubigen Theologen haben für ihre Confutatio, also Widerlegung, den gleichen Aufbau benutzt wie er in seiner Arbeit. Haben zunächst die Gemeinsamkeiten herausgekehrt, und manchmal vermeint er sogar, seinen eigenen Formulierungen wiederzubegegnen.

Bis zu dem bestimmten Punkt eben.

Nein und nein. Kein Abendmahl in beiderlei Gestalt für die Gemeinde, keine Predigt auf Deutsch, keine Ablehnung der Heiligenverehrung, und nichts ist mit *sola fide*, nur durch den Glauben wird man selig. Mitnichten.

Als der Vorleser – es ist Johannes Eck, einer der federführenden Verfasser der Schrift – sie dem Kaiser kniend überreicht, tritt der sächsische Kanzler Christian Beyer vor und bittet untertänigst, ebenfalls ein Exemplar dieser Confutatio zu erhalten, damit man darauf erwidern könne.

Majestät wendet das hochmütige Gesicht unter dem mit Reiherfedern geschmückten Hut von ihm ab, er würdigt den Supplikanten keines Blicks. Stattdessen flüstert er einem seiner Räte, der sich ihm beflissen genähert hat, etwas zu.

Dieser alsdann: »Die Majestät sehen keinen Grund, warum man auf eine Erwiderung eine Erwiderung verfassen solle. Die Grundsätze des Glaubens sind klar dargelegt und unbestreitbar. Ihr müsst sie nicht in Händen halten, um zu versuchen, sie zu zerstückeln. Wer Ohren hat, zu hören, der hat gehört.«

Karl erhebt sich von seinem Thronsitz. Seine Untertanen gehen ins Knie. Der Kaiser verlässt den Raum und lässt Verwirrung zurück.

Melanchthon nähert sich Eck, der in der Pose des Triumphators dasteht.

»Darf ich dann Euch, Herr Collega, um eine kurze schriftliche Darlegung bitten? Es reichen mir Anhaltspunkte. Ich meine«, er lächelt, »zum Disputieren sind wir geboren. Lasst uns zumindest gemeinsam …«

Eck fällt ihm schroff ins Wort. »Die Worte Kaiserlicher Majestät waren klar und einleuchtend. Wollt Ihr wider den Stachel löcken?«

Und damit verlässt die ganze papstgetreue Phalanx die Kapitelstube des Bischofspalastes und lässt die Anhänger des neuen Glaubens stehen.

Philipp von Hessen, mit seinen sechsundzwanzig Jahren der Jüngste unter den versammelten Fürsten und Herren, bemerkt schließlich einigermaßen fassungslos: »So können sie doch nicht ein Drittel aller Landesoberen des Heiligen Römischen Reichs einfach abfertigen!«

Wie es scheint, können sie.

Was da später draus werden soll, steht in den Sternen.

»Abbrechen die ganze Sache! Abreisen! Sofort abreisen! Was haben wir hier noch verloren?«

Luther platzt fast vor Zorn.

»Du, Philipp, hast deine Hand vorgestreckt in einem Maße, dass es schon fast … erniedrigend war, wie du ihnen entgegengekommen bist! Es gehe drüber, wie's wolle! Lass sie ersticken in ihrem papistischen Dreck, lass sie sich wie die Säue wälzen in ihrer Irrlehre!«

Noch immer – oder schon wieder? – liegt er zu Bette da im Alkoven, und sein Freund, der extra die hundert Meilen angereist ist, um mit ihm persönlich zu beraten, macht ihm stattdessen zunächst gegen das Kopfweh Kompressen mit

Melissengeist. (Den Diener, der beauftragt war, solches zu tun, haben sie fortgeschickt, um in Zweisamkeit zu reden.)

Melanchthon versucht, zu beschwichtigen. »Es käme einer Niederlage gleich, jetzt den Reichstag zu verlassen, Martin! Spalatin sagt auch …«

»Spalatin! Noch so ein Kriecher! Was gebe ich auf Spalatin!«

»Und kurfürstliche Gnaden werden wohl auch nicht damit einverstanden sein, wenn wir uns jetzt aus dem Staub machen«, wendet Melanchthon vorsichtig ein.

Auf dieses Argument nun hat Luther nichts zu erwidern.

Melanchthon legt ihm die nächste Kompresse auf und kommt sich vor wie jemand, der etwas tut, was er nicht kann. Der Kranke stöhnt. Sein Furor ist zusammengebrochen.

»Ich wollte, ich wäre daheim in Wittenberg und meine Käthe würde mich pflegen«, murmelt er, und diesen Wunsch kann Melanchthon sehr wohl nachvollziehen. Dann müsste er es nicht tun.

Was hat er nun eigentlich, der teutsche Herkules, da auf seinem Lager? Mal ist es Halsweh, mal Zahnweh, mal Kopfweh, mal ist es Schwindel und Sausen in den Ohren. Alles in allem ist es wohl sein tiefes Unbehagen an der Lage, in der er sich befindet. In der sie alle sich befinden.

(Denn an die satanischen Heimsuchungen, denen sich Luther ausgeliefert fühlt, vermag er, Melanchthon, nicht so recht zu glauben.)

»Du musst ausharren, Bruder«, spricht er sanft. Ich sag's dir nicht zum ersten Mal, und mit dir wir alle: Wenn du nach Hause gehst, triumphiert der Feind vollends.«

Luther schweigt. Sagt dann mit matter Stimme: »Ich weiß sehr wohl, was ich bin. Kupferstiche hab ich gesehen von großen Schiffen, die auf dem Meere schwimmen. Und vorn an diesen Schiffen mit den bunten Segeln an den Masten, vorn an dem Galion, haben ihre Erbauer eine Gestalt angebracht, aus Holz geschnitzt und bemalt. Mal ist's ein Heiliger, mal ein Weibsbild mit nackten Brüsten, mal ein Monster mit gefletschten Zähnen. Diese Gestalt ist Wächter über das Schiff.

So eine Galionsfigur evangelischer Sache bin ich hier auf dieser Veste – halb Monster, halb Heiliger. Vom nackten Weib mal abgesehen.« Er lacht höhnisch auf. Seine Sprache gewinnt an Lautstärke. »Ich bin wie aus Holz geschnitzt, kann nicht Hand noch Fuß regen, und selbst wenn ich meine Stimme erhebe – wer hört schon drauf? Ihr habt's mir ja bewiesen, als ihr meine Briefe ohne Antwort ließet. Widersprich nicht!

Ich muss für das Ganze da sein, und das geht auch in Wittenberg. Es ist doch so, dass ihr mich nicht braucht, hier auf der Veste.

Ach, Melanchthon, manchmal wünschte ich, niemals diese Thesen verfasst zu haben, durch die alles in Gang kam, und heute noch als kleiner Theologe und Hochschullehrer demütig unterm Schirm und Schutz der Kirche dahinzuvegetieren, ohne groß Fragen zu stellen. Aber das ging nicht an – die Lüge musste ausgetrieben werden, die Wahrheit ans Licht! Dazu bin ich in die Welt gekommen!«

Was für ein Sermon, denkt Melanchthon, sagt es nicht. Schon einmal, zu Wittenberg, hat dieser Mann ja öffentlich verkündet, er würde alles am liebsten rückgängig machen. Warum rechtfertigt er sich jetzt vor mir? Ich bin sein getreuer Paladin, wie er weiß, und nun derjenige, der das »Bekenntnis«, die Confessio, in die Welt gesetzt hat.

»Was du da sagst, lieber Bruder«, beginnt er vorsichtig, »mit all dem Für und Wider und den Einwänden gegen dich selbst, das ist nur zur Hälfte wahr. Du hast nicht anders gekonnt! Und wohl hast du Recht, wenn du dich mit den Galionsfiguren der Schiffe vergleichst, sichtbar vor aller Augen. Aber du bist nicht stumm, ganz und gar nicht. Deine flammenden Worte zu unserer Confessio haben ihr gleichsam einen goldenen Grund verliehen, jetzt erst wird sie zum wahren Fundament unseres Glaubens.«

Luther ist nun in Schweigen verfallen; mürrisch bedeutet er Melanchthon mit einer Handbewegung, er möge ihm eine frische Kompresse bereiten, und der kommt sich bei dieser Tätigkeit so unpassend vor, als würde sein Weib von ihm verlangen, seinen Jüngsten mit Kindsmus zu füttern.

»Weswegen wir auf diesem Reichstag weiter verharren und versuchen, einen Kompromiss zu finden, Martin – das Eis ist dünn, auf dem wir uns bewegen. Erklärt man uns, als die vom katholischen Glauben Abgefallenen, insgesamt zu Geächteten des Heiligen Römischen Reiches Deutscher Nation, so wäre es gefährlich hierzulande, lebensgefährlich, der neuen Lehre anzuhängen. Das muss verhindert werden.«

»Ist das nicht schon einmal geschehen?«, wirft Luther verächtlich ein. »Als man über mich die Reichsacht verhängt hat, gleichsam stellvertretend für alle? Und was ist geschehen? Ich sitze hier im Schatten des Evangeliums und lache des alten Drachen und seiner Schuppen!«

»Ein starker Fürst hat sich deiner angenommen!«

»Gott der Herr hat sich meiner angenommen! Außerdem, was willst du? Gibt es inzwischen nicht genügend Fürsten und Herren, die der neuen Lehre treu ergeben sind? Sie werden ihre Untertanen zu schützen wissen!«

Melanchthon seufzt. »Alle sind sich einig, Martin, dass wir noch um eine Verständigung ringen sollten.«

»Nehmt mich davon aus. Denn es ist sinnlos.«

Er schließt die Augen, bewegt unruhig den Kopf; die Kompresse rutscht von seiner Stirn.

»Der Sommer fährt dahin, bald geht der Herbst ins Land, und hier oben ist kein Leben außer dem Geschrei der hässlichen geflügelten Satansboten, die mir Tag für Tag ihren Hohn ins Ohr gellen. Ich vermisse Weib und Kinder, ich vermisse ein Lachen, einen Trost. Ich will nach Haus.«

Philipp Melanchthon sieht ihn voller Erbarmen an. Aber helfen kann er ihm nicht.

Caspar Lindemann hat sich im Schwarzen Kloster zu Wittenberg eingefunden, um der Lutherin die Briefe ihres Mannes zu übergeben; Klagen über Klagen, nimmt er an.

Katharina legt die Papiere zunächst beiseite, wohl, um sie später in Ruhe zu lesen.

Sie steht vor dem Arzt, die Hände überm Leib verschränkt; eine stattliche Person, würdevoll in Schwarz gekleidet, die weiße Schürze, der Almosenbeutel und das große Schlüsselbund weisen sie als Herrin des Hauses aus, die Frauenhaube lässt keiner einzigen Haarsträhne Freiheit.

Offenbar hat sie nicht vor, dem Überbringer der Post und sicher auch von Neuigkeiten eine Erfrischung anzubieten, man sieht, sie hat zu tun.

»Dank an Euch, Vetter Lindemann«, sagt sie freundlich, ohne Aufregung. »Sicher wollt Ihr mir noch vom Zustand meines Eheherrn berichten, aber seht, ich bin sehr beschäftigt.« (Gerade sind zwei Mägde hereingekommen, die auf Anweisungen warten.)

Katharina erteilt ihre klaren, kurzen Befehle, wendet sich dann wieder Lindemann zu.

»Ich habe dem Herrgott nicht den Tag gestohlen, ich muss mein Werk tun. Wollt Ihr mich zu den Bienenstöcken begleiten? Ich muss den Honig ernten.«

Den Honig ernten? »Wie denn? Wollt Ihr, dass ich gestochen werde?«

»Einen Hut mit Schleier hätte ich wohl für Euch übrig, falls Ihr mich begleiten wollt.«

Sie wartet seine Antwort nicht ab, ruft: »Seberger, bringt zwei Imkerhüte und Handschuhe für mich.«

Der gut geschulte Hausknecht ist gleich zur Stelle mit dem Verlangten, zudem mit einer tönernen Satte und einer Art Pinsel und einer Räucherkerze.

Und so sieht sich der Medicus Caspar Lindemann, Leibarzt Seiner Kurfürstlichen Gnaden, nolens volens gemeinsam mit der Lutherin in zwei gespenstisch verhüllte Gestalten verwandelt, und so gehen sie gemeinsam vorbei am Kräutergärtlein (dem ehemaligen Klostergarten) in das Gelände, das, wie er sich erinnert, früher einmal ein aufgelassener Friedhof war, nun aber mit Gemüsebeeten versehen ist, die von Beersträuchern eingerahmt sind, vorbei an einem Gatter mit Hühnern, dahin, wo die Bienenstöcke unter Lindenbäumen stehen.

»Die Trachten von der Linde sind besonders wohlschmeckend«, erklärt Katharina, während sie die Räucherkerze entzündet. »Kommt näher, habt keine Angst. Ihr seid geschützt. Wie wollt Ihr mir erzählen, wenn Ihr so weit entfernt seid? Wollt ihr mir die Nachrichten über meinen Eheherrn etwa zurufen?« Sie lacht und öffnet den ersten der geflochtenen Stöcke. Umschwärmt, umbraust, eingehüllt in Wolken von Insekten, hantiert sie umsichtig, zieht die Rahmen mit den Waben heraus, streift die Tiere mit dem Pinsel ab und verstaut sie in der Satte.

Caspar Lindemann bemüht sich, durch den Schleier zu reden. Er kommt sich vor, als habe man sein Haupt in ein Himmelbett für eine Puppe verpackt. »Lutherin, ich muss Euch sagen: Eurem Mann geht es nicht gut. Sein Körper sträubt sich gegen die Veränderung. Die Kost bekommt ihm nicht. Er leidet unter der Einsamkeit, unterm Fehlen seines Hausstandes, seiner Kinder, an denen er so zärtlich hängt. Ihr werdet es in seinen Briefen wiederfinden. Ich kann Euch keine Ratschläge erteilen, aber wahrhaft gut wäre es, wenn Ihr zu ihm fahren würdet. Bringt ihm von Eurem selbstgebrauten Bier mit, besorgt für ihn die Küche, tröstet ihn in seinen Malaisen – ein liebendes Weib sollte so etwas tun.«

Katharina Lutherin beendet schweigend ihre Arbeit am Bienenstock, verschließt ihn bis auf das Schlupfloch, streift mit den behandschuhten Händen die Tiere von sich und dem Gast ab. Bedeutet ihm, mit ihr zu kommen, und Lindemann, zu seiner Erleichterung nun befreit von Hut und Schleier, trabt neben ihr her auf das Haus zu.

Die Frau bringt die Honig- und Wachstrachten in die Küche, gibt Anweisungen an das Gesinde, das da beschäftigt ist, sagt dann: »So folgt mir nun zur Molkerei.«

Die Molkerei ist eine geräumige, reinliche und kühle Kammer. Große Satten voll Milch, der Honigsatte ähnlich, stehen auf Regalen, damit sich der Schmant auf ihnen absetze. Auf einem hölzernen Brett liegen frische Käse, gegen die Fliegen abgedeckt mit einem Tuch. Eine Magd ist beim Buttern, sie steht auf und knickst, als die Hausherrin hereinkommt. Auch hier werden kurze Anordnungen erteilt.

Geäußert zu seinem Vorschlag hat sich die Frau immer noch nicht.

Langsam wird der Arzt ungeduldig. »Wohin wollt Ihr mich noch mitschleppen?«, fragt er.

Sie sieht ihn an. »Nirgendwohin, wenn Ihr nicht wollt«, entgegnet sie ruhig. »Ich wollte Euch nur vor Augen führen, dass ich nicht abkömmlich bin. Ich führe hier ein Hauswesen. Zehn Schweine, fünf Kühe, Pferde, Hühner, Tauben, Gänse, dazu das bebaute Land. Ich vermiete, ich unterhalte eine Burse, einen Mittagstisch für Studenten.

Ich sage Euch geradeheraus, die Abwesenheit meines Eheherrn ist mir nicht unlieb. So kann ich beim Mittagstisch sparen, und es gibt keine endlosen Reden, sodass man irgendwann die Tafel aufheben kann. Kinder hab ich auch, nicht zu vergessen. Und ein paar Bresthafte zu versorgen.«

Wieder ist er neben ihr herspaziert wie ein Hündchen an der Leine. Sie hat ihn nun in ihre Kemenate geführt, einen Raum, der aber mitnichten mit Webstuhl, Spinnrocken oder Stickrahmen ausgestattet ist. Vielmehr steht da ein Schreibtisch, liegt da ein Rechnungsbuch darauf und daneben eine Geldschatulle.

Nun endlich bietet sie ihm einen Stuhl an.

»Ich habe noch Buch zu führen«, erklärt sie sachlich. »Weiß man denn schon, wann dieser Reichstag beendet sein wird?«

Lindemann zuckt die Achseln. »Das liegt bei kaiserlicher Majestät. Und ob die Kontrahenten zu einer Einigung gelangen.«

»Nun, das kann dauern«, sagt sie, und es kommt Lindemann nicht so vor, als läge Traurigkeit in ihrer Stimme. »Ich werde Luther mit der Reichspost ein Fässchen von unserem Bier schicken, das wird ihm sicher gut tun. Dazu ein Schreiben mit besten Wünschen. Ärztlich habt Ihr ihn ja versorgt – zweifellos besser, als ich es kann.«

Sie sieht ihn auffordernd an, es ist deutlich, dass sie ihn, Lindemann, nicht länger bei sich haben möchte. »Gibt es sonst noch etwas?«

»Die Briefe … Ihr wollt sie sicher lesen?«

»Aber gewiss doch. Am Feierabend. Kurz vorm Nachtgebet.«

Der Medicus erhebt sich, verbeugt sich. Geht.

Impertinentes Weib!, denkt er.

Als er den Hausflur durchquert, riecht er frische Farbe. Maler sind am Werk, in Abwesenheit des Hausherrn die Stuben zu weißeln und Fenster und Türrahmen mit frischer Farbe zu versehen.

Die weiß ihre Zeit zu nutzen. –

Am Abend, nachdem Muhme Lene die Kinder zu Bett gebracht hat, sitzt Katharina Lutherin, geborene von Bora, noch allein vorm Kamin (das alte Gemäuer strömt auch im Sommer Kühle aus). Auf dem Schoß hat sie die Briefe ihres Mannes.

Liest die Anrede: »An meinen Herrn Käthe, Doktorin und Vorsteherin des Hauses, den Morgenstern von Wittenberg, klüger und besser denn jedes andere Weib der Welt.«

Sie lächelt.

Dann wirft sie den Rest der Briefe ungelesen ins Feuer des Kamins. Sie kennt das alles schon.

Der einsame Mann in seinem Turmzimmer, gepeinigt von den Boten des Satans da draußen und den Leiden des Leibes und der Seele, von Ungeduld und Zweifeln an sich und anderen, von Liebessehnsucht nach Weib und Kindern, betet, wo er nicht singen kann, weil ihm die Stimme versagt, ist schlaflos und voller Ängste, wartet mit Bangigkeit darauf, dass das Mühlrad im Kopf wiederkommt, und wenn es ihn dann gebeutelt, geschüttelt und hin und her geworfen hat, verfällt er endlich in einen Schlaf der Erschöpfung, der seiner Umgebung Ängste einjagt – wird er überhaupt wieder erwachen? Er liegt wie tot, dreht und wendet sich nicht, und nur, wenn man ihm einen Spiegel vor die Lippen hält und der sich trübt, weiß man, er atmet noch.

So liegt, so leidet er. Aber wie geht das zu? Wann, zu welcher Stunde, rafft sich dieser Lazarus auf und schleppt sich, das schmerzende Bein nachschleifend, zum Schreibtisch? Diktiert's ihm der Heilige Geist? Es fließt ihm zu, so wie die Tinte aus der Rohrfeder fließt.

Er schreibt Brief um Brief.

Mindestens zwei am Tage. Sendschreiben. Pamphlete. Flugblätter.

Und er übersetzt. Immer wieder, immer aufs Neue. Biblia, die ganze Heilige Schrift. Er korrigiert, was schon da ist, verändert, saugt aus den Quellen der Sprache, so wie er sie kennt von da draußen, vom unverfälschten Strom der bunten Welt, die ihm erneut verwehrt ist hier oben.

Aber sie tönt wider in seinem Kopf.

Die sanften Reden einer Mutter an der Wiege oder die Flüche des Fuhrmanns, der sein Gespann antreibt, der Singsang der Mägde und Knechte auf der Tenne, morgens, beim Dreschen, damit sie nicht Müdigkeit übermannt, die melodischen Rufe des Marktschreiers, die heiseren Schreie der spielenden Kinder, dem Ruf der Mauersegler vergleichbar, die stolzen und steilen Sätze der Kanzleien, die pathetischen Phrasen der Höfe, das papiertrockene Quasi-Latein der Gerichte.

Er nimmt es auf.

Alles, alles, alles.

In seine eigene lateinische Bibel, dem Exemplar, das er stets bei sich trägt, schreibt er mit sicherer Hand: »Das kann ja kein eigenes Buch noch Lehre noch etwas: Trösten in Nöten, im Elend und im Sterben, ja, unter den Teufeln und in der Hölle. Allein dies Bibelbuch kann das, das uns Gottes Wort lehrt und darin Gott selbst mit uns redet wie ein Mensch mit seinem Freunde.«

Dann wieder, als habe der Herr seine Ohren vor ihm und seiner Liebeserklärung verschlossen, das Klingen im Kopf, die Schmerzen im Leib. Wofür wird er gestraft? Er leiht sich die Stimme des Jeremia. Dessen Klagelieder, die zu den seinen werden.

Ach Herr, siehe doch, wie bange ist mir's, dass mir's im Leibe davon wehtut. Mein Herz wallt mir in meinem Leibe ...

Er wühlt in dem Text herum wie ein wilder Eber im Walde, um nur genau das zu finden, was auf ihn, den Leidenden, zugeschnitten ist, schreibt es extra auf ein großes Blatt:

Ich bin ein elender Mann, der die Rute seines Grimmes sehen muss.

Er hat mir Fleisch und Haut alt gemacht und mein Gebein zerschlagen.

Er hat mich verbaut und mich mit Galle und Mühe umgeben.

Er hat mich in die Finsternis gelegt wie die, so längst tot sind.

Er hat aus dem Köcher auf meine Nieren schießen lassen.

Es passt. Alles passt auf ihn. Es sind seine Qualen. –

Dann erwacht er eines Nachts, nachdem er zunächst – ermüdet und leidlich zufrieden – die Feder beiseite gelegt hat, erwacht wie immer beim Licht der vier Öllampen, die stets brennen müssen, sobald es dunkel wird und an deren Füllung er ablesen kann, welche Stunde es ist.

Mitternacht kann noch nicht vorüber sein. Die Lampen brennen mit heller hoher Flamme.

Jemand ist im Zimmer.

Er hört das Rascheln eines nachschleppenden Kleidsaums, es ist, wie wenn man durch welkes Laub geht.

Er richtet sich auf und hat nicht die mindeste Angst. Es sind keine Ausgeburten der Hölle, nichts, was ihn quälen will, das spürt er. Es ist etwas, das nichts zu tun hat mit dem Raum noch mit der Zeit, in der er lebt. Etwas Ewiges.

Eine große dunkle Gestalt bewegt sich zwischen den Lampen, eine Frau. Er kann ihr Gesicht nicht sehen, wie es scheint, trägt sie einen Schleier. Was er bemerkt, ohne darüber zu erschrecken: Sie wirft keinen Schatten.

»Wer bist du?«, fragt er, aber er weiß, dass er weder Lippen noch Zunge bewegt hat und die Worte in seinem Kopf wohnen.

Das Gewand raschelt, und es ist wie ein Lachen. »Das weißt du doch.« Eine Flüsterstimme vielfältig, gehaucht.

»Du bist Asrael, der Todesengel.«

»Siehst du Flügel?«

Er schweigt. Bedrängt von soviel Teufeln und Dämonen, geflügelten und nacktrückigen, sein Leben lang, hat er sich nie Gedanken darüber gemacht, ob Gottes Boten wirklich befiedert sind.

»Wer bist du?«, fragt er noch einmal.

»Ich gehöre nicht in das Universum deiner Bilder«, hört er sie sagen, wie sie da zwischen den Lampen steht in ihrer natürlichen Schwärze. »Ich komme wo anders her.«

»Der Tod?«

»Du siehst ihn als schreckliches Knochengebilde. Das bin ich nicht.«

»Komm näher«, sagt er, wie im Bann, angezogen, aber ohne Furcht. »Ich will dich berühren.«

»Versuch es.«

Das Rascheln. Kein Schritt ist zu hören. Die große schwarze Gestalt ist dicht neben ihm, neben seinem Bett.

Er streckt die Hand aus. Berührt so etwas wie Spinnweben. Kein Fleisch und kein Bein.

»Was willst du?«

»Dich vorbereiten. Eigentlich kennst du mich. Ich bin dem Schlaf verwandt.«

»So bist du doch der Tod.«

»Nicht, was du darunter verstehst. Ich bin die Passage. Der Übergang.«

»Ins Paradies oder in die Hölle?«

»Davon weiß ich nichts. Das liegt wo anders.«

»Hast du denn einen Namen?«

»Manche nennen mich Speranza.«

»Was soll das bedeuten?«

»Die Bedrängten heißen mich Hoffnung und geben mir die allersüßesten Namen.«

»Ich verstehe dich nicht.«

»Dann, Martinus Luther, bist du noch nicht an meiner Pforte.«

Er bäumt sich auf. »Gehörst du zu den Geistern, die den Herrn loben?«

»Ich bin kein Geist. Ich bin die Wirklichkeit.«

»Aber was willst du von mir?«, fragt er fast verzweifelt. »Warum bist du gekommen?« Noch einmal tastet er nach dem raschelnden Gespinst. Ihm ist, als ginge ein süßer Duft von ihm aus, Verbenen und Rosmarin …«

»Ich wollte dich trösten. Es wird dereinst ein guter Weg sein. Aber die Lichter brennen noch hoch und hell. Wenn du mich rufst, irgendwann, werde ich kommen.«

Das Rascheln und Rauschen.

Er schläft.

Als er erwacht, dringt schon das helle Tageslicht durch die Fenster. Aber, merkwürdigerweise, haben die Lampen noch volles Öl. Sein Schlaf war ohne Traum.

Am nächsten Abend kann ihn wieder seine Arbeit trösten; jene Worte nun, die ihm aus dem Herzen kommen:

Der Herr ist mein Teil, spricht meine Seele, darum will ich auf ihn hoffen.

Dann wieder die Lieder aus dem Psalter, die Psalmen, seine erste Liebe; die erste Vorlesung, die er zu Wittenberg gehalten hat, ging über den Psalter.

Da ist dieser Psalm. Der Psalm. Dieser vor allen anderen.

Er holt das Blatt hervor, erkennt es am leicht vergilbten Farbton. Es ist sehr alt. Immer wieder hat er daran gearbeitet, durchgestrichen, überschrieben, mit roter Tinte hineinkorrigiert. Trotzdem wirkt es, bedeckt mit seiner leicht nach links fliehenden, zierlichen Schrift, mit dem exakten Rand auf der linken Seite, wie ein kalligrafisches Kunstwerk. Selbst seine Korrekturen sehen aus wie Verzierungen.

Der 23. Psalm. Ein Psalm Davids. Der Psalm vom guten Hirten.

Der Herr ist mein Hirte. Mir wird nichts mangeln.

Er bringt mich an die Statt der Weiden.

Einfacher. Spricht so ein Mensch vom Lande, ein Schäfer, der nun selbst »geweidet«, also gehütet, wird?

Durchgestrichen. Neu begonnen.

Er lässt mich weiden in der Wohnung des Grases und führt mich zum Wasser der Wiederbringung.

Nein. Immer noch zu sehr nur Kopf.

Er nähret mich am Wasser guter Ruhe.

Und nun, mit anderer Stimme, immer melodischer, immer schlichter, immer gesanglicher: *Er weidet mich auf einer grünen Auen.* So wie die Mädchen es beim Maienreigen singen: *Auf dem Anger. Auf einer grünen Auen.*

Was soll das Wasser guter Ruhe sein? Wasser ist Wasser, jeder versteht das. Wasser ist Erquickung. *Er führet mich zum frischen Wasser.* Nichts weiter.

Und nun, nicht abgewichen vom Bild des Hirten, nichts von Bekehrung. Wozu soll eine so treu geführte Seele denn bekehrt werden? Sie ist schon ganz bei sich, ganz getrost. Also: *Er erquicket meine Seele, er führet mich auf den rechten Pfad …* Nein. Auf dem wandle ich schon. Und es holpert. *Er führet mich auf rechter Straße um seines Namens willen.*

So soll es sein. So sieht es in Vollendung aus:

Der Herr ist mein Hirte. Mir wird nichts mangeln.
Er weidet mich auf einer grünen Auen.
Er führet mich zum frischen Wasser.
Er erquicket meine Seele.
Er führet mich auf rechter Straße um seines Namens willen …

So wird es dastehen für alle, denen das Bibelbuch Trost und Rettung sein wird. Für viele Generationen. In seiner Sprache. –

Dann kann er gestillt, wie ein Kind an der Brust der Mutter, die Feder aus der Hand legen. Es dämmert schon. Bald werden die Vögel draußen wieder Reichstag abhalten. Er hinkt zu seinem Bett, umwickelt den Kopf mit einem Tuch wie mit einem Turban, zieht sich die Decke über beide Ohren. Schläft. Verschläft die Morgensuppe, die ihm gebracht wird, isst sie später kalt, als Vorspeise zum Gebratenen und Gesottenen, schlägt sich wieder unmäßig den Bauch voll und erlebt die Folgen schon, bevor es Abend wird.

So haust er im Evangelium wie ein Kind im Mutterleibe.

Und wartet darauf, endlich, endlich nach Haus zu können.

Nein, sie werden sich nicht einigen. Er, Luther, hat es vorausgesagt.

Da kann sein Freund Melanchthon noch so viele Abwandlungen, Rechtfertigungen, Apologien verfassen – sie hören ja gar nicht mehr zu. Der Kaiser hat ganz andere Sorgen.

Was, wenn die Türken sich tatsächlich rüsten und mit Heeresmacht das Heilige Römische Reich Deutscher Nation überfallen, um alle hier zu Muselmännern zu machen? Majestät der Kaiser vergibt einige erbliche Lehen an Vettern und Freunde, um sich somit die Herren für einen Feldzug zu verpflichten, und an den Obersten des Deutschmeisterordens gar ganz Preußen, obwohl das gar nicht zum Reich gehört. Deutschritter bilden eine schlagkräftige Armee. Denn wer weiß, ob die evangelischen Fürsten überhaupt bereit sind, mit ihm gegen die Ungläubigen zu ziehen …

Und Geld muss her! Geld, um berittene Söldner und Landsknechte anzuwerben, Kanonen zu kaufen, Waffen zu beschaffen. Das Land muss zu einer Wehrburg gegen den Osten werden!

»Einen ganzen Tag wurde über Geld und Geldgeschäfte geredet«, berichtet Melanchthon. Luther hat ihn in einem harschen Schreiben zu sich nach Coburg auf die Veste zitiert, um Auge in Auge von ihm über den Fortgang des Reichstags informiert zu werden. Für den armen Philippus geht damit die Möglichkeit verloren, noch einmal mit zwei oder drei altgläubigen Theologen zu disputieren, aber inzwischen sieht er selbst ein, dass nichts mehr zu holen ist. Die Fronten sind verhärtet.

»Die Hauptrolle«, so berichtet er weiter, sitzend am Leidenslager seines Freundes, der sich nicht bequemen konnte, aufzustehen, »die Hauptrolle spielte dieser Jude, den sie den Befehlshaber der Judenschaft im Heiligen Römischen Reich Deutscher Nation nennen. Ein Mann von Geist und Weitblick. Nüchtern und inspiriert zugleich – wolltest du ihm nicht einmal begegnen, Martin?«

»Du meinst Jossel von Rosheim?«, fragt Luther, und seinem Besucher fällt auf, dass sich seine Stimme gepresst anhört, wie von jemandem, der die Luft anhält.

»Joseph von Rosheim, allerdings«, bestätigt er. »Schtadlan und Regierer der Juden Deutschlands. Ich und ein anderer, Capito in Straßburg, hatten ihn dir empfohlen.«

»Was hat dieser Mann auf dem Reichstag des Kaisers zu suchen?«

»Sehr viel, da es um große Anleihen geht, die der Kaiser aufnehmen muss – es ist übrigens nicht das erste Mal, dass er vor diesem Gremium auftritt. Jetzt kommen der Majestät die reichen Juden sehr zupass. Allerdings wollten einige Fürsten erreichen, dass der Reichstag eine Billigung ausspricht, wenn sie nach Lust und Laune ihre Juden vertreiben und hinausjagen wollen, nachdem vielleicht das Geld geflossen ist. Dem hat nun der Jossel von Rosheim einen Riegel vorgeschoben. Er hat eine bis ins kleinste Detail ausgearbeitete Ordnung mitgebracht – der Mann ist ein Jurist von hohen Graden, Martin! –, wie in Zukunft nach Gerechtigkeit und Vernunft im Zinsgeschäft vorzugehen sei, damit keine Christen von Mitgliedern seiner Nation überfordert oder gar übers Ohr gehauen würden. Der Reichstag hat diesen klugen Vorschlägen seine Zustimmung gegeben. Sodass nun die Juden geschützt – und die Majestät einen denkbar hohen Kredit bei den jüdischen Bankiers erhält. Ein Meisterstück!«

So plaudert Melanchthon daher, die Zeit totzuschlagen, bevor wieder das leidige Thema »Abreise! Abbruch der Verhandlungen!« aufs Tapet kommt, und bemerkt dabei gar nicht, welch dunkle Wolken aufziehen.

»Ein Meisterstück jüdischer Schurkerei!«, bricht das Gewitter los.

Luther hat sich auf beide Ellenbogen aufgestützt, halb liegend ist seine Position, und sein Gesicht ist rot vor Zorn. »Dieser Saujud fällt der evangelischen Sache in den Rücken, schlägt sich auf die Seite der Römerknechte, kriecht dem Kaiser in den Hintern … nein, man kann diesem Geschmeiß nicht über den Weg trauen!«

»Martin, ich versteh nicht!« Melanchthon ist erschrocken zurückgezuckt vor diesem Furor. »Was hast du denn? Wieso sollten die Juden sich der evangelischen Sache zuwenden? Was hätten sie davon? Der Kaiser gibt ihnen Schutz vor Fürstenwillkür. Warum sollten sie sich nicht seiner Gnade versichern?«

Aber Luther scheint ihn gar nicht zu hören. Er poltert weiter.

»Verräterische Hunde alle insgesamt! Man sollte ihnen wirklich nicht länger Asyl gewähren in deutschen Landen, sondern sie samt und sonders hinausjagen. Ich werde eine Schrift verfassen, die allen die Augen öffnet über diese Brut!«

Was ist nur in ihn gefahren, dass er bei diesem Thema so außer sich gerät? Melanchthon hebt abwehrend die Hände. »Lass dich zur Sanftmut mahnen, Bruder! Denk an die Worte des Apostels Paulus im Römerbrief, so wie du sie übersetzt hast: ›Rühmest du dich aber wider sie, so sollst du wissen, dass du die Wurzel nicht trägst, sondern sie trägt dich.‹ Die Wurzel, Martin, das ist nun einmal das jüdische Volk.«

Ächzend stemmt sich Luther aus dem Bett, hinkt an Melanchthon vorbei zu seinem Schreibtischsessel. Er ist in Hemd und Strümpfen, um seine Waden schlottert es; das Bein ist dick verbunden.

»Verstehst du denn gar nichts, Philippus? Die Juden rüsten die Katholischen auf, damit sie über die Evangelischen herfallen können! Ein Bürgerkrieg steht bevor, und *die* schüren das Feuer!«

»Es geht wider die Türken, Martin!«

»Vielleicht. Erst wider die Türken. Dann wider die Andersgläubigen. Und wenn der Kaiser im Reich einen Krieg gegen die Protestanten beginnen würde – mit dem schnöden Mammon der Juden! –, dann ...«

Er schlägt mit der Faust auf den Schreibtisch, starrt vor sich hin. »Dann«, sagt er leise, »sind die Untertanen evangelischer Herrscher frei vom Gehorsam gegen den regierenden Herren der Deutschen. Denn sie folgen, wie es sein soll, der Religion *ihres* Oberen. Dann können und müssen sie Kaiserlicher Majestät den Gehorsam verweigern aus Gewissensnot.

Wir sind keine Ketzer! Wir sind die besseren Christen! Vielleicht muss man das erst mit Blut schreiben, damit es verstanden wird!?«

»Martin!« Melanchthon seinerseits ist von seinem Sitz aufgesprungen. So rot Luther vor unterdrücktem Zorn ist, so bleich ist er. »Um der Liebe Gottes willen! Würdest du zustimmen, das Land um des Glaubens willen in einen Bürgerkrieg zu stürzen? Bist du denn dann nicht viel besser als …?« Er bricht ab.

»Sprich es nicht aus!«, erwidert Luther dumpf. »Sag nicht: als der Satan von Allstedt.«

»Ich sage gar nichts«, entgegnet sein Besucher resigniert. »Ich hätte dich mit diesen Dingen verschonen sollen. Du bist sehr krank.«

»Mag sein, ich bin krank. Aber mein Geist ist durchweht von Gottes Wort. Verlass mich jetzt. Ich will schreiben. Und im Übrigen: Abreisen! Abreisen! Abreisen! Fort aus diesem Augsburger Höllenpfuhl, wo sich deutsche Fürsten und ein Kaiser gemein machen mit der abscheulichen Brut der Juden, die unserern Herrn verraten haben!«

Während Melanchthon sich stumm verabschiedet, taucht er die Feder ein, beginnt: »Warnung D. Martin Luthers an seine lieben Deutschen …«

Mit markigen Sätzen wie diesen: »Das ist mein treuer Rat: Wenn der Kaiser zum Krieg rüsten und gegen unsere Partei um päpstlichen Interesses oder um der Lehre willen Krieg anfangen wollte, wie die Papisten sich dessen zur Zeit greulich rühmen und trotzen, so soll in solchem Fall kein Mensch sich dazu gebrauchen lassen, noch dem Kaiser gehorchen. Und wer ihm gehorcht, der soll wissen, dass er Gott ungehorsam ist und Leib und Seele ewiglich durch den Krieg verlieren wird.«

Ein Aufruf zur Rebellion, ein Aufruf zum Kriege.

Keine Versöhnung.

Im Oktober endlich gibt der Kurfürst den dringenden Vorstellungen seiner Räte und Vertrauten nach und befiehlt, Luther nach Hause zu schicken.

Denn seine Anwesenheit auf der Veste Coburg fördere den

Fortgang der Gespräche in keiner Weise, das zum Einen, zum Anderen jedoch gebe der Gesundheitszustand des werten Mannes Grund zur Sorge.

Der Reichstag neigt sich ohnehin dem Ende zu; vieles ist gesagt worden, weniges getan.

Bleibenden Ruhm trägt Melanchthon davon; er, der die neue Lehre in eine feste Form gegossen hat.

Der geschlossene Rollwagen trägt den kranken Mann zurück über Gotha, Altenburg und Torgau nach Wittenberg, in die Arme von Weib und Kindern.

Müde und voller Zorn. Enttäuscht und am Ende.

Martin Luther ist noch keine fünfzig Jahre alt.

Kurz nach Beendigung der Augsburger Gespräche kommen die evangelischen Fürsten, allen voran Landgraf Philipp von Hessen und Johann von Sachsen, sowie die Vertreter Freier Reichsstädte, die den wahren Glauben bekennen, zu Schmalkalden im Thüringischen zusammen.

In aller Eile beschließen sie ein Schutz- und Trutzbündnis: Gegenseitige militärische Hilfe, falls es zu einem Angriff von katholischer Seite kommen sollte.

Noch ist der Kaiser mit anderen Dingen beschäftigt. Aber nur so können sie sicher sein …

DIE NIEDERLAGE

Lucas Cranach, Apotheker aus Wittenberg und hochberühmter Porträtmaler der Großen, ist im großen Saal des Schlosses Rotenburg, eingeladen vom Landgrafen Philipp von Hessen, damit beschäftigt, ein junges Fräulein abzuschildern.

Die Dame sitzt stocksteif auf dem Platz, den man ihr angewiesen hat, der Lichtverhältnisse wegen, und hält ihre Hände genau so gefaltet über dem Bauch, wie es ihr gesagt wurde. Sie scheint keine Schwierigkeiten mit dem Stillsitzen zu haben.

Aus ihrem schmalen Gesicht mit dem kleinen Mund und dem runden Kinn sehen den Maler forschende, fragende, ein bisschen besorgte Augen an.

Cranach gefällt die Aufgabe eigentlich, er mag fügsame Modelle, was bei hohen Herrschaften nicht immer der Fall ist, und hübsch ist sie ja außerdem.

Seine Gehilfen – Lehrlinge, Gesellen und Farbenreiber, sein Stab – arbeiten im Hintergrund an den Nuancen, die er braucht, bereiten die Gerätschaften vor, säubern Pinsel, mischen Öl und Wasser im rechten Verhältnis, wie stets in völliger Stille, nur seiner Anweisung gewärtig.

Gestört wird die Mal-Atmosphäre allerdings durch einen hochgeborenen Beisitzer, der es sich nicht nehmen lässt, zu plaudern. Zum Glück kommt er nicht auf die Idee, ihm in seine Arbeit hineinzureden; da kann der Maler ziemlich grob werden, ganz gleich, wie edel der ist, der ihn stört.

Nun, Letzteres tut Landgraf Philipp von Hessen, Anführer des Schmalkaldischen Bundes evangelischer Fürsten (kein Geringerer als der stört ihn!) also nicht. Vielmehr umkreisen seine Reden und Fragen Themen aus der Theologie, während er, rank und schlank mit seinen sechsunddreißig Jahren und mit modisch freier Brust unter der Ehrenkette, im Raum hin und her tigert und Unruhe hereinbringt.

»Es stimmt doch, Meister Cranach, dass für die Lutherischen die Ehe kein Sakrament darstellt, im Gegensatz zu den Papisten, nicht wahr?«

»Ich bin kein Theologe, gräfliche Gnaden«, knurrt Cranach in seinen silberweißen Patriarchenbart, wobei er sich insgeheim amüsiert über die Bezeichnung »Die Lutherischen!«. Das würde sich der Doktor – geschmeichelt zwar – energisch verbitten. »Aber es ist wohl so, dass nur die Taufe und das Abendmahl als Sakramente angesehen werden.«

»Und was ist dann also die Ehe?«

»Eben kein Sakrament!«, entgegnet der Maler lakonisch und gibt der rechten Augenbraue des Fräuleins einen feinen Schwung – gerade so das bisschen mehr, das ein Konterfei vom Original unterscheidet und ihm die Überhöhung verleiht, die nachher dieses Staunen auslöst: Ach, *so* sieht sie aus …!

Der Landgraf nickt und lässt sich nun auf der Sessellehne der Abzubildenden nieder – sehr lässig, sehr vertraulich. Er nimmt Cranach das Licht, aber der verkneift sich eine diesbezügliche Bemerkung. (Abgesehen davon, dass es ein schönes Tableau abgibt, das zarte Mädchen und dieser gut gebaute, breitschultrige Mann mit den schmalen Hüften.)

»Seht Ihr, Meister, ich bin ein guter Christ und hänge der neuen Lehre mit Feuereifer an, und so lese ich auch viel im alten und neuen Testament, auch mit Hilfe meines Hofpredigers, und finde da viel Erstaunliches. Aber unser Herr Jesus und die Apostel haben nichts über die Ehe gesagt. Insofern hat Luther recht, wenn er sie ausnimmt von den Sakramenten. Sie braucht die Zustimmung des Himmels nicht. Allerdings«, er zögert, redet behutsam weiter »allerdings ist sie ja wohl eine Voraussetzung, um des anderen Sakraments, des Abendmahls, teilhaftig werden zu dürfen. Sonst steht man ja außerhalb der christlichen Gemeinde. Wenn man in wilder Ehe lebt.« Er muss sich räuspern, sein schöner beweglicher Mund zuckt.

Um hier den Braten nicht zu riechen, müsste man ziemlich vernagelt sein.

»Bei fürstlichen Herrschaften«, sagt der Maler und gibt seinen Gehilfen da hinten einen Wink, mit der angerührten Farbe für Haar und Halskragen des Fräuleins herbeizukommen – ein dunkles Rotbraun –, »ist ja ohnehin die Regelung nicht gar so streng. Ich kenne viele große und größere Herren, die sich eine Hure halten.«

Da ist er aber ganz offensichtlich ins Fettnäpfchen getreten! Philipp läuft rot an und ist mit einem kleinen Satz von der Sessellehne herunter.

»Das ist Schimpf und Schande – zumindest, wenn es sich dabei um eine Dame von Stand handelt! Hier ist ja nicht die Rede von irgendwelchen Hübschlerinnen oder Beischläferinnen, mindere Ware, die man sich greifen kann! Christlichen Herrschern geziemt es nicht, eine offizielle Buhlschaft zu halten. Der englische König hat es ja vorgelebt. Immerhin hat er sechs Damen zu seinen Gemahlinnen gemacht.«

»Eine nach der anderen!«, bestätigt Cranach und lässt professionell kein Auge vom Gesicht seines Modells. Da rührt sich keine Wimper.

»Natürlich darf es nicht die Art sein, dass man aus dem Weg räumt, was man nicht mehr mag!«, sagt der Landgraf. Er geht zum Fenster, sieht hinaus und nimmt damit dem Maler vollends das Licht. Der muss sich nun doch äußern, das Licht betreffend.

»Darf ich Euer Gnaden höflichst bitten, höchstdero Leib vom Fenster wegzubewegen?« Er grinst. »Ansonsten wird das Fräulein in Dunkelheit getaucht und das Konterfei wird niemals fertig.«

»Wie? Was?«, erwidert Philipp, der offenbar nicht hingehört hat.

»Ihr sollt aus dem Licht gehen!«, sagt Cranach schlicht und deutlich, und der andere bewegt sich mit einer gemurmelten Entschuldigung nun hinter den Sessel der Schönen.

Einen Moment herrscht Ruhe. Cranach konzentriert sich auf den langen Schwanenhals des Fräuleins, der vom rotbraunen Samt eng umgeben ist. Dass im Augenblick die Hand des Landgrafen darauf ruht, stört ihn nicht. Hauptsache, das Licht ist gut.

Als diese Hand allerdings vom Hals auf die nackte Schulter der Abgeschilderten hinuntergleitet, beginnt sich das Modell unruhig zu bewegen – ob aus Lust oder Verlegenheit, sei dahingestellt.

»Euer Gnaden!«, sagt der Maler mit aller ihm konzedierten Deutlichkeit – schließlich kann er sich das leisten als der, der er ist –, »seid so freundlich und bewegt Euch von meinem Modell fort. Es muss stillsitzen.«

Mit einem Seufzer leistet die Hoheit ihm Folge. Cranach verleiht dem hübschen Ohr der Dame noch einen kleinen spitzbübischen Schwung in Richtung Faunsohr, was dem Gesicht etwas Keckes gibt, und geht dann zu den Händen über. Hände malt er stets selbst, während er solche Dinge wie Schmuck, Hut und Kleidung später seinen Gesellen überlässt.

»Um noch einmal darauf zurückzukommen«, fängt Philipp wieder an. »Nur als ein Beispiel: Ich bin, wie gesagt, ein frommer Anhänger der neuen Lehre und würde nie im Stande der Sünde das Abendmahl nehmen. Würde ich aber in Buhlschaft mit einer Frau leben, so könnte ich nicht in den Stand der Gnade gelangen. Wie aus diesem Dilemma herauskommen?«

»Auch nur als ein Beispiel: Wenn der Besagte schon verheiratet ist – wie wäre es mit Scheidung?«

Ein Aufschrei. »Scheidung? Scheidung ist eine Schande! Geschieden wird nur, wer ein Ketzer ist oder nicht in der Lage, Kinder in die Welt zu setzen. Und beides bin ich nicht, wie Ihr wohl wisst. Nicht nur, dass ich ein guter Christ bin – meine Gemahlin hat mir, wie jedermann bekannt, bereits neun Kinder geboren, alle gesund und wohlauf!«

Na, nun ist es heraus, dass es nicht um ein Exempel geht, sondern um landgräfliche Gnaden selbst.

Cranach gibt sich viel Mühe mit den Händen des Fräuleins. Sie hat sehr feingliedrige lange Finger. Schließlich sagt er gemütlich: »Ist die junge Dame hier der Gegenstand, dessentwillen Ihr in die Zweiweibigkeit gehen wollt?«, und registriert mit Vergnügen, dass nicht nur der »Gegenstand«, sondern auch der hohe Herr gleichzeitig rot anlaufen.

»Wer sagt Euch … Ich meine …« Philipp stammelt, und wieder zuckt sein Mund. »Die Jungfer hier ist Margarethe von der Saale, ein Hoffräulein meiner Schwester Elisabeth, die mich gebeten hat, es für sie porträtieren zu lassen. Das Fräulein hat meine Verehrung, sonst nichts.«

»Wenn das so ist …«, sagt Cranach und lässt den Satz stehen.

Im darauffolgenden Schweigen führt er seine Arbeit an den Händen der Schönen zu Ende. Dann legt er die Palette beiseite, taucht die Pinsel in den bereitstehenden Becher mit Kiefernöl und wischt sich die Finger an einem Tuch ab.

Auf der Leinwand schweben nun, voll ausgeführt, Kopf und Hals sowie die Hände der Margarethe von der Saale; Haar und Hut, Schmuck und Gewand sind nur in Konturen angedeutet.

Cranach verneigt sich vor dem Auftraggeber.

»Mein Werk ist getan, Gräfliche Hoheit. Meine Gesellen werden sich mit dem Aufputz der jungen Dame befassen. Seid so gut und weist Euren Schatzmeister an, ihnen nach getaner Arbeit die vereinbarte Summe zu übergeben. Erlaubt, dass ich mich verabschiede.«

»Wartet noch, Cranach!«, sagt Philipp hastig. »Folgt mir, ich möchte ein paar Worte unter vier Augen mit Euch wechseln. Margarethe muss noch kurz ohne mich ausharren.«

Er wirft ihr einen unmissverständlichen Blick zu und geht dem Maler voraus in einen anderen, intimeren Raum.

»Setzt Euch, Meister. Wollt Ihr nach vollendeter Kunstausübung einen kleinen Imbiss nicht verschmähen? Ich rufe einen Diener und …«

Aber Cranach winkt ab. »Danke, Hoheit. Ich bin in meinem Quartier mit allem versorgt und pflege nach der Arbeit nicht gleich zu speisen.« Er lässt sich in den ihm angebotenen Lehnstuhl fallen, reibt sich die Handknöchel, wechselt das Thema. »Man wird alt. Die Glieder ermüden schneller.« Dann blickt er dem Landgrafen gerade ins Gesicht. »Ihr habt etwas auf dem Herzen, was Ihr mit mir bereden wollt, nicht wahr?«

Philipp nickt eifrig. Er kaut an der Unterlippe, bevor er beginnt. »Ihr habt natürlich richtig beobachtet, Meister. Das junge Fräulein erweckt meine männlichen Wünsche und ist mir nicht abgeneigt. Ihr müsst wissen, dass Gott der Herr mich mit einem schier unerschöpflichen Trieb und üppigem Samenfluss ausgestattet hat, und wäre ich der Sultan der Türken, könnte ich wohl einen ganzen Harem in einer Nacht schwängern, so wie es der Sage nach Herkules mit den fünfzig Töchtern des Königs Thespios getan hat. Aber ich bin ein frommer Christ! Und da liegt das Dilemma. Solange ich in Sünde bei einem Weibe liege, fühle ich mich nicht würdig – ich deutete es bereits an –, das Abendmahl zu empfangen. Auch ist es wohl nur recht und billig, eine Jungfrau, wenn man ihr schon das Häutchen geraubt hat, hinterher zumindest ehrlich zu machen durch eine Heirat. Das gilt natürlich nicht für irgendwelche niederen Weibsbilder, wie gesagt. Und deshalb ...« Er unterbricht seinen langen Sermon, fragt unvermittelt: »Wie ist der Doktor Luther beschaffen im Moment? Man hört dies und jenes.«

Cranach streicht sich mit gespreizten Fingern durch den silberweißen Bart.

»Man sollte über seine nächsten Nachbarn keine Gerüchte verbreiten«, erwidert er bedächtig. »Und der Doktor Luther ist das in gewisser Weise, wenn sich auch mein stattliches Haus nicht messen kann mit dem Imperium Schwarzes Kloster, wie es die Lutherin nun aufgebaut hat. Was ist zu hören?«

Philipp kaut noch mehr an der Lippe. Offensichtlich ist es ihm peinlich, über den großen Mann in dessen Abwesenheit zu reden.

»Also«, sagt Cranach gedehnt, »zunächst einmal: Der Doktor Luther ist krank. Sehr krank. Es gibt wohl kaum einen Teil seines Leibes, der nicht malade ist. Wer kann es da verübeln, wenn er manchmal schlechter Laune ist?«

»Und wie äußert sich das?«, fragt der Landgraf vorsichtig.

»In den Ausbrüchen seines Zorns«, entgegnet Cranach und lässt nun die Zurückhaltung fahren. »Vor denen ist niemand sicher, ausgenommen sein Weib und seine Kinder. Ich glaube, die liebt er zu sehr. Da beherrscht er sich. Aber seine Mitarbeiter zittern vor ihm. Melanchthon, der ja, wenn Ihr mich fragt, seit fast zehn Jahren, als er die Augsburger Konfession verfasste, das eigentliche Haupt der Evangelischen ist, hat sich schon mit dem Gedanken getragen, Wittenberg ganz und gar zu verlassen, um nicht ständig im Brennpunkt dieser üblen Laune zu stehen.

Und seine Schriften! Er wird immer unflätiger, immer ausfallender.

Türken und Papisten, Juden oder einfach nur Leute, die ihm zu widersprechen wagen – sie alle sind für ihn die Sturmtruppen des Satans.

Er ist nicht einfach im Umgang, um es einmal so zu sagen. Ehrlich gestanden: Am besten, man weicht ihm aus.«

Der Landgraf sieht zu Boden. »Ich hab ihn ja erlebt, auch zehn Jahre ist es her, als er unter meinen Augen vor Wut das Tischtuch weggerissen hat. Der Grobian! Ist er uns Fürsten nicht schuldig, uns gut zu bedienen? Wir haben ihm schließlich das Leben gerettet und ihm dazu verholfen, seine Lehre zu verkünden.« Er stampft mit dem Fuß auf, als sei er ein ungezogener Junge. »Für mich geht es um alles! Ich hege die Hoffnung, vom Reformator eine ... nun ja, eine Lizenz zu erhalten für ein Eheleben mit zwei Weibern. Er muss es doch verstehen! Ich mag nicht in Sünde leben – aber verzichten kann ich nicht. Was soll ich tun, Meister? Gott hat mich so geschaffen, dass ich täglich, ja fast stündlich den Beischlaf brauche.«

»Das ist ja wirklich erstaunlich!«, sagt der Maler, und der Spott in seiner Stimme ist unüberhörbar. »Nun, ich bin nur ein schlichter Bildner und habe von den Dingen außerhalb meines Gewerbes kaum Kenntnis. Wenn ich Euch raten soll: Schreibt einen Brief nach Wittenberg, vielmehr zwei Briefe. Einen an den Doktor, und den zweiten, gleichlautenden, an Melanchthon. Eure Räte werden Euch sicher zur Hand gehen. Wenn ihr ein Exemplum aus der Heiligen Schrift oder der Historie anbringen könnt, wo Ähnliches dargestellt wird, wie Ihr es wünscht – umso besser. Denn Märlein und Geschichten ist Luther sehr zugeneigt.« Er lacht. »Lasst Eure Fantasie spielen! Vielleicht ist das hilfreich.«

Philipp von Hessen sieht ihn nachdenklich an. Und am Tag nach dieser denkwürdigen Sitzung gehen in der Tat zwei Briefe nach Wittenberg heraus.

Melanchthon sieht mit Erleichterung, dass sein zumeist schlecht gelaunter großer Freund heute in guter Stimmung ist.

Er wurde zitiert eines Briefes wegen – er nimmt an, es dürfte die gleiche aberwitzige Epistel aus Hessen sein, die auch er früh mit der Reichspost bekommen hat. Auf Donner und Blitz hatte er sich eingestellt; nun scheint aber gutes Wetter zu herrschen.

Luther, in seinem behaglich eingerichteten Studierzimmer (seit Käthe regiert, muss er nicht mehr zur Universität ausweichen), sitzt wohlversorgt, halb liegend zwischen Kissen im Lehnstuhl, sein Bein, das ihn immer wieder plagt, ist sorgfältig verbunden und ruht erhöht auf einem Schemel. Auf dem Tischchen neben dem Sessel steht eine Kanne mit Bier, ein paar herzhafte Speckküchlein auf einem Teller – und, wie erwartet, der Brief; eine Reihe eng beschriebener Blätter mit dem prunkvollen Siegel des Landgrafen.

Auf dieses Siegel deutet Luther nun und sagt: »Wäre das da nicht, würde ich denken, einer unserer Feinde hätte sich mit uns einen abgeschmackten Scherz erlaubt, um Zwietracht zu säen zwischen uns und einem evangelischen Fürsten. Aber ich fürchte, er meint es ernst.«

Melanchthon nickt. »Das fürchte ich auch. Zwei Weiber! Eine dazugeheiratet! Was für eine Vorstellung!«

(Luther verkneift sich ein Grinsen. Er weiß ja, sein Freund Philipp ist schon mit einer Ehefrau überfordert.)

»Nun«, sagt er, »an Gelehrsamkeit lässt es der hohe Herr nicht fehlen. Es ist ja bekannt, dass er ein eifriger Bibelleser ist – aber dass es solche Folgen haben könnte ... Der Teufel muss ihn mit dem Finger darauf hingewiesen haben, dass Erzvater Abraham mit Lea und mit Rahel zugleich vermählt war. Und dass unser Herr Jesus im neuen Testament kein Sterbenswörtchen über die Ehe sagt – Letzteres habe ich dem hohen Herrn nun allerdings gleichsam unterbreitet, indem ich die Ehe als Sakrament ausgeschlossen habe.«

Erst jetzt bietet er dem Freund den freien Stuhl an, rüttelt die Klingel, und befiehlt der herbeieilenden Magd, dem Professor Melanchthon ebenfalls einen Krug Bier nebst Zukost zu bringen.

»Es ist komisch«, fährt er dann fort. »Ich weiß ja nicht, ob unsere Briefe gleichlautend sind – immerhin erwähnt er, dass er an dich auch geschrieben hat. Aber wenn er sich über seine Triebe auslässt und die Begründung dafür, warum er so oft zum Weibe gehen muss ... steht das auch bei dir: Dass er drei Hoden hat?!« Luther bricht in hemmungsloses Gelächter aus. Melanchthon, peinlich berührt, schlägt die Augen nieder und verbirgt seine Verlegenheit, indem er die Nase in den inzwischen gebrachten Bierkrug versenkt.

»Und die Stelle über sein Eheweib, Christine von Sachsen. Er behauptet ja nun, sie hätte den Beischlaf stets ohne Lust ausgeübt, ja, sogar dabei ein Gebet gesprochen. Trotzdem hat sie, wie es ihre Pflicht ist, ihm neun Kinder geboren. Ja, was will er mehr? Sein Eheweib, wie alle Weiber, ist nicht auf die Welt gekommen, um Wollust zu empfinden, sondern um ihrem Mann zu Diensten zu sein und Kinder in die Welt zu setzen. Und wenn sie im Bette betet – umso besser. Da weiß sie, dass sie vor Gott ihre Pflicht erfüllt.«

Melanchthon wirft schüchtern ein: »Er schreibt, dass sie übel riecht.«

Luther zuckt die Achseln. »Soll er sie mit Moschus besprühen und sie schnell bespringen! Es wird ja wohl andere, gut gewaschene Weiber am Hof zu Kassel geben, denen er mit seinen drei Hoden zu Leibe rücken kann.« Er mustert seinen Gast aus den Augenwinkeln. Es ist offensichtlich, dass ihm dessen Verlegenheit zum Gespött dient.

»Und was ist es mit dieser Geschichte, die er da anführt? Diesen – Präzedenzfall? Ich hatte, ehrlich gestanden, keine Lust, sie zu lesen. Gewiss haben seine Triebe seine Vorstellungskraft angeheizt.«

»Meinst du, er hat es sich ausgedacht?«

»Bekomm es heraus, Bruder Philipp. Bekomm es heraus und erzähl es mir.«

»Das kann ich gern tun. Aber – wie verhalten wir uns? Er kann doch nicht wirklich annehmen, dass er wie der Erzvater mit Lea und Rahel …«

»Es ist an uns, es ihm auszureden. Darin bist du doch der Meister, Philippus, oder?«

»Der Graf von Gleichen«, referiert der folgsame Melanchthon am nächsten Tag im Schwarzen Kloster, »soll, wenn ich den Worten des Landgrafen in diesem Brief folge, Anno Domini 1220 mit dem großen Kaiser Friedrich, dem Hohenstaufen, auf Kreuzzugsfahrt gegangen sein. Im Heiligen Land geriet er in Gefangenschaft bei den Sarazenen, wurde zu Sklavenarbeiten herangezogen. Aber zum Glück verliebte sich die Tochter seines Herrn in ihn. Sie versprach, ihm zur Flucht zu verhelfen, wenn er sie denn mitnehmen würde. Sie war bereit, Christin zu werden – falls er bereit wäre zur Heirat. Den Einwand des Grafen, dass er bereits vermählt sei, ließ sie nicht gelten. Schließlich ist bei den Ungläubigen die Vielweiberei an der Tagesordnung. Irgendwann ließ sich der Graf überreden. Es war wohl auch kein Honigschlecken so als Christensklave. Er floh mit dem Heidenweib. Sie hatte alles aufs Beste vorbereitet und sie gelangten auch richtig übers Meer nach Italien. Übrigens, diese junge Dame heißt in der Geschichten Philipps von Hessen Malechsala.«

»Was hat das zu bedeuten?«

Melanchthon zuckt mit den Achseln. »Mir kommt der Gleichklang verdächtig vor. Das Fräulein, das Philipp unbedingt ehelichen will, heißt Margarete von der Saale.«

»Hm. Ein Indiz dafür, dass der Präzedenzfall ein Produkt der Fantasie ist?«

»Eins der Indizien, Martin. Man begab sich in Rom nun angeblich zum Heiligen Stuhl. Dort wurde das Frauenzimmer getauft, und alsdann erbat der Graf eine Privataudienz beim Heiligen Vater Gregor IX. Er erklärte ihm die Lage, und der Papst erteilte den Dispens, dass er zu seiner angetrauten Gemahlin auch noch dies zweite Exemplar ehelichen dürfe. So sei es geschehen im Jahre 1221, schreibt landgräfliche Gnaden.

Der Herr von Gleichen zog nun auf seine Burg im Thüringischen, und siehe da, sein fügsames Eheweib, erfreut über seine Rückkehr, nahm die Zweitfrau mit schwesterlicher Liebe auf. Fortan lebten sie zu dritt im heiligen Stand der Ehe.

Zum Beweis für die Wahrheit der Geschichte weist der Landgraf darauf hin, dass sich zu Erfurt im Dom das Grabmal des von Gleichen befindet. Darauf ist er abgebildet mit zwei Frauen, an jeder Seite eine.

Das war's«, schließt Melanchthon lakonisch.

Luther runzelt die Stirn. »Das war's? Hm. Die zwei Frauen …«

»… kann er sehr wohl nacheinander geheiratet haben, nicht gleichzeitig. Kein Beweis.«

»Gibt es noch weitere Hinweise, dass die Sache ein Märlein ist?«

Melanchthon lächelt fein.

»Ich habe in Historien und Dokumenten nachgesehen. Anno Domini 1221 soll der Graf von Palästina nach Rom gekommen sein. Gregor IX. wurde aber erst 1247 zum Papst gewählt. Da hat man den Landgrafen falsch beraten.«

Luther kann sich nicht zurückhalten. Wieder muss er laut lachen. Dann wird er schlagartig ernst. »Was denkt sich der Herr eigentlich? Denkt er, er kann die führenden Köpfe der Reformation mit Lügengeschichten hinters Licht führen? Erteilt ihm eine Abfuhr, Philippus. Wenn er ein Kebsweib halten will, so soll er keine von Adel nehmen, mit der kann er es treiben, ohne sein Gewissen zu belasten, gleich, ob er nun zwei, drei oder vier Hoden hat. Schreib ihm, er soll das Fräulein Malechsala nach Haus schicken und uns nicht weiter belästigen.«

Melanchthon nickt nachdenklich. Luther, das ist klar, hält das Ganze für eine Posse. Aber er, Melanchthon, fürchtet, dass da eine Gefahr lauert.

Ein Landgraf von Hessen verfasst eine derart lange Epistel nicht aus einer Laune heraus. Dem ist es ernst mit dem Fräulein und ernst mir der Ehe. Und ganz bestimmt hat er nicht zufällig den Dispens durch den Papst erwähnt … Oder doch nur ein Zufall? Interpretieren sie da etwas hinein …

Er soll recht behalten. Sein – natürlich sehr respektvoll und moderat abgefasster – Brief an den hohen Herren wird postwendend beantwortet und diesmal wird kein Blatt vor den Mund genommen, werden keine Gleichnisse erzählt. Unumwunden drückt der Landgraf seine Enttäuschung über die uneinsichtige Haltung der Professoren in Wittenberg aus. Die Liebe, so argumentiert er, gehöre zur menschlichen Natur und sei von Gott gegeben, und die Ehe jene Einrichtung, die diese Urgewalt in geregelte Bahnen lenke. Für seine Leidenschaft könne man unmöglich bestraft werden, indem ihr die Legalität verweigert und man also, folge man ihr trotzdem, vom Sakrament des Abendmahls, der Vereinigung mit unserem Herrn Jesus, ausgeschlossen werde.

Wenn, so weiter, das lutherische Bekenntnis so enge Grenzen setze für einen Mann seines Standes und seiner Bedeutung, der bereits so viel für die evangelische Sache getan habe, so müsse er sich fragen, ob er dortselbst richtig aufgehoben sei und nicht lieber dem Vorbild des Grafen von Gleichen folgen und sich auf den Weg nach Rom zum apostolischen Stuhl machen solle. –

Die beiden führenden Häupter zu Wittenberg sind schreckensbleich.

»Verstehe ich das recht«, donnert Luther, »dass dieser hochgeborene Hurenbock allen Ernstes bereit ist, vom rechten Glauben abzufallen einer Fut wegen?«

»Immerhin droht er damit!«, sagt Melanchthon kopfschüttelnd. »Eine Säule unserer evangelischen Religion! Philipp von Hessen, der Führer des Schmalkaldischen Bundes, bereit zu streiten für unseren wahren Glauben! Der Trieb macht Narren aus allen.«

Margarete von der Saale, Hofdame der Schwester ihres Herrn, sitzt nun wieder brav in der Residenz an ihrem Stickrahmen und hebt die Augen nicht von ihrer Handarbeit, obwohl sie gerade einem spektakulären Ereignis beiwohnt: Der Landesherr, der nicht einmal den Hut lüpfen muss, außer er steht vor kaiserlicher Majestät, liegt vor ihr auf den Knien.

Allerdings nicht nur aus Ergebenheit. Beharrlich versucht er, den Saum ihres Rockes anzuheben, und ebenso beharrlich schiebt sie ihn wieder herunter, wobei ihre blitzende Nähnadel in bedenkliche Nähe zur Hand des Mannes kommt.

Philipp atmet schwer. »Margarete, meine Malechsala! Ich will doch gar nichts weiter. Ich möchte nur riechen. Dieser Duft, der von dir ausgeht, keusch und auffordernd zugleich! Bitte, gönn mir eine Nase davon!«

»Aber dabei wird es ja nicht bleiben«, sagt sie milde, ohne die Lider von ihrer Arbeit zu heben. »Wir wissen doch beide, wie das zugeht, gräfliche Gnaden. Erst wollt Ihr nur den Duft.

Dann wollt Ihr sehen. Und dann wollt Ihr … mich berühren. Aber was Ihr da berühren wollt, das ist ein Kleinod: meine Jungfernschaft. Und ist diese Rose erst einmal gebrochen – dann ist sie nicht mehr zum Leben zu erwecken.«

Sie fädelt mit sicherer Hand einen neuen Silberfaden ein.

»Gott der Herr weiß, wie sehr ich Euch zugetan bin. Gerade darum möchte ich nicht vor der Zeit hergeben, was nur einmal gegeben werden kann.«

»Margarete! Du weißt, dass selbst Christine nichts dagegen hätte, wenn du mit mir Beilager halten würdest.«

»Das weiß ich, Hoheit. Es würde der Landgräfin, die den Freuden der Liebe nicht sehr zugetan ist, wie man hört, sicher eine Erleichterung bedeuten, wenn sich Euer Gnaden jemand anderem zuwenden würden. Es gibt, denke ich, genügend Frauen und Mädchen an Eurem Hof, die die Ehre zu genießen wüssten, die Ihr ihnen antut. Warum wendet Ihr Euch nicht diesen zu?«

»Das kann ich tun, so oft ich will. Das löscht nicht das einzige Verlangen nach dir. Du bist mir mehr wert als mein Leben. Mir steht der Sinn nach dir, meine Perle, wie nach keiner Frau sonst!«, sagt Philipp heiser und hat es nun doch geschafft, eine Hand an der Wade des Objekts seiner Begierde zu platzieren. »Nach dir einzig und allein.«

»Hoheit, Ihr kennt meine Bedingung. Ich bitte gehorsamst, anzuerkennen, dass ich eine adlige Jungfrau bin und kein Buhlweib. Ich möchte genauso wie Ihr auch weiterhin des Abendmahls teilhaftig sein und unsere Kinder, so Gott der Herr uns solche bescheret, sollen keine Bastarde sein, sondern in der heiligen Taufe den Namen von Euer Gnaden führen dürfen. Und nun nehmt bitte Eure Hand dort fort, Philipp, sonst muss ich Euch mit meiner Nähnadel stechen.«

»Margarete! Ich verspreche dir hoch und heilig …«

»Vorher verspricht es sich leicht, Hoheit. Wenn Ihr den Doktor Luther bewegen könnt, seine Zustimmung zu unserer Ehe zu erteilen …«

»Der Doktor Luther!«

Philipp von Hessen wird von diesem Namen auf die Füße getrieben.

»Dieser Mann hat längst seinen Ruf in Deutschland verscherzt durch Uneinsichtigkeit, Grobheit, ungerechten Zorn und üble Verleumdung. Unerhört ist, wie er kürzlich wider die Juden gewettert hat in einer Flugschrift, obgleich er weiß, dass ich gerade eine Judenordnung höchstselbst verfasst habe, in denen ich den Söhnen des Alten Bundes gerechten Handel in Hessen gestattet – denn ich weiß, dass sie meinen Untertanen mehr Liebes und Gutes mit Leihen und Vorstrecken getan haben als ihre christlichen Brüder und weniger Wucher genommen haben. Und da erdreistet er sich, sie zu schmähen und sie eine gottlose Brut zu nennen! Ich weiß seine Worte auswendig!«

Er geht im Raum auf und ab, während das Fräulein Margarete weiter ungerührt ihren Stickrahmen bearbeitet, und zitiert aus dem Kopf: »›Wo du einen rechten Juden siehst, magst du ein Kreuz schlagen und bestimmt sprechen: Da geht der leibhaftige Teufel!‹ Und er belehrt die Christen, nach dem Teufel gäbe es keinen schlimmeren Feind als den Juden. Dann gibt er Ratschläge, wie man sie austreiben und vernichten soll ... er ist toll geworden, wahrhaftig!«

Der Landgraf holt tief Luft, aber kann sich noch nicht beruhigen.

»Und ich werde es nie vergessen, wie er sich seinerzeit in meiner Gegenwart erdreistete, das Tischtuch wegzureißen, weil ihm die Meinung des Zwingli nicht passte! Man hätte jeden anderen mit Schimpf und Schande vor die Tür gesetzt. Der Grobian lebt nur noch vom verflossenen Ruhm. Melanchthon ist der geistige Führer unserer Sache. Dass ich den Luther frage, das tu ich nur, weil es sich so gehört. Entscheiden wird es schließlich der andere, und der, zum Glück, ist nicht so engstirnig.

Sei unbesorgt, meine Perle. Alles wird gut.«

»Ich vertraue Euer Hoheit«, sagt die Stickerin und ringt sich das erste Mal einen Augenaufschlag ab. Sie schenkt ihm sogar ein Lächeln.

»Gib mir einen Kuss!«, fordert Philipp.

Margarete hält ihm keusch die Wange hin.

Der nächste Brief nach Wittenberg wird noch drängender. Es scheint klar, der Führer des Schmalkaldischen Bundes ist eher bereit, seine Stellung als Feldhauptmann der Evangelischen aufzugeben und sich in die Arme der Papisten zu werfen, als auf diese Ehe zu verzichten.

»Es ist das kleinere Übel, es ihm zu gestatten!«, sagt Luther schließlich. »Seine Brunst muss so wild sein, dass er lieber Verbrechen begeht, als auf das Weib zu verzichten. Was für verquere Sachen gehen in dem Kopf da vor? Da will er ein zweites Weib nehmen, um weiter am Abendmahl teilzuhaben. Will mit einem Frevel ein Sakrament erkaufen? Sonst läuft dieser brünstige Eber wirklich noch zu den Papisten über. Gütiger Gott! Weiß er nicht, dass auf Bigamie im Heiligen Römischen Reich Deutscher Nation die Todesstrafe steht? Aber was hilft es? Er muss auf unserer Seite bleiben. Das muss unser Leitstern sein.«

Melanchthon presst die Hände an die Schläfen. »Nicht auszudenken, wenn es öffentlich wird, dass Wittenberg so einer Verbindung zugestimmt hat!«

»Du musst es so formulieren, dass uns keiner eine Schlinge daraus drehen kann«, befiehlt Luther. »Und musst es ihm einbrennen, dass keiner ein Sterbenswörtchen von unserer Einwilligung erfährt. Und von dieser vermaledeiten … Ehe schon gar nicht.«

Melanchthon nickt. Es ist ihm ja sonst nicht unlieb, wenn er zum Sprachrohr der Reformation wird, aber in diesem Fall wäre er lieber stumm.

»Ich stimm es mit dir ab«, sagt er. –

»Da eine solche Ehe aus gottgefälligen Gründen geboren würde, aus dem Gewissen eines frommen Fürsten heraus, der Ehre und Glauben zu vereinen bestrebt ist, wüssten wir obwaltender Umstände halber solche nicht zu verurteilen.«

Philipp von Hessen lässt die Hand mit dem Brief sinken. Seine Lippen zucken.

»Melanchthon! Der Fuchs, der Sophist! ›… wüssten wir solche nicht zu verurteilen …‹, damit sind sie aus der Schusslinie, die Herren Reformatoren, die Wittenberger Elite! Sie verbieten nicht, sie verurteilen nicht …

Nun, Hauptsache, sie stimmen zu, wie auch immer.

Seine Räte, die beiden Herrn Simon Bing und Rudolf Schenk zu Schweinsberg, die zur Verlesung der Epistel als Zeugen geladen waren, hören sich die Verlautbarung aus Wittenberg an, ohne sie zu kommentieren, wozu sie auch nicht gebeten werden.

»Unnötig die Ermahnung«, fährt Philipp auch sogleich fort, »dass der Akt der Vermählung unter strengster Geheimhaltung zu erfolgen habe! Wir wollen schließlich kein nachahmenswertes Beispiel für die ganze evangelische Nation abgeben, sodass bald jeder fromme Mann, den es juckt, sich ein ehelich Kebsweib zulegen kann! Da sei Gott vor! Die bösen Wiedertäufer haben diese Sünde ja vorexerziert – und was ist aus ihnen geworden? Sie waren dem Herrn ein Gräuel und sind ausgerottet worden, gemeinsam mit den aufrührerischen Bauern.«

Die Räte warten geduldig diese rethorische Abschweifung ihres Herrn ab. Sie sind schließlich nicht gebeten worden, um über Wiedertäufer, Bilderstürmer und ähnliche Abweichler zu reden.

Landgraf Philipp kommt nunmehr zur Sache.

»Ich habe einen Einfall. Nehmt Euch jeder einen Schreiber und entwerft mir, jeder für sich, eine Einladung zur gräflichen Verehelichung auf … ja, auf Schloss Rotenburg, wohin meine liebe Braut wieder gebracht werden soll. Wenn Christine schon zugestimmt hat – wohl, damit ich ihr in Zukunft vom Leibe bleibe, so soll sie doch zumindest nicht gestraft werden durch die Anwesenheit der Rivalin in der Residenz.

Eine Vermählung in aller Stille, selbstverständlich. Und erbittet in meinem Namen die Teilnahme der beiden Leuchten des rechten Glaubens, Doktor Martin Luthers und Professor Philipp Melanchthons, die durch ihren Ratschlag den Weg freigemacht haben zur Ehre des Fräuleins und zu meiner Seelen Seligkeit.

Der Entwurf, der am überzeugendsten ist, der wird dann versandt.«

Er bricht in Lachen aus.

»Ich möchte wetten: Melanchthon kommt. Luther wohl eher nicht. Dem soll es ja auch an Gebresten des Leibes nicht mangeln.«

Ein höchst zurückhaltender Philipp Melanchthon wohnt im Hintergrund der festlich beleuchteten Burgkapelle der Trauung des Landgrafen mit dem Fräulein von der Saale bei.

Anwesend sind außer dem Brautpaar nur der Kanzler und ein paar Räte des Hofes, die Mutter der Braut, deren Schluchzen der ganzen Zeremonie sozusagen den klanglichen Hintergrund verleiht, und Philipps Schwester Elisabeth, eine Dame mit bulligen Gesichtszügen und einem ehrfurchtgebietenden Doppelkinn – die Braut bekanntermaßen war ihre Hofdame gewesen.

Die Trauung selbst nimmt Hofprediger Dionysius Melander vor. Er beschränkt sich aufs Nötigste. Offenbar ist ihm die ganze Angelegenheit ziemlich peinlich.

Das Brautpaar glänzt in Samt und Seide. Die zierliche Margarete – geschnürte Wespentaille in gemusterter Seide, auf dem braunroten Haar einen Kranz aus Blumen und Myrthen – sieht aus, als könne sie ein Windhauch umblasen. Der stattliche Bräutigam neben ihr hat es sich nicht nehmen lassen, sich ebenfalls einen hochzeitlichen Blumenkranz aufs Haupt zu drücken.

Übrigens stellt Melanchthon fest, dass die junge Dame auch unter ihrer Schminke bis in den Nacken hinein mit Sommersprossen geziert ist, gefleckt wie eine Tigerkatze. Der Landgraf beweist einen nicht alltäglichen Geschmack.

Nach vollzogener Trauung nähert er sich verlegen den Frischvermählten. Wie soll er seine Gratulation vorbringen? Wie die Braut benennen? Ist sie nun ebenfalls ... Landgräfin, oder wird bei so einer morganatischen Verbindung kein Titel angeheiratet?

Aber der nun zweiweibige Landesherr enthebt ihn dieser Verlegenheit, indem er auf ihn zueilt und den kleinen Mann wohlwollend umarmt.

»Praeceptor Germaniae! Lehrer Deutschlands! Nennt man Euch nicht so? Nun, dass Ihr hier erschienen seid, das gibt dem Tag die Weihe, die ihm sonst fehlte, und verleiht Eurer Lizenz den rechten stabilen Untergrund. Wie froh ich bin, Euch hier zu haben! Nehmt jetzt an unserem kleinen Festmahl teil, und morgen ...«

»Hoheit, ich gedenke morgen wieder nach Wittenberg zu reisen!«

»Nein, nein und nein!«, erwidert der Landgraf heftig. Seine Stimme klingt heiser, und unterm seltsamen Schmuck des Blumenkranzes ist seine Stirn gerötet, wohl vor Erregung. »Das wäre ja noch schöner! Erst unternehmt Ihr die weite Reise, um meiner zweiten Ehe Legitimation zu verleihen – dann wollt Ihr gleich wieder weg? Ich gedenke morgen mit Euch noch manche Fragen des wahren Glaubens zu diskutieren – nachdem ich mich erhoben habe vom Beilager und, selbstverständlich, das heilige Abendmahl genossen habe – endlich, wie von Euch sanktioniert! Habt Ihr irgendwo im Ort Quartier genommen? Das kommt nicht in Frage! Ihr werdet hier auf Schloss Rotenburg wohnen, ein Zimmer wird Euch bereitet.« –

Die folgenden Stunden werden für Philipp Melanchthon zum Albtraum.

An der Tafel, dessen weißes Damasttischtuch den Reformator fatal an jenes erinnert, das Luther beim Gespräch mit Zwingli wutentbrannt vom Tisch gerissen hat, sitzt er am unteren Ende, die fürstlichen Herrschaften oben und die Räte danach, er in Gesellschaft des Hofpredigers Melander, der sich windet, ihm, dem berühmten Mann aus Wittenberg, eigene scharfsinnige Ausdeutungen der Schrift vorzutragen; vielleicht erhofft er sich eine Stelle an der Universität durch Melanchthons Vermittlung.

Der sieht sich vor Bergen von üppig gewürzten und gepfefferten Speisen sitzen, die zu essen er nicht gewohnt ist, und denkt an Bruder Martinus, der sich mit solchen Leckerbissen auf der Wartburg und auf der Veste Coburg hat ernähren müssen – sehr zum Nachteil für seine Gesundheit. Um das alles herunterzuspülen, trinkt er viel Wein, ohne sich so ganz klarzumachen, dass das kein dünnblütiger Freiburger von der Saale ist, sondern ein feuriger, zum Teil noch mit Honig versetzter Ungar aus Tokaj. Irgendwann ist er so betrunken, dass die Teilnehmer dieses Hochzeitsbanketts vor seinen Augen verschwimmen, und er kann sich nur so weit zusammennehmen, dass er bei den Trinksprüchen, die auf Braut und Bräutigam ausgebracht werden, noch mit Mühe das Glas hebt. Von der Konversation mit Melander bleibt ihm nichts haften; auch nicht, wie er in ein Bett gekommen ist.

Er erwacht mitten in der Nacht. Das Fenster steht offen, alles riecht nach Lindenblüten. Sein Kopf tut weh, und da ist ein Geräusch. Rollige Katzen, brünstige Hirsche?

Er steht auf mit zittrigen Knien, taumelt zum Fenster, es zu schließen. Verharrt. Der Lärm kommt gar nicht von draußen, sondern von dem Raum direkt daneben. Offenbar sind die Mauern dick auf diesem Schloss, aber die Wände zwischen den Stuben dünn. Man hat ihn direkt neben dem Brautgemach einquartiert.

Nebenan wackelt die Wand.

Das Kreischen und Stöhnen, das Winseln und Stammeln –

das ist das ehemalige Fräulein Margarete, nun Landgräfin zur linken Hand.

Das Röhren und Röcheln, die Brunstschreie und das anfeuernde Gegröle – das ist seine landgräfliche Gnaden im Sinnenrausch.

Philipp Melanchthon, den Gott der Herr von diesem Teil seiner auf Erden verteilten Freuden im Vergleich höchstens ein Zehntel beigegeben hat, rafft sein Federbett auf und flüchtet. Ruhe findet er in einer Abstellkammer des gräflichen Schlosses, nahe dem Abtritt, den er ohnehin mit krampfendem Bauch alle halbe Stunde aufsuchen muss.

Der neue Tag nimmt sich Zeit, beziehungsweise kommt der hohe Bräutigam, der morgens seine Hände noch nicht von seiner Gattin lassen kann, erst gegen Mittag dazu, das von ihm so ersehnte Sakrament des Abendmahls einzunehmen, während die junge Frau, nachdem man die blutigen Laken ihrer Jungfräulichkeit gegen reines Weiß ausgewechselt hat, in Erschöpfungsschlaf verfallen ist.

Melanchthon ist dankbar für die Verzögerung. Er konnte sich erholen, sich mental vorbereiten auf das Gespräch, das der Landgraf gedenkt, unbedingt mit ihm zu führen. Eins ist für ihn wichtig: Noch einmal klarzustellen, dass diese Eheschließung nicht in alle Welt hinausposaunt werden muss. Sie soll geheim bleiben. Und was das angeht, hat er gar kein besonders gutes Gefühl. Es ist nun mal so, dass eigentlich viel zu viele Personen anwesend waren bei dieser Hochzeit, und dass sie alle den Mund halten können, das ist sehr fraglich. Er wird dem Landgrafen nochmals einschärfen, jedermann zu verpflichten, Stillschweigen zu bewahren.

Phillip, Augenringe, ein Lächeln absoluter Zufriedenheit auf den zerbissenen Lippen, belegte Stimme, gönnt dem kleinen Reformator auch heute eine ehrende Umarmung und führt ihn zum Erkerfenster, einer tiefen Nische, wo man auf mit Kissen belegten Bänken sitzen und den Blick ins Land genießen kann.

Der gleiche schwere Wein, den es gestern auf dem Bankett gab, steht bereit. Während Melanchthon schon vom Geruch übel wird, schlürft der Landgraf in langen Zügen.

Dann fährt er sich mit dem Handrücken über den Mund und beginnt zögernd.

»Es ist ein heikles Thema, Melanchthon, und ich weiß ja, wie loyal Ihr gegenüber unserem Reformator seid. Trotz alledem. Es darf die Frage erlaubt sein: Ist Doktor Martin Luther eigentlich noch mit im Spiel? Agiert er für unsere Sache – außer wenn er einmal wieder poltert?«

Sein Gegenüber sieht ihn an.

»Was meinen landgräfliche Gnaden?«, fragt er leise und verstummt.

Der Landgraf seufzt.

»Man könnte annehmen, seine vielfachen Leiden zwingen ihn, nicht mehr teilzunehmen an geistigen Dingen. Ohne die liebevolle Bequemlichkeit im schwarzen Kloster, die ihm seine Eheliebste bietet, würde er vielleicht längst nicht mehr unter uns weilen.«

Melanchthon atmet tief durch. »Leider habt Ihr recht«, bemerkt er traurig. »Und die ganze evangelische Kommunität leidet mit ihm. Koliken von Gallensteinen, Herzbeschwerden, Schwindel und Sausen in den Ohren, verbunden mit kurzen Abwesenheiten und Ohnmachtsanfällen – Gott der Herr züchtigt diesen seinen Sohn wahrlich schwer.«

Philipp nickt.

»Und sein Seelenzustand?«

»Das ist schwer zu sagen, Hoheit. Bei so vertieftem Leiden kann es nicht ausbleiben, dass Melancholie um sich greift. Der Doktor ist leicht gekränkt, auffahrend, misslaunig. Sein cholerisches Gemüt ist oft eine Zumutung für uns, die wir um ihn sind, das gestehe ich ein. Und Kopfschmerzen hindern ihn häufig am Schreiben. Das verstimmt ihn noch mehr.«

»Diesem Kopfschmerz«, sagt Philipp von Hessen und schlägt die Augen nieder, »wünschte ich ein langes Leben.«

Melanchthon glaubt zunächst, sich verhört zu haben. Dann dämmert ihm, was der Landgraf meint. Denn dieser Herr spricht aus, was er selbst immer nur insgeheim zu denken wagte. Die letzten Schriften des Hochverehrten – sie waren nichts weiter als unflätige Beschimpfungen derer, die er für seine Gegner hält.

Es gibt da einen Moment der Stille zwischen den beiden Männern.

»Soll ich Euch einschenken?«, fragt der Landgraf jovial, und Melanchthon hält schnell die Hand über seinen Becher. »Danke, aber mir bekommt das nicht!«

Philipp grinst. »Eine saure Milch vielleicht? Ein Warmbier?«

Der andere schüttelt den Kopf, eingeschüchtert.

»Nun«, sagt der hohe Herr schließlich, »es ist ja nicht von ungefähr, dass ich hier mit Euch sitze, Melanchthon. Seitdem unser verehrter Meister das Tischtuch, wie Ihr wisst, weggerissen hat vor meinen Augen ... seitdem bin ich ihm ein wenig gram, ich muss es gestehen.

Am tiefsten hat mich seine Schmähschrift ›Wider die Juden und ihre Lügen‹ getroffen – so fern jeder christlichen Barmherzigkeit, so voller Häme und übler Ratschläge darf ein christlicher Prediger nicht schreiben. Er verlangt doch in allem Ernst, man solle der Juden Synagogen zerstören, ihre heiligen Schriften vernichten und sie alle gefangen halten, eingepfercht wie die Tiere und nur zur Arbeit angehalten! Es hat mich sehr betroffen gemacht.«

Melanchthon senkt die Lider. Er kennt dieses unflätige Machwerk. Ist er doch selbst von Luther beschimpft worden, als er von Jossel von Rosheim mit Anerkennung sprach.

Und ja, es wundert ihn, dass der junge Herr sich so ernsthafte Gedanken macht. Andererseits, erinnert er sich: Philipp hat ja gerade die Juden in seinen Landen wieder eingebürgert und zugelassen. Da ärgert man sich schon über solche Verdikte.

Üble Pamphlete, so redet der Landgraf weiter, seien ihm ins Haus gebracht worden von seinen Räten, und er habe sie alle gelesen. Pamphlete, deren Sinn und Nutzen er nicht verstehen könne. Damals, vor Jahren, ja, da habe man sich noch delektiert an Titeln wie ›Die Bulla vom Abendfressen des allerheiligsten Herrn, des Papstes‹; als das alles noch frisch und neu war und der Biss ins Fleisch des Obersten Hirten eine wahrhaftige Kühnheit. Jetzt – was soll's? Kübel von Unrat sind inzwischen ausgegossen worden über die Altgläubigen und ihren Herrn. Wozu muss er den Cranach anstiften zu diesen neuen Flugblättern, worauf der Papst verhöhnt wird als eine Spottgeburt, die aus dem Arsch des Teufels kriecht, wozu muss er eine Schrift verfassen: ›Wider das Papsttum, vom Teufel gestiftet‹? Das alles ist doch nun sattsam bekannt.

»Der große Arzt Paracelsus hat gesagt: ›Wer dem Papst anhängt, ruht auf Samt. Wer an Luther glaubt, sitzt auf einem Vulkan‹«, bemerkt Melanchthon mit einem müden Lächeln.

»Nun, wie auch immer«, erwidert Philipp, »lassen wir den alten Grobian zu Wittenberg weiterhin raunzen und schnauzen. Wer weiß, wie lange er's noch macht. Für mich, wie für eine Reihe anderer Fürsten und Herren, seid Ihr, Melanchthon, längst das geistige Haupt der Evangelischen Sache, nachdem Ihr die Confessio verfasst habt. Wir, zum Schmalkaldischen Bund Zusammengeschlossenen, werden uns in allen Fragen des Glaubens in Zukunft an Euch wenden.«

Phillip Melanchthon erbleicht.

Ist das nun – der Höhepunkt seines Lebens? Er, der immer der Zweite war, immer der Fahnenträger hinter dem Kämpfer, kann nun das Amt antreten, das ihm, zumindest jetzt in diesen Tagen, nach all dem, was er erlitten und erstritten hat, endlich gebührt.

Aber ein fader Nachgeschmack bleibt.

Diese erpresste Eheschließung, bei der man beide Augen zudrücken muss, das strotzende Adels-Essen, die schreckliche Brautnacht, der er da ungewollt beiwohnen musste – alles fühlt sich nicht so an, als sei es die noble Krönung eines Lebenswerkes und zugleich ein neuer Anfang.

Und die Frage der Geheimhaltung? Er kann nicht umhin, seine Befürchtungen zum Ausdruck zu bringen. »Hoheit«, bemerkt er, »ich bin geehrt und bereit, in allen Fragen evangelischen Glaubens den Herren und Fürsten zur Seite zu stehen. Aber vor meiner Heimreise lasst es mich noch einmal sagen: Ich flehe Euch an, bewahrt den Mantel der Verschwiegenheit über Eurer zweiten Ehe! Die Folgen für unsere Sache könnten furchtbar sein.«

Philipp von Hessen lacht. »Wer, in drei Teufels Namen, sollte wohl ausplaudern, was hier geschehen ist? Alle sind mir treu ergeben.«

Er reckt den Hals, wirkt plötzlich zerstreut. Melanchthon blickt in die gleiche Richtung wie die Hoheit jetzt. Da steht hinten zwischen den hölzernen Säulen des Raums, mit wenig mehr als einem Hemde bekleidet, ein Schleiertuch überm braunroten Haar, die junge Frau Margarete, tritt von einem Fuß auf den anderen, lächelt verlegen. Es sieht so aus, als sei sie nun ausgeschlafen und wolle sie die Spiele der Nacht gern erneut ausprobieren. Dass da ein Gast ist, hat sie wohl nicht erwartet.

Der Landgraf winkt sie mit einer heftigen Handbewegung heran. »Komm näher, mein kleines Weibchen! Ohne Scheu. Das ist Professor Melanchthon, den kennst du doch, nicht wahr? Er war unser Gast bei der heiligen Handlung. So komm doch!«

Margarete nähert sich zögernd; schließlich ist sie gerade aus dem Bett aufgestanden, weder angezogen noch frisiert. Die Sache ist ihr sichtbar unangenehm.

Philipp greift nach ihr, zieht sie an sich heran, küsst sie auf den Hals. »Keine Scheu, mein Glück! Der Herr Professor ist selbst ein verheirateter Mann, er kennt sich aus! Nicht wahr, Melanchthon?«

Der nickt, mindestens ebenso verlegen wie die junge Frau, beugt das Knie, um sich zu verabschieden.

Höchste Zeit. Der verliebte Ehemann hat schon gar keine

Augen mehr für ihn. Ungeniert streift er Margarete das Hemd halb von der Schulter. Er, Melanchthon, will ja eigentlich gar nicht hingucken. Aber diese Sommersprossen …

In einer merkwürdigen Stimmung reist er zurück nach Wittenberg; einerseits ist da das Hochgefühl, endlich in seiner Rolle gewürdigt worden zu sein, andererseits plagen ihn trübe Ahnungen. Diese Doppelehe geheimzuhalten vor der Welt – wie soll das gehen?

Das hätte man sich vorher überlegen sollen! Keinerlei Gäste vielleicht … irgendwo im Abgeschiedenen … Nun ist es ohnehin zu spät.

Welche Folgen das haben kann … nicht auszudenken.

Es ist der April Anno 1540, die Mägde laufen bereits barfuß und schürzen ihre Röcke bis zu den Kniekehlen, und Melanchthon in seinem Wägelchen knöpft den Gelehrtentalar auf.

Es ist ein heißer April. Und heiß bleibt es.

Vergebens halten die Bauern Ausschau nach jenem Regen im Mai, der dem Sprichwort zufolge Scheune und Fass füllt. Keine Wolke am Himmel. Kein Tropfen Regen.

Das Land beginnt zu verdorren.

Und es muss noch nicht einmal Juni werden, dass Landgraf Philipp von Hessen vor das Kaiserliche Kammergericht zitiert wird, sich wegen des todwürdigen Vergehens der Bigamie zu verantworten.

Ob eine vorlaute Dienerin geplaudert hat? Ob die Verwandtschaft des einstigen Fräuleins von der Saale vor lauter aufgeblähtem Stolz das Maul nicht hat halten können? Wer weiß.

Fama mit ihrer Trompete hat es alsbald in allen deutschen Landen ausposaunt, was da auf Schloss Rotenburg unter Anwesenheit des Praeceptor Germaniae, des großen Humanisten und Lutherfreundes Philip Melanchthon, geschehen ist. Frevel sondergleichen! Unchristlicher als die Heiden und Türken geht es also im Lager der sogenannten Rechtgläubigen zu

– und das mit Billigung ihrer geistigen Führer! Die katholische Seite speit Hohn und Häme.

Der in die Enge getriebene Landgraf ersucht schließlich um eine Audienz bei Kaiserlicher Majestät, und die wird ihm gewährt. Schließlich ist er der Führer des Schmalkaldischen Bundes.

Niemals zuvor wohl hat sich ein Fürst aufgrund seiner Liebestollheit derart erpressbar gemacht wie der Hesse.

Karl und seine Räte triumphieren. Sie haben ihn in der Mangel. Schließlich kommt es zu einem Geheimvertrag zwischen dem Kaiser und dem Landgrafen. Es ist himmelschreiend: Philipp verpflichtet sich – neben allerlei anderen dem Kaiser wichtigen Dingen – zu verhindern, dass weitere Reichsfürsten dem Schmalkaldischen Bund beitreten!

Nein, er hat dazu nicht die Bündnispartner befragt. Es ist schließlich ein Geheimvertrag ...

Durch diesen Verrat erkauft er sich Generalamnestie.

Denn sonst wäre er wohl kaum um eine Verhaftung, einen Prozess, sicherlich zumindest eine Gefängnisstrafe herumgekommen – auf Bigamie steht bekanntlich, ginge es streng zu, laut Gesetz der Tod.

Der Schmalkaldische Bund ist isoliert. Die evangelische Sache unglaubwürdig und lächerlich durch die Zustimmung der Männer aus Wittenberg zur Zweiweibigkeit.

Ein Desaster.

Katharina Melanchthonin, die die Jahre weder schöner noch freundlicher gemacht haben, packt für ihren Mann den Ranzen – seine Bücher hat er selbst bereits in zwei Ledertaschen verstaut.

»So soll ich schon wieder mit den Kindern allein bleiben!«, nörgelt die Gattin. »Worum geht es denn?«

»Religionsgespräche«, erwidert er vage.

»Etwas anderes ja ohnehin kaum! Wo denn?«

»Hagenau.«

»Hagenau, so. Mann, du solltest dich zu Bett legen. Du bist bleich wie der Tod. Du zitterst. Du wirkst wie einer, der dem Tod ins Auge geblickt hat. Religionsgespräche in Hagenau! Es wird doch sowieso auf nichts hinauslaufen. Wie immer.«

»Rede nicht. Mach schnell. Ich muss fort.«

Hauptsache fort. Ja, er hat Angst, Todesangst. Seit die Nachricht von der Audienz des Landgrafen bei kaiserlicher Majestät zu ihm gedrungen ist, auch wenn er nichts Genaues weiß über das Resultat – er fühlt sich seines Lebens nicht mehr sicher. Schließlich war es er, der dieser schändlichen Zweiweibigkeit zugestimmt hat (den Luther nimmt keiner mehr für voll, sagt er sich wütend), er war bei der Trauung dabei, er hat seinen Segen erteilt einem verbrecherischen Bunde und sich schließlich gar gefreut, nun endlich als die Numero Eins der evangelischen Theologie zu gelten.

Er muss fort, bevor sie ihm ans Leder wollen. Denn ganz sicher wird der Führer der Schmalkaldischen Liga zu Kreuze kriechen (etwas anderes kann man sich ja wohl kaum vorstellen) und womöglich ihn mit hineinziehen – warum sollten sie, die Katholischen, Halt machen vor einem armseligen Universitätsprofessor?

Ja, zunächst ist es wohl die Angst um Leib und Leben, die ihn forttreiben, irgendwohin, wo man ihn nicht so schnell aufgreifen kann. Aber nun tritt deutlich zutage, was er befürchtet hatte: Welchen Bärendienst der evangelischen Sache geleistet wurde, als man dem eigensinnigen Fürsten seine erotische Extravaganz gestattete.

Wir machen unsere eigene Sache zunichte. Herr, hilf uns! Aber konnten wir denn Nein sagen, wenn uns da jemand drohte, den Dispens zur Doppelehe vom Papst einzuholen und sich damit von uns abzuwenden? Das heißt: Wollte er das wirklich tun? Oder wollten wir es einfach zwischen den Zeilen lesen, in vorauseilender Bereitwilligkeit – Fürstenknechte, die wir sind? So hat uns der Müntzer genannt, den wir zur Hölle geschickt haben.

Melanchthon liegt auf den Strohkissen seines Wagens, nur halb bei sich, und es schüttelt ihn, während die Räder über die staubbedeckten Wege holpern. Er klappert mit den Zähnen.

Widerstehen, nein, das könnte er niemals.

Widerstehen wie der Luther damals auf dem Reichstag, im Angesicht zu erwartender Strafen tödlich gefährdet. Er hier kann parlieren, vermitteln, darlegen, vergleichen, schlichten. Etwas aufbauen wohl, etwas vertreten. Aber er kann nicht seine Kehle entblößen und sagen: Hier, beißt zu.

Sie haben es falsch gemacht. Er muss davonlaufen.

Hagenau? Ja, vielleicht Hagenau.

Aber er kommt nicht bis Hagenau. In Weimar schleppt er sich in eine Herberge, wo er Station macht unterwegs, der Hausknecht trägt ihm die Bagage nach. Er steht auf der Schwelle, zögert. Ein Schauder ergreift ihn.

»Ist alles recht, Herr?«, hört er die Stimme des Mannes wie von weither.

Ist alles recht? Nichts ist recht.

Er bricht zwei Schritte vor dem Bett zusammen.

Katharina Lutherin hält Abstand zu der Person, die ihr heute, an diesem glühendheißen Junimorgen, wie so oft in der letzten Zeit, merkwürdiges Getier anbietet, um die Speisekarte zu bereichern – die Hühner legen schlecht, denn sie finden kein Gewürm, und die Kühe geben kaum Milch, weil allüberall das Gras verdorrt ist und Heu um diese Jahreszeit knapp wird und das Vieh selbst zum Schlachten zu dürr ist.

Dies Weib nun, Prista Frühbottin, steht in keinem guten Ruf. Sie lebt vor den Toren Wittenbergs in einer Kate gemeinsam mit dem Abdecker und ihren beiden Söhnen, die dessen Gehilfen sind, und es geht die Rede, dass sie zudem eine Buhlschaft mit Magnus Richter, dem Scharfrichter, hat. Üble Gesellschaft.

Die Frühbottin scheint zu profitieren von der schlimmen Dürre. Sie taucht immer öfter in den Küchen der wohlsituierten Bürgersleute auf und bietet feil, was sie offenbar fängt und sammelt: Schnecken und Frösche vom Elbufer, junge Biber, frisch gehäutet (könnten es auch Ratten sein?), Eidechsen und Eichhörnchen. Wenn die Not groß wird, isst man wohl auch so etwas.

Die meisten Hausfrauen weisen dergleichen Speise mit Abscheu von sich – noch ist ja keine Hungersnot –, aber die unvoreingenommene Lutherin weiß zumindest Froschschenkel und Schnecken als Köstlichkeiten zu schätzen und setzt sie ihren Kostgängern und ihrem Mann vor, ohne viel zu fragen, ob ihnen das gefällt. Und sie essen's mit Behagen.

»Eure Frösche nehm ich Euch ab, Frühbottin«, sagt sie, ohne näher heranzugehen. Das Weib ist ihr nicht geheuer. »Bringt's in die Küche, ich leg Euch das Geld heraus. Da auf den Tisch im Vorraum.«

»Schöne Dame«, sagt die Frau und rückt denn doch auf die Andere zu, »die Zeiten sind schlecht, Nahrung wird knapp. Frösche haben aufgeschlagen. Schneck und Eichhorn auch. Zwei Kreuzer mehr pro Stück.«

»Zwei Kreuzer mehr pro Stück? Das ist Wucher. Einen geb ich, keinen Stüber mehr.« Sie kramt in ihrer Gürteltasche.

Die Frau steht immer noch da; eine korpulente Fünfzigjährige, also ein altes Weib. Sie hat einen üppigen Busen und breite Hüften, ihr Gesicht wirkt wie aus Teig, und unter ihrer schmuddeligen Haube gucken farblose Haarsträhnen hervor.

»Gebt Euch einen Ruck, schöne Dame«, zischelt sie (Zähne fehlen ihr auch), »es wird Euch nicht reuen. Irgendwann frisst man in diesem Dürrejahr die Rinde von den Bäumen, da solltet Ihr froh sein, zu den Kunden der Frühbottin zu zählen. Sie werden mir Golddukaten anbieten für eine Eichkatze. Aber ich werde natürlich nur in die Häuser liefern, die mir vorher wert und teuer waren.«

»Nun gut, ein und einen halben Kreuzer«, sagt Katharina unwillig.

Sie wendet sich zum Gehen, aber die andere lässt nicht locker. »Wenn Euch die Pfennige leid tun, so könntet Ihr mich auch mit gewissen Kräutern aus Eurem Garten bezahlen, schöne Dame«, murmelt sie. »Es heißt ja, Ihr versteht Euch auf die Heilkunst. Um Tränklein zu brauen, bedarf es manchmal so Sächelchen. Bilsenkraut und Stechapfel, gewisse Pilze …«

Die Lutherin stemmt die Arme in die Hüften. »Weib, wollt Ihr Teufelstränke brauen?«

»Heiltränke, schöne Dame, nur Heiltränke. Es kommt auf die Mischung an!« Die Frühbottin hebt beschwörend die Hände. »Nur Heiltränke!«

Katharina kneift die Augen schmal. »Ich sag es Euch im Guten«, bemerkt sie leise. »Wagt Euch nicht zu weit vor. Ich habe gehört, Ihr habt die Cranachin um Arsenikum aus der Apotheke ihres Mannes gebeten. Für Euch und Euer Lottergesindel da draußen vor den Toren könnte es in dieser harten Zeit sehr übel ausgehen, wenn Ihr Euch den Anschein von Giftmischern gebt.«

Die Frau kichert. »Es gibt Leute, die uns brauchen.«

»Nun«, entgegnet Katharina schroff, »ich gehöre nicht dazu. Zum Zeichen dessen nehmt Eure Frösche wieder mit. Das Schwarze Kloster kann auch ohne Euch auskommen.« –

Keine Woche später versiegen die Brunnen. Es beginnt das große Viehsterben auf den Weiden vor der Stadt. Die Tiere verschmachten, sie finden kein Futter und keinen Trank mehr. Einige stürzen sich in die Wasser der Elbe, die schmal und träge dahinfließt, und ertrinken, weil das Flussbett dort steil abfällt.

Der Magistrat der Stadt Wittenberg verhaftet die Prista Frühbottin und ihre Söhne. Sie werden angeklagt, Schadzauber betrieben und die Weiden vergiftet zu haben.

»Sie wollen sie verbrennen, diese armen Leute!«, sagt Katharina atemlos. »Sie vermeinen, die seien an der Dürre und dem Tod des Viehs schuld, die Frühbottin und ihr Anhang. Und weißt du auch, warum? Angeblich, weil sie die massenhaft krepierten Tiere abbalgen wollen und somit Profit machen, indem sie ihre Häute verkaufen. Was sagst du dazu, Martin?«

Die Lutherin steht mit gekreuzten Armen vor ihrem Ehemann, der damit beschäftigt ist, die Briefe zu sichten, die ihm die Reichspost gebracht hat. (Gegen die Hitze sind die Fenster mit feuchten Laken verhängt. Kerzen brennen.)

Er öffnet mit dem Messer ein Schreiben, runzelt die Stirn. Katharina klopft mit dem Fuß auf den Boden – ein sicheres Zeichen, dass ihr Geduldsfaden dünn ist.

»Was ich dazu sage?«, erwidert er und macht sich erst jetzt klar, was seine Frau geredet hat. »Es ist natürlich völlig absurd. An der Dürre können sie kaum schuld sein, die ist ja nicht nur hier in Wittenberg. Und da sie Abdecker sind, liegt es also auf der Hand, dass sie auf diese Weise ihren Profit machen. Wer will es ihnen verdenken? Es ist ihr Beruf.«

»Aber sie verdenken es ihnen!«, sagt Katharina heftig. »Sie sagen, sie seien Hexer.«

»Hexer gibt es«, entgegnet ihr Mann gewichtig.

»Mag sein. Aber wenn ich mit dem Teufel im Bunde wäre« (Luther spuckt aus vor Schreck), »da würde ich doch gewiss in Glanz und Glorie leben können und nicht so eine Drecksexistenz führen müssen wie dieses Lumpengesindel am Rand der Gesellschaft! Das sind arme Luder! Die Frau handelt mit Fröschen und braut Tränke …«

»Tränke? Was für Tränke?«

»Irgendwelche Aufgüsse, so wie ich sie auch mache«, entgegnet sie und bereut schon, es erwähnt zu haben. War da nicht von Bilsenkraut und Stechapfel die Rede? »Heiltränke.«

»Weswegen erzählst du mir das, Käthe?«

Es ist sehr heiß. Sie hat die Ärmel ihres strengen Frauengewandes hochgestreift und die obersten Knöpfe des Kleids geöffnet. Jetzt macht sie sich hastig wieder zurecht. Er soll nicht denken, dass sie ihn auf andere Weise überzeugen will …

»Weil du hier helfen musst!«, sagt sie nachdrücklich. »Die

Leute sind unschuldig an dem, was Gott der Herr vielleicht als Strafe über uns verhängt hat diesen Sommer. Es sind gewiss keine Engel, aber Christenmenschen wie wir beide. Du bist die Autorität, dein Einspruch kann alles verändern. Geh hin und erkläre den gestrengen Herren, dass dieser Prozess gegen unseren Glauben verstößt, dass es gleichermaßen aussieht wie die Ermordung unschuldiger Protestanten durch die Papisten. Ich bitte dich.«

»Aber es steht geschrieben: Die Zauberinnen sollst du nicht am Leben lassen.«

»Ja und Ja! Aber das sind keine Zauberer oder Hexer!«

»Das werden die Behörden herausfinden. Vertrau der Obrigkeit.«

»Wohl kaum«, sagt die Lutherin heftig. »Verhindere, dass auf evangelischem Boden solche Gräuel geschehen wie bei den Katholiken, die Andersgläubige foltern und auf den Holzstoß schicken!«

Aber sie sieht: Ihr Mann ist gar nicht mehr bei der Sache. Er hat einen weiteren Brief erhalten, der ihn sehr in Aufregung versetzt.

»Stell dir vor!«, sagt er, und in seinen Zügen malt sich echtes Entsetzen, »Melanchthon liegt im Sterben in Weimar! So wird mir jedenfalls geschrieben! In Weimar! Ja, er ist Hals über Kopf aufgebrochen nach Hagenau – aber dass es ihm so schlecht ging … Mein Freund! Mein bester und einziger Freund!« Er stützt beide Hände auf den Schreibtisch, erhebt sich ächzend. »Käthe, lass alles vorbereiten. Ich muss nach Weimar. Die Sterbesakramente soll er zumindest aus meinen Händen erhalten.«

Katharina lässt entmutigt die Schultern sinken. Sie weiß, wenn er in solcher Laune ist, kann man ihn nicht aufhalten.

»Aber schreibst du wenigstens einen Brief wegen der Frühbottin und ihrem Prozess?«

Er antwortet nicht.

Ja, es sieht so aus, als läge Philipp Melanchthon im Sterben.

Als Luther, gemeinsam mit anderen, das Zimmer betritt, findet er den Freund ohne Bewusstsein, mit röchelndem Atem, kalten Schweiß auf der Stirn. Er hört nichts, er sieht nichts, er scheint keine Berührung zu spüren.

Der Arzt, der dem Kranken gerade die üblichen Blutegel setzt, hört den Reformator zwischen den Zähnen murmeln: »Wie hat mir der Satan dieses Instrument geschändet!«

Er geht zum Fenster. Seine Schritte sind schleppend, stockend. Und dann bricht der schwere Mann zusammen, ein Berg, der rutscht, die Hände gerungen, gefaltet zum Gebet über dem Kopf.

Sie hören Fetzen seiner Worte: »Du bist es mir schuldig! Du musst mich erhören! So steht es in der Schrift! Ich reib es dir in die Ohren! Anders könnte ich deinen Verheißungen nicht mehr trauen! Erhöre mich! Gib mir das Leben deines Knechtes zurück! Er will sich davonstehlen, aber das darfst du nicht erlauben! Vertreibe den Trauergeist aus ihm! Rette ihn, wenn ich nicht abfallen soll vom Glauben!«

Und die, die da um ihn herum sind, trauen ihrer eigenen Wahrnehmung nicht, denn dieser Mann da lästert.

Luther murmelt weiter, ist es das Vaterunser? Sind es irgendwelche Beschwörungen?

Dann erhebt er sich schwerfällig, geht wieder zum Bett, greift Melanchthons Hand, fühlt ihm den Puls. »Du wirst leben, Freund«, sagt er ruhig und dringlich, mit der Predigerstimme, die einst alle Herzen erwärmen konnte. »Gott lässt nicht zu, dass du gehst. Da bin ich sicher. Vertraue dem Herrn, der schlagen kann und heilen, töten und wieder zum Leben erwecken.«

Der Atem des Kranken wird ruhiger.

»Nehmt die Blutegel fort«, befiehlt Luther dem Arzt. »Lasst mich mit ihm allein. Und lasst da draußen etwas Gutes zubereiten, eine Löffelkost. Er wird gesund.«

Er lässt die Hand des Freundes nicht los.

Melanchthon öffnet die Augen. »Lass mich meinen Weg gehen«, flüstert er.

»Nein! Gott der Herr braucht dich noch! Und du kannst uns nicht im Stich lassen!«

Dann füttert er ihn. Füttert ihn Löffel für Löffel. Droht damit, ihn in den Bann zu tun, wenn er nicht äße. »Weißt du nicht, dass ich dich zurückgebetet habe? Du musst leben!«

Der Klotz von einem Mann weicht nicht vom Bett Melanchthons, redet weiter auf ihn ein, und es scheint, als seien die Ströme seines unbändigen Willens fast mit Händen zu greifen.

Der Kranke, mit seinen eingefallenen Wangen, spitznasig, die hohe Stirn bleich glänzend wie Elfenbein, wirkt da auf seinem Lager zwergenhafter denn je – und ganz und gar ausgeliefert dem anderen, der ihm Hilfe einflößt, wie man einem Kalb, das das Euter nicht nehmen will, Milch einflößt.

Er spricht Psalmen. »Der Herr ist mein Hirte, mir wird nichts mangeln«, und »Aus der Tiefe schreie ich zu dir.«

Und er singt. Singt leis, mit halber Stimme, so wie er wohl seine Kinder in den Schlaf singt.

»Ein neues Lied wir heben an«, singt er, und »Der du bist drei in Einigkeit« und »Komm, Gott Schöpfer, Heiliger Geist«, und nichts davon, was er nicht selbst gedichtet und vertont hat. Lieder, die den Kranken in sanften Genesungsschlummer schicken.

Ja, das Wunder geschieht. Stück für Stück baut Martin Luther aus den Trümmern jenes zerbrochenen Wesens Philipp Melanchthon wieder auf.

Es dauert keine Woche, dass der Freund sich von seinem Krankenlager erheben kann, und zur scheuen Bewunderung der Freunde und der guten Weimarer sehen sie die beiden großen Männer der Reformation Arm in Arm durch die Gässchen des Orts und über seinen Marktplatz spazieren in angeregtem Gespräch.

Von einer Weiterfahrt nach Hagenau freilich kann keine Rede mehr sein. Ein Religionsdisput, der zu nichts führt,

weniger auf der Welt. Meint Luther, lächelt vor sich hin und denkt an seine Ehehälfte daheim zu Wittenberg im Schwarzen Kloster. Auch er kann nach Hause.

Aber je weiter die Genesung Melanchthons fortschreitet, desto mehr fällt Bruder Martin in seine alte zänkische, besserwisserische Art zurück, wird von Tag zu Tag unleidlicher, als habe es ihn große Mühe gekostet, freundlich, einfühlsam und hilfreich zu sein.

Luther schreibt, wie sollte es anders sein, viele Briefe.

Einen Brief an den Magistrat der Stadt Wittenberg, die Prista Frühbottin und ihr Lumpengesindel betreffend, schreibt er nicht.

Luther fährt als Erster zurück.

Melanchthon bleibt noch. Er ist in der Rekreationsphase, und dazu gehört, dass er aufatmen kann ohne seinen lieben Bruder Martin, nichtsdestoweniger der ihn gerettet hat.

Die Julihitze ist unerträglich. Luthers Fahrt führt vorbei an verdorrten Weiden und Äckern, wo die Frucht auf dem Halm vertrocknet, über Brückenstege, unter denen verkrustete Schlammböden alles sind, was auf einen Wasserlauf hinweist. In den Wäldern lassen die Bäume die Blätter hängen. Er hält sich ein Tuch vor den Mund gegen den Staub.

Als sich der Wagen dem Weichbild von Wittenberg nähert, fallen Luther Schwärme von Krähen auf, die alle in eine bestimmte Richtung fliegen – in die Richtung, wo sich der Galgen befindet. Hochnotpeinliche Hinrichtungen sind selten im friedfertigen Wittenberg, Schwerverbrechen finden dort kaum statt.

Luther gibt Anweisung, den Umweg zum Galgenberg zu fahren. Er erinnert sich, dass seine Frau von einer Anklage sprach, was war das noch? Er hat es vergessen. Ganz und gar vergessen.

Und dann sieht er. Und riecht. Presst das Tuch fester vor Mund und Nase, um den Brechreiz zu unterdrücken.

Umkreist von Krähenschwärmen, stehen da vier robuste Eichenpfähle, brandig geschwärzt, in deren Mitte sich ein Querbalken befindet. Auf diesem Querbalken sitzen nackt und rittlings vier Gestalten aus dem tiefsten Grund der Hölle. Sie sind an Hals und Bauch mit Ketten an den eichenen Pfählen befestigt, schwarz wie Kohle, und ihre ungefesselten Hände ragen mit den Krallenfingern der äußersten Qual in die Luft wie groteske Zweige nach einem Waldbrand.

Winzige Aschehäufchen am Stamm der Eichenpfähle. Man hat sie nicht verbrannt. Man hat sie – geräuchert, auf langsamer Glut zu Tode gebracht.

Luther überwindet sich, das Tuch von seinem Gesicht zu nehmen, denn er muss die Hände falten, um zu beten. Der Gestank, diese Mischung aus Brandgeruch und Verwesung, bringt ihn zum Würgen. Trotzdem faltet er die Hände, presst sie gegen die Stirn. »Vater unser, erbarme dich dieser armen Seelen!«, murmelt er. »Lass sie, wenn sie schon auf Erden die Hölle erleiden mussten, gnädig …«

Er bricht ab. Was soll er diesen elenden Schächern wünschen? Dass sie nicht nun auch noch ins Fegefeuer müssen, nach dem, was sie gelitten haben? Da wird ihnen nichts Neues geboten, nach dem hier auf Erden …

Und – waren sie schuldig? Die Obrigkeit hat gesprochen, die Obrigkeit, die das Schwert führt … Der Obrigkeit hat man untertan zu sein …

Noch einmal überwindet er sich, die Augen aufzuheben zu dieser … Kreuzigung wie in Golgatha. Ihm fällt nichts anderes ein. Diese auf die Querbalken gestauchten Leiber. Die in der Todesnot wie gekreuzigt ausgestreckten Arme. Die schlaff herabhängenden verkohlten Füße.

Auch unser Herr Jesus … war Opfer einer Obrigkeit, die richten und strafen durfte … Er schluckt.

Nein, das denkt er nicht zuende.

Er wendet sich ab, stolpert zum Wagen zurück.

Der Fuhrknecht hilft ihm beim Einsteigen.

»Die haben ihre gerechte Strafe, Herr Doktor!«, sagt er genussvoll.

»Weißt du, wer sie waren und was sie verbrochen haben?«

»Gewiss doch, zu Diensten, Herr Doktor. Die schandbare Hexe war die Anführerin. Prista Frühbottin hat sie geheißen, möge sie in der Hölle genauso weiterschmoren wie man sie hier geräuchert hat. Die drei anderen waren ihre Söhne und der Abdecker, mit dem sie lebte. Schadzauber haben sie getrieben, damit das Vieh krepiert!«

Was hatte Katharina ihm erzählt? Die »Hexe« …

»Und haben sie gestanden?«

»Gewiss doch! Unser Henker versteht sein Handwerk.«

»Fahr zu. Bring mich schnell nach Haus.«

Schadzauber. Und: Kommt nun, nach dieser Exekution, der Regen? Blüht alles wieder auf? Es ist Juli, und Phöbus hetzt den Sonnenwagen weiterhin erbarmungslos über einen hitzefahlen Himmel.

Die Stadt wirkt wie ausgestorben, der Schwüle wegen sind überall die Fensterläden vorgelegt – oder ist es wegen des Brandgeruchs, den Luther immer noch zu spüren glaubt; selbst hier in den Gassen, in den Toreingängen und Durchfahrten scheint er zu nisten, oder hat er sich nur in seiner Nase festgesetzt?

Das Schwarze Kloster, seine feste Burg, sein Heim und sein Lebensraum, ersehnt er mit Ungeduld. Dort drinnen ist es kühl. Dort drinnen erwartet ihn sein Weib, erwarten ihn die Kinder.

Bevor Luther sich ins Haus zu seiner Käthe begibt, befiehlt er dem Fuhrknecht, noch einmal kehrt zu machen und dem Herrn Melanchthon auszurichten, seinen Wagen auf einem anderen Weg nach Wittenberg hineinzubringen.

Die gerade genesene zarte Seele des Freundes mag dem hier vielleicht nicht standhalten.

DIE PSALMEN

Katharina Lutherin fährt mit dem Flederwisch über den Schreibtisch ihres Mannes – eine Arbeit, die sie nicht den Dienstboten überlässt; so hat sie eine gewisse Kontrolle über das, was Martin tut. Und so stößt sie auf ein Schriftstück, einen Brief. Greift ihn sich, überfliegt mit flinken Augen die Zeilen.

Luther tritt heran. Er nimmt seiner Frau das Schreiben ab, mit einer unwirschen Handbewegung, wie, um anzudeuten, dass sie seine Korrespondenz nichts angeht.

Aber sie lässt nicht locker. »Ein Streit zwischen gräflichen Brüdern? Was soll das auf deinem Tisch?«

Luther stöhnt leise; es ist nicht ganz klar, ob es wegen irgendeines Gebrests des Leibes ist, an denen er ja ständig leidet, oder weil ihm die Fragerei von »Herrn Käthe« leid ist.

»Sie streiten um den Begriff der Erbsünde«, entgegnet er widerwillig. »Du musst nicht wissen, worin sie sich da verstrickt haben, denn der theologische Streit ist nur ein Vorwand. Hinter dem Gezänk stecken andere Dinge, handfeste. Es geht um die Erbschaft; wie die Ländereien im Mansfeldischen aufgeteilt werden. Ich soll schlichten.«

»Sollten sie nicht einen Juristen beauftragen?«

Er zuckt die Achseln. »Sie wollen es aber lieber über diesen Weg machen. Wenn man mich ruft, so gehe ich. Schließlich bin ich dort geboren.«

Die Lutherin kreuzt die Arme über der Brust; den Flederwisch hat sie achtlos auf dem Schreibtisch abgelegt; ihr Mann registriert's mit einem Seitenblick. »Es ist Winter, Martin«, sagt sie bestimmt. »Du wirst doch jetzt nicht reisen wollen. Weihnachten steht vor der Tür.«

»Und dein Gänsebraten.«

»Wenn der dich im Haus hält …«

»Vielleicht. Aber im Januar reise ich. Die Grafen von Mansfeld geben ein gutes Geldgeschenk. Das muss dich doch überzeugen.«

»Warten wir's ab.«

Sie kennt ihn, seine Dickköpfigkeit. Irgendeinen Grund muss es geben, weswegen er diesen Auftrag annehmen will. Sie kommt bloß nicht dahinter, welchen.

Er selbst ist sich nicht recht klar darüber, warum er eine so beschwerliche Reise, mitten im kalten Winter, antritt, um einen Auftrag zu übernehmen, der, wie er sich eingesteht, von jemand anderem auch erledigt werden könnte. (Aber eigentlich schmeichelt es ihm, dass diese Grafen *ihn* gebeten haben; er weiß nicht – oder weiß er es doch?–, dass sie zuerst Melanchthon gefragt haben, und der lehnte ab.)

Er fühlt sich am Ende eines Weges. Ihm geht es schlecht. Wozu also diese Fahrt?

Nun, irgendetwas gibt ihm das Gefühl, dass er noch einmal dahin muss, wo er herstammt. Das Mansfeldische. Seine Heimat. Die Gegend, wo er über Land ging, da war ein Gewitter, da gab es einen Blitzschlag und ein Gelübde … Hilf, Heilige Anna, ich will ein Mönch werden. –

Martin ist still und friedlich in diesen Adventswochen. Hat die Laute im Arm, das war lange nicht so.

Am Heiligen Abend bittet er seine Kinder, die beiden Kleinen, mit ihm zu singen. (Die großen Jungen »brummen« inzwischen nur.) Sie sind ganz erstaunt. Wann hat er das zuletzt gemacht? Paul ist zwölf Jahre alt, die süße Margarete gerade einmal elf.

»Ist dir das Liedlein noch im Gedächtnis, Grete?«, fragt er. »Ich hab's im Jahr deiner Geburt geschrieben. Zum Fest der Geburt unseres Herrn Jesus hast du's des Öfteren gesungen, sobald du Sprache hattest und Musica verstehen konntest. Das Lied, wo der Engel den Hirten die gute Botschaft verkün-

Dann, endlich, Kühle.

Das Rauschen, das Rascheln, das Schweben.

Es ist das Rascheln eines nachschleppenden Kleidsaums, es ist, wie wenn man durch welkes Laub geht.

Die große dunkle Gestalt erscheint, wie auf der Veste Coburg. Sie trägt den Schleier. Sie wirft keinen Schatten. Hinter ihr leuchten die Sterne des Universums.

Endlich ist sie da.

»Hier bin ich«, sagt sie mit ihrer unwirklichen Stimme und ist groß und dunkel vor ihm. »Du musst mich nicht rufen. Ich bin das Tor, durch das du gehen wirst, der Weg, der dich erwartet.«

»Aber was erwartet mich nach dem Weg?«

Die schwarzen Schleier wehen im Sternenwind. »Das weiß ich nicht. Segen oder Strafe oder gar nichts. Vielleicht. Ich bin nur diejenige, die dich hinter die Barriere bringt. Die Helferin, die dir die Angst nimmt.«

»Das tut unser Herr Jesus!«

»Vertrau nur auf ihn. Ich geleite dich zum Schlaf. Weißt du noch meinen Namen?«

»Speranza. Allersüßeste Hoffnung.«

»Siehst du. Du wirst ankommen.«

Wo war er? Seine Augen erlangen ihre Sehkraft zurück. Alles ist ruhig.

Die Sonne schießt nun keine Feuerblitze mehr hinter der Pyramide hervor, wie ein Schütze aus dem Hinterhalt; sie ist gestiegen und steht nun ruhig da, ein majestätisches Flammenbild.

Man darf nur nicht hineinsehen, dann wird einem schwarz vor den Augen.

Wie lange hat der Spuk gedauert? Ein zwei Lidschläge lang oder eine Ewigkeit?

Die Hitze ist fort, jetzt friert er erbärmlich. Er sammelt Mantel und Knotenstock, macht sich auf den Rückweg.

sich bewusst wurden, sie seien als Christenmenschen keine unwürdige Kreatur, die jedermann treten und schinden darf! Und nachdem du ihnen so das Tor zur Freiheit geöffnet hattest, hast du es vor ihren Augen wieder zugeschlagen. Und was dann durch dich an Blut und Tod gekommen ist, das ist zehnfach ärger. Du bist schuld an diesem Höllenbrand!

Es ist die Stimme des Müntzer …

»Nein!«, schreit er, mitten in diesem Stimmengewirr von allüberall. »Nein! Ich konnte nicht anders! Ich bin ich, und Gott hat mich so erschaffen! Liebster Heiland, hilf mir aus dieser Hölle! In deine Hände befehle ich meinen Geist.«

»Lieber Sohn«, sagt da Staupitz (wie gesagt, er versteht sich auf Stimmen), »dazu hast du noch Zeit. Heute musst du das hier ertragen. Du bist schließlich nicht umsonst hier herausgekommen, ins Reich deines Vaters, der die Erde geplündert hat. Das hier, was dir gerade geschieht, ist ja vielleicht schon dein Fegefeuer. Aber du hast ja mächtige Fürsprecher.«

»Ich glaube nicht an Heilige, die vor den Thron des Herrn treten und für einen bitten!«, krächzt der Gepeinigte.

»Von denen redet ja keiner, lieber Sohn. Ich meine all diejenigen, die dein Wort und deine Klänge im Munde führen, früh und spät. Du hast deinen Christen die Zunge gelöst, dass sie nun singen und sagen, danken, flehen und klagen können mit deinen Worten. Mit deinen Liedern und mit deiner großmächtigen Biblia, die sie lesen können von früh bis spät. Du bist in ihrem Munde von nun an bis zu der Stunde, wenn die Sprache dieses deines Volkes verstummen wird. Hab Mut, teurer Sohn. Gleich ist es vorüber. Nur dies eine noch.«

Zwei Schatten wanken auf ihn zu, kommen immer näher. Zwei Weiber. Die eine kennt er. Das ist jene Fides, die er nach dem Bauernaufstand mit anderen Geschundenen auf der Straße traf. Jene Fides, deren Land sein Weib nun bewirtschaftet. Die andere ist Prista Frühbottin, schwarz verkohlt und trägt ihre Arme wie gekreuzigt, und ein Gestank geht von ihr aus …

Mit einem Schrei bricht er zusammen.

det.« Er sitzt, das kranke Bein abgelegt, auf einem Polstersessel, präludiert auf dem Instrument, guckt sie aufmunternd an.

Margarete wird rot, erhebt sich von ihrem Stuhl. »Das Engelslied? Ich soll das singen? Heute wieder?«

Katharina schiebt das Mägdlein nach vorn, zu ihrem Vater hin. Die Kleine räuspert sich. Und dann beginnt sie, ihre Silberstimme ist erst zaghaft, nimmt dann an Kraft zu.

»Vom Himmel hoch, da komm ich her / Ich bring euch gute neue Mär / der neuen Mär bring ich so viel / davon ich singen und sagen will.«

Ihr Vater lässt es sich nicht nehmen, kunstvoll ein Zwischenspiel einzuflechten, bevor Margarete fortfährt: »Uns ist der Heiland heut geborn / von einer Jungfrau auserkoren / ein Kindelein so zart und fein / das soll eurer aller Wonne sein …«

Käthe sitzt ganz still. Sie hat zwei Kinder verloren, beides Mädchen. (Die drei Jungen sind robuster.) Diese kleine ist die Letzte. Möge ihr ein gutes Leben beschieden sein.

Lange war Luther mit seiner Familie nicht mehr so harmonisch beisammen.

Die warme Stube duftet nach den Bratäpfeln, die in der Ofenröhre zubereitet werden, und nach dem Tannengrün, mit dem der Türsturz geschmückt ist. Hans, der Älteste, hat es übernommen, die Nüsse für alle mit der Hand zu knacken; er ist stolz auf seine Kraft.

Welch ein Überfluss, welche Behaglichkeit, in der seine Kinder aufwachsen! Seine Mutter, erinnert Martin sich, hat ihn einmal wegen einer einzigen »geraubten« Nuss blutig geschlagen …

Man kann zufrieden sein mit dem Erreichten.

Als die Kinder das Nachtgebet gesprochen haben und schlafen gegangen sind, nachdem die Muhme Lene mit dem Gesinde den Tisch abgeräumt hat und die vielen Kerzen, die Käthe heute zur Feier des Tages erlaubte, in ihren Leuchtern heruntergebrannt sind, geht das Ehepaar zu Bett, genießt nach längerer Pause einmal wieder die Freuden des Leibes.

Auch Luthers Gesundheit scheint gefestigter zu sein.

Im Januar bricht er auf ins Mansfeldische.

Die besorgte Katharina hat darauf bestanden, dass seine beiden großen Söhne, Hans und Martin, ihn begleiten. Sie sitzen in einem Folgewagen; er wollte allein sein. Sie wissen nicht, dass es seiner Schmerzen wegen geschieht.

Zitternd vor Kälte lehnt er in den Fellen und Decken seines Wagens, auch die Wärmflaschen zu beiden Seiten und unter seinen Füßen helfen nicht, diese Eiseskälte zu vertreiben.

Zudem schmerzt seine linke Schulter, schmerzt der Arm unerträglich, er muss ihn immer wieder mit der Rechten stützen.

Kälte innen und außen. Es ist ein eiseskalter Januar, das Land erstarrt in Frost. Knirschend rumpelt das Gefährt über die gefrorenen Wege, die sonst schlammig sind.

Hier ist er geboren. Hier, in Eisleben. Er hat keinerlei Erinnerung an die ersten Jahre, denn die Familie zog bald darauf nach Mansfeld. Hier kennt er nichts. Das ist nur eine fremde Stadt, die sich später einmal rühmen wird, ihn hervorgebracht zu haben.

Der Wagen hält vor der Herberge, in der er Quartier nehmen wird. Mühsam schält er sich aus seinen Umhüllungen, steigt aus. Seine beiden Söhne springen aus dem Folgewagen, um ihm zu helfen; mürrisch wehrt er ab.

Überhaupt passt ihm diese »Leibgarde«, die Katharina ihm zugeteilt hat, um auf seine Gesundheit achtzugeben, überhaupt nicht. Er fühlt sich bevormundet.

Immerhin lässt er es zu, dass sie seine Reisemarschälle spielen, in die Herberge vorauseilen, seine Stube begutachten, das Essen für ihn bestellen, ein gutes Naumburger Bier dazu nicht zu vergessen.

Als Erstes tappt er in die Gaststube und hin zu dem großen grünen Kachelofen, lässt sich auf die Ofenbank fallen, presst sich mit dem Rücken gegen die Wärme. Sammelt sich.

Wenn das Eisige in ihm doch schwinden würde! Er friert bis ins Mark.

Eigentlich wollte sein besorgtes Weib ihm noch einen Leibarzt als Mitreisenden verordnen. Aber das wäre, wie das Geld zum Fenster hinauswerfen. Seine Leiden und Gebresten sind so vielfältig, dass, wenn das eine kuriert wird, das andere mit verstärkter Macht über ihn herfällt. Er weiß, es geht zu Ende. Lange wird ihn der Teufel nicht mehr plagen. Er wird nach dieser Mission nach Haus fahren, sich in den Sarg legen und den Würmern einen feisten Doktor zum Schmause geben. Er ist der Welt müde, all des Streites, dessen Ursache er einst gewesen ist, und der nicht mehr zu beherrschen ist, weder von ihm noch von anderen. Und er ist der körperlichen Qual müde.

Was ihn nicht daran hindert, mit Wohlbehagen und ausgiebig zu speisen.

Dann zieht er sich in die Kammer zurück, in der man für ihn das Bett bereitet hat, streckt sich zwischen Daunen aus, einen heißen Ziegelstein zu Füßen, schläft schnell ein.

Die besorgten Söhne nutzen die Gelegenheit, um ein Bulletin über des Herrn Vaters Befindlichkeit zu verfassen und es dem zurückfahrenden Kutscher mitzugeben für zu Hause.

Die Verhandlungen mit den gräflichen Brüdern führt er mit aller Kraft, als sei er ein Gesunder, aber sobald er in seinem Quartier ist, überfällt ihn das eine oder das andere von seinen Übeln. Am meisten klagt er über Beklemmung in der Brust.

»Es ist, als setze sich der Satan auf meinen Leib, um mich zuschanden zu reiten«, stöhnt er. Man reibt ihn ein mit warmen Tüchern, das, so sagt er, bringe Erleichterung.

Und während er mit Gelassenheit an seine Käthe schreibt: »Wir leben hier wohl, haben zu essen und zu trinken wie die Herren«, schicken die Söhne bedenkliche Berichte.

Katharina insistiert wegen eines Arztes, und er erwidert ärgerlich: »Lass mich zufrieden mit deiner Sorge. Ich hab ei-

nen besseren Sorger, denn du und alle Engel sind, der liegt in der Krippe und hängt an der Jungfrau Zitzen, aber sitzt gleichwohl zur rechten Hand Gottes, des allmächtigen Vaters.«

Trotzdem. Eines Tages taucht unvermutet Matthäus Ratzeberger, einer der Ärzte des Kurfürsten, in Eisleben auf – und man kann ihn ja schlecht wieder wegschicken, wenn sich schon die hohe Herrschaft selbst um einen bemüht.

Immerhin bringt er eine höchst kostbare Medizin mit: Gestoßenes Einhorn (es wird wohl Hirschhorn sein), das er dem Kranken, vermengt mit Wein, verabreicht.

Die Wundermedizin fruchtet. Die Schmerzen in der Brust lassen nach.

Der Teufel, so vermeint der Geplagte, ist wohl gerade auf Badereise.

Luther siedelt über nach Mansfeld.

Der 17. Februar des Jahres 1546 ist ein sonnenklarer, strahlend schöner Tag. Nur wenig Schnee liegt auf Feldern und an Wegrändern. Die Straßen sind gefroren und trocken. Es ist, als feiere der Winter sich selbst.

Martin Luther fühlt sich wohlauf. Er beschließt, einen Spaziergang zu unternehmen. Die Begleitung der Söhne weist er schroff zurück. Er will allein sein mit sich.

In einen Pelz gehüllt, der ihn einem Bären ähnlich macht, einen Knotenstock in der Hand, um das kranke Bein zu entlasten, begibt er sich vor die Tore Mansfelds, auf der Suche nach Gottes Natur. –

Aber von Gottes Natur ist hier nicht so sehr viel übrig. Wieso hat er das vergessen? Schließlich ist er aufgewachsen in dieser Umgebung.

War das schon immer so? Wahrscheinlich hat er nur die Schulbank gedrückt und ist nicht über die Mauern der Stadt hinausgekommen.

Das hier ist entsetzlich. Der Leib der Mutter Erde, aufgerissen, gemartert, geschändet. Tiefe Löcher markieren die einsti-

gen Gruben. In manchen stehen noch die Gerippe der Leitern. Geröll und Gestein liegen am Weg. Felder gibt es hier nicht. Das sind nur eisige Brachen, auf denen hin und wieder die dürren Stängel von Grasnelken stehen. Grasnelken und Veilchen. Jetzt fällt es ihm ein. Die Veilchen hier waren nicht blau. Sie waren gelb, mit einer Art Stern in der Mitte. Nirgendwo sonst als im Mansfeldischen hat er je solche Veilchen gesehen.

Das ist Bergbaugebiet. Hier wächst nichts mehr, was Frucht trägt.

Dann, beiseiten des Weges, die riesige Abraumhalde des Kupferschiefers. Aufgeschichtet als Pyramide, wie sie die heidnischen Ägypter einst für ihre Könige errichtet haben, die sie für Götter hielten.

Wie viel, durchfährt ihn der Gedanke, wird sein Vater wohl hierzu beigetragen haben, um ihn zum Studium schicken zu können? Den Erlös vom Ertrag zweier Schmelzöfen ... Wo mag sein Anteil versteckt sein in diesem Monument ausgebeuteter Erde, sein gedankenlos verursachter Beitrag an der Verwüstung hier?

Er schüttelt den Kopf. Was sind das für unsinnige Hirngespinste?

Er muss den Kopf in den Nacken legen, um zur Spitze des Haldenturms zu schauen, hoch an der stumpfdunklen schrägen Wand.

Nach oben.

Genau in diesem Moment bricht die Sonne hinter der Pyramidenspitze hervor wie ein Krieger, der auf der Lauer gelegen hat, sendet grausame Pfeile in seine Augen.

Der Knotenstock entfällt ihm, als er beide Hände vor die Augen hebt.

Als er sie wieder vom Gesicht entfernt, ist alles verändert.

Welch eine Macht hat die Sonne! Er muss sich des Pelzes entledigen, er glüht.

Und noch immer sind seine Augen unfähig, die Welt zu erkennen. Feurige Punkte tanzen wie Irrlichter herum, zie-

hen kometengleich Schweife hinter sich her, und dann, nicht sichtbar, aber fühlbar in der Hitze seines Leibes, bewegen sich Wesen. Gesandte des Satans?

Nein, es ist ... etwas anderes. Ein Wogen und Gleiten. Die Hitze! Mit Mühe erkennt er die Pyramide.

Eine Pyramide. Ägypten. Das Land, aus dem die Kinder Israels fortzogen in die Wüste. Verflucht und zur Wanderschaft verdammt...

Und da ist eine Stimme nun, gleich jener, die Saulus auf dem Weg nach Damaskus hörte, nur mit seinem Namen: »Martine, Martine, was verfolgst du mich? Was verfolgst du mein Volk?«

Aber es ist nicht die Stimme des Herrn. Es ist die sanfte und sachliche Stimme jenes Mannes, mit dem er einst Runden drehte auf einem kahlen Feld im Mondschein.

Er strafft sich. Ballt die Fäuste.

»Ja und ja, ich verfolge euch. Weil ihr euch nicht bekehren wollt zu unserem süßen Herrn Jesus. Weil ihr ...«

»... weil wir nicht deines Willens sind, nicht wahr? Gesteh es ein. Das kannst du nicht ertragen.«

»Schweig und weiche! Du bist vom Teufel!«

Es gleitet, es wogt um ihn her.

»Der Teufel ist dein Bettgenoss, das sagst du doch selbst.«

Das ist eine andere Stimme. Oh ja, er versteht sich auf Stimmen, auf Tonfälle. Die klare Predigerstimme des Müntzer.

»Weiche! Reicht es nicht, dass mich dein abgeschlagener Kopf immer noch verfolgt in gewissen Nächten?«

Die Stimmen mehren sich, vermischen sich. Er kann sie jetzt nicht mehr auseinanderhalten, da auf diesem kahlen und glühenden Feld, angesichts der gnadenlosen Sonne, die brennt wie das Höllenfeuer.

»Luther, Luther! So viel hast du begonnen, was zum Übel ausgeschlagen ist, weil du den Fürsten bist in den Hintern gekrochen, um deines guten Lebens willen! Aber zuvor hattest du Mut in die Herzen der Bedrängten gegossen, dass sie

Wie heißt es im Prediger Salomo? Denn es ist alles eitel.

Angesichts Gottes und seiner Welt ist ihm die Kleinheit seiner selbst bewusst. Auf eine Art, die ihn schmerzt und ihn beglückt zugleich.

Er hat sich schwer erkältet bei seinem Spaziergang, den seine Söhne einhellig zuvor missbilligt haben.

Er geht zu Bett mit Fieber, trinkt Holundersaft, lässt sich eiskalte Wadenwickel machen. Murmelt in halbem Singsang eins seiner Lieder: »Mitten wir im Leben sind mit dem Tod umfangen. Wen suchen wir, der Hilfe tu, dass wir Gnad erlangen? Das bist du Herr, alleine.«

Dann kommen die Schmerzen in der Brust wieder, die Bangigkeit, die Ängste.

Drei Ärzte sind jetzt um sein Bett, Doktor Wild und Doktor Ludwig aus Eisleben noch dazu zum Ratzeberger, sie hören ihn murmeln, dass ihm weh und bange sei auf den Tod.

Dann singt er. Singt mit zittriger Stimme jene Psalmen, die er selbst übersetzt hat:

»Herr Gott«, singt er, stammelt er, »du bist unsere Zuflucht für uns für und für. Ehe denn die Berge wurden und die Erde und die Welt geschaffen wurde, bist du, Gott, von Ewigkeit zu Ewigkeit.«

Und: »Weise mir, Herr, deinen Weg, dass ich wandle in deiner Wahrheit; erhalte mein Herz bei dem Einen, dass ich deinen Namen fürchte.«

Und: »Barmherzig und gnädig ist der Herr, geduldig und von großer Güte.«

Zwischendurch Unverständliches, was die Menschen, die an seinem Bett stehen, dem Fieber geschuldet glauben: »Dolcissima Speranza. Komm, öffne die Pforte. Führe mich hindurch.«

Was soll das für ein Gebet sein? –

Wie es nicht anders sein kann, sind sie uneins über die Ursache der Krankheit. Der von ihm favorisierte Graf der Mansfelder streitenden Brüder und dessen Gattin finden sich ein mit Gewürzen und Stärkungsmitteln, wovon er nichts zu sich nimmt.

Sie verlassen ihn, nachdem die Ärzte ihm eine Opiumtinktur zum Einschlafen gegeben haben.

Am Morgen finden sie Doktor Martin Luther tot in seinem Bett.

Auf einen Zettel hat er mit zittriger Hand gekritzelt: »Wir sind Bettler, das ist wahr.«

Demut am Ende des Weges.

Es ist der 18. Februar 1546.

Knapp ein halbes Jahr darauf, am 10. Juli, stehen sich das Heer seiner Kaiserlichen Majestät und die Truppen des evangelischen Schmalkaldischen Bundes im Felde gegenüber.

Keine Versöhnung. Es wird Krieg geben in seinem Namen.

Man nennt die evangelischen Streiter: die Lutherischen.

Pendo